Couverture:
Dôme du Rocher, décoration intérieure, détail, Jérusalem.

Les guides thématiques *Museum With No Frontiers (MWNF)*

L'ART ISLAMIQUE EN MÉDITERRANÉE | AUTORITÉ PALESTINIENNE

Pèlerinage, Sciences et Soufisme

L'art islamique en Cisjordanie et à Gaza

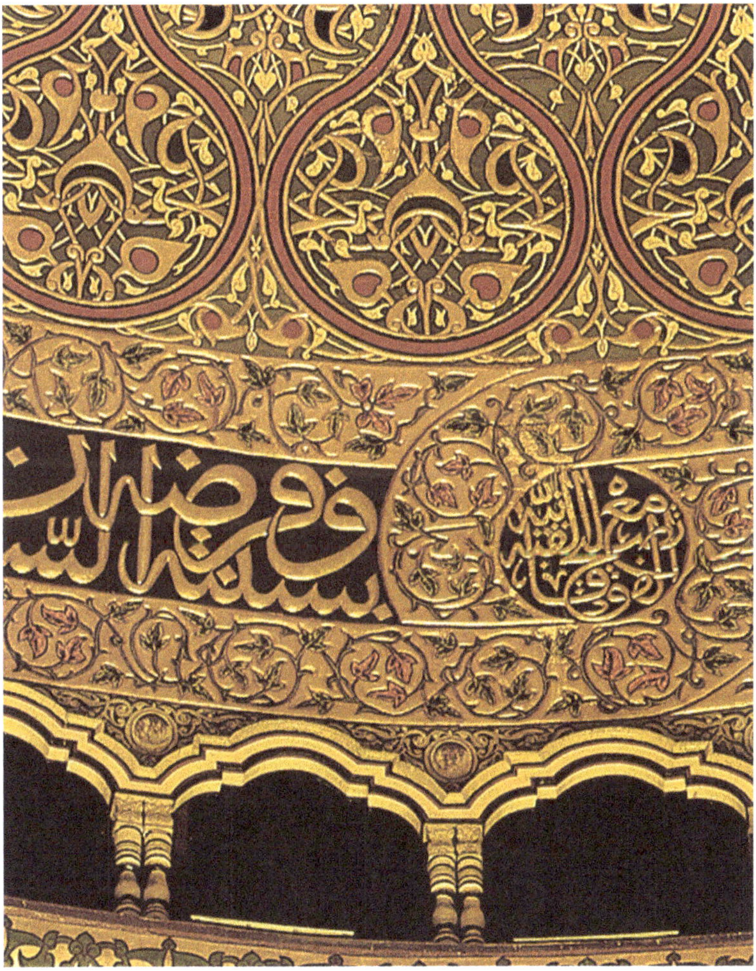

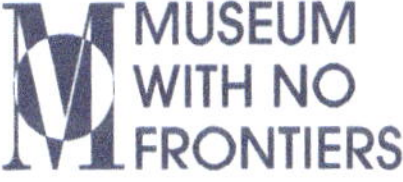

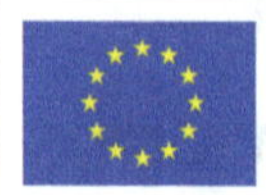

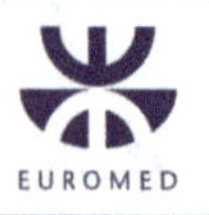

UNION EUROPÉENNE
Programme Euromed Héritage

La réalisation de l'Itinéraire-Exposition *PÈLERINAGE, SCIENCES ET SOUFISME : L'art islamique en Cisjordanie et à Gaza* a été cofinancée par l'Union Européenne dans le cadre du programme Euromed Héritage et a bénéficié du soutien des institutions palestiniennes et internationales suivantes :

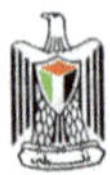

MINISTÈRE DE LA CULTURE
Direction du Patrimoine culturel
Autorité palestinienne

Ministère de la Culture, Direction du Patrimoine culturel,
Autorité palestinienne

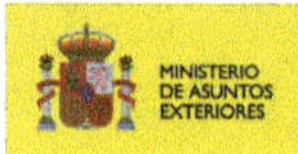

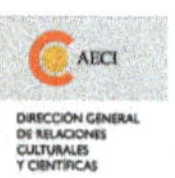

Ministère des Affaires Étrangéres et de la Coopération espagnol,
Agence Espagnole pour la Coopération Internationale au Développement (AECID)

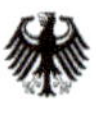

Auswärtiges Amt

Ministère fédéral des Affaires étrangères, Allemagne

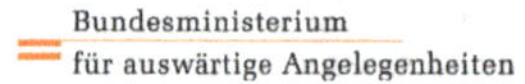

Ministère fédéral des Affaires européenne et internationales, Autriche

ISBN 978-3-902782-33-5 (eBook)
978-3-902782-32-8 (livre de poche)

Informations: **www.museumwnf.org**

Musée Sans Frontières
Idée et conception générale
Eva Schubert

Direction du projet
Walid Sharif
Directeur général,
Direction du Patrimoine culturel,
Ministère de la Culture

Coordinateur
du Comité scientifique
Mahmoud Hawari

Comité scientifique
Mahmoud Hawari, Jérusalem
Yusuf Natsheh, Jérusalem
Nazmi al-Ju'beh, Jérusalem
Marwan Abu Khalaf, Ramallah
Mu'en Sadeq, Gaza

Catalogue

Introductions
Yusuf Natsheh, Jérusalem
Nazmi al-Ju'beh, Jérusalem

Présentation des circuits
Comité scientifique

Révision
Anne-Marie Lapillonne, Marseille

Textes techniques
Sa'd al-Nimr, Ramallah
Jihan Barakat, Ramallah

Révision du texte arabe

Coordination
Yusuf Natsheh

Contrôle scientifique
Mahmoud Hawari
Nazmi al-Ju'beh

Editing
Rushdi al-Ashhab

Illustrations

Photographes
Issa Freij, Jérusalem
Garo Nelbendian, Jérusalem

Recherche iconographique
Diana Phillips, Londres

Carte générale et schémas
Sa'd al-Nimr, Ramallah
Sergio Viguera, Madrid

Plans des monuments
Sergio Viguera, Madrid

Traduction française
Nihad Jnaid, Paris
Anne-Marie Lapillonne, Marseille

Révision
Anne-Marie Lapillonne, Marseille

Introduction générale
L'Art islamique en Méditerranée

Textes
Jamila Binous, Tunis
Mahmoud Hawari, Jérusalem-Est
Manuela Marín, Madrid
Gönül Öney, Izmir

Plans des monuments
Şakir Çakmak
Ertan Daş
Yekta Demiralp

Maquette et design
Agustina Fernández,
Electa España, Madrid
Christian Eckart,
Museum With No Frontiers,
Vienna (2ème édition)

Coordination technique

Directeur de production
Sa'd al-Nimr, Ramallah

Assistante de production
Jihan Barakat, Ramallah

Coordination internationale

Coordination générale
Eva Schubert

Coordination comités scientifiques,
traductions, révision des textes
et production des catalogues
Sakina Missoum, Madrid

Remerciements

Nos remerciements s'adressent aux institutions et autorités suivantes, sans le concours desquelles ce projet n'aurait pu être mené à bien :

Ministère de la Culture, Direction du Patrimoine culturel, Ministère de la Culture, Ramallah
Ministère du Tourisme et des Antiquités, Département du Développement et de la Planification, Ramallah
Ministère de la Planification et de la Coopération internationale, Ramallah
Ministère des Waqfs et des Affaires religieuses, Ramallah
Ministère du Travail, Ramallah
Ministère du Gouvernement local, Ramallah
Municipalité de Naplouse
Municipalité de Gaza
Municipalité d'Hébron
Municipalité de Jéricho
Bureau d'assistance technique de la Commission européenne pour la Cisjordanie et la Bande de Gaza
Centre culturel Khalil Sakakini, Ramallah

Le cas échéant, Musée Sans Frontières se tient à la disposition des propriétaires qui n'auraient pu être contactés.

Les opinions exprimées dans ce livre ne reflètent pas nécessairement l'opinion de l'Union européenne ou de ses États-membres.

Par ailleurs, les dénominations utilisées dans cette publication aussi bien que la présentation des données qui y figurent n'impliquent, ni de la part de l'Union européenne et de ses États-membres, ni de la part de Musée Sans Frontières, de prise de position quant au statut juridique des villes, des zones et des territoires mentionnés, non plus qu'aux tracés des frontières et des limites.

Références photographiques

Voir page 5 ainsi que

Introduction générale "L'Art islamique en Méditerranée"
Ann & Peter Jousiffe (Londres), page 20 (Citadelle d'Alep).
Archives "Oronoz Photographes" (Madrid), page 23 (Alhambra, Grenade).

Références des plans

Introduction générale "L'Art islamique en Méditerranée"
Ettinghaussen R. y Grabar O. (*Arte y Arquitectura del Islam 650-1250*, 1987), page 26 (Mosquée de Damas).
Sönmez Z. (*Başlangıcından 16. Yüzyıla Kadar Anadolu-Türk İslam Mimarisinde Sanatçılar*, 1995), page 27 (Mosquées de Divrigi et Istanbul) y page 28 (Mosquée de Sivas)
Viguera S. (Madrid), page 28 (Typologie de minarets)
Ettinghaussen R. y Grabar O. (*Arte y Arquitectura del Islam 1250-1800,* 1987), page 29 (Mosquée et madrasa Sultan Hassan)
Ettinghaussen R. y Grabar O. (*Arte y Arquitectura del Islam 650-1250*, 1987), page 30 (Qasr al-Khayr oriental)
Kuran A. (*Mimar Sinan*, 1986), page 31 (Khan Sultan Aksaray)

Avertissement

Translittération de l'arabe

Nous avons conservé l'orthographe usuelle des mots arabes passés dans l'usage et introduits dans le dictionnaire tels que fondouk, oued, souk, beylik, diwan, hammam... Les mots (arabes ou berbères) qui apparaissent en italique, comme *mihrab, qibla, timchent, sabbat, wast al-dar, balata, ahellil, taguerrabt* ... sont soit accompagnés de leur traduction immédiate (entre parenthèses ou dans le corps du texte), soit repris dans le glossaire où ils sont définis. Pour tous les autres mots, nous avons utilisé un système de transcription simplifié pour lequel nous avons choisi de ne pas transcrire la *hamza* initiale et de ne pas faire de différence entre les voyelles brèves et longues qui sont transcrites en *a*, *i*, *ou/u*. Nous avons décidé de ne pas respecter la règle pour certains noms de lieu, comme el-Ateuf, el-Biar, el-Kantara, el-Khemis ... et de lui préférer la transcription en usage en Algérie.

ء	’	ح	*h*	ز	*z*	ط	*t*	ق	*q*	ه	*h*
ب	*b*	خ	*kh*	س	*s*	ظ	*z*	ك	*k*	و	*u/w*
ت	*t*	د	*d*	ش	*sh*	ع	‘	ل	*l*	ي	*y/i*
ث	*th*	ذ	*dh*	ص	*s*	غ	*gh*	م	*m*		
ج	*j*	ر	*r*	ض	*d*	ف	*f*	ن	*n*		

Les mots qui apparaissent en italique dans le texte, sauf s'ils sont accompagnés de leur traduction entre parenthèses, sont repris dans le glossaire et suivis d'une brève définition.

Ère musulmane

Les dates antérieures à l'ère musulmane (Préhistoire, Antiquité et Antiquité tardive) ne sont données que selon le calendrier chrétien, de même que celles qui sont postérieures à l'établissement du colonialisme en 1830.

Cette émigration est fixée au 1er jour du mois de *Muharram* de l'an 1 de l'Hégire qui correspond au 16 juillet 622 de l'ère chrétienne. L'année musulmane est composée de douze mois lunaires, chaque mois de 29 ou 30 jours. Trente années constituent un cycle dans lequel les 2e, 5e, 7e, 10e, 13e, 16e, 18e, 21e, 24e, 26e, et 29e années sont des années bissextiles de 355 jours; les autres sont des années communes de 354 jours. L'année lunaire musulmane est de dix ou onze jours plus courte que l'année solaire chrétienne. Chaque jour commence, non pas juste après minuit, mais immédiatement après le coucher du soleil, au crépuscule. La majorité des pays musulmans utilisent le calendrier hégirien (qui marque toutes les fêtes religieuses) en parallèle avec le calendrier chrétien.

Mention des dates

Les dates antérieures à l'ère musulmane (Préhistoire, Antiquité et Antiquité tardive) ne sont données que selon le calendrier chrétien, de même que celles qui sont postérieures à l'établissement de la colonisation en 1830.

Abréviations:
début = d.; moitié = m.; première moitié = p. m.; deuxième moitié = d. m.; fin = f.

Indications pratiques

Le présent catalogue a été rédigé en 2001. Conséquence des développements politiques intervenus dans la région après cette date, certaines descriptions fournies par ce catalogue risquent de différer de la situation effective que le visiteur trouvera sur le terrain.

La mention de Palestine comme définition du pays renvoie dans ce catalogue aux territoires placés sous l'administration de l'Autorité palestinienne selon les conventions internationales actuellement en vigueur. Trois circuits dans Jérusalem-Est sont également inclus dans ce catalogue.

Les visiteurs devront être munis d'un passeport valide pour au moins six mois, ce qui leur permettra de séjourner trois mois en Palestine. On peut entrer en Palestine soit par les frontières égyptienne et jordanienne, soit, en avion, par les aéroports de Gaza (Autorité Palestinienne) et de Tel Aviv (Israël).

Aéroport de Gaza
Navettes d'autobus et taxis pour Gaza City, d'où des taxis individuels et collectifs assurent un service régulier pour Jérusalem et la plupart des villes palestiniennes ; Gaza-Jérusalem : env. 80 km.

Aéroport de Tel Aviv
Navettes d'autobus entre l'aéroport et Jérusalem (porte de Damas) ; env. 35 km.

Par la Jordanie
De King Hussein Bridge, des taxis individuels et collectifs assurent la liaison avec Jérusalem et la plupart des villes palestiniennes ; King Hussein Bridge-Jérusalem : env. 30 km.

Par l'Égypte
Du poste frontière de Rafah, navettes d'autobus et taxis assurent la liaison avec Gaza City.

La langue officielle est l'arabe, mais de nombreux Palestiniens communiquent aussi en anglais.

Au cours de leur séjour en Palestine, les visiteurs pourront utiliser aussi bien le dollar américain que le dinar jordanien ou le shekel israélien, puisque ces trois monnaies y ont cours. L'euro commence également à être en circulation, et peut être changé auprès des banques et des bureaux de change dans toutes les villes du pays. Les principales cartes de crédit sont acceptées sur tout le territoire. Le retrait d'argent liquide est possible auprès de plusieurs banques dans les plus grandes villes.

Les plus grandes agglomérations disposent d'hôtels de 3 à 5 étoiles, la plupart d'entre eux proposant soit l'hébergement/petit-déjeuner, soit des possibilités de demi-pension. Les réservations peuvent s'effectuer par l'intermédiaire de The Arab Hotel Association (www.palestinehotels.com).

Le moyen le plus approprié pour visiter les circuits, les monuments et les sites composant l'exposition Musée Sans Frontières en Palestine est la voiture, aussi l'hôtel facilitera-t-il volontiers vos démarches si vous souhaitez louer un véhicule. Mais sur les principales routes, vous pourrez aussi emprunter le réseau palestinien, assez bien développé, de transports en commun, ou prendre un taxi collectif. Quant aux taxis privés, ils seront réservés à la journée ou à la demi-journée en fonction de la longueur du circuit ; là encore, l'hôtel sera toujours prêt à vous fournir l'assistance nécessaire.

Il est recommandé de se munir d'une carte routière et de plans des villes à visiter. Il est préférable de suivre les neuf circuits de l'exposition dans l'ordre proposé étant donné que la sélection des thèmes et monuments a été opérée selon un critère séquentiel.

Chaque circuit est accompagné d'un schéma graphique qui permet de visualiser le voyage dans son ensemble et les déplacements à effectuer. Les étapes (signalées en chiffres arabes) de chaque circuit (chiffres romains) sont accompagnées d'indications techniques en italiques (comment arriver aux villes et aux monuments, horaires de visite, etc.) valables au moment de la rédaction du catalogue. Les circuits comportent des monuments principaux et optionnels, des "fenêtres" (titre sur tramé jaune) qui traitent des thèmes complémentaires, et des vues panoramiques choisies pour leur intérêt spécifique associé aux lieux sélectionnés.

Il est conseillé aux visiteurs de porter des vêtements confortables au cours de leur voyage, et des vêtements conformes aux normes locales lors de la visite des lieux saints. Les femmes pourront être amenées à se couvrir la tête d'un voile avant de pénétrer dans un édifice religieux.

Les mosquées, *madrasas* et *khanqas* sont des lieux de culte où s'accomplissent les cinq prières quotidiennes : à l'aube, *al-fajr*; à la mi-journée, *al-duhr* (12:00 en hiver, 13:00 en été) ; au milieu de l'après-midi, *al-'asr* (15:00 en hiver, 16:00 en été) ; au crépuscule, *al-maghrib*; et à la nuit noire (*al-'icha'*). Les meilleurs moments pour la visite sont avant la prière de la mi-journée et entre celle-ci (*al-duhr*) et celle du milieu de l'après-midi (*al-'asr*).

Les jours fériés en Palestine correspondent aux fêtes religieuses, et surviennent à des jours (du calendrier hégirien) différents selon les années (du calendrier chrétien). Le Jour de l'An et la Fête du Travail (1er mai) sont également fériés.

Pendant le mois de Ramadan, les musulmans jeûnent du lever au coucher du soleil. Les commerces ferment à peu près au moment du coucher du soleil. Les restaurants, à l'exception des restaurants d'hôtels, sont fermés pendant la journée et n'ouvrent qu'après le crépuscule. De façon à ne pas heurter la sensibilité des jeûneurs, nous recommandons aux visiteurs de s'abstenir de manger, boire ou fumer dans les lieux publics.

Musée Sans Frontières ne saurait être tenu pour responsable des modifications susceptibles d'être intervenues depuis la rédaction du catalogue, non plus que de quelque incident, perte ou dommage personnel qui pourrait survenir au cours du séjour en Palestine.

Nous vous souhaitons un agréable séjour en Palestine.

L'équipe palestinienne de Musée Sans Frontières.

Sommaire

LES DYNASTIES ISLAMIQUES EN MÉDITERRANÉE

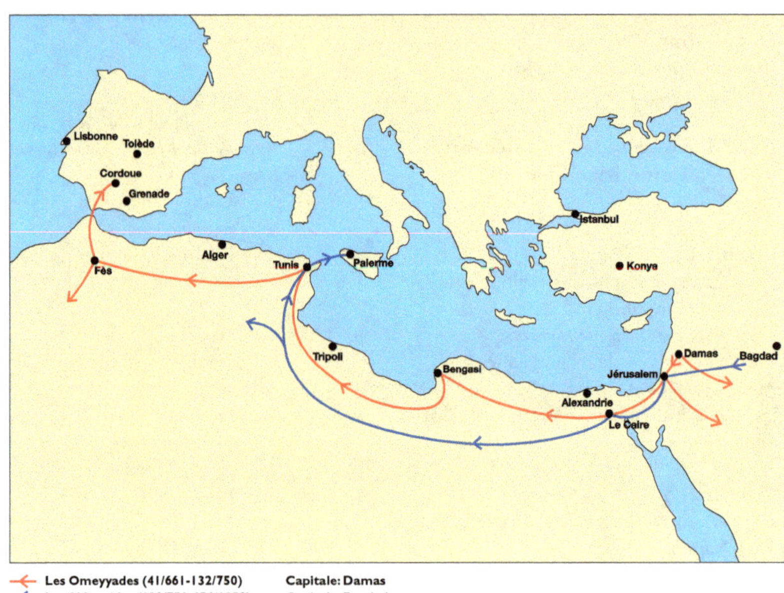

Les Omeyyades (41/661-132/750) Capitale: Damas
Les Abbassides (132/750-656/1258) Capitale: Bagdad

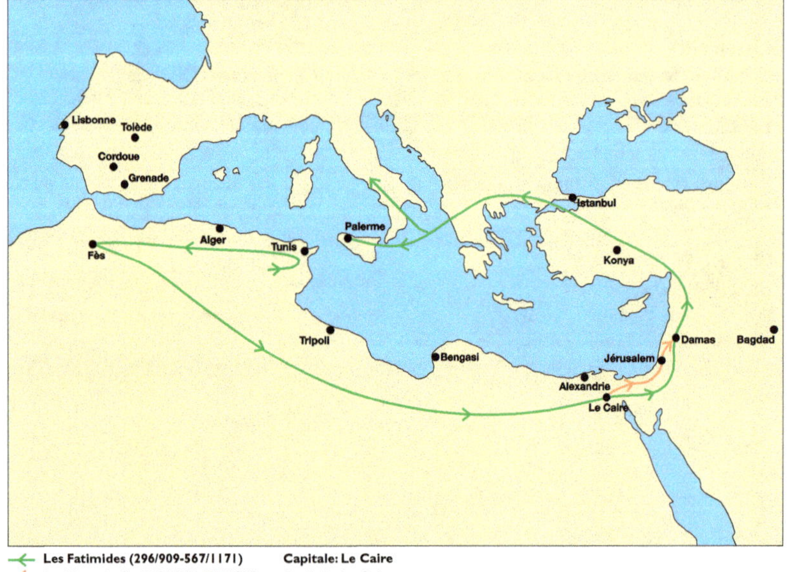

Les Fatimides (296/909-567/1171) Capitale: Le Caire
Les Mamelouks (648/1250-923/1517) Capitale: Le Caire

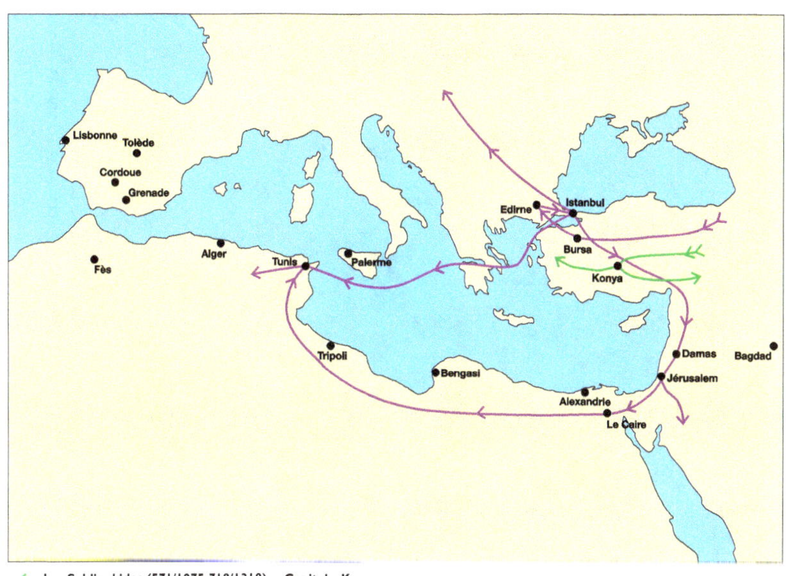

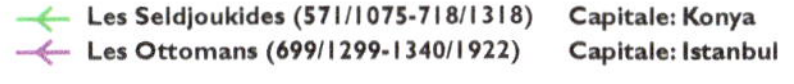

Les Seldjoukides (571/1075-718/1318) Capitale: Konya

Les Ottomans (699/1299-1340/1922) Capitale: Istanbul

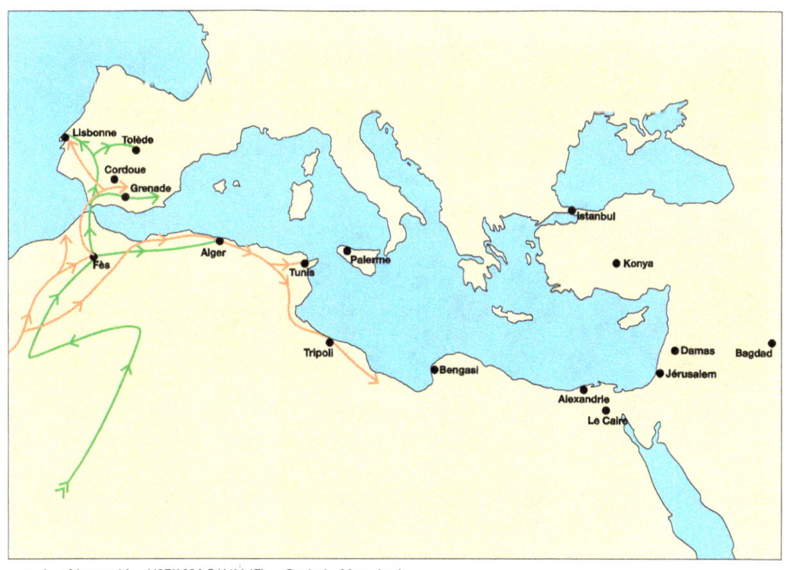

Les Almoravides (427/1036-541/1147) Capitale: Marrakech

Les Almohades (515/1121-667/1269) Capitale: Marrakech

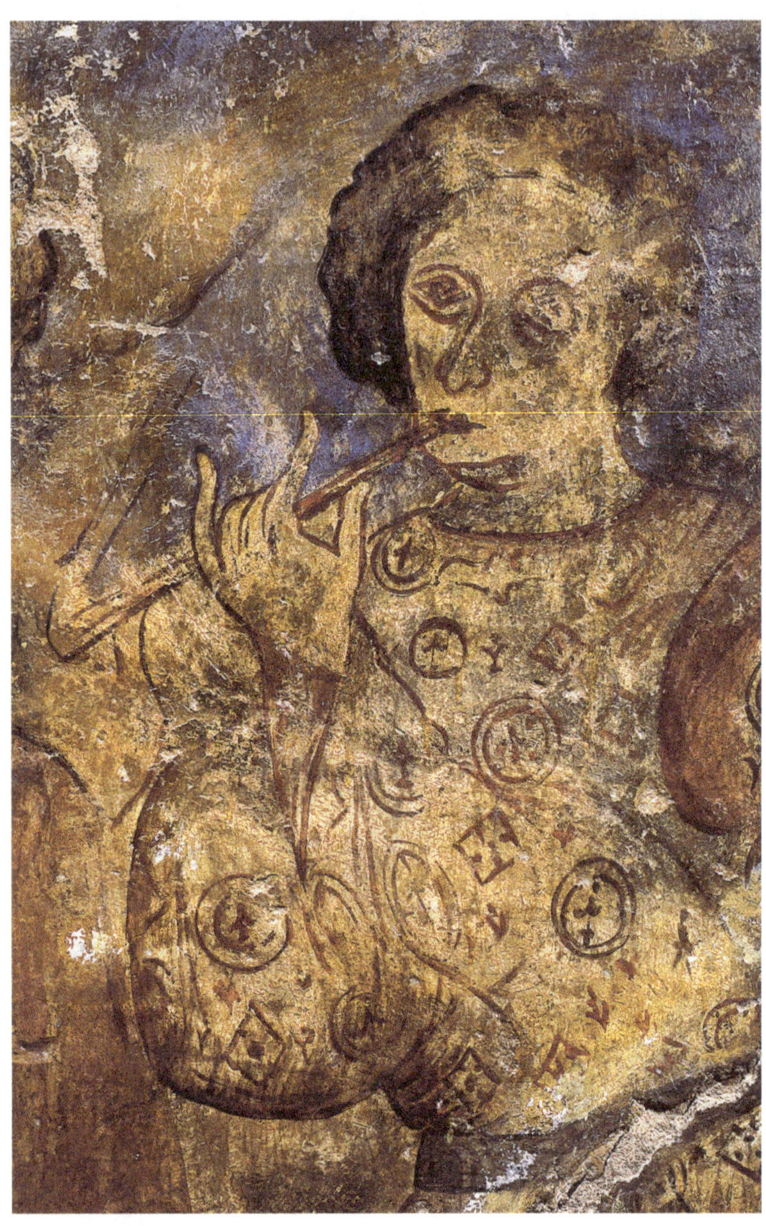

Qusayr 'Amra,
peinture murale de la
Salle d'Audiences,
Badiya de Jordanie.

L'ART ISLAMIQUE EN MÉDITERRANÉE

Jamila Binous
Mahmoud Hawari
Manuela Marín
Gönül Öney

Le patrimoine islamique en Méditerranée

Depuis la première moitié du Ier/VIIe siècle, l'histoire du bassin méditerranéen se partage, de façon étonnamment équitable, entre deux cultures, la culture islamique d'une part et la culture chrétienne occidentale d'autre part. Cette très longue histoire de conflits et de contacts a contribué à créer un mythe largement répandu dans l'imaginaire collectif, fondé sur l'image de l'autre comme étant l'ennemi irréductible, étranger et inconnu et, par là même, incompréhensible. Il est vrai que ces siècles sont ponctués de batailles, depuis les temps où les musulmans s'étendent à partir de la péninsule Arabique et prennent possession du Croissant Fertile, de l'Égypte et, plus tard, de l'Afrique du Nord, de la Sicile et de la péninsule Ibérique – et pénètrent en Europe occidentale jusqu'au sud de la France. Au début du IIe/VIIIe siècle, la Méditerranée est sous contrôle islamique.

Cette énergie à se déployer, d'une intensité rarement égalée dans l'histoire de l'humanité, ne peut se développer qu'au nom d'une religion qui se considère comme l'héritière des deux religions qui la précèdent, le judaïsme et le christianisme. Mais ce serait extrêmement réducteur d'expliquer le développement de l'islam en termes de religion uniquement. L'une des images très répandues en Occident présente l'islam comme une religion de simples dogmes, adaptée aux besoins du petit peuple, disséminée par de vulgaires guerriers sortis du désert, le Coran gravé sur la lame de leurs épées. Cette image grossière est très éloignée de la complexité intellectuelle d'un message religieux qui transforme le monde dès son commencement. Elle identifie ce message à une menace militaire et justifie par conséquent une réaction dans les mêmes termes. En fait, elle réduit l'ensemble d'une culture à l'une de ses composantes uniquement – la religion – et la dépossède ainsi de son potentiel à évoluer et à changer.

Les pays méditerranéens qui sont progressivement intégrés dans le monde musulman commencent leur parcours à des points de départ très différents. Les formes de vie islamique qui commencent à se développer dans chacun de ces pays sont par conséquent distinctes malgré l'unité qui résulte de leur adhésion commune au nouveau dogme religieux. La capacité à assimiler les éléments de cultures antérieures (hellénistique, romaine, etc.) constitue précisément l'une des caractéristiques qui définissent les sociétés islamiques. Lorsque les observations se limitent à la zone géographique de la Méditerranée, qui est extrêmement diversifiée au plan culturel à l'époque de l'émergence de l'islam, on remarque rapidement que ce moment initial ne présente aucune rupture avec le passé et on en vient à réaliser qu'il n'est pas concevable

d'imaginer un monde islamique monolithique et immuable, suivant aveuglément un message religieux inaltérable.
S'il convient de choisir un *leitmotiv* définissant tout le bassin méditerranéen, c'est bien la diversité d'expression mêlée à l'harmonie de sentiment, sentiment plus culturel que religieux. Dans la péninsule Ibérique – pour commencer par le périmètre occidental de la Méditerranée –, la présence de l'islam, imposée initialement par les conquêtes militaires, génère une société qui se différencie clairement de la société chrétienne, tout en étant continuellement en contact avec elle. L'importance de l'expression culturelle de cette société islamique se ressent encore même après qu'elle a cessé d'exister en tant que telle et donne naissance à ce qui constitue probablement l'un des éléments les plus originaux de la culture hispanique, l'art mudéjar. Au Maroc et en Tunisie, l'héritage d'al-Andalus (l'Espagne musulmane) est assimilé dans les formes artistiques locales et continue d'exister de nos jours. La Méditerranée occidentale produit des formes d'expression originales qui reflètent son évolution historique conflictuelle et plurielle.
Insérée entre l'Orient et l'Occident, la mer Méditerranée est dotée d'enclaves terrestres, lieux historiques majeurs témoins des siècles passés, notamment la Sicile. Conquise par les Arabes établis en Tunisie, la Sicile continue de perpétuer la mémoire culturelle et historique de l'islam, longtemps après que la présence politique des musulmans sur l'île eut disparu. La présence de formes esthétiques siculo-normandes que révèlent les monuments architecturaux démontre clairement que l'histoire de ces régions ne peut s'expliquer sans la compréhension de la diversité des expériences sociales, économiques et culturelles qui s'épanouissent sur ces terres.
Tout à fait à l'opposé, donc, de l'image immuable et constante à laquelle il est fait allusion plus haut, l'histoire de l'islam en Méditerranée se caractérise par une surprenante diversité, née de la fusion entre peuples et ethnies, déserts et terres fertiles. S'il apparaît clairement que la religion adoptée par la majorité est l'islam depuis le Moyen Âge, il est également vrai que les minorités religieuses maintiennent historiquement leur présence. La langue du Coran, l'arabe classique, coexiste avec d'autres langues de même qu'avec d'autres dialectes arabes. Dans ce cadre d'indéniable unité (religion musulmane, langue et culture arabes), chaque société évolue et relève les défis de l'histoire à sa façon propre.

L'émergence et le développement de l'art islamique

Sur l'ensemble des territoires de civilisations aussi anciennes que diverses, un nouvel art apparaît, mêlé aux images de la foi islamique qui émerge à la fin du

IIe/VIIIe siècle et qui, en moins d'un siècle, s'impose avec succès. À sa façon, cet art donne naissance à des créations et à des innovations qui reposent sur des formules et des procédés architecturaux et décoratifs d'unification régionale. Il s'inspire simultanément des traditions artistiques qui le précèdent : traditions gréco-romaine et byzantine, sassanide, wisigothique, berbère ou encore d'Asie centrale.

L'objectif initial de l'art islamique consiste à répondre aux besoins de la religion et aux divers aspects de la vie socio-économique. De nouveaux édifices religieux voient le jour, notamment les mosquées et les sanctuaires. L'architecture joue ainsi un rôle central dans l'art islamique, puisque de nombreux arts s'y rattachent. Cependant, hormis l'architecture, un ensemble d'arts mineurs apparaît et trouve son expression artistique dans une variété de matériaux, notamment le bois, la poterie, les métaux, le verre, etc. En poterie, une grande variété de techniques de vernissage est employée, notamment, parmi les groupes les plus utilisés, les céramiques peintes polychromes. Du verre d'une grande beauté est produit, atteignant le sommet de l'art avec le verre orné de couleurs dorées et vives vernissées. Le bronze incrusté d'argent ou de cuivre constitue la méthode la plus sophistiquée du travail du métal. Des textiles et des tapis d'excellente qualité, à motifs géométriques, animaliers ou humains, sont confectionnés. Des manuscrits enluminés de miniatures représentent l'aboutissement spectaculaire de l'art du livre. Ces différentes formes d'art mineur témoignent de l'éclat remarquable de l'art islamique.

Toutefois, l'art figuratif est exclu du domaine liturgique islamique, ce qui signifie qu'il est banni du cœur de la civilisation islamique et qu'il n'est toléré qu'à sa périphérie. Les reliefs sont rares dans la décoration des monuments et les sculptures sont pratiquement planes. Mais l'extrême richesse des ornementations des panneaux de stuc somptueusement ciselés, des panneaux de bois sculptés, des faïences murales et des mosaïques vernissées de même que des frises à stalactites, ou *mouqarnas*, compensent cette absence. Les éléments décoratifs empruntés à la nature – feuilles, fleurs, branches – sont généralement stylisés à l'extrême et sont si complexes qu'ils font rarement penser à leur source d'origine. L'entrelacement et la combinaison de motifs géométriques, notamment les losanges et les polygones étoilés, forment des réseaux entrelacés qui recouvrent entièrement les surfaces, créant des formes qui prennent souvent le nom d'arabesques. L'introduction d'éléments épigraphiques dans l'ornementation des monuments, des meubles et de divers objets représente une innovation du répertoire décoratif. Les artisans musulmans savent utiliser la beauté de la calligraphie arabe, la langue du Livre sacré, le Coran, non seulement pour transcrire des versets coraniques mais dans toutes ses variantes, comme simple motif de décoration de l'ornementation des panneaux de stuc et des encadrements de panneaux.

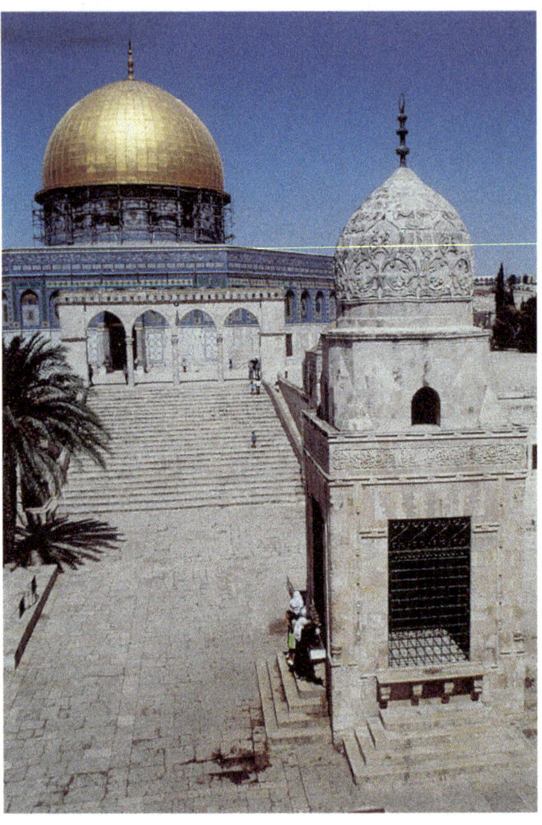

Dôme du Rocher, Jérusalem.

L'art se met également au service des souverains. Les architectes construisent, pour leurs mécènes, des palais, des mosquées, des écoles, des hôpitaux, des bains publics, des caravansérails et des mausolées qui portent parfois leur nom. L'art islamique est, avant tout, un art dynastique. Chaque tendance y contribue en apportant un renouvellement partiel ou complet des formes artistiques, en fonction du cadre historique, de la prospérité dont jouissent les États et des traditions de chaque peuple. L'art islamique, malgré son unité relative, permet la diversité, donnant naissance à différents styles, chacun étant assimilé à une dynastie.

La dynastie omeyyade (41/661-132/750), qui transfère la capitale du califat à Damas, représente un aboutissement singulier de l'histoire de l'islam. Elle absorbe et intègre l'héritage hellénistique et byzantin de façon à refondre la tradition classique méditerranéenne en un nouveau moule innovateur. L'art islamique naît donc en Syrie et l'architecture, nettement islamique du fait de la personnalité de ses fondateurs, continue également à offrir cette relation à l'art hellénistique et byzantin. Le Dôme du Rocher à Jérusalem, premier sanctuaire islamique monumental, la Grande Mosquée de Damas, qui sert de modèle aux mosquées ultérieures, et les palais du désert de Syrie, de Jordanie et de Palestine en constituent les monuments les plus importants.

Lorsque le califat abbasside (132/750-656/1258) succède à la dynastie omeyyade, le centre politique de l'islam se déplace de la Méditerranée vers Bagdad, en Mésopotamie. Ce facteur contribue à influencer le développement de la civilisation islamique et tous les aspects culturels et artistiques portent les stigmates de ce changement. L'art et l'architecture abbassides subissent l'influence de trois traditions majeures : sassanide, asiatique et seldjoukide.

L'influence de l'Asie centrale est déjà présente dans l'architecture sassanide, mais à Samarra, cette influence se retrouve dans le style du stuc avec ses ornementations en arabesques qui se répandent rapidement dans le monde islamique. L'influence des monuments abbassides se ressent dans les édifices construits au cours de cette période dans les autres provinces de l'Empire, tout particulièrement en Égypte et en Ifriqiya. Au Caire, la mosquée Ibn Touloun (262/876-265/879) est un véritable chef-d'œuvre, admirable pour son plan et son unité de conception. La Grande Mosquée abbasside de Samarra lui sert de modèle, tout particulièrement son minaret hélicoïdal. À Kairouan, capitale de l'Ifriqiya, les vassaux des califes abbassides, les Aghlabides (184/800-296/909), embellissent la Grande Mosquée, l'une des plus exemplaires du Maghreb dont le *mihrab* est recouvert de faïences de Mésopotamie.

Les Fatimides (296/909-567/1171) règnent sur une période remarquable de l'histoire des pays méditerranéens islamiques, l'Afrique du Nord, la Sicile, l'Égypte et la Syrie. Seuls restent quelques exemples de ces constructions architecturales, témoins de leur gloire passée : dans le Maghreb central, la Qal'a des Beni Hammad et la mosquée de Mahdia ; en Sicile, la Cuba (*Koubba*) et la Zisa (*al-'Aziza*) à Palerme, construites par les artistes fatimides sous le règne du roi normand Guillaume II ; au Caire, la mos-

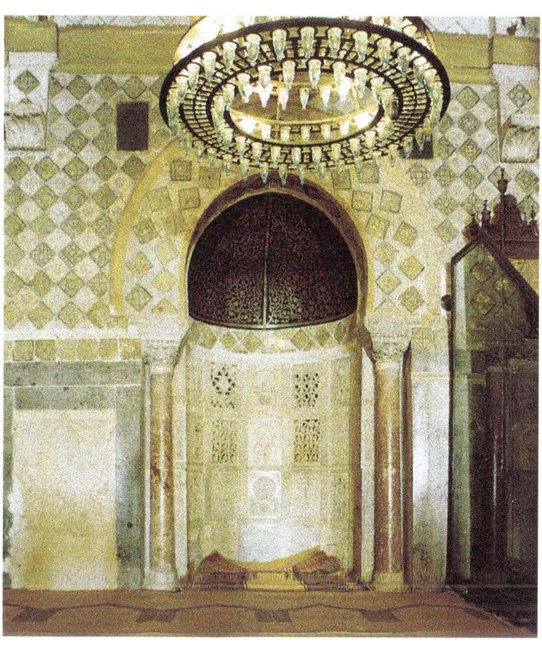

Mosquée de Kairouan, mihrab, Tunisie.

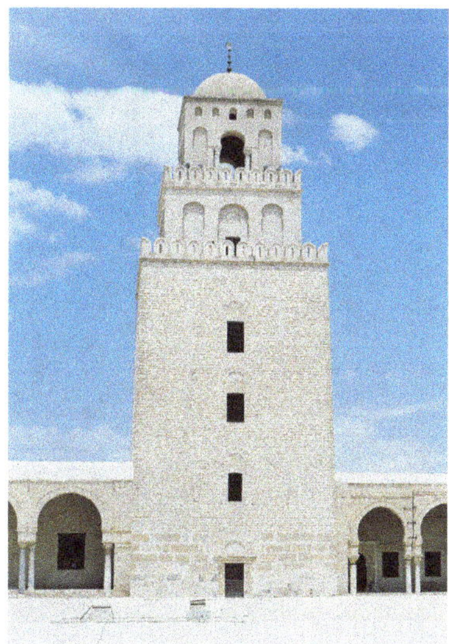

Mosquée de Kairouan, minaret, Tunisie.

Citadelle d'Alep, vue de l'entrée, Syrie.

Complexe Qalawun, Le Caire, Égypte.

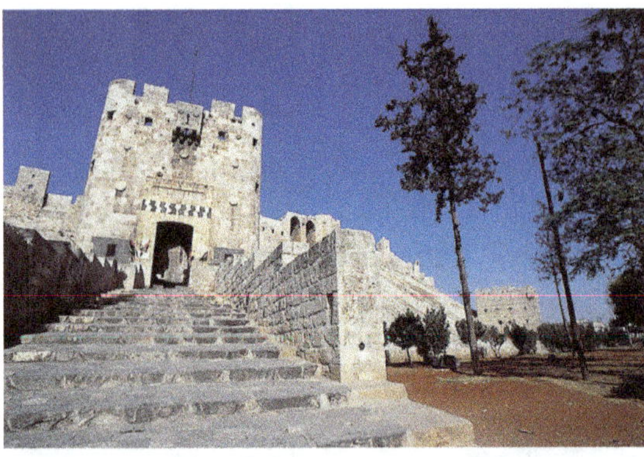

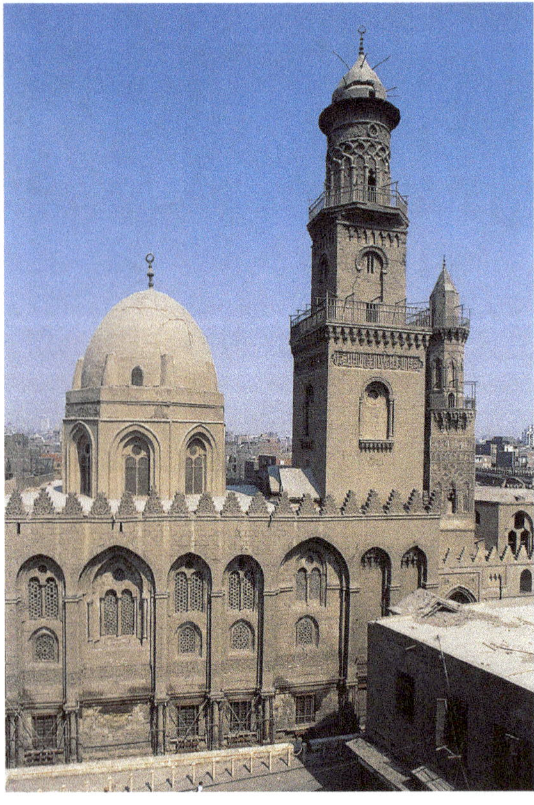

quée al-Azhar constitue l'exemple le plus remarquable de l'architecture fatimide en Égypte.

Les Ayyoubides (567/1171-648/1250), qui renversent la dynastie fatimide au Caire, sont des mécènes importants dans le domaine de l'architecture. Ils fondent des institutions religieuses (*madrasas, khanqas*) afin de propager l'islam sunnite, des mausolées et des établissements de bienfaisance sociale, de même que des fortifications imposantes en vue de faire front aux conflits militaires avec les Croisés. La Citadelle d'Alep en Syrie constitue un magnifique exemple de leur architecture militaire.

Les Mamelouks (648/1250-922/1517), successeurs des Ayyoubides, résistent vaillamment aux Croisés et aux Mongols, parviennent à obtenir l'unité de la Syrie et de l'Égypte et fondent un puissant empire. La richesse et le luxe de la cour du sultan mamelouk au Caire poussent les artistes et les architectes à atteindre un style d'architecture extraordinairement élégant. Pour le monde islamique, la période mamelouke marque un essor et une renaissance. L'enthousiasme à créer des édifices religieux et à reconstruire les édifices existants place les Mamelouks parmi les plus grands mécènes dans les domaines de l'art et de l'architecture dans l'histoire de l'islam. La mosquée de Hassan (757/1356), mosquée funéraire construite selon un plan cruciforme, les branches de la croix étant formées de quatre *iwans* autour d'une cour centrale, est typique de cette époque.

L'Anatolie est le berceau de deux grandes dynasties islamiques : les Seldjoukides (571/1075-718/1318), qui introduisent l'islam dans la région, et les Ottomans (699/1299-1340/1922), qui entraînent la fin de l'Empire byzantin avec la prise de Constantinople et assoient leur hégémonie dans la région.

Un style distinctif de l'art et de l'architecture seldjoukides s'épanouit avec des influences d'Asie centrale, d'Iran, de Mésopotamie et de Syrie qui s'entremêlent à des éléments du patrimoine de l'Anatolie chrétienne et de l'Antiquité. Konya, la nouvelle capitale de l'Anatolie centrale, ainsi que d'autres villes, s'enrichissent d'édifices dans le nouveau style seldjoukide. De nombreuses mosquées, *madrasas*, *turbés et caravansérails*, richement décorés de stuc et de faïence aux diverses représentations figuratives, survivent encore.

Mosquée Selimiye, vue générale, Edirne, Turquie.

Avec la désintégration des Émirats seldjoukides et le déclin de Byzance, les Ottomans peuvent étendre leur territoire et transfèrent rapidement leur capitale d'Iznik à Bursa puis à Edirne. La conquête de Constantinople en 858/1453 par le sultan Mehmet II donne l'élan nécessaire à la transition entre un État émergeant et un grand empire. Une superpuissance qui étend ses frontières jusqu'à Vienne, y compris les Balkans à l'ouest et l'Iran à l'est, de même qu'en Afrique du Nord, de l'Égypte à l'Algérie, transformant la Méditerranée orientale en mer ottomane. La course en vue de surpasser la grandeur des églises byzantines héritées, dont la Sainte-Sophie constitue l'exemple le plus frappant, culmine avec la construction de grandes mosquées à Istanbul. La mosquée Süleymaniye, construite au Xe/XVIe siècle par le célèbre architecte ottoman Sinan, en est l'exemple le plus significatif et incarne le point culminant de l'harmonie architecturale des édifices à coupoles. La plupart des grandes mosquées ottomanes font

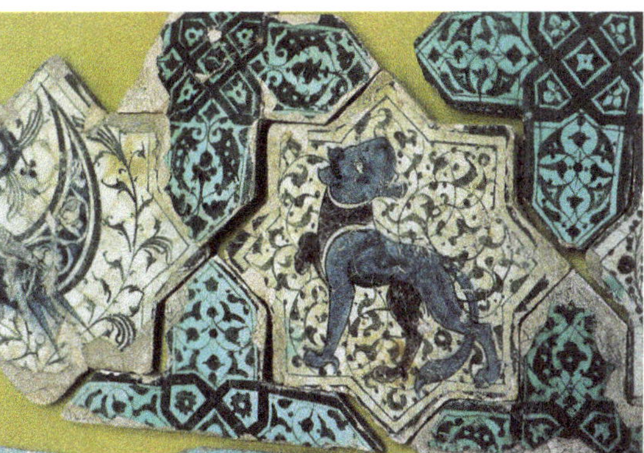

Céramique du palais Kubadabad, Musée Karatay, Konya, Turquie.

Grande Mosquée de Cordoue, mihrab, Espagne.

Dar al-Jund, Madinat al-Zahra', Espagne.

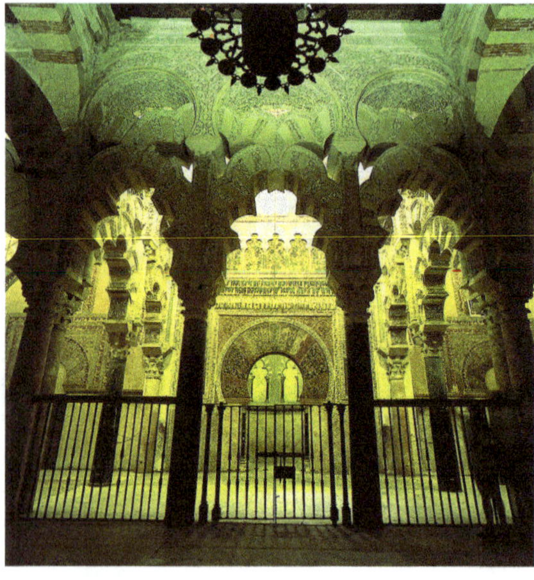

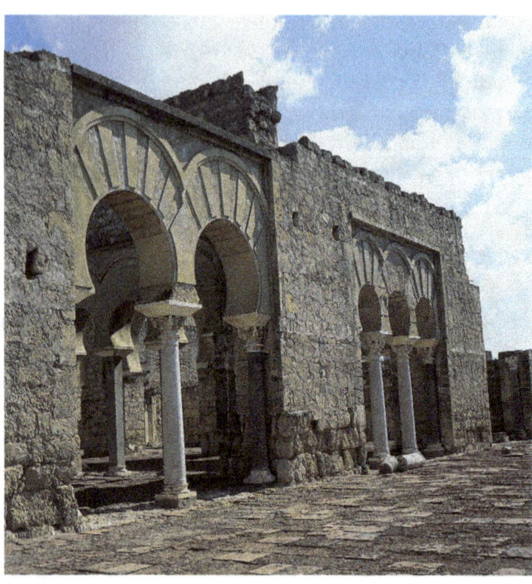

partie d'un grand ensemble d'édifices, *külliye,* comprenant des *madrasas*, une école coranique, une bibliothèque, un hôpital (*darüssifa*), une auberge (*tabkhane*), une cuisine publique, un *caravansérail* et des mausolées (*turbés*). À partir du début du XIIe/XVIIIe siècle, au cours de la "Période des Tulipes", l'architecture et le style décoratif ottomans reflètent l'influence du style baroque et rococo français, annonçant la période d'occidentalisation de l'art et de l'architecture.

Al-Andalus, dans la partie occidentale du monde islamique, devient le berceau d'une expression artistique et culturelle brillante. Abd al-Rahman Ier y fonde un califat ommeyade indépendant (138/750-422/1031) avec Cordoue pour capitale. La Grande Mosquée de cette ville ouvre la voie aux tendances artistiques innovatrices, notamment avec les doubles arcs bicolores superposés et les panneaux à ornementation végétale, qui sont passées dans le répertoire des formes artistiques andalousiennes.

Au cours du Ve/XIe siècle, le califat de Cordoue se divise en de multiples principautés qui ne sont pas en mesure d'éviter l'avancée progressive de la reconquête initiée par les États chrétiens au nord-ouest de la péninsule Ibérique. Ces roitelets ou rois de Taïfa font appel aux Almoravides en 479/1086 et aux Almohades en 540/1145 en vue de repousser l'arrivée des chrétiens et de rétablir l'unité partielle d'al-Andalus.

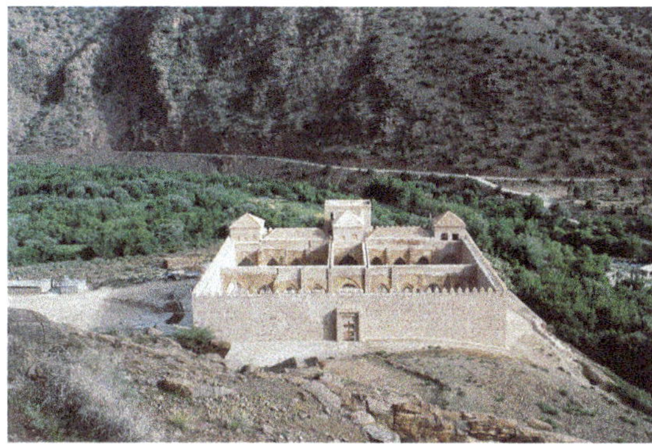

Mosquée de Tinmel, vue aérienne, Maroc.

Par leur intervention dans la péninsule Ibérique, les Almoravides (427/1036-541/1147) entrent en contact avec une nouvelle civilisation et tombent rapidement sous le charme du raffinement de l'art andalousien, comme le reflète leur capitale, Marrakech, où ils construisent une grande mosquée et des palais. L'influence de l'architecture de Cordoue et d'autres capitales, notamment Séville, se ressent dans tous les monuments almoravides de Tlemcen, Alger ou Fès.

L'art islamique occidental atteint son apogée sous le règne des Almohades (515/1121-667/1269), qui étendent leur hégémonie jusqu'en Tunisie. Au cours de cette période, la créativité artistique favorisée par les souverains almoravides se renouvelle et des chefs-d'œuvre de l'art islamique font leur apparition. La Grande Mosquée de Séville avec son minaret la Giralda, la Koutoubiya à Marrakech, la mosquée Hassan à Rabat et la mosquée de Tinmal érigée au sommet des montagnes de l'Atlas au Maroc en sont les exemples les plus remarquables.

Avec la dissolution de l'Empire almohade, la dynastie nasride (629/1232-897/1492) s'installe à Grenade et vit une période de splendeur au cours du VIIIe/XIVe siècle. La civilisation de Grenade devient un modèle culturel pour les siècles à venir en Espagne (l'art mudéjar) et, particulièrement, au Maroc, où cette tradition artistique a bénéficié d'une grande popularité et est préservée jusqu'à nos jours dans les domaines de l'architecture, de la décoration, de la musique et de la gastronomie. Les célèbres palais et forts de *al-Hamra'* (l'Alhambra) à Grenade marquent l'aboutissement suprême de l'art andalousien, avec toutes les caractéristiques de son répertoire artistique.

Parallèlement, au Maroc, les Mérinides (641/1243-876/1471) succèdent aux Almohades, alors qu'en Algérie règnent les Abd al-Wadids (633/1235-922/1516) et en Tunisie

Tour des Dames et jardins, l'Alhambra, Grenade, Espagne.

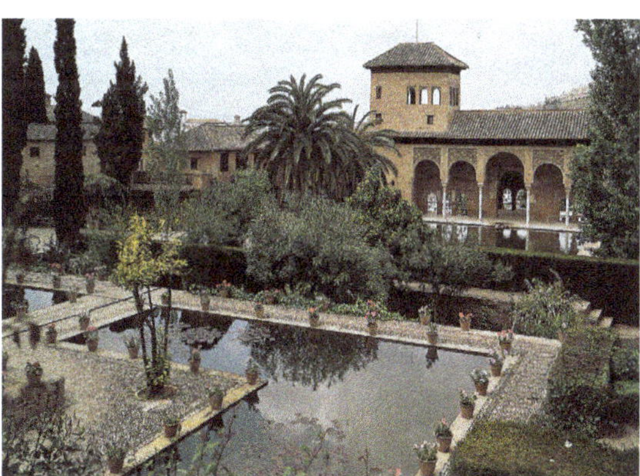

Mértola, vue générale, Portugal.

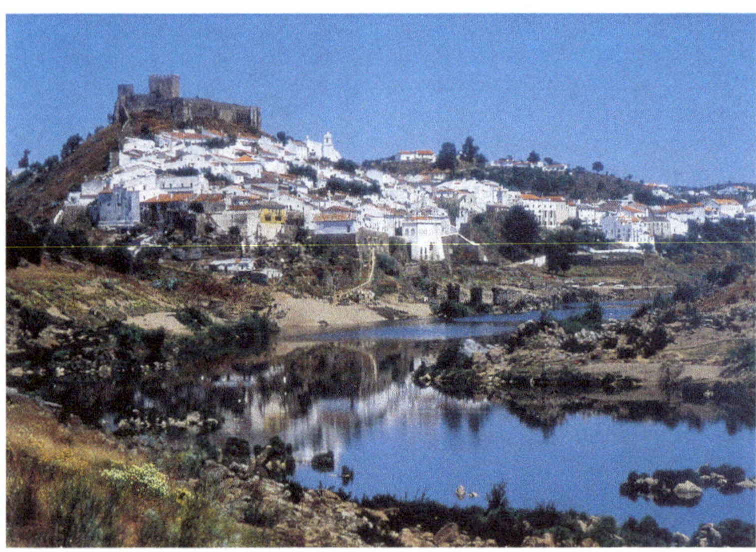

les Hafsides (625/1228-941/1534). Les Mérinides perpétuent l'art andalousien, l'enrichissant de nouveaux éléments. Ils embellissent leur capitale Fès par une abondance de mosquées, palais et *madrasas*, considérés comme étant, avec leurs mosaïques de céramique et leurs revêtements de *zellige* dans les décorations murales, les œuvres les plus parfaites de l'art islamique. Les dynasties marocaines suivantes, les Saadiens (933/1527-1070/1659) et les Alaouites (1070/1659 à nos jours), perpétuent la tradition artistique des Andalous exilés de leur terre natale en 897/1492. Ils continuent de construire et de décorer leurs monuments en utilisant les mêmes formules et les mêmes thèmes décoratifs que les dynasties précédentes, ajoutant des touches innovatrices caractéristiques de leur génie créatif. Au début du XIe/XVIIe siècle, les immigrés d'al-Andalus (les Morisques), qui s'établissent dans les villes du nord du Maroc, introduisent de nombreuses

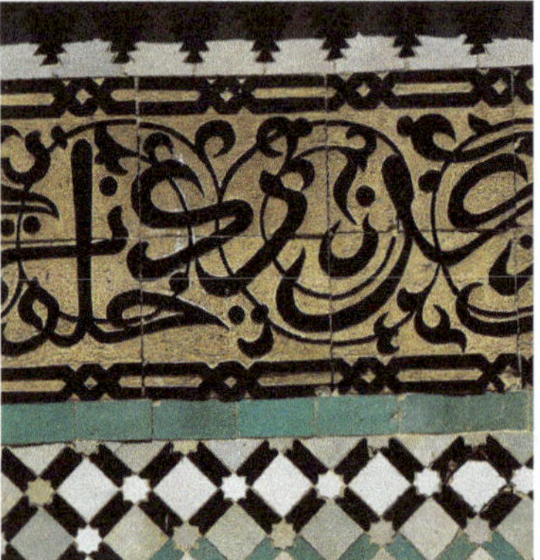

Frise épigraphigue en caractères cursifs sur carreaux de faïence, Madrasa Bouinaniya, Meknès, Maroc.

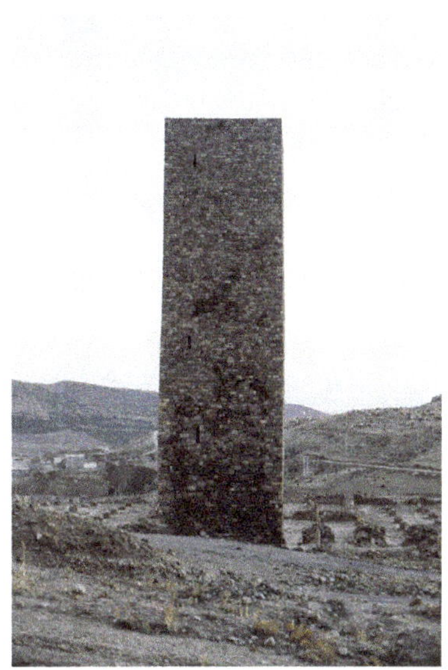

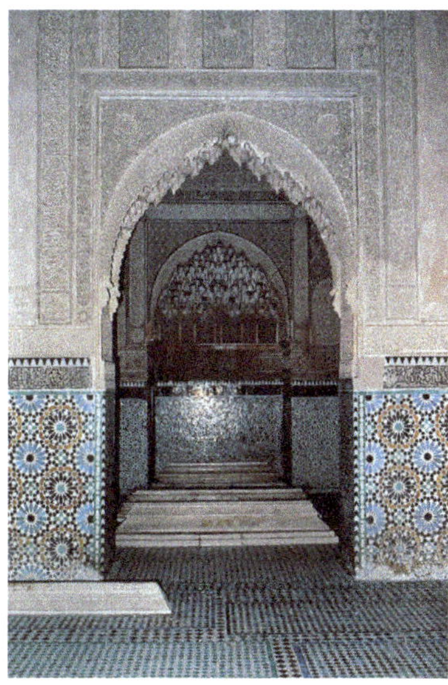

Qal'a des Beni Hammad, minaret, Algérie.

Tombeau des Saadiens, Marrakech, Maroc.

caractéristiques de l'art andalousien. Aujourd'hui, le Maroc est l'un des rares pays à perpétuer les traditions andalousiennes dans son architecture et son ameublement, modernisées par l'introduction de techniques et de styles architecturaux du XXe siècle.

L'ARCHITECTURE ISLAMIQUE

De façon générale, l'architecture islamique peut être classée en deux catégories : religieuse, avec notamment les mosquées, les *madrasas*, les mausolées, et séculaire, tout particulièrement avec les palais, les *caravansérails*, les fortifications, etc.

Architecture religieuse

Les mosquées

Pour des raisons évidentes, la mosquée se trouve au cœur de l'architecture islamique. Elle représente le clair symbole de la foi qu'elle sert. Très tôt, les musulmans comprennent ce rôle symbolique qui constitue un facteur important dans la création d'indices visuels appropriés dans le domaine de la construction : les minarets, coupoles, *mihrabs*, *minbars*, etc.
La cour de la maison du Prophète à Médine représente la première mosquée de l'islam, sans raffinements architecturaux. Les premières mosquées construites par les musulmans au fur et à mesure de l'expansion de leur empire sont simples. À partir de ces édifices se développe la mosquée du vendredi (*jami'*), dont les traits essentiels n'ont pas changé depuis 1400 ans. Son plan général consiste en une grande cour entourée d'arcades, avec un nombre de rangées plus élevé sur le côté orienté vers La Mecque (*qibla*) que sur les autres côtés. La Grande Mosquée omeyyade de Damas, dont le plan s'inspire de celui de la mosquée du Prophète, sert de modèle aux nombreuses mosquées construites dans les différentes provinces du monde islamique.

Mosquée omeyyade de Damas, Syrie.

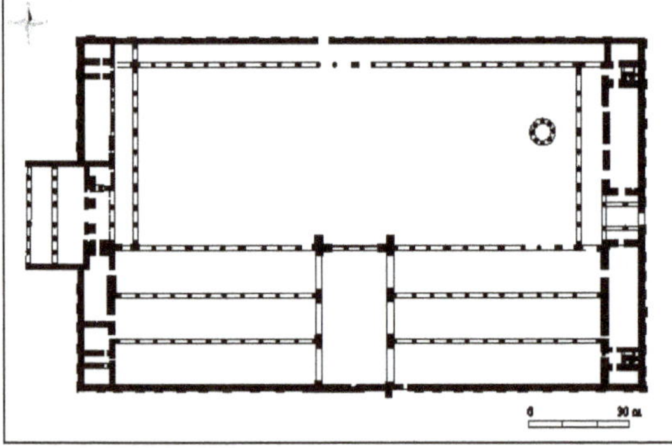

Deux autres types de mosquées se développent en Anatolie et, plus tard, sur les territoires ottomans : les mosquées basilicales et les mosquées à coupoles. Le premier type consiste en une simple salle à piliers ou basilique, style influencé par la tradition romaine tardive et par la tradition byzantine de Syrie, introduite avec quelques modifications au Ve/XIe siècle.
Le deuxième type de mosquées, qui se développe au cours de la période ottomane, organise l'espace intérieur

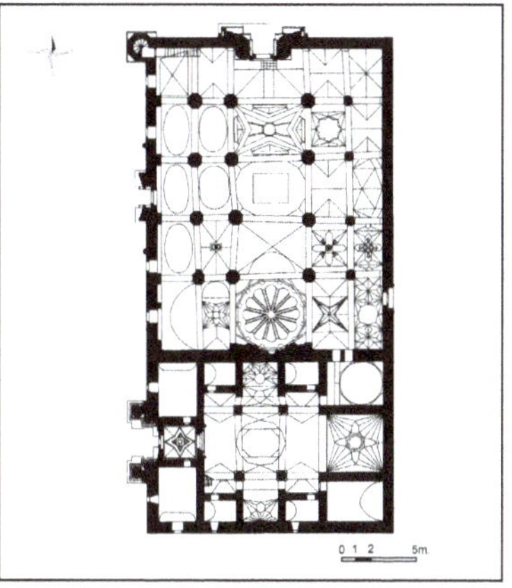
Grande Mosquée de Divriği, Turquie.

sous un dôme unique. Les architectes ottomans créent dans les grandes mosquées impériales un nouveau style de construction à coupoles qui réunit la tradition de la mosquée islamique et la construction des édifices à coupoles en Anatolie. Le dôme principal repose sur une structure hexagonale et les baies latérales sont couronnées de coupoles plus petites. L'importance d'un espace intérieur dominé par un dôme unique devient le point de départ d'un style diffusé au Xe/XVIe siècle. Au cours de cette période, les mosquées deviennent des complexes multifonctionnels à caractère social, composés d'une *zaouïa*, d'une *madrasa*, d'une cuisine publique, de bains, d'un *caravansérail* et du mausolée du fondateur. La mosquée Süleymaniye à Istanbul, construite en 965/1557 par le grand architecte Sinan, constitue l'exemple suprême de ce style.

Le minaret du haut duquel le *muezzin* appelle les fidèles à la prière constitue l'indice le plus saillant de la mosquée. En Syrie, le minaret traditionnel consiste en une tour carrée construite en pierre. Dans l'Égypte mamelouke, les minarets sont divisés en trois zones distinctes : une section carrée à la base, une section médiane octogonale et une section cylindrique au sommet, surplombée d'une petite coupole. Les fûts sont richement décorés et la transition entre deux sections se fait au moyen d'un bandeau de *mouqarnas*. Les minarets d'Afrique du Nord et d'Espagne, qui partagent leur tour carrée avec la Syrie, sont décorés de panneaux à motifs autour de fenêtres jumelées. Pendant l'époque ottomane, les minarets octogonaux ou cylindriques remplacent la tour carrée. Il s'agit souvent de hauts minarets effilés, et bien que les mosquées ne possèdent généralement qu'un seul minaret, dans les grandes villes, elles peuvent avoir deux, quatre, voire six minarets.

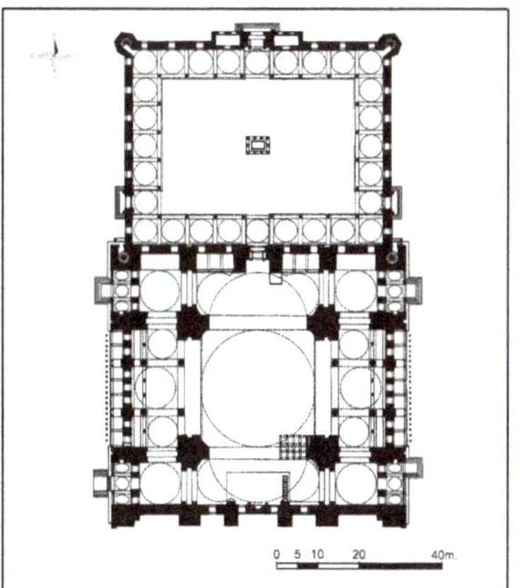
Mosquée Süleymaniye, Istanbul, Turquie.

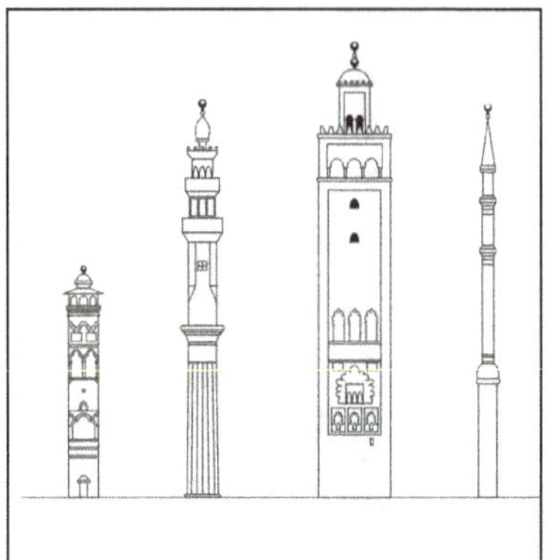
Typologie de minarets.

Les madrasas

Il est probable que les Seldjoukides ont construit leurs premières *madrasas* en Perse au début du Ve/XIe siècle. Il ne s'agit encore que de petites structures dotées d'une cour surmontée d'un dôme et de deux *iwans* latéraux. Un autre type de *madrasas* se développe ultérieurement avec une cour ouverte et un *iwan* central entouré d'arcades. Au cours du VIe/XIIe siècle en Anatolie, la *madrasa* devient multifonctionnelle et sert d'école de médecine, d'hôpital psychiatrique, d'hospice équipé d'une cuisine publique (*imaret*) et d'un mausolée.

Le développement de l'islam sunnite orthodoxe atteint un nouvel apogée en Syrie et en Égypte avec les Zengides et les Ayyoubides (VIe/XIIe-début VIIe/XIIIe siècles). Cette époque voit l'introduction de la *madrasa* fondée par un dirigeant civique ou politique, dans le but de développer la jurisprudence islamique. Ce type d'établissement est financé par des biens de mainmorte (*waqf*), généralement les revenus de terres ou de propriétés, comme les vergers, les échoppes dans un marché (*souk*) ou les bains publics (*hammam*). La *madrasa* suit généralement un plan cruciforme avec une cour centrale entourée de quatre *iwans*. Très vite, la *madrasa* devient une forme architecturale dominante avec des mosquées adoptant leur plan à quatre *iwans*. La *madrasa* perd progressivement son seul rôle religieux et de fonction politique comme instrument de propagande et tend à avoir une fonction civique plus large, servant de mosquée du prêche et de mausolée pour le bienfaiteur.

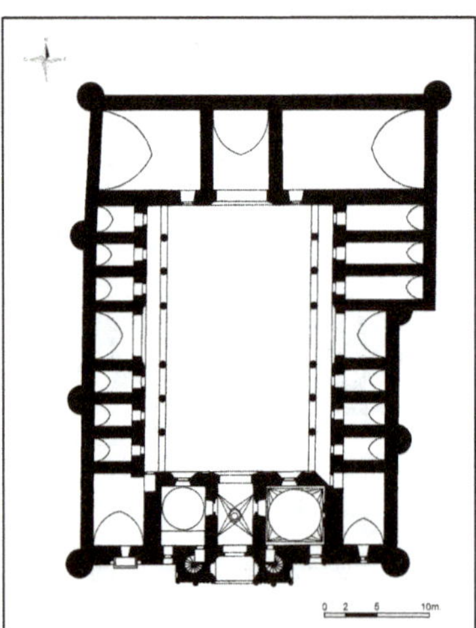

Madrasa de Sivas Gök, Turquie.

La construction de *madrasas* en Égypte, et tout particulièrement au Caire, apporte un nouveau souffle avec l'arrivée des Mamelouks. La *madrasa* cairote typique de cette époque est une structure multifonctionnelle à quatre *iwans* avec un portail à stalactites (*mouqarnas*) et de splendides façades. Avec l'arrivée des Ottomans au début du Xe/XVIe siècle, la double fondation – généralement une mosquée-*madrasa* – devient un grand centre très répandu qui jouit de la protection impériale. L'*iwan* disparaît progressivement, remplacé par une salle à coupole dominante. L'augmentation considérable du nombre de cellules pour étudiants surmontées de coupoles constitue l'un des éléments qui caractérisent les *madrasas* ottomanes.

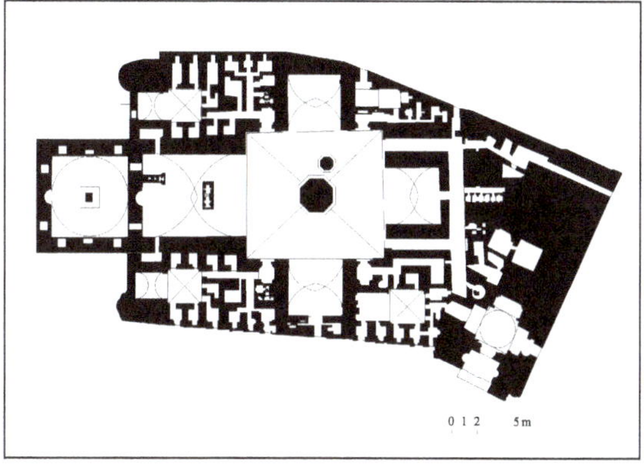

Mosquée et Madrasa Sultan Hassan, Le Caire, Égypte.

La *khanqa* constitue l'un des types d'édifices qui, du fait de sa fonction et de sa forme, peut être associé à la *madrasa*. Ce terme indique une institution plutôt qu'un type particulier d'édifice, qui abrite les membres d'un ordre mystique musulman. Il existe de nombreux autres termes synonymes de *khanqa*, utilisés par les historiens musulmans : au Maghreb, *zaouïa* ; dans les territoires ottomans, *tekke* et, le terme le plus généralement utilisé, *ribat*. Le soufisme domine constamment la *khanqa*, en provenance de Perse orientale au cours du IVe/Xe siècle. Dans sa forme la plus simple, une *khanqa* est une maison rassemblant un groupe d'étudiants autour d'un maître (*cheikh*). Celle-ci est dotée de salles de réunion, de prière et communautaires. La création de *khanqas* se développe sous les Seldjoukides au cours des Ve/XIe et VIe/XIIe siècles et bénéficie de l'étroite association entre le soufisme et le *madhhab* (doctrine) shafiite favorisés par l'élite au pouvoir.

Les mausolées

Dans les sources islamiques, la terminologie servant à désigner le type de construction des mausolées est très riche. Le terme descriptif usuel *turbé* se réfère à la fonction d'inhumation de l'édifice. Un autre terme, la *koubba*, se réfère à son élément le plus identifiable, la coupole, et s'applique souvent à une construction qui commémore les prophètes bibliques, les compagnons du Prophète Muhammad et des notables religieux ou militaires. La fonction des mausolées ne se limite pas simplement à un lieu d'inhumation et de commé-

Qasr al-Khayr oriental, Syrie.

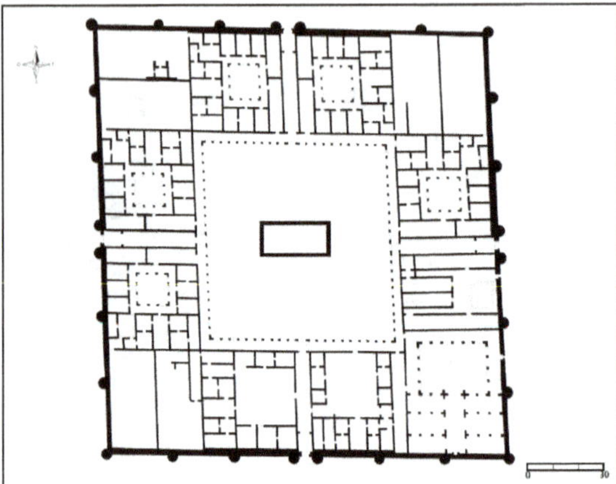

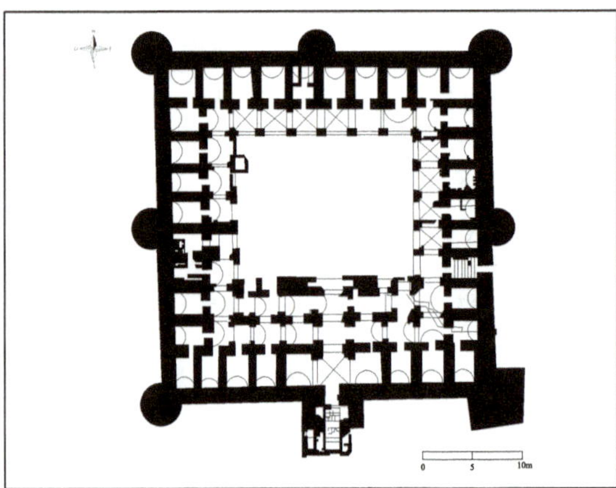

Ribat de Sousse, Tunisie.

moration, mais joue également un rôle important dans la religion "populaire". Ils sont vénérés comme des tombeaux de saints locaux et sont devenus des lieux de pèlerinage. Très souvent, la structure du mausolée est embellie par des citations du Coran et est dotée d'un *mihrab*, afin d'en faire un lieu propice à la prière. Dans certains cas, le mausolée fait partie d'une institution commune. Les formes des mausolées islamiques de l'époque médiévale sont variées mais la forme traditionnelle consiste en un quadrilatère recouvert d'une coupole.

Architecture séculaire

Les palais

La période omeyyade se caractérise par des palais et des bains publics somptueux dans les lointaines régions désertiques. Leur plan de base découle des modèles de campements militaires romains. Malgré leur décoration éclectique, ils constituent les meilleurs exemples du style décoratif islamique naissant. Les mosaïques, les peintures murales, les sculptures en stuc ou en pierre sont les moyens utilisés pour cette remarquable variété de décorations et de thèmes. Les palais abbassides en Irak, notamment ceux de Samarra et d'Ukhaidir, suivent le même plan que leurs prédécesseurs omeyyades mais se caractérisent par des dimensions plus imposantes, par l'utilisation de grands *iwans*, de coupoles et de cours, et par l'utilisation intensive de décorations en stuc. Les palais de la fin de la période islamique élaborent un nouveau style distinctif, plus décoratif et moins monumental. L'Alhambra constitue probablement l'exemple le plus remarquable de palais royaux ou princiers. La grande superficie du palais est fragmentée en une série d'unités indépendantes : jardins, pavillons et cours.

Cependant, l'élément le plus singulier de l'Alhambra est la décoration qui produit un effet extraordinaire à l'intérieur de l'édifice.

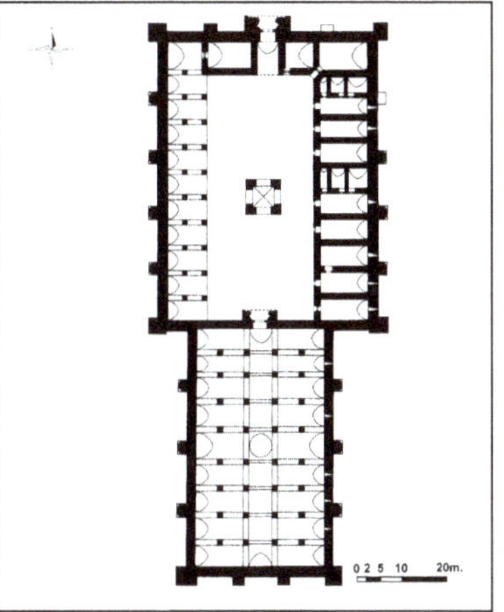

Han Sultan Aksaray, Turquie.

Les caravansérails

Un *caravansérail* se réfère généralement à une grande structure qui offre le gîte aux voyageurs et aux commerçants. Il s'agit normalement d'un espace carré ou rectangulaire, avec une entrée monumentale en saillie et des tours qui flanquent l'enceinte extérieure. Une cour centrale est entourée de portiques et de pièces réservées à l'hébergement des voyageurs et au stockage des marchandises, et qui abritent également des écuries pour les animaux.
Cette typologie d'édifice répond à une grande variété de fonctions, comme le démontrent ses différentes dénominations : *khan, han, fondouk, ribat*. Ces termes ne sont que le reflet de différences linguistiques régionales et ne désignent pas véritablement des fonctions ou des types distinctifs. Les sources architecturales des différents types de *caravansérails* ne sont pas aisément identifiables. Certaines découlent probablement du *castrum* ou campement militaire romain, dont les palais omeyyades du désert se rapprochent. D'autres types d'édifices qui existent en Mésopotamie et en Perse sont associés à l'architecture domestique.

Organisation urbaine

À partir du IIIe/Xe siècle, chaque ville, quelle que soit son importance, se dote d'enceintes fortifiées et de tours, de grandes portes élaborées et d'une puissante citadelle (*qal'a* ou *casbah*), symbole du pouvoir établi. Celles-ci sont des constructions massives réalisées avec des matériaux typiques de la région où elles sont édifiées : pierre de taille en Syrie, Palestine et Égypte ou brique, pierre de taille et terre battue dans la péninsule Ibérique et en Afrique du Nord. Le *ribat* constitue un exemple unique d'architecture militaire. Techniquement, il s'agit d'un palais fortifié conçu pour les guerriers de l'islam engagés, temporairement ou de façon permanente, à défendre les fron-

tières. Le *ribat* de Sousse en Tunisie comporte des similitudes avec les premiers palais islamiques, mais présente des différences dans l'organisation intérieure pour ce qui est de la grande salle, de la mosquée et du minaret.
La division de la plupart des villes islamiques en quartiers est basée sur l'affinité ethnique et religieuse et constitue, par ailleurs, un système d'organisation urbaine qui facilite l'administration de la population. La mosquée est toujours présente dans le quartier. Un bain public, une fontaine, un four et un ensemble de magasins se trouvent soit à l'intérieur du périmètre du quartier, soit à proximité. Sa structure se compose d'un réseau de rues et d'impasses, et d'un ensemble de maisons. En fonction de la région et de l'époque, les maisons présentent différentes caractéristiques régies par les traditions historiques et culturelles, le climat et les matériaux de construction disponibles.
Le marché (*souk*), qui fonctionne comme le centre névralgique du commerce local, constitue l'élément le plus caractéristique des villes islamiques. Sa distance par rapport à la mosquée détermine l'organisation spatiale par corps de métiers. Par exemple, les professions considérées comme propres et honorables (libraires, parfumeurs, tailleurs) se trouvent à proximité immédiate de la mosquée, tandis que les métiers bruyants et nauséabonds (forgerons, tanneurs, teinturiers) s'en éloignent progressivement. Cette distribution géographique répond à des impératifs qui s'appuient sur des critères purement techniques.

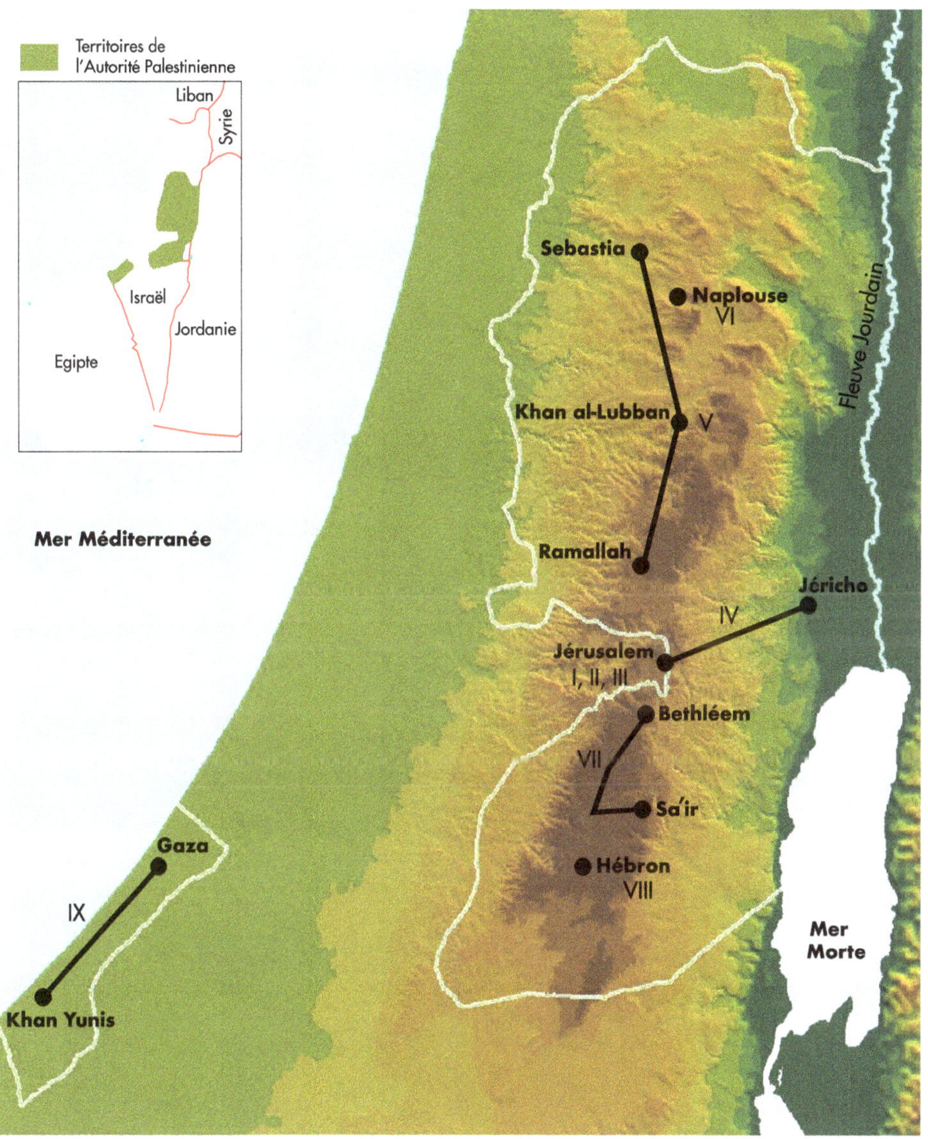

Territoires de
l'Autorité Palestinienne
Liban
Syrie
Israël
Jordanie
Egipte
Mer Méditerranée
Sebastia
Naplouse
VI
Khan al-Lubban
V
Ramallah
Fleuve Jourdain
Jéricho
IV
Jérusalem
I, II, III
Bethléem
VII
Sa'ir
Hébron
VIII
Gaza
IX
Khan Yunis
Mer
Morte

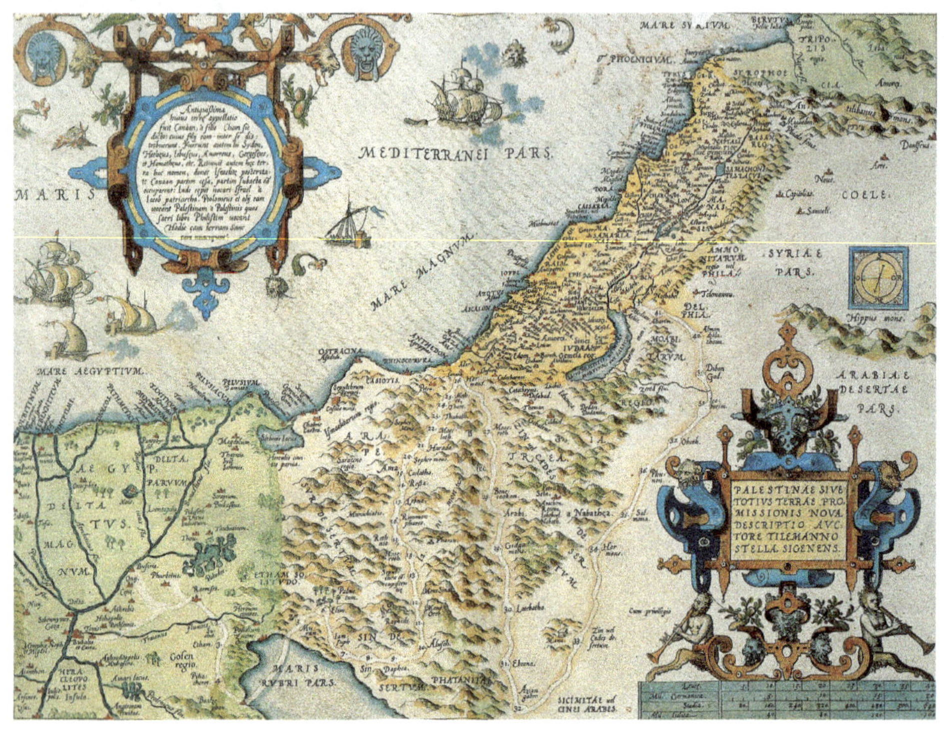

La Palestine, d'après le Theatrum Orbis Terrarum de Abraham Ortels dit Ortelius, Anvers, 1570 (© The Art Archive / Musée de la Marine, Gênes / Dagli Orti [A]).

LA PALESTINE ISLAMIQUE: HISTOIRE, POLITIQUE, RELIGION

Nazmi al-Ju'beh, Yusuf Natsheh

La Palestine est située entre la Méditerranée à l'ouest et les rives du Jourdain et de la mer Morte à l'est. Limitrophe du Liban au nord, elle jouxte la péninsule du Sinaï (Égypte) au sud. Sa position géographique entre l'Asie mineure, la Syrie et la Mésopotamie d'un côté et la vallée du Nil de l'autre en a fait un couloir naturellement stratégique qui a de tout temps attiré la convoitise des grands empires. C'est pourquoi la Palestine a connu à travers l'histoire différentes ères et différentes civilisations. Voie de passage privilégiée, elle a été le réceptacle de tout ce que ces dernières ont laissé derrière elles : la destruction et la ruine bien sûr, mais aussi un formidable héritage culturel. Ce n'est donc pas un hasard si la Palestine fut la première région où l'armée islamique arabe prit position à l'orée de sa colossale conquête (Ier/VIIe siècle). Après avoir échappé en 7/628 à une brève invasion des Perses, qui dura 14 ans, les Byzantins furent boutés hors de Palestine par l'irruption de l'islam.

'Amr Ibn al-'As franchit Aqaba (Ayla), le Neguev et Gaza en 13/635 avant d'avancer sur le Nord. Deux années ne s'étaient pas écoulées après l'entrée des Arabes en Palestine qu'intervenait la décisive bataille de Yarmouk en 15/637. Ce fut la dernière victoire déterminante sur les forces byzantines, qui ouvrit la voie aux musulmans non seulement vers le cœur de la Palestine, mais aussi vers l'ensemble de la Syrie. Jérusalem et Césarée furent conquises au cours d'une étape ultérieure.

Après une longue période de troubles politiques et religieux pendant le règne des Byzantins – qui étaient également en conflit avec les Perses sassanides –, une nouvelle ère de relative stabilité s'instaura en Palestine. Si le pouvoir islamique nouvellement établi ne chercha pas à modifier radicalement le pays, il divisa toutefois la Palestine en deux provinces administratives et militaires (*junds*): au nord, *Jund al-Urdun* (province administrative de Jordanie) s'étendait du Sud Liban et du nord de la Palestine jusqu'à Marj Ibn Émir et au nord-est de la Jordanie, avec Tibériade pour capitale; la seconde, *Jund Filistine* (la Palestine), avait Ramla pour capitale et s'étendait de Marj Ibn Émir jusqu'au Neguev et au sud-est de la Jordanie.

De la période des califes orthodoxes en Palestine, nous savons seulement que 'Omar Ibn al-Khattab construisit la mosquée al-Aqsa, et que 'Othman Ibn Affan établit la première flotte de guerre islamique à Acre, qu'il fortifia le littoral et qu'il y installa des troupes. Aucune ville nouvelle ne fut fondée; la plupart des habitants étaient des Arabes – quelques-uns d'entre eux avaient déjà adopté la religion islamique avant la conquête.

En raison de l'importance religieuse et politique croissante de la Palestine, une nouvelle campagne de construction fut inaugurée sous le gouvernement des Omeyyades (41/661-132/750). La population se rangea aux côtés des nouveaux maîtres et forma, avec leurs voisins de Syrie, la colonne vertébrale de l'armée et du pouvoir omeyyades. Il n'y a donc pas lieu de s'étonner de voir se dérouler à Jérusalem les cérémonies d'investiture de Mou'awiya et des califes omeyyades. C'est aussi à Jérusalem que vit le jour, sous le règne de 'Abd al-Malik Ibn Marwan et de son fils al-Walid Ier, le plus prestigieux projet architectural jamais

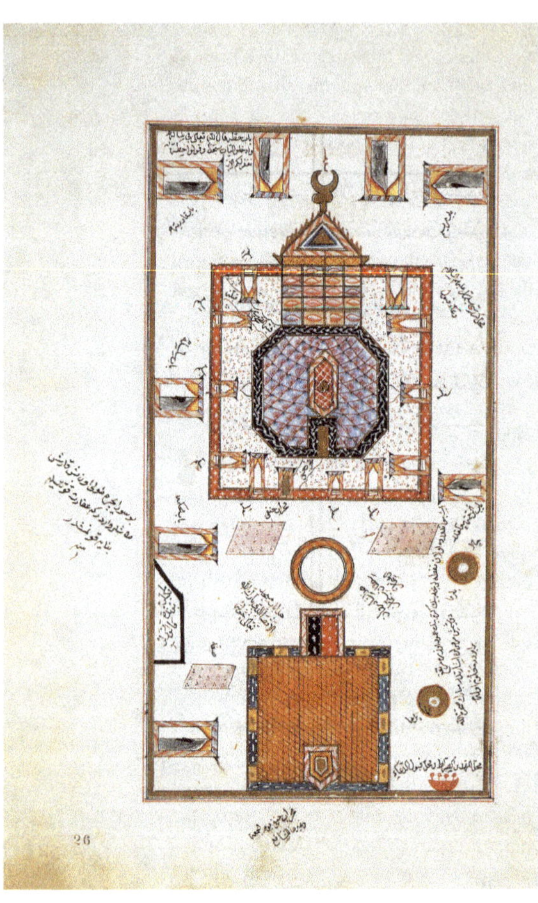

Le Haram al-Charif avec le Dôme du Rocher et la Mosquée al-Aqsa, Jérusalem, "Nur-I vahhaj li tahsil al-'Ilaj" (Ms. Vat. Turco 125, f° 26 r°), décoré par le copiste Mustafa Kashif (müzehhib) en 1243/1857 (© Bibliothèque Vaticane).

entrepris par les Omeyyades – et sans doute le plus important de toute l'histoire de la civilisation islamique: le Haram al-Charif (le Noble Sanctuaire), qui immortalisa les Omeyyades à l'intérieur du monde islamique et bien au-delà. Mais bien d'autres palais omeyyades furent érigés: Dar al-Idara à Jérusalem, Khirbat al-Mafjar (Qasr Hicham) à Jéricho, Khirbat al-Minya sur la rive nord-ouest de la mer de Galilée, le palais Qasr al-Sabbaghine (des Teinturiers) à Ramla (aujourd'hui disparu), et les *hammams* ou thermes de al-Hamma au sud-est de la mer de Galilée. Les routes furent améliorées, et plus particulièrement celles qui relient la Palestine à Damas, la capitale du califat. Ramla, la seule ville construite en Palestine à l'époque omeyyade, fut fondée par Sulayman Ibn 'Abd al-Malik et achevée sous le règne de 'Omar Ibn 'Abd al-'Aziz. Si la Palestine a connu la prise du pouvoir par les Omeyyades, elle a aussi assisté au massacre de plus de quatre-vingts émirs omeyyades sur ordre de 'Abd Allah Ibn 'Ali al-Abbas au bord de la rivière Abou Futros. En 132/750, la mort du dernier calife, Marwan Ibn Muhammad, signait la fin de l'ère omeyyade et inaugurait le règne de la dynastie abbasside.

Ayant eu à souffrir de l'administration omeyyade au cours des dernières années du règne, les habitants de Palestine ne protestèrent pas contre la mainmise des Abbassides sur leur pays. Mais ils se rendirent bientôt compte de l'ampleur des dommages qu'ils subissaient et finirent par se rebeller. Plusieurs révoltes éclatèrent alors au nom des Omeyyades.

On peut diviser le règne abbasside en Palestine en deux périodes : la première (132/750-264/878) vit le déclin et la marginalisation du pays à la suite de la détérioration de ses relations avec l'autorité centrale de Bagdad et du transfert du pouvoir islamique en Irak. La deuxième période (264/878-358/969) est celle au cours de laquelle la Palestine connut une certaine indépendance politique, économique et territoriale, et où elle fut rattachée à l'Égypte. C'est aussi le moment où se constituent quelques petits États relativement indépendants de Bagdad, alors absorbé par ses conflits politiques internes. Au cours de ces deux périodes, la Palestine lança plusieurs programmes de construction de taille à rivaliser avec ceux des Omeyyades, et les Abbassides ne négligèrent jamais d'entretenir les édifices religieux laissés par les Omeyyades. En 154/770-771, Abou Ja'far al-Mansour fit restaurer la mosquée al-Aqsa, gravement endommagée à la suite du tremblement de terre survenu la même année. Al-Mahdi réitéra l'opération quatre ans plus tard, tandis que al-Ma'mun fit remettre en état le Dôme du Rocher en 215/831. Un certain nombre de colonnades qui entourent la plate-forme du Dôme du Rocher furent également construites à ce moment-là. Un soin tout particulier fut apporté au Haram al-Ibrahimi à Hébron et au système hydraulique à Ramla. Les sources historiques mentionnent aussi que les Abbassides élevèrent une grandiose mosquée à Ascalon.

En 254/868, en raison du déclin du pouvoir central, Ahmad Ibn Touloun parvint à imposer son autorité en Égypte et à étendre son influence à la Syrie et à la Palestine en 264/877. Au cours de cette période, le pays connut une dense activité militaire, dont le souvenir subsiste dans l'architecture toulounide en Palestine; la réalisation la plus éclatante reste la construction et la fortification du port d'Acre. Vers la fin de l'ère toulounide, en 289/901, les Karamiyya firent leur première apparition en Palestine, provocant dans le pays des désordres qui inquiétèrent Bagdad, qui se préparait à rétablir son autorité sur la Palestine et sur l'ensemble de la Syrie ; pour prévenir l'établissement d'un État qarmate ismaélo-chiite, ils lancèrent une attaque éclair en 292/905 et réussirent à mettre fin au pouvoir qarmate à la fois en Syrie et en Égypte.

Qasr Khirbat al-Mafjar, vue générale, Jéricho.

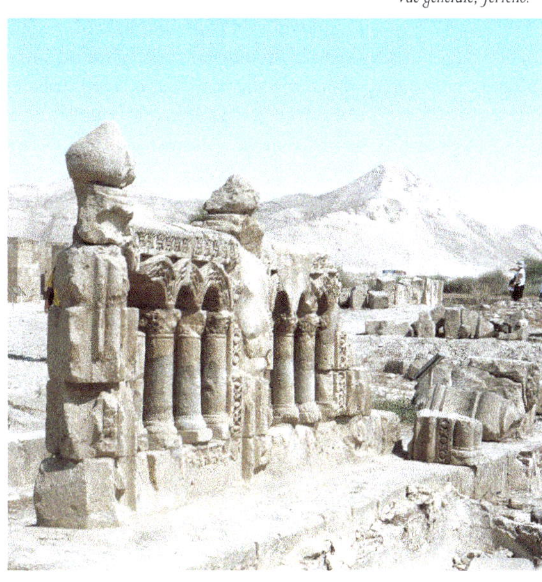

Mosquée al-Haram al-Ibrahimi et Hébron, Gravure sur acier, Hildburghausen (Bibl. Institut), c. 1850 (© Photo AKG, Londres).

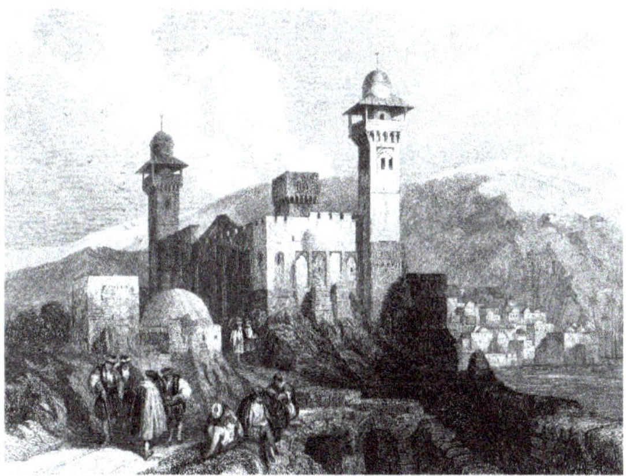

Le pouvoir abbasside lui non plus ne se maintint pas longtemps en Palestine; l'État ikhchidide (323/934-358/969) fit bientôt son apparition et prit le contrôle de la Syrie avant de s'étendre vers l'Égypte. Les Abbassides tentèrent à plusieurs reprises de rétablir leurs positions en Syrie, mais tous leurs efforts restèrent vains. Au cours de cette période, Sayf al-Din al-Hamadani tenta de reprendre le contrôle de la Palestine, mais les Ikhchidides lui opposèrent une résistance énergique. Les attaques des Karamiyya contre la région se poursuivirent cependant de façon sporadique, provoquant une période d'instabilité. Précisons que les Ikhchidides et leurs successeurs, y compris Kafour al-Ikhchidi, se firent enterrer près de la mosquée al-Aqsa à Jérusalem.

À la fin du règne ikhchidide, les attaques fatimides en Égypte annoncèrent l'avènement d'une force nouvelle, qui allait redessiner la carte politique et confessionnelle de la région. Les attaques fatimides contre l'Égypte furent couronnées de succès en 358/968, lorsque Jawhar al-Siqilli (le Sicilien) entra dans Fustat, mettant fin non seulement au pouvoir ikhchidide et à la dynastie abbasside, mais surtout à l'islam sunnite, qui ne sera restauré que deux siècles plus tard sous le sultan ayyoubide Salah al-Din (Saladin).

Bien que l'État fatimide ait apporté la stabilité en Égypte, stabilité qui se reflète dans les splendides édifices qui vinrent embellir le Caire, il ne parvint pas à rétablir l'ordre en Palestine. La population de Syrie tint tête au gouvernement fatimide chiite et refusa d'adopter sa doctrine. Des forces palestiniennes locales firent leur apparition, comme les Banu al-Jarrah min Tai', les maîtres de Ramla, qui tentèrent à plusieurs reprises d'obtenir leur indépendance et qui menaçaient le contrôle fatimide sur la Syrie. Parvenant plus d'une fois à gagner leur indépendance en Palestine, ils émirent des monnaies portant leurs devises. Plus tard, les Seldjoukides, arborant la bannière sunnite, lancèrent leurs attaques contre les Fatimides.

Comme toutes des précédentes dynasties islamiques, les Fatimides contribuèrent à l'entretien des lieux saints en Palestine. Le calife fatimide al-Dahir fit restaurer la mosquée al-Aqsa après le tremblement de terre de 426/1035 et ajouter la coupole qui est encore en place aujourd'hui. Le splendide *minbar* de bois de la mosquée al-Ibrahimi fut construit sous le règne de Badr al-Jamali, l'émir de l'armée fatimide. On sait aussi que le calife fatimide al-Hakim bi-Amr Allah fit détruire l'église du Saint-Sépulcre en 400/1009-1010 en raison de ses relations tendues avec les Byzantins – mais il la fit reconstruire cinq ans plus tard.

En 465/1073, l'émir ghaznavide Atsiz parvint à prendre Jérusalem aux Fatimides et soumit la ville au calife abbasside al-Qa'im bi-Amr Allah et au célèbre sultan seldjoukide Malik Chah. Il occupa Acre et restaura son activité commerciale dans la région. Cependant, sept ans plus tard, le royaume tomba sous les coups conjugués des Fatimides et des Seldjoukides et passa aux mains de Tutuch (un Seldjoukide, frère de Malik Chah), qui parvint à prendre le contrôle de Jérusalem en 472/1080, alors que, au sud d'Acre et en Palestine méridionale, le littoral restait sous contrôle fatimide. L'équilibre des forces entre les Fatimides et les Seldjou-

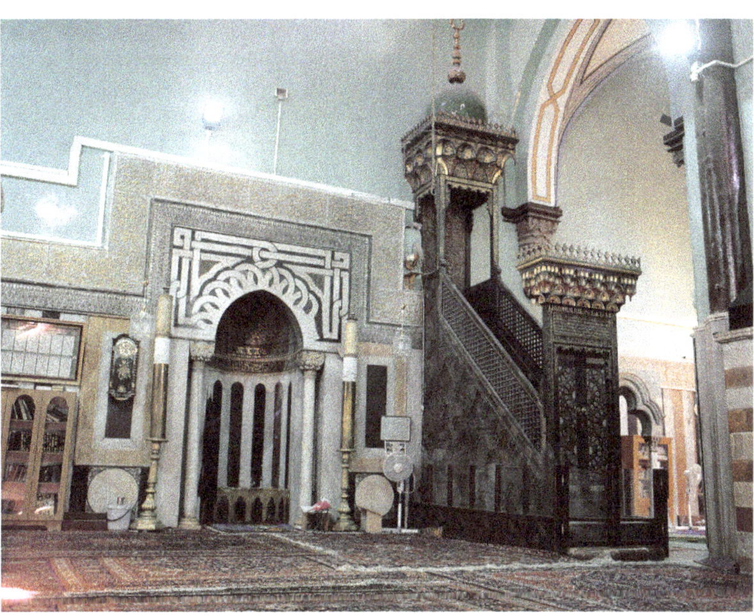

Mosquée al-Haram al-Ibrahimi, mihrab et minbar, Hébron.

kides empêcha les deux parties de lever l'étendard d'une guerre décisive jusqu'à la mort du sultan Malik Chah, à un moment où la tentative de Tutuch de le détrôner affaiblissait le royaume et l'exposait à une relance des attaques fatimides. En 491/1098, al-Afdal Ibn Badr al-Jamali parvint à occuper Jérusalem, pendant que les Croisés assiégeaient Antioche. Huit mois ne s'étaient pas écoulés que le gouvernement fatimide de Jérusalem eut à faire face à un nouveau pouvoir, celui des Croisés, qui devaient changer pour deux siècles le cours de l'histoire au Levant.

Les campagnes des Croisés en Palestine commencèrent après le fameux discours prononcé par le pape Urbain II au concile de Clermont en 488/1095. La première croisade parvint sous les murs de Jérusalem en 492/1099. La prise de la ville donna lieu à un effroyable massacre, qui vit périr environ 70 000 personnes. Les villes de Palestine tombèrent les unes après les autres aux mains des Croisés, tandis que le sud de la plaine côtière restait aux mains des Fatimides. Malgré sa nature colonialiste, l'occupation de la Palestine par les Croisés ne fut pas une occupation de peuplement; les Croisés ne réussirent pas à attirer un nombre suffisant d'Européens dans la région; par conséquent, la campagne resta palestinienne. Alors que la population des villes se mélangea quelque peu, en dehors des villes, la présence croisée se restreignit aux places fortes. Dans ces conditions, la Palestine devint le symbole du conflit entre l'Orient islamique et l'Occident chrétien. Aux yeux de l'Occident, la chute de la Palestine aux mains des Croisés symbolisait l'effondrement du monde musulman; à l'inverse, l'Orient islamique voyait le soulèvement arabe contre les Croisés comme un symbole de leur résistance à l'Occident.

En matière culturelle, les dommages subis par la Palestine furent considérables. Les Croisés rasèrent des centaines d'édifices dans tout le pays et, à l'exception du Haram al-Charif, pratiquement aucun des édifices antérieurs à leur arrivée n'a survécu. L'architecture des Croisés fut prééminente à Jérusalem et dans les principales villes de Palestine. D'un autre côté, les Croisés introduisirent de nouveaux styles architecturaux dans la région, en particulier le style roman et le style gothique. Leurs différents édifices militaires ont influencé l'architecture ayyoubide tardive, tandis que la sphère administrative s'ouvrait aux concepts occidentaux du système féodal. Jusque-là, la Palestine s'était intégrée aux différents empires qui s'étaient succédé dans la région. Désormais, et pour la première fois de son histoire, elle accédait au rang d'entité politique indépendante: le Royaume latin de Jérusalem venait de voir le jour.

Après avoir accompli le plan conçu par les Zangides (qui consistait à unifier le triangle syrien formé par Damas, Alep et Mossoul avec l'Égypte), Salah al-Din al-Ayyoubi réussit à vaincre les Croisés à Jérusalem. La bataille de Hattin en 583/1188 fut une victoire décisive sur les Croisés et conduisit à la reconquête de Jérusalem et de la majeure partie de la Palestine.

Pendant la période ayyoubide (583/1187-648/1250), de nombreux efforts furent déployés pour reprendre le contrôle intégral du pays, pour en restaurer la physionomie culturelle et démographique et pour rétablir les liens avec le monde arabe, en particulier avec l'Égypte et la Syrie. Pour ce faire, la Palestine fut divisée en quatre territoires. Les Croisés contrôlaient le littoral entre Tyr et Jaffa, tandis que les Ayyoubides contrôlaient les trois autres régions. Le Sud appartenait à l'Égypte, le Nord (de Jérusalem à Tibériade et à la Galilée) à Damas, le reste dépendant du gouverneur de l'émirat de al-Karak en Transjordanie.

Après la mort de Saladin en 589/1193, les luttes intestines pour sa succession permirent aux campagnes croisées, pourtant assez peu acharnées, de déstabiliser la dynastie ayyoubide. Bien que la période ayyoubide se soit illustrée par les guerres et les batailles, ses réussites dans le champ culturel sont considérables. Les sultans et les émirs ayyoubides ont laissé leur empreinte dans toute la Palestine: outre les fortifications utilisées pour repousser les attaques des Croisés, ils ont construit des mosquées et des *madrasas*, qu'ils ont abondées avec les revenus de différents *waqfs*.

Les Ayyoubides boutèrent les Croisés hors du Levant et donnèrent naissance à un système politique unique en son genre, celui des Mamelouks, qui s'appuyait sur les esclaves blancs pour mettre leurs plans à exécution. Plus tard, le pouvoir revint à ces esclaves à la mort de leurs maîtres. En 656/1258, les hordes mongoles de Hulagu soumettent Bagdad et marchent sur la Syrie. Mais les Mamelouks réussirent à le battre à la bataille de 'Ayn Djalout (658/1260) et à asseoir leur légitimité. De plus, la victoire leur offrait l'opportunité de s'assurer le contrôle de la Syrie après que les Mongols eurent anéanti la dynastie ayyoubide. Il restait aux Mamelouks à liquider la présence croisée en Syrie et en Palestine. Ils y parvinrent finalement sous le règne du sultan al-Achraf Salah al-Din Khalil lorsqu'il s'empara d'Acre, la dernière forteresse croisée. Les guerres qui avaient duré près de deux siècles – et auxquelles la majorité des nations européennes avaient participé – étaient enfin terminées.

Les Mamelouks divisèrent la Palestine en trois régions administratives (*niyabas*): Safad, Gaza et Jérusalem. La Palestine étant à la fois la Terre sainte et le pont entre les deux parties du sultanat, ils lui consacrèrent le meilleur de leur attention. Dans le but de renforcer les relations entre l'Égypte et la Syrie à travers la Palestine, ils investirent généreusement dans la construction d'un réseau de *khans* le long des principales routes de commerce et de pèlerinage. Ils mirent également sur pied une chaîne de relais de poste entre Le Caire et Damas. Durant la période – relativement calme – des Mamelouks, la Palestine connut une renaissance culturelle. La menace des Croisés s'éloignant, il devenait possible, pour la première fois, d'investir dans des domaines autres que militaires. On put alors construire des *madrasas*, des *zawiyas*, des *takiyyas*, des *ribats*, des *sabils* et des mosquées.

C'est Jérusalem qui bénéficia de la meilleure part de l'intérêt mamelouk. La plupart des sultans et des émirs lui rendirent visite et l'honorèrent en y élevant des édifices éducatifs et caritatifs qui continuent de marquer la physionomie culturelle de la ville, laquelle devint ainsi le pôle d'attraction des savants et des étudiants. Quantité d'éminents érudits de la période mamelouke, y compris certains dirigeants soufis, étudièrent dans ses mosquées. Pour assurer la continuité du fonctionnement de ses institutions, la ville fut généreusement dotée de *waqfs*, Hébron, Safad, Acre et Gaza bénéficiant des

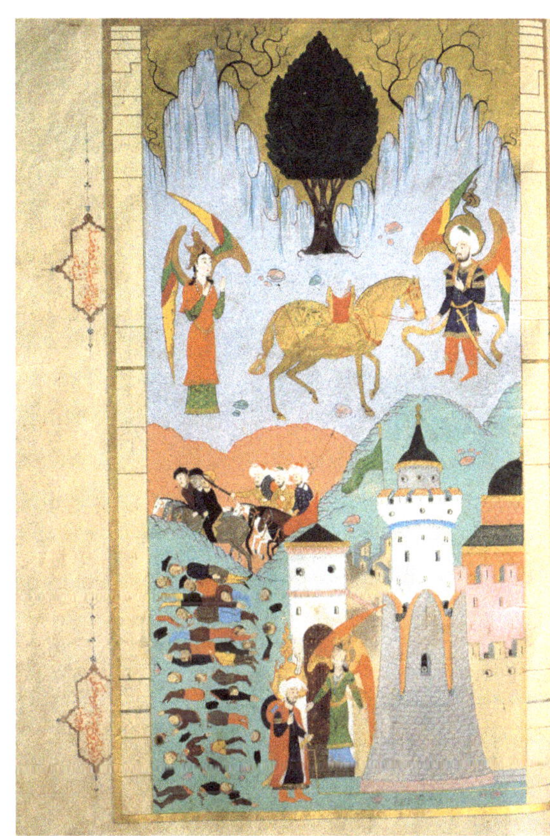

Combat aux portes de Jérusalem. Les musulmans renversent les infidèles et les chassent de la Ville, d'après "La Fine Fleur des Histoires" de Loqman, 1583 (© The Art Archive / Dagli Orti).

mêmes attentions. Par tout le pays, les sanctuaires portent la marque des Mamelouks, qu'ils aient été initialement construits, restaurés ou remaniés sous le règne de chaque gouverneur mamelouk.

Les Mamelouks furent défaits à la bataille de Marj Dabiq, dans le nord de la Syrie, en 922/1517. Cependant, l'effondrement progressif de l'État mamelouk était dû au développement du commerce international, à l'usure du système mamelouk, à la montée en puissance de l'Empire ottoman. Ainsi, la Palestine devint pour quatre siècles partie intégrante d'un vaste empire multilinguistique, multiethnique et multiculturel. Elle dut vivre sous la bannière de l'Empire ottoman, dont le règne en Palestine peut être divisé en quatre périodes. La première période vit l'émergence de forces locales désorganisées (d'origine bédouine et féodale) sur lesquelles les Ottomans s'appuyèrent pour diriger le pays. La deuxième période eut à affronter des initiatives extérieures, comme celle de Fakhr al-Din al-Ma'ni, l'émir du mont Liban, jusqu'à ce que l'autorité centrale ottomane l'élimine en 1045/1635-1636 et reprenne le contrôle direct de la région en nommant des gouverneurs ottomans à Damas et à Sidon. La troisième période est celle qui vit l'apparition de la première principauté arabe semi-indépendante sous la souveraineté du clan des Zaydana et de quelques dizaines de chefs ruraux. C'est aussi le moment où apparaît Ahmad al-Jazzar, le *wali* d'Acre, qui était devenu un héros national pour avoir résisté à la campagne de Napoléon en 1214/1799 au moment où de nouvelles ambitions européennes se réveillaient. La quatrième période se situe au XIIIe/XIXe siècle, au moment où l'autorité centrale tente de réformer le gouvernement par le système des *Tanzimats*. On y voit aussi Muhammad 'Ali envahir la Palestine et l'annexer à l'Égypte en (1246/1830-1831). Dans la seconde moitié de ce siècle, la porte est grande ouverte aux interventions occidentales, aux activités missionnaires et, enfin, aux mouvements sionistes qui intensifient le rythme de l'immigration juive en Palestine. Après quatre siècles, le règne ottoman prenait fin avec la Première Guerre mondiale et le mandat britannique sur la Palestine (1917–1948). Étant donné la partition intervenue en Palestine en 1948 entre Israël et la "Palestine arabe", ce catalogue ne prend pas en compte les sites relevant du territoire israélien depuis la création de l'État d'Israël.

Au plan administratif, la Palestine ottomane dépendait de la *wilaya* (province) de Syrie, qui était divisée en cinq *sandjaks* (districts) : Jérusalem, Gaza, Safad, Naplouse et Lajjun. Ceci conférait une importance certaine à la Palestine, car il faut garder à l'esprit que tout le reste de la Syrie ne formait que quatre districts. Pour assurer la sécurité des routes, les Ottomans construisirent et restaurèrent de nombreux *caravansarays* et forteresses, parmi lesquels al-Minya, 'Uyun al-Tujjar, Jénine, Qaqun, Ra's al-'Ayn, Khan Yunis, al-'Arich et Bayt Jibrin. Au cours de leur première période de gouvernement, les Ottomans exécutèrent de grands travaux architecturaux, les plus importants étant la muraille de Jérusalem, la restauration du Haram al-Charif, des ouvrages hydrauliques et des mosquées. Outre la construction de la citadelle de al-Dahir à Hébron, les remparts de Tibériade et les fortifications d'Acre, de nombreux projets d'envergure furent entrepris à Hébron, Gaza et Acre. L'influence des Ottomans est encore visible partout en Palestine, même si, du fait des guerres avec l'Europe, leur intérêt diminua dans la dernière période de leur gouvernement.

Les soufis et l'islam

Les changements politiques et administratifs successifs altérèrent à peine la place de la Palestine dans le monde islamique. Tout au long des périodes décrites cidessus, les musulmans continuèrent d'affluer en Palestine du fait du statut de Jérusalem comme première *qibla*, troisième lieu saint de l'islam et première destination pour les pèlerins, les visiteurs, les soufis et les lettrés. C'est de Jérusalem que, selon la tradition islamique, le prophète Muhammad accomplit son Voyage nocturne au paradis. D'après les *hadiths* (traditions prophétiques), le Prophète invitait les croyants à visiter Jérusalem, qui abrite le troisième site le plus vénéré après La Mecque et Médine. Jérusalem se trouve aussi à proximité du Haram al-Ibrahimi (où est enterré Abraham, le patriarche des prophètes), et du lieu de naissance du Christ.

Aucun autre territoire de l'Islam ne possède autant de lieux saints. La Palestine est le pays et le berceau des religions révélées. Les musulmans prirent l'habitude de venir visiter Jérusalem après leur pèlerinage à La Mecque afin d'y parfaire leurs rituels. Ils visitaient aussi nombre d'autres lieux saints dans les villes ou les villages, Hébron venant en tête de liste. C'est pourquoi les *caravansarays* se multiplièrent par tout le pays ; celui d'Hébron (connu depuis l'aube de l'islam) est célèbre entre tous, de même que la *takiyya* de Jérusalem (qui date de la première période ottomane). Quantité d'hospices soufis furent construits de façon à absorber le flux soutenu des adeptes visitant le pays. Lorsqu'ils venaient dans le but d'accomplir un vœu ou de se racheter d'une faute, les visites étaient souvent programmées pour coïncider avec des évé-

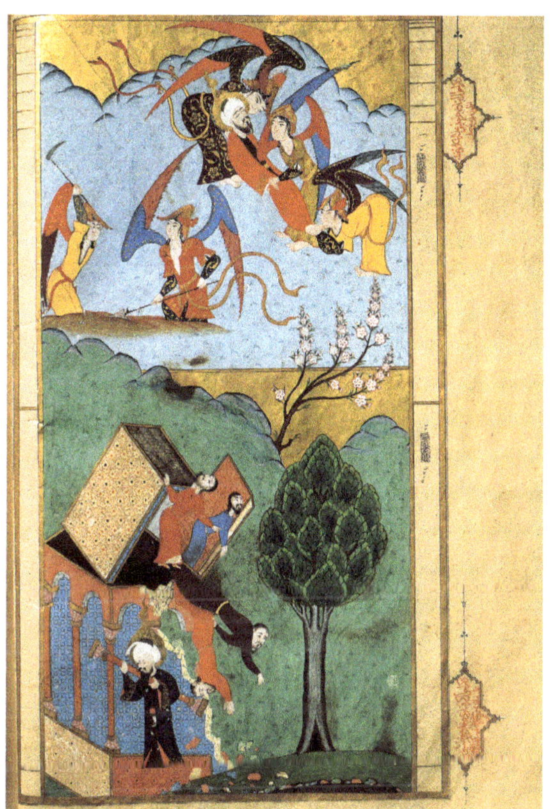

Le prophète Muhammad transporté par les anges. Au-dessous, la destruction du temple de Jérusalem, d'après "La Fine Fleur des Histoires" de Loqman, 1583.

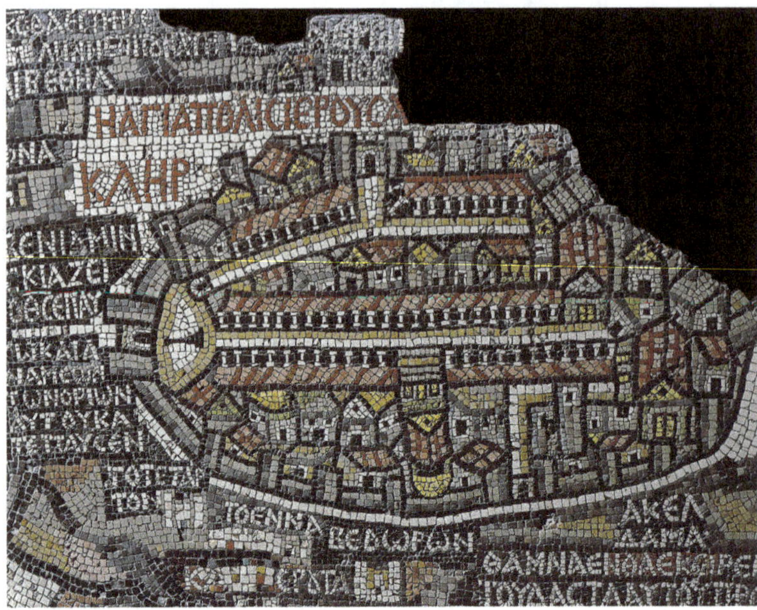

Jérusalem, d'après une mosaïque byzantine du VIe *siècle (la plus ancienne représentation de la Ville sainte), Église Saint-Georges, Madaba, Jordanie.*

nements d'importance tels que les *mawsims* de Nabi Moussa ou de Nabi Salih.

Tous les califes, sultans et émirs, sans exception, ont contribué à ce grandiose héritage. La plupart ont visité Jérusalem, prié devant le *mihrab* de la mosquée al-Aqsa, distribué des aumônes aux pauvres, consacré un *waqf* (une donation à perpétuité) à l'entretien des lieux saints, construit des mosquées, des *madrasas*, des *qubbas* et des *zawiyas* en Palestine, en échange de quoi ils espéraient récompense et pardon dans l'Autre Monde.

Les nombreux ouvrages qui furent rédigés au début de l'ère islamique pour chanter les louanges du pays en donnent une description parfaitement détaillée. Les récits de voyages abondaient de références et de cartes destinées à faciliter le voyage, et vers le IVe/Xe siècle apparaît une littérature consacrée aux "mérites de Jérusalem": décrivant la ville avec force détails et faisant une apologie appuyée de chaque ville et lieu saint de Palestine, ces chroniques donnaient la liste des noms des califes, des compagnons du prophète et des savants qui avaient visité la ville, de ceux qui y avaient résidé ou qui y étaient enterrés et de ceux qui avaient participé à sa conquête. Elles décrivaient aussi tous les événements mémorables survenus en Palestine. Ces livres sont devenus de véritables guides de voyage pour les pèlerins à travers les différents âges islamiques, et plus particulièrement au cours des périodes mamelouke et ottomane.

De nombreux centres d'études s'établirent à la mosquée al-Aqsa et dans le voisinage, et Jérusalem finit par devenir un véritable pôle d'attraction pour tous les grands lettrés du monde musulman. Cette évolution atteignit son point culminant au cours de la période mamelouke, où l'on dénombra plus de cent *madrasas* et autres établissements d'enseignement. Ayant attiré les plus grands maîtres de l'époque, leurs disciples et différents étudiants, Jérusalem devint une étape obligée sur la route du savoir.

Comme c'est le cas dans la plupart des lieux saints, les ascètes venaient pratiquer la redécouverte de soi et se consacrer complètement à la vénération divine. C'est ainsi qu'aux plus sombres moments de sa vie, le célèbre érudit soufi, l'*imam* al-Ghazali, passa de longues années à al-Aqsa pour y faire pénitence et s'adonner au retour sur soi; de son côté, Abou Bakr al-Ma'afiri al-Ichbili al-Andalusi finit par s'y installer, malgré son intention première de n'y faire qu'un voyage d'étude et de visiter les lieux saints. C'est que ces lieux constituaient un environnement idéal pour les adeptes du soufisme, ce qui les incitait à y prolonger leurs séjours.

Du point de vue linguistique, "soufisme" dérive du mot *souf* (laine), et s'appliquait à quiconque, par humilité, portait une bure de laine. Mais au plan idiomatique, il a fini par désigner le fait de se consacrer à l'adoration de Dieu et de s'abstenir de toute autre forme de vanité, plaisir, confort et réputation. Cette quintessence

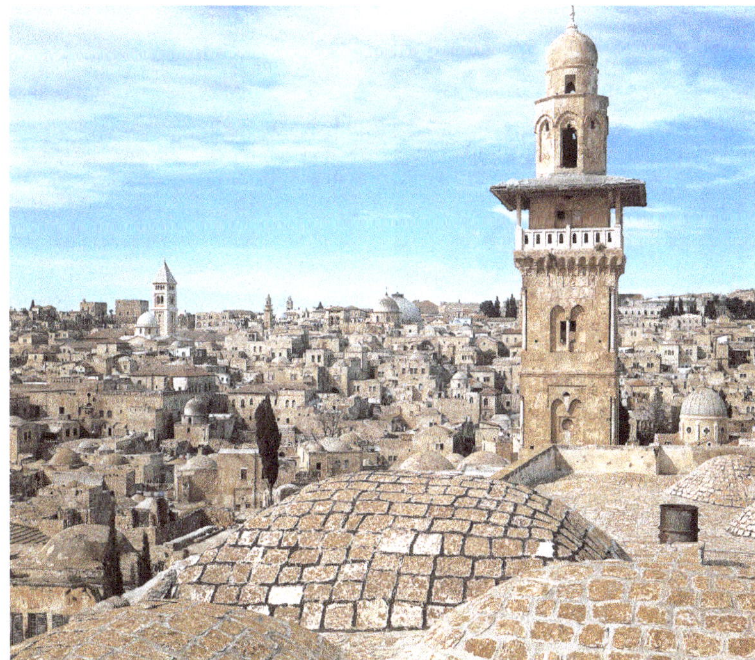

Jérusalem, dômes et minarets de la vieille ville (© A. F. Kersting).

de la doctrine soufie a commencé tôt en Islam, car l'exemple en fut donné par la vie du Prophète lui-même et par la conduite de nombre de ses compagnons. La stature religieuse de Jérusalem joua un rôle significatif dans l'attraction de nombreux ascètes, adorateurs et soufis dès la conquête islamique, ce qui est documenté par Mujir al-Din al-Hanbali (901/1496), le célèbre historien de Jérusalem.

Au cours des siècles qui suivirent, le soufisme perdit beaucoup de sa simplicité et de sa pureté. Ses doctrines et ses pratiques évoluèrent en se complexifiant au cours de différentes phases. Des écoles de philosophie soufie firent leur apparition, qui cherchaient à expliquer la relation de l'individu avec Dieu et avec l'univers, dissertaient sur la nature du Créateur et sur l'ontologie de l'existence, et cherchaient à forger des instruments de savoir. Ce soufisme fut influencé par les différents courants intellectuels, religieux et philosophiques dominants dans les cultures contemporaines de l'islam. Rabi'a al-'Adawiyya (m. 185/801) professait que l'obéissance à Dieu ne se fait ni par peur de son enfer ni par convoitise de son paradis, mais par désir de Le satisfaire. Abou Yazid al-Bustami (m. 260/874) pour sa part discutait de la théorie de la disparition, selon laquelle l'extinction ne signifie pas l'annihilation (comme dans l'hindouisme), mais plutôt l'extinction de la finitude humaine dans un état de communion avec Dieu. Al-Hallaj (m. 309/922) en appelait à *hulul*, une manière de fusion de la nature humaine dans la nature divine. Ibn al-'Arabi (m. 638/1240) croyait en l'unicité universelle (*wihdat al-wujud*). Cette école de soufisme trouva des échos à Jérusalem tant par contagion naturelle que par la voix de certains des grands maîtres qui y vivaient. Parmi eux, citons Ibn Kiram al-Sujari (m. 255/869), le fondateur de la *khanqa* al-Karamiyya à Jérusalem, qui dissertait sur les qualités de Dieu et professait que la foi commence par l'énonciation, même si le cœur et l'esprit la nient. Cette école de pensée n'eut qu'une existence éphémère et céda le pas à une nouvelle forme de soufisme, laquelle sut s'imposer à la faveur des fondations créées par différents gouverneurs et émirs.

De nombreux facteurs expliquent l'élimination des plus grandes figures du soufisme. Parmi ceux-ci, la crainte des docteurs de la loi de voir se pervertir la pureté et la simplicité de la religion, la difficulté qu'éprouvait le grand public à comprendre la doctrine et, peut-être surtout, la corruption des hommes politiques s'employant à éliminer leurs opposants sous l'alibi de protéger la religion et la *Chari'a*. Un autre ordre soufi fit son apparition, dont l'*imam* al-Ghazali (m. 505/1111) est le plus illustre représentant. Il résida un certain temps à Jérusalem, où sa théorie donna naissance à un nouveau courant de pensée soufie. Pour lui, même si l'entendement humain est l'instrument le plus sophistiqué de compréhension et de réflexion, il n'en est pas moins inapte à interpréter l'ordre divin et métaphysique. Le seul moyen assuré de parvenir à la vérité est le soufisme, qui en appelle au cœur, à l'intuition et au goût (mais pas à l'esprit) pour atteindre la vérité. Ceci ne peut s'accomplir qu'à travers la purification et l'inspiration.

La purification de l'âme n'est pas à la portée du plus grand nombre; elle exige efforts, endurance, abstinence de tout plaisir. Par conséquent, celui qui cherche la vérité doit passer par les trois étapes du soufisme : il sera tour à tour acolyte, oblat et adepte. Pour atteindre la réalité divine, il devra passer par huit phases: l'éveil (la sortie de l'inadvertance), le repentir, le retour à Dieu, la pureté (l'abandon de tout ce qui est illicite), la volonté, le renoncement (la privation des satisfactions sensorielles), l'intégrité (l'intime/le dit, la faim/la satiété, le sommeil/la veille deviennent une seule et même chose), enfin la satisfaction (le malheur devient source de plaisir). La libération le conduit à l'extinction.

Étant donné que les capacités humaines sont inégales d'une personne à l'autre, ce parcours ne peut s'accomplir que sous la direction d'un *cheikh* soufi ayant fait l'expérience de la révélation et de la pureté. Même si le but est le même, les écoles du soufisme ont suivi des chemins différents. Parmi les 70 ordres soufis qui vinrent à Jérusalem, les plus éminents sont la Qadiriyya fondée par le célèbre 'Abd al-Qadir al-Jilani (m. 561/1166) et l'ordre de la Mawlawiyya fondé par Jalal al-Din al-Roumi (m. 672/1273), al-Naqchabandiyya, al-Khalwatiyya, al-Bastamiyya et al-Chadhiliyya.

Une relation intime se développa entre les *cheikhs* soufis, leurs adeptes, les gouverneurs, émirs et sultans, ce qui explique que les fondations soufies comme les *zawiyas*, les *khanqas* et les *ribats* aient bénéficié de la munificence de l'État. En retour, le soufisme soutenait ouvertement les dirigeants et le système. Il en résulta que des dizaines de bâtiments soufis, dont certains sont encore debout, furent construits à Jérusalem au cours des périodes mamelouke et ottomane. Plus tard, le mouvement soufi se sclérosa et des *cheikhs* conservateurs se mirent à exercer leur emprise sur les petites gens. La pratique du renoncement de soi et de l'adoration déclina, et de violents conflits se développèrent entre ces groupes et les docteurs de la loi.

Les lieux saints et le savoir

Les lieux saints ne furent pas bénéfiques au seul mouvement soufi. Ils attirèrent des érudits de différents horizons du monde islamique, car le savoir occupe une position éminente dans l'islam. Les premiers versets coraniques insistent sur l'importance de l'étude. S'adressant à son prophète, Dieu déclara: "Récite, au nom de ton Maître qui a créé. / Il a créé l'homme à partir d'un grumeau. / Récite, par ton Maître le plus généreux de tous. / Celui qui a enseigné par le roseau taillé pour écrire. / Il a enseigné à l'homme ce que celui-ci ne connaissait pas" (sourate XCVI, versets 1-5, trad. R. Khawam, 1990). Le Coran distingue aussi les oulémas des gens du peuple: "Demandez-vous si ceux qui savent et ceux qui ne savent pas sont égaux." Le prophète lui-même encouragea les musulmans à ne pas ménager leurs efforts dans la recherche du savoir, du plus loin qu'ils puissent se trouver dans l'univers, "même aussi loin que la Chine" (à l'époque, l'endroit le plus éloigné du monde connu).

Afin d'acquérir le savoir, le voyage aux sources devint une nécessité pour tout érudit. Le plus bel éloge que l'on pût faire de quelqu'un était de dire: "Il fit beaucoup de voyages et il suivit l'enseignement de savants distingués dans des contrées et des pays éloignés les uns des autres." Ce phénomène du voyage apparut au cours du Ier/VIIe-VIIIe siècle avec les compagnons du prophète qui partirent en Irak, en Syrie et en Égypte – seule une minorité resta au Hijaz (Arabie occidentale). Les plus célèbres furent ceux qui se consacrèrent aux traditions prophétiques. Le voyage était aussi fortement favorisé par le pèlerinage – l'un des cinq piliers de l'islam – à La Mecque et à Médine. Certains savants finissaient par s'établir dans l'une des villes saintes ou dans l'une des capitales, et étaient alors appelés *Mujawirs*. La quête du savoir étant l'une des valeurs cardinales de la tradition islamique, ils jouissaient de toutes les commodités pour se consacrer à l'étude et au débat d'idées avec leurs pairs.

Pour quantité de facteurs déjà évoqués plus haut (la ville sainte, la première *qibla*, le Voyage nocturne, l'endroit où se produira la Résurrection et vers lequel se hâteront La Mecque et Médine le jour du Jugement dernier, la dernière demeure de nombre de compagnons du Prophète), Jérusalem attirait les plus grands sages de l'ensemble du monde musulman, qui venaient pour visiter la ville ou même s'y installer. Jérusalem devint l'une des six principales capitales où les savants s'arrêtaient sur leur route en quête de savoir et d'éducation islamique, les autres étant Le Caire, Damas, Bagdad, La Mecque et Médine. Malgré les épreuves et les calamités subies par certaines d'entre elles, ces villes ont continué à assumer leur rôle de centres d'éducation, même si quelques-unes ont été occupées ou détruites (Bagdad par les Mongols et Jérusalem par les Croisés). Même l'émiettement politique qui atteignit le monde islamique ne parvint pas à entamer leur importance dans la sphère culturelle et n'empêcha pas le progrès des sciences aux IVe/Xe et Ve/XIe siècles.

Outre le principal lieu de vénération, la mosquée était, et reste dans une certaine mesure, l'un des plus éminents centres d'étude dans l'Islam, et ce dès l'époque du prophète. Les grandes mosquées des capitales de l'Islam jouèrent un rôle de premier plan dans la diffusion du savoir et des connaissances, et les sources historiographiques rapportent de longues listes des plus grands savants, parmi lesquels 'Ibada Ibn al-Samat (m. 34/654), le premier juge de Jérusalem et de Palestine, auquel le calife 'Omar confia en outre la tâche d'enseigner à Jérusalem. Chadad Ibn 'Aws (m. 58/677-678), des docteurs de la loi tels que l'*imam* al-Awza'i Sufyan al-Thawri, l'*imam* al-Layth Ibn Sa'd ou l'*imam* al-Chafi'i furent d'autres maîtres réputés.

Aux IVe/Xe et Ve/XIe siècles, la mosquée al-Aqsa était au centre d'une très riche activité scientifique, et les plus brillants étudiants de la région rencontraient des maîtres venus de l'ensemble du monde islamique. Parmi eux se distingua Muhammad Ibn Ahmad al-Muqaddasi al-Bachari (m. 380/990), le célèbre auteur de la plus grande encyclopédie géographique: *Kitab ahsan al-taqasim fi-ma'rifat al-aqalim* ("la meilleure répartition pour la connaissance des provinces"). Citons aussi Abou al-Fadl 'Ali Ibn Tahir al-Maqdisi (m. 507/1112), le célèbre

ouléma Nasir al-Maqdisi (m. 490/1096) et 'Ata' al-Maqdisi. Au nombre des personnalités qui visitèrent Jérusalem à cette époque se comptent l'*imam* Muhammad Ibn al-Walid al-Tartuchi al-Andalusi (m. 520/1126), Abou Ghana'im Muhammad Ibn Maymoun al-Hafid al-Koufi, l'Ottoman Abou 'Abd Allah al-Dibaji, l'*imam* Abou Faraj al-Chirazi et Abou Hamid al-Ghazali, qui se retira à la mosquée al-Aqsa et vécut dans la *madrasa* al-Nasiriyya où il écrivit de nombreux ouvrages. À l'époque, la discussion et le débat étaient au cœur de l'enseignement et de l'étude, d'autant que Jérusalem pouvait s'enorgueillir d'avoir les plus éminents savants. Al-Ghazali déplorait qu'il n'y eût que 360 enseignants à al-Aqsa. Les discussions n'étaient pas réservées aux seuls savants musulmans, mais elles étaient ouvertes aux lettrés des religions monothéistes. Ibn al-'Arabi (m. 543/1148) a décrit ces débats en ces termes : "Nous discutions avec les Karamiyya, les Mu'tazilites, les Mushabbahas et les juifs, et nous disputions avec les chrétiens."
Alors que les débats tournaient surtout autour de la théologie, du droit islamique, de l'exégèse et de la contradiction, les sujets d'étude portaient sur les sciences du Coran, les *hadiths* et leurs différentes branches. La grammaire arabe, la morphologie, la littérature, l'éloquence, la poésie et d'autres sujets étaient également étudiés, tandis que certaines disciplines n'étaient que survolées. La plupart des

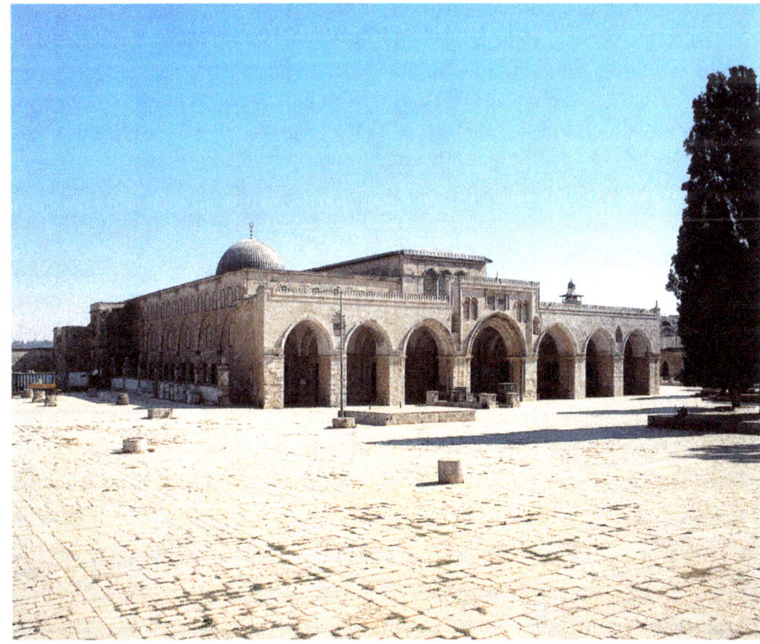

Mosquée al-Aqsa, vue générale avec la façade principale, Haram al-Charif, Jérusalem.

savants dispensaient leur enseignement gratuitement; selon la coutume, ils s'installaient à l'intérieur de la mosquée al-Aqsa, où leurs élèves faisaient cercle autour d'eux. Certains maîtres avaient l'habitude de s'asseoir contre telle colonne en particulier, laquelle, par la suite, était appelée du nom du célèbre maître. Lorsque le temps le permettait, certaines leçons étaient données sur les terrasses. Les cours n'étaient pas soumis à des conditions prédéterminées, ni à des programmes fixés à l'avance.

L'activité pédagogique à Jérusalem reçut un coup fatal avec l'occupation de la ville par les Croisés en 492/1099. L'enseignement fut brutalement interrompu avec la disparition de nombreux savants et oulémas morts au combat. Ce n'est que lorsque Saladin libéra Jérusalem du joug croisé en 583/1187 que les savants revinrent s'installer dans la ville, où ils bénéficièrent d'un traitement de faveur. Saladin construisit des institutions spécialement destinées à faciliter leur mission d'enseignement – comme des *madrasas*, des centres coraniques, des lieux de prière et des *zawiyas* –, et la mosquée al-Aqsa reprit son rôle de lieu de prêche, d'éveil et d'orientation. Même s'il est avéré que les *madrasas* existaient à Jérusalem avant l'occupation croisée, c'est à la période ayyoubide qu'elles se sont multipliées, atteignant leur zénith à la période mamelouke.

Les écoles portaient le plus souvent le nom de leurs fondateurs ou de l'un de leurs maîtres. Les quatre doctrines théologiques (*madhhabs*) de l'islam constituaient l'essentiel de l'enseignement, et il était courant qu'une *madrasa* se spécialise dans l'une de ces options. Le système du *waqf* favorisait l'attribution de bourses aux élèves pauvres mais méritants, et assurait les dépenses courantes des *madrasas* ainsi que les salaires des enseignants. Les fonctions dans une *madrasa* relevaient de deux catégories: pédagogiques et administratives. Les postes pédagogiques, comme ceux du *cheikh* de la *madrasa* et des principaux maîtres chargés d'enseignement, étaient attribués par contrat à des érudits ou des théologiens faisant autorité dans leur domaine. Le maître délivrait à ses élèves un certificat, appelé *ijaza*, qui les autorisait à transmettre son enseignement et ses œuvres. L'enseignant était secondé par un répétiteur, dont le rôle était d'expliquer les sujets complexes aux étudiants qui en avaient besoin. Les postes administratifs d'une *madrasa* étaient ceux de directeur, qui assurait la gestion administrative de l'établissement (gestion des *waqfs* qui lui étaient affectés, règlement des salaires et des bourses aux enseignants et étudiants, entretien et maintenance des bâtiments), de bibliothécaire, de censeur, de domestique et de préposé à l'éclairage.

Bien que les disciplines soient restées les mêmes au Ve/XIe siècle et dans les siècles qui suivirent, la manière d'enseigner se dégrada. Les cercles de débat et de discussion disparurent tandis que l'*ijtihad*, l'innovation et l'originalité s'étiolaient. Aussi bien à l'époque ayyoubide qu'à l'époque mamelouke, la nouvelle méthodologie pouvait se résumer à monotonie, répétition et mémorisation, tandis que l'inflexibilité et l'étroitesse d'esprit caractérisèrent la période ottomane, surtout vers la fin de cette dernière. Mais cela n'empêcha pas Mujir al-Din d'interpréter les travaux de quantité d'éminents savants, oulémas, orateurs, juges et enseignants ayyoubides et mamelouks, contribuant ainsi à préserver les sciences de la *Chari'a* et la langue arabe. Pour terminer, il faut signaler que la plupart de ces écoles étaient des institutions privées, tirant leurs moyens d'existence des biens *waqfs* qui leur avaient été consacrés. Elles étaient ouvertes à toutes les couches sociales sans distinction aucune. Mais même ainsi, cette période peut être considérée comme intermédiaire entre progrès et régression.

L'ARCHITECTURE ET LES ARTS DÉCORATIFS DE LA PALESTINE ISLAMIQUE

Yusuf Natsheh

En Palestine, l'art islamique – et plus précisément l'architecture et les arts mineurs qui en sont le complément – a connu un essor spectaculaire. En effet, la modeste superficie du pays n'a pas empêché les arts d'y prospérer dans toute leur diversité et leur profonde originalité. La Palestine possède le monument islamique le plus ancien et le plus important qui ait survécu jusqu'à nos jours: le Dôme du Rocher à Jérusalem. Aucun édifice n'a suscité autant d'intérêt et autant d'analyses; considéré comme un véritable parangon artistique, il est étudié par des architectes et des spécialistes depuis des décennies.

Les éléments qui ont favorisé cette floraison artistique sont multiples, à commencer par l'abondance des matières premières, et surtout de la pierre, utilisée aussi bien dans l'architecture que dans la décoration. La Palestine était célèbre pour son large éventail de pierres propices à la sculpture décorative et dont les belles teintes (rouge, noir, blanc et jaune) ont conduit, en architecture, au développement du style *ablaq*.

Les traditions artistiques initiées en Palestine il y a des milliers d'années ont contribué de façon significative à l'épanouissement des arts, et se sont ensuite amplifiées quand les influences hellénistiques, romaines et byzantines se sont mêlées aux traditions locales. Située entre l'Égypte et la Syrie – le cœur et le centre du monde islamique –, la Palestine a été profondément marquée par les influences architecturales et artistiques du Caire, de Damas et d'Alep, influences qui se manifestent clairement pendant les périodes ayyoubide et mamelouke.

Vase zoomorphique du palais omeyyade de Khirbat al-Mafjar à Jéricho, Musée Rockefeller (47-4925), Jérusalem. (© Sonia Halliday Photographs, photo D. Silverman, avec l'aimable autorisation de l'Autorité des Antiquités israéliennes).

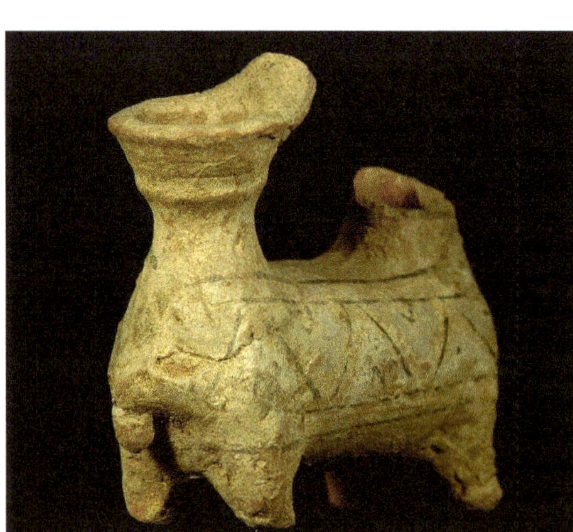

Les styles architecturaux à travers les âges

Le statut religieux de la Palestine a joué un rôle déterminant dans le développement de l'art islamique. C'est le point focal pour les fidèles des trois religions du Livre, la terre où sont enterrés nombre de prophètes, de saints et de bienheureux, et qui peut s'enorgueillir de villes saintes comme Jérusalem et Hébron. C'est pourquoi elle a attiré les croyants, qui sont venus visiter le pays ou qui s'y sont installés, ainsi que de nombreux gouverneurs ou émirs qui, dans un but désintéressé ou désireux de s'assurer une reconnaissance publique, ont construit quantité de bâtiments religieux pendant leur règne et en ont assuré l'entretien par le biais des *waqfs*.

Les grandes villes palestiniennes sont un bon témoignage de la diversité de l'architecture et de l'ornementation islamiques. Les bâtiments les plus importants et les plus grandioses se trouvent à Jérusalem, qui abrite les plus anciens édifices monumentaux de l'Islam – la ville a de plus l'avantage d'être représentative des différents styles d'architecture islamique, notamment le style omeyyade –, Hébron et Gaza venant à la suite. À Gaza prédomine le style mamelouk, car c'était la capitale de la province *(niyaba)* mamelouke de Syrie, tandis que le style ottoman préside à Naplouse, notamment dans les palais construits par les familles influentes, phénomène qui ne s'est jamais manifesté à Jérusalem.

Pendant la période ottomane, un style architectural plus local s'est largement répandu dans les "villages-sièges", ces villages palestiniens qui étaient des centres de pouvoir et d'où les chefs de clan dirigeaient les environs. Les palais, de véritables entités indépendantes, s'apparentaient à de petites forteresses autour desquelles se répartissaient les maisons des villages et les bâtiments publics.

Très variée, la typologie des monuments islamiques édifiés en Palestine répondait à différentes fonctions, et comprenait des bâtiments à caractère religieux comme les centres de prière et d'apprentissage du Coran, des mosquées, des *madrasas*, des *zawiyas* soufies, des sanctuaires et des mausolées; des bâtiments à caractère social comme des *takiyyas*, des *sabils*, des *ribats*, des palais, des maisons et des *hammams*; des centres de commerce tels que les souks, les *caravansarays*, les *khans*, les pressoirs à huile et les manufactures de savon; enfin, des bâtiments et ouvrages militaires comme les murailles, tours, citadelles et autres fortifications. Ces structures étaient érigées soit à l'intérieur, soit à l'extérieur des villes, ainsi que sur les routes reliant les villes et les villages.

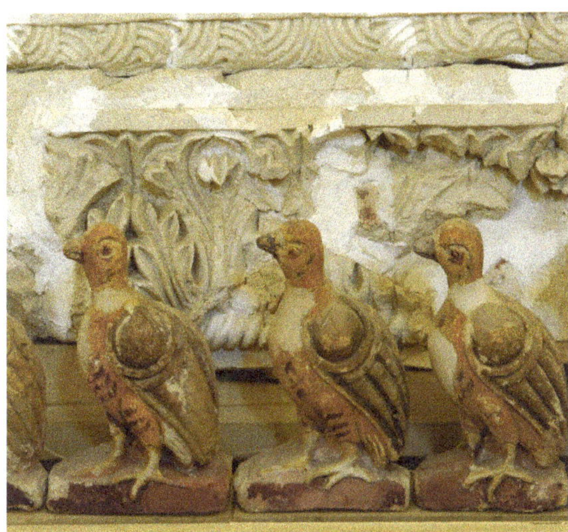

Perdrix en stuc, détail décoratif d'une fenêtre, Palais omeyyade de Khirbat al-Mafjar à Jéricho, Musée Rockefeller, Jérusalem. (© Sonia Halliday Photographs, photo D. Silverman, avec l'aimable autorisation de l'Autorité des Antiquités israéliennes).

La diversité des styles artistiques et architecturaux dont témoigne la Palestine islamique est à mettre au compte des différentes dynasties qui les ont développés et encouragés, et auxquelles ils ont généralement fini par s'identifier: le "style mamelouk" en architecture fournit un bon exemple de ce processus. Quatre grandes périodes peuvent être discernées:

1. La période islamique primitive (15/637-492/1099) s'étend de la conquête musulmane de la Palestine jusqu'à la défaite devant les Croisés. Elle comprend les règnes des califes orthodoxes et les dynasties omeyyade, abbasside et fatimide. Bien que les vestiges de cette époque soient peu nombreux, leur importance est considérable du point de vue artistique. Leur faible nombre s'explique par

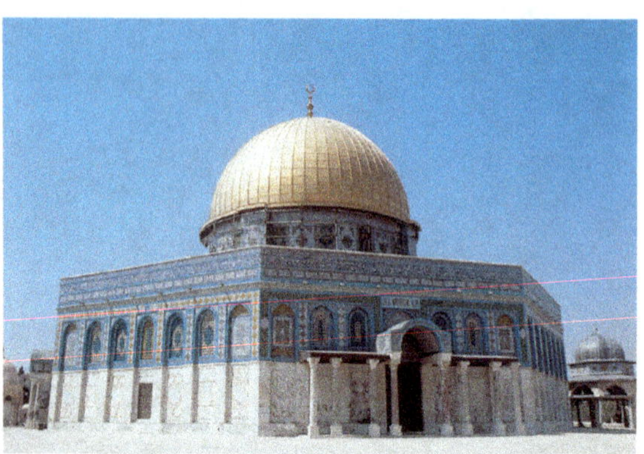

Le Dôme du Rocher, vue générale, Haram al-Charif, Jérusalem.

les outrages du temps, mais aussi par les destructions dues aux guerres et aux catastrophes naturelles. Cette première période constitue aussi pour la Palestine une phase transitoire au cours de laquelle le pouvoir est passé des mains des Byzantins à celles des Arabes. De nombreuses mosquées datant de cette période sont appelées "mosquées de 'Omar" en référence au calife orthodoxe 'Omar Ibn al-Khattab, conquérant de la Palestine. Mais en dehors de leur nom, rien n'a survécu des structures originelles, la plupart des bâtiments ayant été reconstruits ou largement remaniés au fil des siècles. Par ailleurs, la désignation "mosquée de 'Omar" ne signifie pas pour autant que le calife 'Omar ait été le fondateur des édifices qui portent son nom, mais plus simplement qu'ils sont assez anciens pour remonter à cette période. Les plus célèbres vestiges datant de cette période sont de style omeyyade et se trouvent pour l'essentiel dans le Haram al-Charif à Jérusalem.

'Abd al-Malik restaura la muraille du Haram, ainsi que de nombreuses portes, parmi lesquelles Bab al-Rahma (porte de la Miséricorde), Bab al-Tawba (porte du Repentir), Bab al-Asbat (porte des Lions), Bab al-'Atm (porte de l'Obscurité), ainsi que la porte Double et la porte Triple dans la muraille méridionale. Il érigea également le Dôme du Rocher, Qubbat al-Silsila (dôme de la Chaîne) et beaucoup d'autres *qubbas* commémoratives comme Qubbat al-Nabi (dôme du Prophète), Qubbat al-Mahshar (dôme de la Résurrection), et entreprit la construction de la mosquée al-Aqsa. Celle-ci fut achevée par al-Walid, à qui l'on doit également Dar al-Imara (les palais omeyyades mis au jour dans la partie sud du Haram).

Parmi les nombreux projets omeyyades en Palestine, il faut citer le palais de Khirbat al-Mafjar (le palais de Hicham) à Jéricho, Khirbat al-Minya près de Tibériade, une manufacture à Acre et une autre à Ramla; c'est aussi l'époque où l'on dressa des bornes miliaires le long des voies existantes, et où l'on construisit des routes.

Après les Omeyyades, les travaux portèrent surtout sur l'entretien et la restauration des édifices, notamment la mosquée al-Aqsa, le Dôme du Rocher et la zone du Haram. D'autre part, des grands travaux d'utilité publique furent menés à bien, comme la construction d'une citerne à Ramla, l'extension du port d'Acre et l'érection de nouvelles mosquées.

2. La période ayyoubide (583/1187-648/1250) a connu une intense activité architecturale, marquée notamment par la construction de forteresses, de citadelles et de murailles. Après la libération de la Palestine des mains des Croisés, c'est aux Ayyoubides que revint la tâche de restituer leur caractère arabe et islamique aux villes palestiniennes, en particulier à Jérusalem, Hébron et Naplouse. Ainsi furent réhabilitées de nombreuses mosquées qui avaient été transformées en églises, comme le Dôme du Rocher, la mosquée al-Aqsa et beaucoup d'autres, à Gaza, à Sebastia et ailleurs.

Les styles architecturaux des Croisés et des Ayyoubides se sont ainsi chevauchés par le remploi d'éléments artistiques et architecturaux, et par l'utilisation de techniques constructives similaires, au point que, dans certains bâtiments de Jérusalem et dans les forteresses de Palestine, il devient difficile de distinguer les deux styles. Plusieurs *madrasas*, *zawiyas* soufies, écoles coraniques, fontaines et ouvrages hydrauliques furent érigés pendant cette période sous l'égide du sultan Salah al-Din et de ses successeurs, dont al-Mu'addam 'Issa et al Salih Najm al-Din Ayyoub. Divers projets de restauration bénéficièrent d'une attention particulière de la part de la dynastie ayyoubide, notamment la réhabilitation du Haram al-Charif et de la mosquée al-Ibrahimi à Hébron. De nombreux bâtiments désertés par les Croisés furent restaurés et affectés à de nouvelles fonctions.

3. La période mamelouke (648/1250-922/1517) est considérée comme l'âge d'or de l'architecture islamique en Palestine. Par tout le pays se multiplièrent mosquées, *madrasas*, *zawiyas*, mausolées, ponts et établissements à caractère économique tels que les *caravansarays* et les souks. Pour faciliter les déplacements, le transport et les communications, toute une chaîne de *caravansarays* et autres établissements fut ainsi mise en place sur les routes reliant les villes, tels Khan Yunis près de Gaza, Khan al-Lubban sur la route de Naplouse, Khan al-Dahir à Jérusalem et Khan Asdud. La plupart de ces établissements étaient situés à Jérusalem, Gaza, Hébron et Safad, et leurs dépenses de fonctionnement étaient couvertes par de confortables *waqfs*.

4. La période ottomane (922/1517-1336/1917) se distingue par une grande variété de styles architecturaux. Au Xe/XVIe siècle, l'activité architecturale se concentra à Jérusalem : la ville devait recouvrer la gloire qui était la sienne au temps des Omeyyades et au début de l'ère mamelouke. C'est l'époque de la construction de la muraille de Jérusalem (qui est toujours sur pied), de la mise en place de différents programmes hydrauliques et de fontaines, de la restauration du Dôme du Rocher et du Haram al-Charif; c'est aussi le moment où l'on entreprend l'édification du complexe Sultan Khassaki.

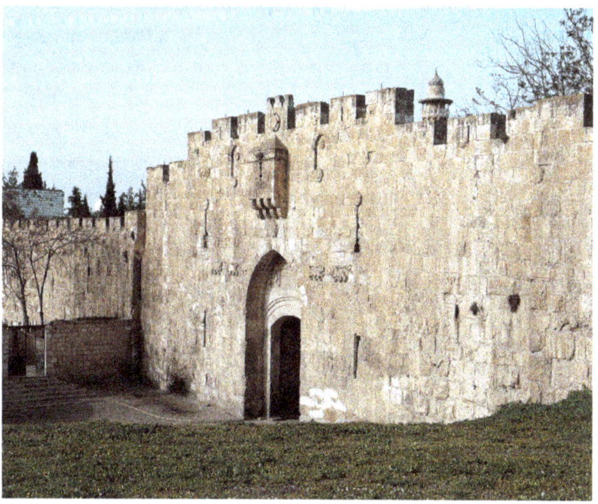

Bab al-Asbat (porte des Lions), muraille orientale, Jérusalem (© Sonia Halliday Photographs).

Gaza bénéficia également de l'intérêt que lui portèrent les Ottomans, car la ville était à la fois la capitale d'un Sandjak et la résidence de la famille al-Radwan (qui avait gouverné la Palestine et assuré l'organisation des convois de pèlerins venant de Syrie).

Au XIe/XVIIe siècle, sous l'égide de al-Dahir 'Omar, l'activité architecturale s'étendit à des villes comme Tibériade, qui avait été quelque peu délaissée pendant la période mamelouke. La ville fut ceinte d'une muraille, enrichie de nombreuses mosquées et reliée aux autres cités de Palestine par un réseau routier. Cette activité urbanistique s'étendit également aux villes environnantes, notamment à Shafa' Amr, Acre et Haïfa. Au début du XIIe/XVIIIe siècle, Ahmad Pacha al-Jazzar fortifia les remparts d'Acre, ce qui permit de repousser l'invasion napoléonienne, et fonda au centre de la ville la grande mosquée qui porte son nom, un véritable chef-d'œuvre d'architecture ottomane, ainsi que nombre d'autres mosquées, des souks, des *hammams* et des *caravansarays*.

D'autres villes comme Jaffa et Haïfa reçurent aussi leur part d'attentions, mais dans des proportions moindres que Naplouse ou Hébron. En fait, dans la plupart des villes palestiniennes, l'activité architecturale ottomane fut intimement liée aux efforts des puissantes familles issues de l'aristocratie locale, qui assuraient le gouvernement et l'administration de la Palestine pour le compte de l'État ottoman tout en jouissant d'un certain degré d'autonomie. Dès lors qu'elles tentèrent de se libérer complètement de la tutelle de l'Empire, elles furent anéanties, mais leur patrimoine architectural a été préservé.

Les canons de l'architecture ottomane classique – caractérisée par les arcades, les colonnes, les voûtes d'arêtes et les voûtes en berceau, et par le recours à des matériaux tels que le plâtre et le mortier – furent abandonnés dans les dernières décennies de l'Empire ottoman au profit des plafonds plats soutenus par des piliers métalliques, qui devinrent alors la norme. Durant cette période (1256/1840-1336/1917), les styles furent aussi divers et variés que leurs sources d'influence, notamment l'Europe, au moment où, au XIXe siècle, les puissances européennes manifestaient un intérêt croissant pour la Palestine. Bien que les techniques constructives traditionnelles aient cohabité avec les nouvelles méthodes, la pierre demeura le matériau de prédilection.

Il s'avère difficile de chercher à isoler les formes artistiques et les styles architecturaux spécifiques de telle ou telle période. C'est que l'architecture et les arts mineurs de chaque période ont été influencés par des sources similaires, et que l'effondrement de tel régime politique ou de telle dynastie n'a pas nécessairement entraîné la relégation du style architectural dominant. De nombreux styles ont perduré et se sont développés au cours de différentes périodes parce qu'ils répondaient de façon appropriée aux besoins de la société. Il est toutefois possible de relever quelques caractéristiques différenciant telle période de telle autre, même si certains traits stylistiques communs peuvent, avec des variantes, se manifester à différentes périodes.

Les caractéristiques générales de l'art islamique en Palestine sont identiques à celles rencontrées en Égypte et en Syrie sous les Omeyyades, les Fatimides, les Ayyoubides et les Mamelouks, puisque les trois pays dépendaient tous de la même entité politique et administrative. La Palestine faisait office de passerelle entre deux pays qui s'étaient relayés comme siège du gouvernement à différents moments, ce qui explique ces indéniables parentés stylistiques entre les expressions artistiques et architecturales en Palestine, en Égypte et en Syrie. Les caractéristiques du style architectural omeyyade sont nombreuses. S'agissant des formes, on retiendra les cours et espaces intérieurs, les façades en pierre, les tours cylindriques et semi-cylindriques, les murs épais, les arcs en plein cintre, les colonnes et les chapiteaux en marbre. Différents types d'inscriptions coufiques commencent à se diffuser. Les murs et les sols sont rehaussés de stucs et de mosaïques richement ornés de motifs floraux et géométriques, mais l'art figuratif est banni dans les bâtiments religieux.

Dans l'architecture ayyoubide, la mosaïque et le décor de stuc disparaissent, la calligraphie coufique s'efface devant l'élégant style *naskhi*, typique des Ayyoubides, mais la pierre demeure le principal matériau de construction. S'agissant des coupoles, c'est l'époque où les architectes introduisent pour les zones de transition des solutions qui permettent de passer du plan carré au plan circulaire par le biais d'un octogone supportant des pendentifs ou des trompes d'angle.

Les Mamelouks quant à eux soignent tout particulièrement les portails des façades, décorés de *mouqarnas* et flanqués de *mastabas* dans les entrées. Les assises alternent des pierres de différentes couleurs, créant le célèbre ornement *ablaq*. De longues frises d'inscriptions en caractères *thoulouth* et *naskhi* font leur apparition, sur lesquelles figurent les titres officiels et les blasons des bienfaiteurs. Coiffés de demi-coupoles, les porches d'entrée sont également très travaillés. L'usage se répand des ornements à motifs floraux et géométriques sur les façades, des décors d'arabesques sur les voussoirs des arcs, des consoles d'encorbellements et des volutes, des alternances de claveaux, des cartouches géométriques et des médaillons étoilés à plusieurs branches. De même se propage l'usage du plâtre moulé, des balcons crénelés, des voûtes en éventail et des voûtes d'arêtes qui s'élèvent sur différents arcs reposant sur des piliers, tandis que les colonnes, les murs et les encorbellements de pierre supportant les balcons se parent d'élégantes décorations. On trouve aussi certains éléments structurels qui sont communs aux bâtiments mamelouks, tels que la *madrasa*, le *ribat* ou le *turbé*. Les fonctions de l'architecture palestinienne étaient semblables à celles des édifices égyptiens et syriens, qui comptaient quantité de bâtiments à vocation civile, religieuse et militaire. Et le système du *waqf* pourvoyait aux dépenses nécessaires au fonctionnement des œuvres caritatives.

L'accession des Ottomans au pouvoir n'a pas évincé les traditions architecturales mameloukes et locales. Un nouveau style local s'est fait jour à Jérusalem, dont les traits se sont affirmés vers la fin du Xe/XVIe siècle, mais qui fut assez éphémère : progressivement, le style architectural ottoman est devenu prééminent dans les bâtiments de Jérusalem et par tout le pays. Les minarets cylindriques prennent le pas sur les minarets carrés de l'architecture mamelouke, les inscriptions ottomanes de style *naskhi* et *nasta'liq* font leur apparition sur les bâtiments, tandis que les façades ou les murs se voient lambrissés de mosaïques, en particulier autour des *mihrabs*. Apparaissent aussi des éléments décoratifs et ornementaux jusque-là inconnus, comme les incrustations circulaires en pierre, à motifs géométriques et floraux, sur les façades des édifices. Aux hautes coupoles mameloukes, les Ottomans préfèrent les coupoles surbaissées, tandis que l'avant des façades principales s'enrichit de porches à arcs et à colonnes. De nouvelles formes de structures font également leur apparition, comme les fontaines murales du sultan Soliman le Magnifique et les *khalwas* érigées sur l'esplanade du Dôme du Rocher.

Et cependant, certaines caractéristiques permettent de distinguer l'architecture palestinienne des réalisations égyptiennes ou syriennes. La plupart des bâtiments sont plus petits et moins décorés qu'ils ne le sont au Caire, à Alep et dans d'autres villes d'Égypte et de Syrie (sauf pour ceux qui datent de l'époque omeyyade). De plus, certains monuments ne présentent aucun des traits architecturaux que l'on peut voir dans d'autres villes sur des bâtiments de même époque. Territoire de modestes dimensions, entouré de civilisations et de vastes pays ayant joué un rôle majeur dans la genèse de l'histoire, la Palestine a su préserver ses particularités locales, tout en subissant les influences artistiques de ses voisins; cela explique pourquoi certains traits architecturaux et décoratifs en Palestine trouvent leur origine au Caire, à Damas et à Alep.

Autre phénomène observé dans l'architecture islamique en Palestine: le recours au remploi de matériaux de construction et d'ornements artistiques, tels que les pierres, les lambris de marbre, les colonnes, chapiteaux et autres *spolia*; parfois, c'est un site tout entier qui était restauré et réutilisé.

L'importance religieuse du pays et l'existence de villes comme Jérusalem et Hébron ont aussi contribué à conférer à l'architecture palestinienne une physionomie particulière. Les monuments de Jérusalem ne peuvent être confondus avec ceux du Caire, de Damas et d'Alep, et même avec ceux de Naplouse et de Gaza. Le Haram al-Charif à Jérusalem et le Haram al-Ibrahimi à Hébron ont tous deux influencé le développement de l'architecture dans ces villes, et contribué à la multiplication des institutions religieuses et charitables.

Il en est résulté une concentration de bâtiments dans une certaine partie de la ville, tandis que les canons de l'architecture mamelouke étaient sacrifiés – notamment à Jérusalem – pour libérer les espaces avoisinant le Haram al-Charif. L'architecte devait adapter le bâtiment aux spécificités de la zone, d'où l'apparition d'annexes et de bâtiments à plusieurs étages. Contrairement à ce qui se voit au Caire et dans d'autres villes égyptiennes et syriennes, les constructions à quatre façades étaient rares à Jérusalem. Par ailleurs, la ville séduisait les émirs mamelouks pour sa dimension religieuse et son climat favorable. Le choix de Jérusalem comme lieu de résidence lui valut de nombreux programmes de constructions soufies et caritatives. Le nombre de pèlerins

Bol en céramique du palais omeyyade de Khirbat al-Mafjar à Jéricho, Musée Rockefeller (47-4920), Jérusalem. (© Sonia Halliday Photographs, photo D. Silverman, avec l'aimable autorisation de l'Autorité des Antiquités israéliennes).

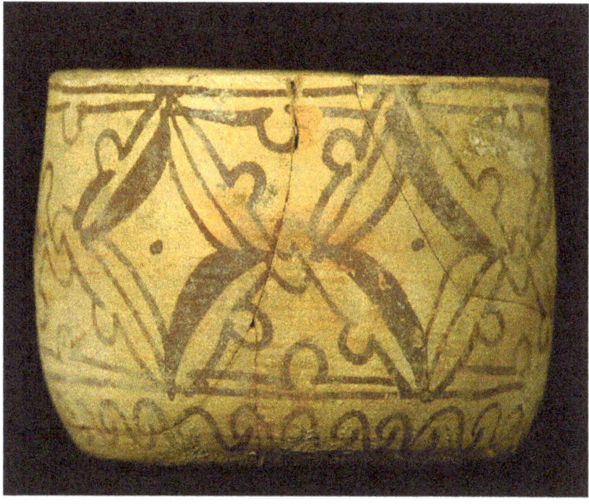

augmentant, on intensifia la construction de *ribats* et de *caravansarays*. L'architecture en Palestine est donc le reflet des traditions locales qui prévalaient dans le pays avant l'islam, auxquelles se mêlent les différents courants architecturaux qui se sont développés en Égypte et en Syrie.

Les arts appliqués

Les arts mineurs (ou arts appliqués) ont également prospéré en Palestine grâce au mécénat de différentes familles de l'aristocratie. Le travail du métal, du bois, du verre, la céramique, la mosaïque, les Corans enluminés et autres manuscrits illustrés d'ornements sont autant d'expressions qui reflètent les courants artistiques qui prévalaient dans la région et dans les pays voisins comme l'Égypte, la Syrie et la Turquie. Le plus ancien style ornemental islamique se trouve dans le Dôme du Rocher. Datant de l'ère omeyyade, il eut un impact considérable sur le développement de l'art islamique, et c'est le premier exemple à en refléter toute la cohérence.

La mosaïque

Les mosaïques omeyyades que l'on rencontre en Palestine sont absolument incomparables. Le Dôme du Rocher, la mosquée al-Aqsa et le palais de Hicham à Jéricho en abritent les plus splendides réalisations, que viennent enrichir celles de la Grande Mosquée des Omeyyades à Damas, quelques mosquées omeyyades en Syrie et les "palais du désert" jordaniens. Cette tradition a perduré en Palestine. C'est la pureté spirituelle qui caractérise ces mosaïques, qui évoquent la tendance arabo-syrienne inspirée du style byzantin.

Mais en dépit de cette inspiration byzantine, l'art de la mosaïque en Palestine et en Syrie a développé ses voies artistiques propres en introduisant des éléments tirés de la nature et des motifs végétaux stylisés tels que les palmiers, les feuilles d'acanthe ou de vigne, les volutes, les pommes de pin, les cercles, carrés, triangles et figures étoilées, les lignes obliques ou

Lampes à huile en céramique du palais omeyyade de Khirbat al-Mafjar à Jéricho, Musée Rockefeller (39-402, 40-1402, 43-208), Jérusalem (© Sonia Halliday Photographs, photo D. Silverman, avec l'aimable autorisation de l'Autorité des Antiquités israéliennes)

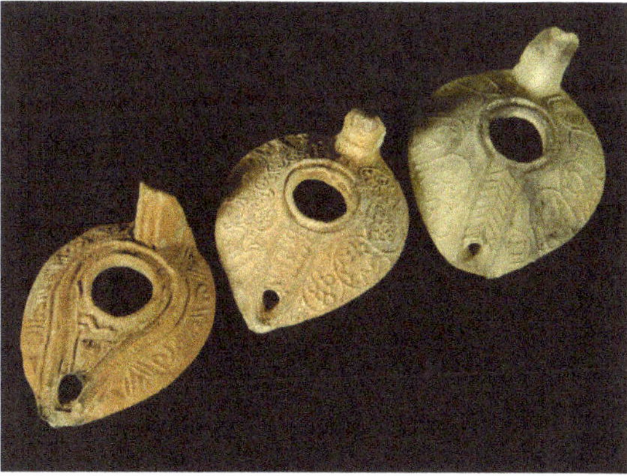

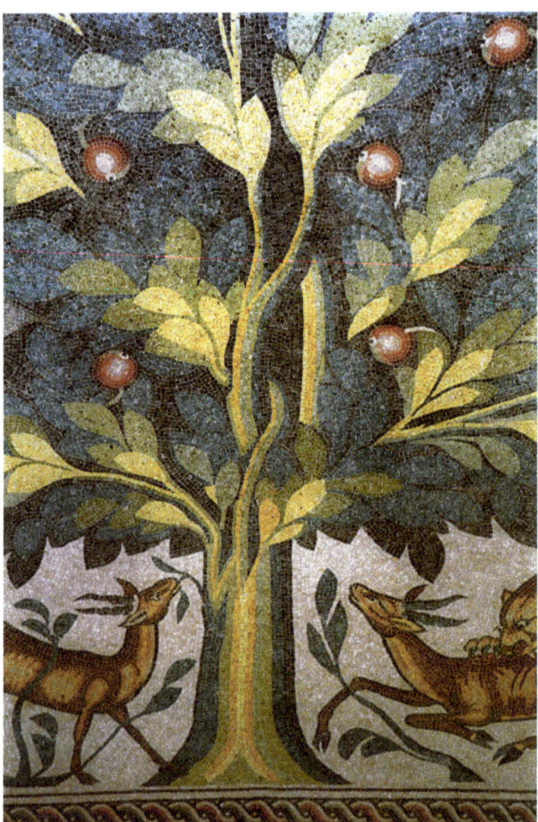

Khirbat al-Mafjar, sol en mosaïques près des bains du palais, détail, Jéricho (© Sonia Halliday Photographs, photo D. Silverman).

ondulées, les frises de calligraphies coufiques dépourvues de signes diacritiques, les fleurs, les pétales et les grains. Ces éléments décoratifs jouaient de la symétrie et de l'opposition. Le vert foncé était utilisé en couleur de fond, tandis que le doré servait à harmoniser les couleurs et les éléments décoratifs, et à en faire ressortir les différences. Ces mosaïques ont fait l'objet de quantité d'études et d'interprétations; certains y ont vu une représentation du paradis tel qu'il est décrit dans le Coran, d'autres y ont relevé des motifs décoratifs abstraits, d'autres encore y ont vu des symboles politiques.

La sculpture sur bois

Le décor sur bois s'est développé en Palestine sous les Omeyyades et a perduré jusqu'à l'ère ottomane. Les ouvrages de bois dont regorgent la mosquée al-Aqsa, le Dôme du Rocher, le Musée islamique du Haram al-Charif et le Musée archéologique de Palestine (Rockefeller) témoignent parfaitement des aspects à la fois fonctionnels et décoratifs.

En effet, le bois était (et demeure) – l'un des principaux matériaux de construction en Palestine. Au départ, il était utilisé pour la construction des toitures et la fabrication de portes, fenêtres et *machrabiyyas*, une composante majeure de l'architecture islamique.

La plus ancienne structure en bois qui ait survécu jusqu'à nos jours est la coupole intérieure du Dôme du Rocher, qui date de la période fatimide. Le Dôme du Rocher était constitué de deux coupoles superposées, la coupole intérieure et la coupole extérieure étant séparées par un espace d'environ 1,5 m. À l'origine, les deux coques étaient en bois, mais la coupole externe a dû être enlevée pendant les travaux de restauration de 1960. Même la grille, d'époque ayyoubide, qui entoure le Rocher est en bois.

De nombreuses portes de la mosquée al-Aqsa et du Dôme du Rocher, ainsi que les entrées du Haram al-Charif, sont également en bois et datent des périodes mamelouke et ottomane. De magnifiques ouvrages mamelouks peuvent être contemplés au Musée islamique (dans le Haram).

Nombre de piliers en bois portent des inscriptions calligraphiques qui remontent à la période mamelouke. Mais les œuvres d'art les plus remarquables de cette tradition sont incontestablement ces panneaux de bois de cyprès somptueusement sculptés qui étaient fixés sur la partie inférieure des piliers de la mosquée al-Aqsa. La partie supérieure du *mihrab* consiste en conques rayonnantes. Ses arcs reposent sur deux colonnes ornées d'indentations droites, obliques ou en spirales, de feuilles de laurier et d'acanthe, de fruits, de palmes, de raisins et de feuilles de grenade, de paniers et de coupes. Tous ces éléments trouvent leur origine dans les arts décoratifs hellénistiques, même s'ils ont évolué à l'époque omeyyade.

La calligraphie et les inscriptions

L'art de la calligraphie et des inscriptions sur pierre, sur marbre, sur bois et sur métal fait également partie des arts islamiques les plus fameux de Palestine. Il n'est pas une ville de Palestine qui ne puisse s'enorgueillir d'un tel héritage, représentatif des différentes périodes pendant lesquelles il s'est développé. Les collections les plus remarquables se trouvent à Hébron et à Jérusalem. Il y a un siècle, le grand épigraphiste suisse Max van Berchem a consacré six volumes à inventorier et étudier la masse des inscriptions de Jérusalem.

Au-delà de la valeur artistique et esthétique de ces inscriptions, au-delà de l'information qu'elles fournissent, la calligraphie et l'épigraphie arabes en Palestine, et dans le monde musulman en général, livrent de précieux renseignements historiques sur les édifices et les objets

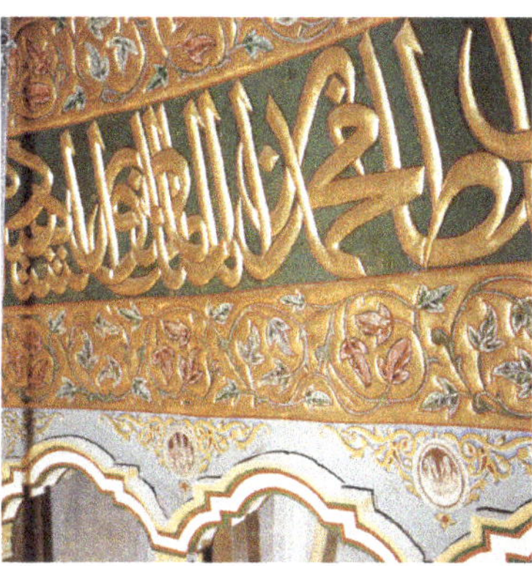

Le Dôme du Rocher, base de la coupole, détail de la décoration, inscription arabe d'un passage du Coran, Haram al-Charif, Jérusalem (© A. F. Kersting).

qu'elles décorent. Les inscriptions du Dôme du Rocher notamment sont d'une importance primordiale car elles constituent le plus ancien prototype de la calligraphie et de l'écriture islamiques. Elles comprennent une grande diversité de styles calligraphiques, tels le coufique, le *naskhi*, le *thoulouth*, le *nasta'liq* et le *diwani* – autant d'écritures qui présentaient aussi des variantes entre la prose et la poésie rimée. Ces inscriptions comportaient aussi des formules de louange, le nom des souverains et des précisions sur l'œuvre d'art elle-même. À l'origine, les caractères coufiques ne portaient pas de signes diacritiques. Mais plus tard, ils commencèrent à être accompagnés de points et de signes de vocalisation, et même de certains éléments décoratifs. Ces inscriptions pouvaient être gravées ou en relief. La plupart ont été étudiées et publiées, mais de temps en temps, de nouvelles découvertes viennent affiner encore notre connaissance de l'histoire architecturale et artistique de la Palestine.

Sur papier ou sur peau de gazelle, la calligraphie des différents exemplaires du

Coran offre un autre exemple d'une pratique artistique remarquablement maîtrisée. Étant donné la valeur du Coran et le prestige qui est le sien dans la sphère islamique, les artisans musulmans les plus dévots réalisaient leurs propres exemplaires du Livre saint. Ils commençaient par découper le papier à la taille requise, qui pouvait aller de quelques centimètres à plus d'un mètre. Par exemple, le Coran de Barsbay exposé au Musée islamique, et qui fut offert à la mosquée al-Aqsa en 221/835-836, mesure 110 x 190 cm. Le copiste prenait ensuite la relève, suivi par le réviseur, qui contrôlait l'exactitude de chaque lettre, mot, pause et vocalisation. Ensuite, le décorateur apportait un soin tout particulier au début de chaque sourate et aux séparations entre les versets.

Les parties les plus importantes étaient la *Fatiha*, le prélude au Coran, et les sections introductives des chapitres. C'est là que l'artiste pouvait dévoiler tout son talent à travers les différents ornements floraux et géométriques. Après le décorateur, le doreur intervenait sur certaines parties bien spécifiques du Coran. Enfin venait le tour du relieur, qui fixait l'exemplaire entre deux solides couvertures de cuir magnifiquement décorées. Par ailleurs, la meilleure qualité d'encre noire était utilisée pour le texte, le rouge et le blanc servant occasionnellement à marquer la ponctuation. Différentes graphies étaient appliquées, comme le *coufique*, le *naskhi*, le *ta'liq*, le *nasta'liq*, le *maghribi andalousi*, le *farsi,* le *thoulouth* et le *ruq'a*.

Jusqu'à récemment, ces exemplaires étaient attribués à titre de *waqf*s aux mosquées, aux institutions caritatives ou soufies et aux établissements éducatifs auxquels elles se consacraient. Mais avec l'avènement de l'imprimerie, ces chefs-d'œuvre d'art religieux ont été transférés dans les musées. Le Musée islamique conserve une remarquable collection de Corans, quelques-uns d'entre eux présentant une traduction en persan à côté du texte arabe. Certaines de leurs pages recèlent également de précieuses informations historiques sur le calligraphe, le propriétaire de l'exemplaire, ses lecteurs et la date à laquelle la copie a été achevée, ainsi que certaines invocations du type : "Que Dieu accorde sa grâce à tous ceux qui l'auront lu." Les gouverneurs et les sultans avaient coutume de commander des exemplaires du Coran et de les léguer aux mosquées et aux centres d'études.

Les azulejos

Une autre forme d'art non moins célèbre en Palestine était la production de carreaux de faïence ornementale, et plus spécialement les carreaux de céramique *qachani*, du nom de la ville iranienne de Qachan d'où cet artisanat s'est répandu dans d'autres parties du monde islamique, notamment à Bursa, Iznik et Kütahya en Turquie. De nombreux artisans qualifiés issus de ces villes s'étaient installés à Jérusalem pendant la période ottomane, jetant ainsi les bases de cet art en Palestine où il sera largement utilisé au Dôme du Rocher. On peut toujours en voir dans les souks de Jérusalem, Hébron et Jéricho, où les carreaux de faïence, assiettes, cruches, coupes et objets en verre font aujourd'hui l'objet d'une importante diffusion touristique. Au-delà des anciens thèmes islamiques, leurs motifs décoratifs s'étendent à des motifs chrétiens tels que le miracle de la multiplication des pains et des poissons à Tabgha ou des représentations de la basilique de la Nativité.

C'est au Xe/XVIe siècle que l'art céramique a fait son apparition en Palestine à la faveur des travaux de restauration du Dôme du Rocher entrepris par Soliman le Magnifique. En effet, les mosaïques extérieures avaient subi de tels dommages que le sultan les fit remplacer par un somptueux revêtement en céramique de style *qachani*, lequel s'est ensuite étendu à la plupart des mosquées d'Istanbul, où entrées et *mihrabs* furent lambrissés de mosaïques décoratives. La plupart des carreaux de faïence exposés au Musée islamique, tout comme les décorations du Dôme du Rocher, datent de sept périodes différentes, les plus anciennes remontant au IXe/XVe-X[e]/XVIe siècle, les plus récentes étant de 1964.

Les couleurs allaient du bleu foncé au turquoise, jaune, vert, noir, rouge et blanc, tandis que les décors adoptaient des motifs géométriques, floraux ou calligraphiques. La plus célèbre inscription monumentale est celle qui, au sommet de l'octogone extérieur du Dôme, reproduit la sourate coranique de *Ya Sin*; elle fut réalisée par Muhammad Chafiq en l'an 1292/1874.

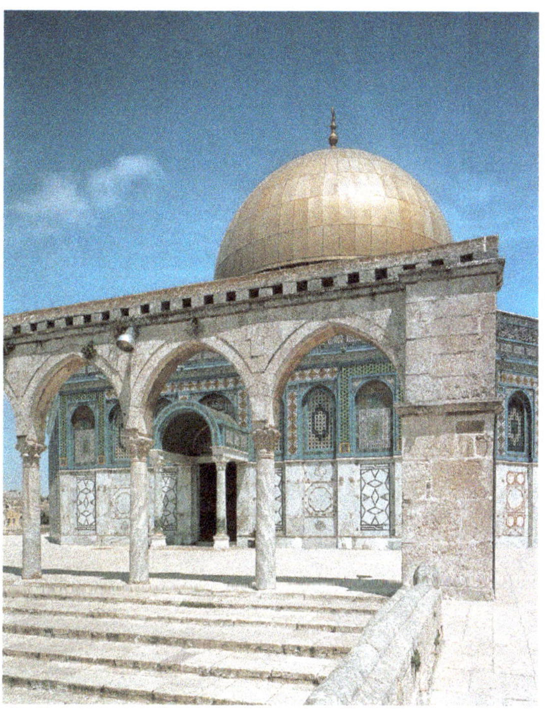

Le Dôme du Rocher, entrée principale, Haram al-Charif, Jérusalem (© A. F. Kersting).

Les fenêtres à décor de stuc

Typiques de la Palestine, l'encadrement et le décor de fenêtres en stuc remontent à la première période islamique, le plus fameux restant le style abbasside dit "de Samara". On pense généralement que cette expression artistique fit sa première apparition dans la Palestine omeyyade avec la construction du Dôme du Rocher et de la mosquée al-Aqsa. Une bonne conception de l'agencement des baies était capitale dans la mise au point des plans destinés à assurer la lumière naturelle et la ventilation. Les fenêtres épousaient des formes carrées, rectangulaires et circulaires. Lorsque les ouvertures se trouvaient au niveau de la rue, elles étaient protégées par des grilles magnifiquement décorées. Mais lorsqu'elles se trouvaient bien au-dessus du niveau du sol, elles étaient rehaussées de décors de plâtre.

Ce style perdura jusqu'à la période mamelouke, et est toujours pratiqué

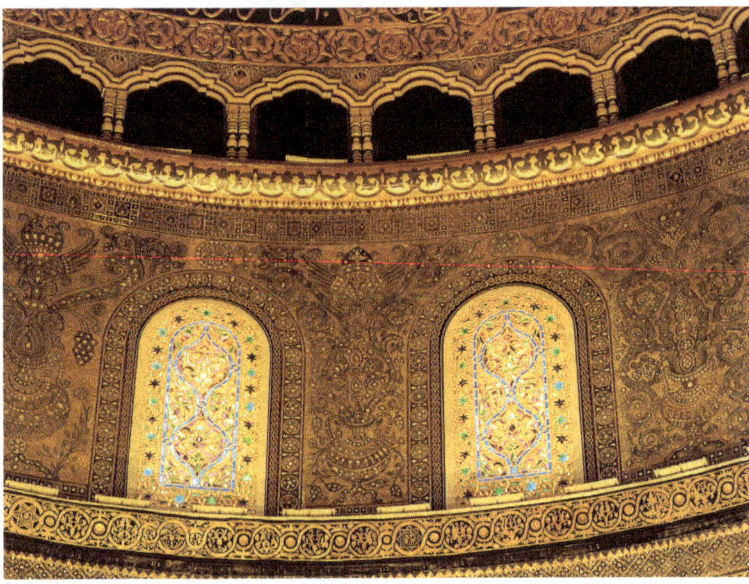

Dôme du Rocher, coupole, détail du tambour, fenêtres à décor de stuc incrusté de verres de couleurs, Haram al-Charif, Jérusalem.

aujourd'hui par d'habiles artisans locaux dans les ateliers de la mosquée al-Aqsa. Ces baies sont d'une beauté à couper le souffle, en particulier lorsque les rayons du soleil se glissent entre les éléments décoratifs et prennent les couleurs des morceaux de verre qui leur servent de fond. On peut en voir des exemples sur le tambour du Dôme du Rocher, au sommet des murs sud de la mosquée al-Aqsa, au Musée islamique et dans d'autres monuments disséminés dans toute la Palestine.

Outre le talent, la fabrication exige une patience extrême et nombre d'autres qualités. Au cours d'une première phase, la taille de la baie est déterminée avec précision ; ensuite, un solide cadre de moulage en bois est dressé et fixé sur une surface plane. Le gypse est alors dilué et versé dans le moule (généralement de forme circulaire ou rectangulaire et coiffé d'un arc en plein cintre). La solution est maintenue jusqu'au durcissement de la pâte.

Dans un deuxième temps, on commence par tracer au crayon les ornements qui devront décorer la fenêtre. Il s'agit le plus souvent d'élégants motifs végétaux et de formes géométriques, elles-mêmes fréquemment accompagnées d'inscriptions calligraphiées en beaux caractères entrelacés figurant des versets coraniques ou des invocations. Les inscriptions comportent également la date de fabrication ou de restauration de la fenêtre.

La phase suivante est la plus délicate car le plâtre doit être sculpté et ciselé selon la forme requise. Dans la mesure où la fenêtre doit être positionnée quelques mètres au-dessus du niveau du sol et de l'axe de vision, la sculpture doit être oblique, faute de quoi le travail ornemental ne pourrait être vu et la pénétration de la lumière dans le centre du bâtiment serait obstruée. Les outils utilisés sont généralement très fins et d'une extrême précision, car la moindre erreur impliquerait l'obligation de refaire un nouveau moule. On passe ensuite à la phase finale, qui consiste à incruster de petits morceaux de verre derrière les décorations en gypse. C'est là que s'exprime tout le doigté de l'artiste, dans le choix d'une couleur bien déterminée pour chaque unité décorative, ce qui permettra que soit perçu l'agencement des différents éléments en même temps que l'homogénéité décorative de l'œuvre. En général, la fabrication d'une grande baie vitrée de 140 x 350 cm prenait entre 4 et 6 mois.

Les monnaies

La frappe et l'émission de pièces de monnaie comptaient au rang des manifestations artistiques à dimension politique, culturelle et économique. Cette activité apparut en Palestine au début de l'époque omeyyade, et les vestiges de plus de quinze centres d'émission de monnaie ont été mis au jour à Jérusalem, Ramla, Tibériade, Bissan, Safouria, Ascalon, Gaza et Lydda, qui approvisionnaient le marché local et le marché syrien d'une grande variété de monnaies en cuivre et en bronze. L'activité se poursuivit en Palestine pendant la période abbasside et, sous le règne de al-Ma'moun (198/813-218/833), Jérusalem devint un important centre d'émission de monnaies. Plus tard, sous les Toulounides, on procéda à l'émission de dinars en or, tandis que durant les périodes ikhchidide, qarmate et fatimide, les dinars en argent vinrent compléter le système monétaire. Des versets coraniques et des professions de foi telle "Il n'y a d'autre Dieu que Dieu et Mahomet est son prophète" étaient gravés sur ces pièces de monnaie, de même que le nom du souverain qui en avait ordonné l'émission. Même de très petite taille, ces pièces portaient des informations historiques qui nous sont d'un grand intérêt aujourd'hui. Les méthodes de gravure et les écritures sur les pièces témoignent du haut niveau atteint par les techniques de gravure, d'inscription et de travail artistique, et mettent en lumière la sophistication de l'art islamique en Palestine.

La Palestine abrite aussi d'inestimables collections de manuscrits, de chefs-d'œuvre en verre et en métal, de tapis et d'étoffes, de vêtements brodés et d'artisanat populaire local – tels la verrerie d'Hébron, la poterie de Gaza ou les objets en nacre et en bois d'olivier. Le visiteur en trouvera toutes sortes d'échantillons dans les souks et dans les boutiques de Jérusalem et de Bethléem, Hébron, Gaza et Naplouse. Tous témoignent de la riche histoire architecturale et artistique de la Palestine.

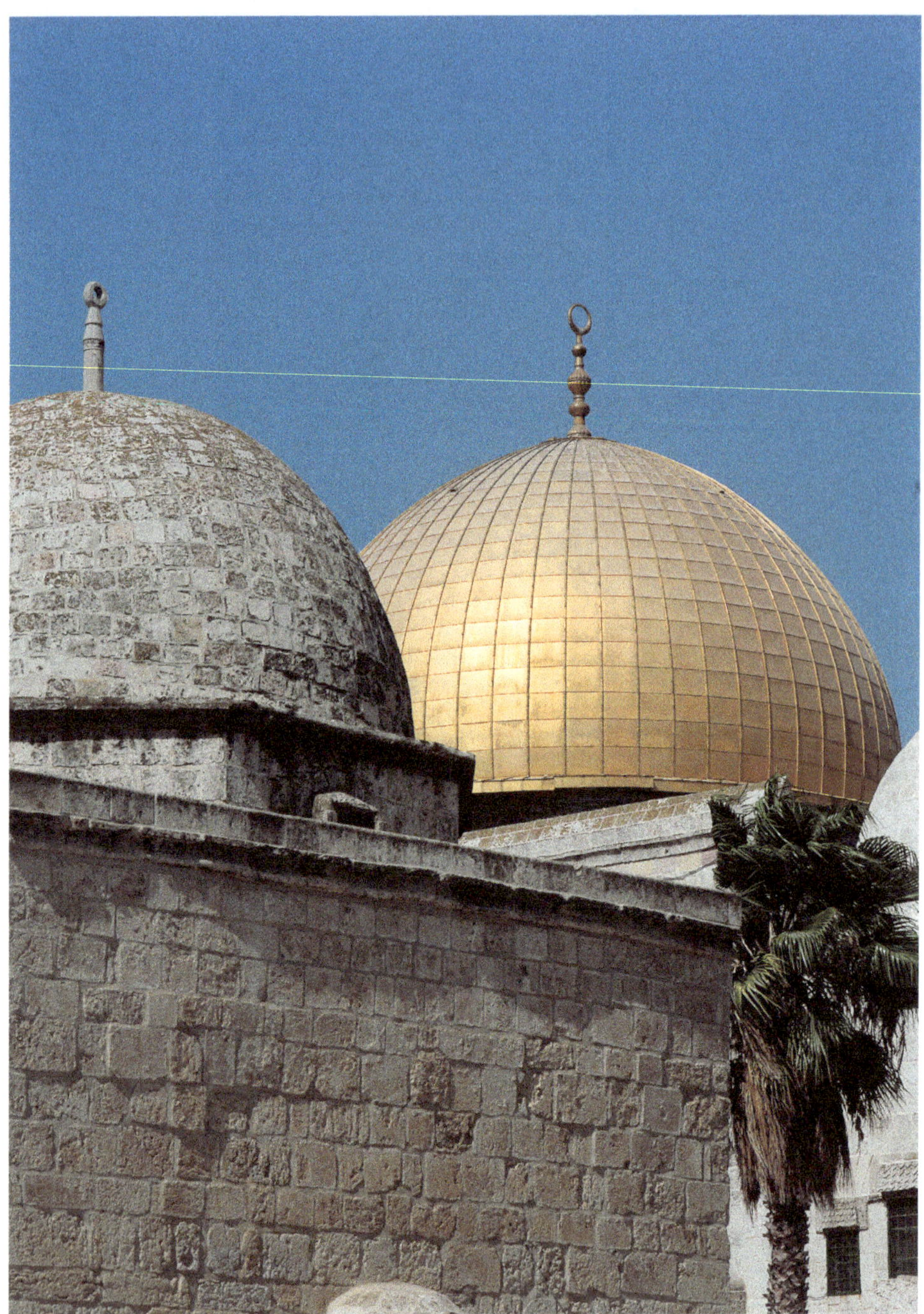

Jérusalem et le Haram al-Charif: la *qibla* de Palestine

Yusuf Natsheh, Mahmoud Hawari

I.1 HARAM AL-CHARIF

I.1.a Musée islamique
I.1.b Mosquée al-Aqsa
I.1.c Dôme du Rocher
I.1.d Porte Dorée (Bab al-Rahma et Bab al-Tawba)
I.1.e Khalwa nord-ouest de Ahmad Pacha
I.1.f Mihrab de la Mastaba de ʻAli Pacha
I.1.g Sabil Qaytbay
I.1.h Qubba al-Nahawiyya
I.1.i Madrasa al-Achrafiyya
I.1.j Citadelle (option)

Les manuscrits de la bibliothèque de la mosquée al-Aqsa
Systèmes hydrauliques du Haram al-Charif

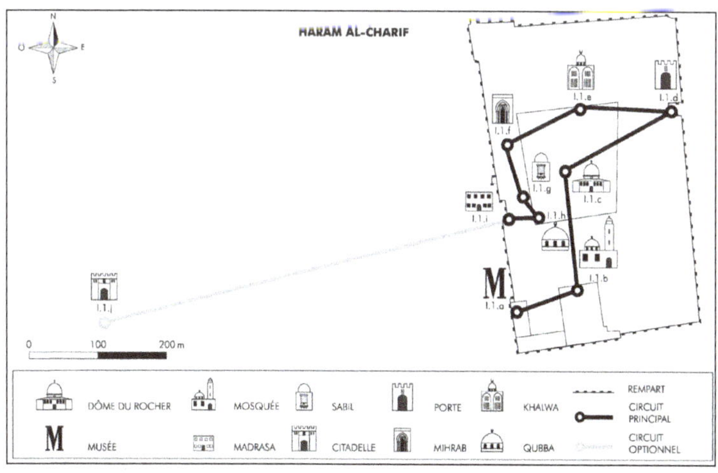

Dôme du Rocher, vue du sud-ouest entre Qubba al-Nahawiyya et une école coranique, Haram al-Charif, Jérusalem.

Parmi toutes les villes saintes, Jérusalem est l'une des plus éminentes, une terre pareillement sacrée pour les juifs, les chrétiens et les musulmans. Aimée et vénérée par des millions d'individus de par le monde, elle a traversé tout au long de son histoire des périodes de prospérité, de gloire, de désastre et de destruction.

Les données archéologiques attestent que les premiers peuplements dans la zone remontent au Chalcolithique et au premier Âge du bronze (env. Ve et IVe millénaires av. J.-C.). À l'origine, le centre de la ville actuelle, dans le village de Silwan au sud du Haram al-Charif, fut fondé par les Cananéens (v. 2000 av. J.-C.) aux abords de l'unique source d'eau de la région.

La ville s'est développée et agrandie au cours de différentes périodes. Mais, du fait de sa position géographique entre les empires rivaux du Nil et de l'Euphrate, elle a été exposée à nombre d'invasions étrangères, ce qui explique la diversité de son paysage social, ethnique et religieux. Jérusalem a été soumise à une puissance étrangère après l'autre, à commencer par Nabuchodonosor, le maître du nouvel empire babylonien, qui la met à sac en 587 av. J.-C. Après avoir conquis Babylone, Cyrus le Grand, le roi des Perses, ordonne en 538 av. J.-C. la reconstruction du temple de Jérusalem et autorise les juifs à revenir sur les terres de Judée. Alexandre le Grand prend la ville en 332 av. J.-C., suivi par les Ptolémées, les Séleucides et enfin les Romains en 63 av. J.-C. Pendant les périodes grecque et romaine, la culture hellénistique domine tous les aspects de la vie de Jérusalem. Un conflit se fait jour entre les symboles et les tenants de la civilisation païenne romaine d'un côté, et la population juive locale, soutenue par ses propres autorités, de l'autre. Conséquence des deux révoltes juives contre Rome (66-70 et 132-135), les juifs ne sont plus admis à Jérusalem. Toutefois, des chrétiens d'origine païenne – mais non juive – vivent à Jérusalem dès le IIe siècle. Avec l'édit de tolérance de Milan en 313, puis le concile de Nicée en 325, Jérusalem s'impose de plus en plus comme un pôle du christianisme, ce qu'elle demeurera pendant toute la période byzantine. La période chrétienne voit de nombreuses églises se construire à Jérusalem, tandis que le pèlerinage vers la Terre sainte commence à s'organiser de manière régulière.

Les musulmans arabes sont fiers de ce que Jérusalem ait été conquise sans effusion de sang par 'Omar Ibn al-Khattab en 15/638. Le calife avait en effet conclu un traité garantissant à tous les chrétiens la paix en même temps que la protection de leurs vies et de leurs biens. Jérusalem resta sous domination musulmane pendant quatorze siècles, à l'exception de la période allant de 492/1099 à 583/1187, pendant laquelle la ville se trouva sous l'hégémonie des Croisés. Les différentes dynasties islamiques qui s'y sont succédé – les Omeyyades, les Fatimides, les Ayyoubides, les Mamelouks et les Ottomans – se sont attachées à développer la ville, et plus particulièrement le Haram al-Charif. C'est un esprit de tolérance qui a présidé à la période musulmane, si bien que la plupart des communautés chrétiennes ont pu continuer à y vivre.

Étant donné son statut de troisième ville sainte de l'islam après La Mecque et

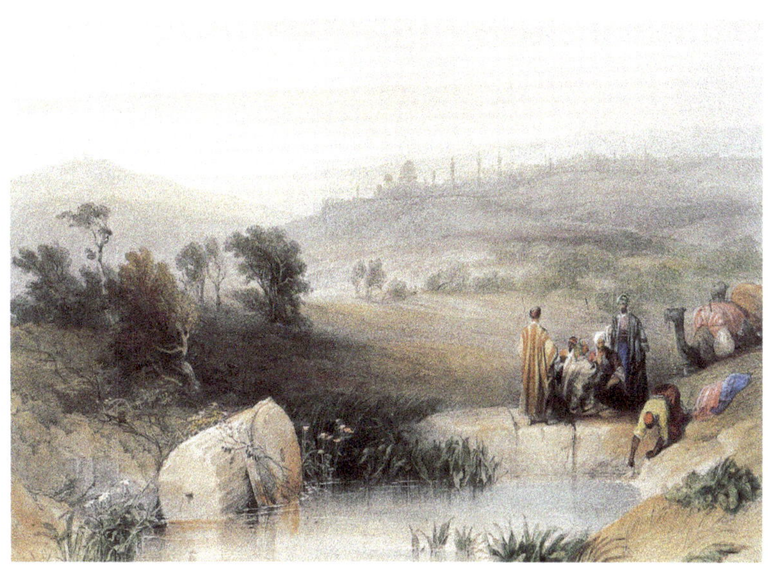

Jérusalem, vue générale depuis le nord, litographie de D. Roberts (© Musée Victoria et Albert, Londres).

Médine, les musulmans ont consacré des efforts et des fonds considérables à l'essor et à l'embellissement de la cité, et surtout du Haram al-Charif. On y érigea quantité de mosquées, *madrasas, zawiyas, caravansarays, qubbas, maqams, sabils, hammams*, souks et autres types de bâtiment. C'est ainsi que Jérusalem devint l'une des plus belles villes du Moyen Âge, et l'une des plus riches au plan religieux, culturel, social et artistique. Érigé sous les Omeyyades, le Dôme du Rocher, l'un des plus majestueux monuments du monde musulman, est considéré comme un chef-d'œuvre inégalé. Véritable métaphore de l'art islamique, il constitue aussi à lui seul un musée unique en son genre, regorgeant de splendides monuments, musulmans ou non.

À l'exception de la mosquée al-Aqsa, du Dôme du Rocher et de quelques autres édifices d'époque omeyyade, la plupart des bâtiments de Jérusalem ont été construits après les Croisades, notamment à l'époque des Mamelouks (658/1260-992/1517). En effet, les sultans et les émirs mamelouks se sont particulièrement intéressés à la ville; ils y ont érigé des dizaines de bâtiments à caractère religieux, pédagogique ou commercial, dont ils assuraient l'entretien et le fonctionnement grâce à de généreuses dotations. L'impressionnante activité constructrice de la période reflétait à l'évidence le caractère fondamentalement religieux de la ville, tant comme lieu de pèlerinage que comme centre de la pensée islamique – ce que le soufisme notamment allait bientôt confirmer de façon éclatante.

Y. N.

I.1 HARAM AL-CHARIF

Situé dans la partie sud-est de la vieille ville de Jérusalem, il occupe presque le sixième de sa superficie. Les deux murs est et sud du sanctuaire font partie de la muraille de Jérusalem. Les non-musulmans ne peuvent y accéder que par Bab al-Magharība, après avoir subi des contrôles de sécurité qui peuvent prendre un certain temps; la sortie peut s'effectuer par n'importe quelle porte. L'accès à l'esplanade est gratuit, toutefois les visites du Dôme du Rocher, de la mosquée al-Aqsa et du Musée islamique sont payantes. On se procurera les billets – qui ne sont valables que pour la journée de l'achat – au kiosque situé devant le Musée islamique; seule la monnaie locale est acceptée. Les photographies sont autorisées sur l'esplanade, mais interdites à l'intérieur du Dôme, de la mosquée al-Aqsa et du Musée islamique, sauf accord préalable du ministère des Waqfs et des Affaires religieuses. Avant de pénétrer à l'intérieur du Dôme du Rocher et de la mosquée al-Aqsa, le visiteur doit se déchausser et laisser, sous sa propre responsabilité, sacs et appareils photo à l'extérieur.

On accède au Haram, de plan rectangulaire, par dix portes ouvertes dans les murailles ouest et nord dans l'ordre suivant : Bab al-Magharība (porte des Maghrébins), Bab al-Silsila (porte de la Chaîne), Bab al-Mathara (porte de l'Ablution), Bab Souk al-Qattanine (porte des Marchands de coton), Bab al-Hadid (porte du Fer), Bab al-Nadir (porte de l'Inspecteur) et Bab al-Ghawanima (porte de la tribu al-Ghawanima) dans l'angle nord-ouest du Haram, au nord Bab al-'Atm (porte des Ténèbres), Bab al-Hitta (porte du Pardon) et Bab al-Asbat (porte des Lions). Toutes les portes des murs est et ouest sont condamnées et désaffectées. La plupart remontent à l'époque mamelouke et ont probablement été construites sur les fondations d'anciennes portes omeyyades et romaines.

Le Haram al-Charif revêt une importance majeure dans la tradition musulmane. Il est cité dans le Coran comme l'endroit à partir duquel le prophète Muhammad a accompli son ascension nocturne au paradis. Première *qibla* de l'islam, c'est également l'endroit où se produira la Résurrection. Enfin, et ce n'est pas son moindre prestige, il est au cœur de la ville que le Prophète a placée sur un pied d'égalité avec La Mecque et Médine. C'est de plus le joyau architectural et artistique de Jérusalem, et la partie la plus insigne de la vieille ville: c'est au Haram al-Charif que Jérusalem doit son caractère sacré et son statut éminent dans l'histoire.

Le développement historique de Jérusalem a été intimement lié à celui du Haram. La forme, l'apparence et le caractère sacré actuels du Haram résultent du long processus de développement architectural et historique opéré sous les différentes dynasties. Après la destruction de Jérusalem en 70 après. J.-C. et la seconde révolte juive (132-135), les Romains reconstruisirent la ville comme une cité païenne – qu'ils nommèrent Colonia Aelia Capitolina – et y érigèrent un temple dédié à Jupiter Capitolinus. À l'époque islamique, 'Omar Ibn al-Khattab, et plus tard le calife 'Abd al-Malik Ibn Marwan, reconstruisirent la ville et le Haram al-Charif. L'ardeur constructrice s'est maintenue tout au long de la période musulmane, notamment sous la dynastie ayyoubide (583/1187-648/1250), quand la ville entreprit une complète réhabilitation après neuf décennies d'hégémonie croisée. L'islam fut réintroduit, le Haram al-Charif fut agrandi, la mosquée al-Aqsa et le Dôme du Rocher furent restaurés. Les Mamelouks (648/1250-922/1517) développèrent les zones adjacentes aux limites nord et ouest du Haram en construisant des *madrasas* et des *zawiyas*, et assurèrent l'approvisionnement en eau en construisant des citernes et des fontaines. Les Ottomans (922/1517-1336/1917) agrandirent eux aussi le Haram, notamment la zone entourant le dôme du Rocher. Le Haram al-Charif possède des monuments représentatifs de l'ensemble des dynasties musulmanes, et les visiter en totalité prendrait un temps considérable. On s'est donc attaché à sélectionner des sites qui puissent témoigner au mieux des plus prestigieux édifices et dynasties islamiques, et des styles architecturaux propres à chacune d'entre elles.

Y. N.

I.1.a **Musée islamique**

À l'angle sud-ouest de l'esplanade.
Horaires: de 8:00 à 11:00 et de 13:00 à 14:00, sauf le vendredi et les jours fériés. Pendant le mois de Ramadan, la visite n'est possible que le matin. L'esplanade est fermée pendant les heures de prière, qui varient légèrement selon la saison, en général de 11:00 à 12:30 et de 14:00 à 15:00.

Le Musée islamique a été construit en 1341/1923 et passe pour l'un des premiers musées de Jérusalem. Il abrite une collection d'œuvres d'art qui proviennent de legs ou qui ont été déplacées des monuments du Haram al-Charif après sa restauration de manière à être exposées au plus large public. La plupart des pièces représentent l'héritage du Haram, de Jérusalem et de la Palestine en général.

al-Maghribiyya, double frontispice, Musée islamique, Haram al-Charif, Jérusalem.

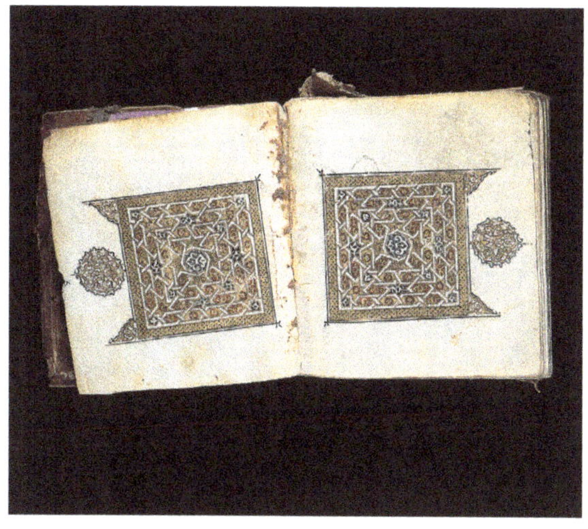

Al-Roub'a al-Magribiyya, début de chaque sourate du Coran, Musée islamique, Haram al-Charif, Jérusalem.

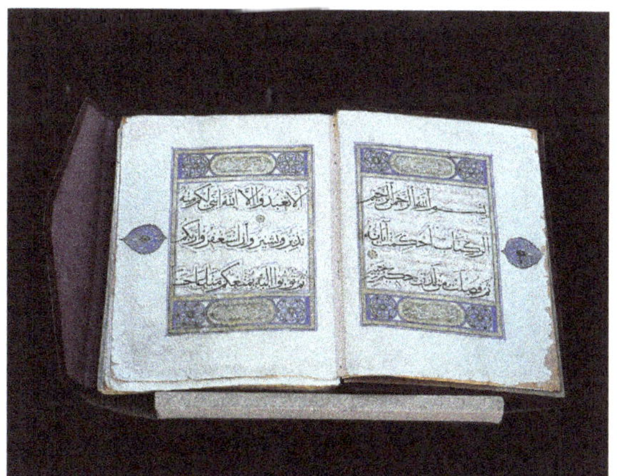

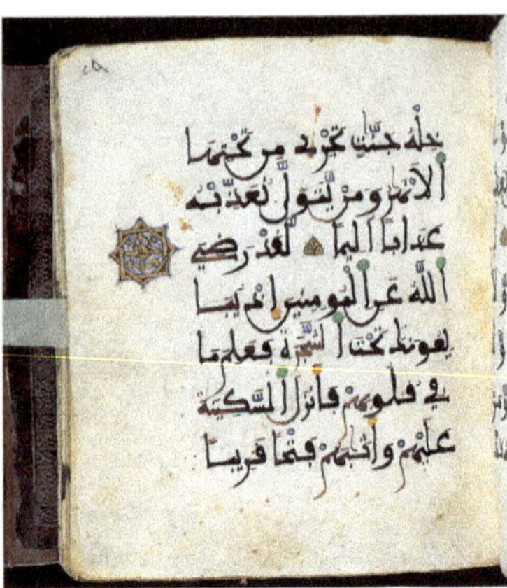

Al-Roub'a al-Magribiyya, folio avec l'utilisation des différentes couleurs marquant les vocales et ponctuations, Musée islamique, Haram al-Charif, Jérusalem.

Le musée comprend deux salles principales. La première, une pièce tout en longueur orientée du nord au sud, était initialement une mosquée ayyoubide. La seconde, qui s'étend d'ouest en est, date de l'époque des Croisés. Le musée abrite une remarquable collection de bois omeyyades, les vestiges du *minbar* de Nour al-Din (la chaire de la mosquée al-Aqsa), qui fut endommagé par un incendie en 1969, une collection de métaux, de marbres et de carreaux de faïence décoratifs ainsi que des Corans et manuscrits mamelouks d'une valeur inestimable. Nous nous intéresserons plus précisément ici à un exemplaire exceptionnel, le Coran "marocain" ou al-Roub'a al-Maghribiyya.

Y. N.

Al-Roub'a al-Maghribiyya, double frontispice, Musée islamique, Haram al-Charif, Jérusalem.

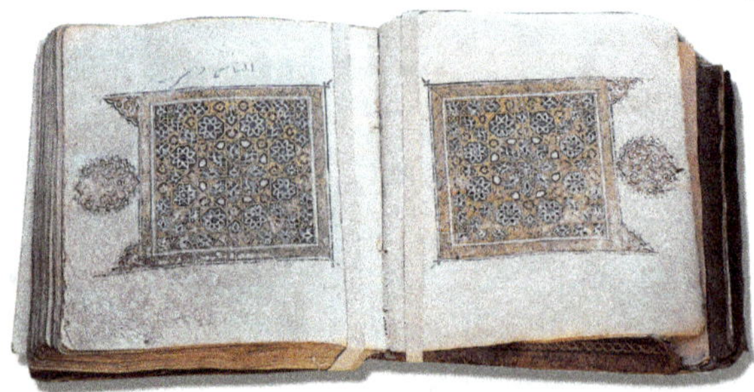

Le Coran marocain

Le Musée islamique conserve une incomparable collection de Corans, dont le plus important est l'exemplaire calligraphié connu sous le nom de Coran marocain. Les trente volumes qui le composent sont rédigés en écriture *maghribi,* un style proche du coufique, à ceci près que le coufique présente des angles aigus alors que les caractères du *maghribi* sont plus doux.

Ainsi que le précisent les deux dernières pages de chaque volume, c'est 'Abd Allah 'Ali Ibn 'Abd al-Haqq, roi du Maroc, qui a transcrit les volumes à Fès en 745/1345 et qui les a légués à titre de *waqf* à la mosquée al-Aqsa. Parmi tous ceux dont al-Aqsa a été dotée au VIIIe/XIVe siècle, ce Saint Coran est incontestablement le plus remarquable. Écrits sur peau de gazelle, tous les volumes sont reliés en cuir épais, également en peau de gazelle.

Les deux plats de la couverture sont ornés de motifs géométriques et calligraphiques, chaque côté étant entouré d'un bandeau de fils d'or et d'argent – qu'entrelace un autre double fil d'argent – à l'intérieur duquel s'inscrit le nom du copiste. Au centre figurent deux cercles d'argent concentriques. Sur l'une des faces de la couverture, un médaillon contient le verset coranique suivant: "Ceci est un message et une mise en garde de Dieu, il n'est qu'un seul Dieu, puissent les esprits se laisser guider vers Lui." Le médaillon du dos propose la citation suivante: "Quiconque remplace la parole de Dieu par d'autres mots a péché. Dieu sait et entend tout."

Le double frontispice de chaque volume est orné d'entrelacs géométriques rehaussés de motifs végétaux dans les tons de doré, rouge sombre, blanc et noir, inscrits dans un carré. Les deux angles extérieurs de chaque encadrement sont ornés de motifs végétaux. La page suivante présente un rectangle décoratif dans lequel (sur fond blanc) sont écrits, en coufique doré ponctué de rouge foncé, le nom de la sourate et le nombre de versets qu'elle comporte.

L'écriture est en brun sombre, les signes de ponctuation font appel à différentes couleurs. Le vert représente *hamzat al-wasl,* l'orange *hamzat al-qat',* la *chadda* et le *soukoun* sont en bleu, alors que le rouge est utilisé pour les signes de voyelles. Le point diacritique de la lettre *fa* est placé en brun sous la lettre, tandis que celui de la lettre *qaf* est placé au-dessus, en brun. Les signes de pause sont indiqués par une petite pomme de pin dorée divisée en trois parties ponctuées de points rouges. Le nom de la sourate et le nombre de ses versets sont rédigés en style coufique doré que parachève un motif végétal semblable à celui décrit plus haut. La fin des versets de chaque volume est scandée d'un rectangle doré contenant une écriture également en coufique doré sur fond blanc et décorée de différents ornements. La fin de chaque volume est signalée, sur les deux dernières pages, par deux carrés dorés entourant une calligraphie en *maghribi* doré. C'est là que figurent le nom du roi qui a transcrit l'exemplaire et qui l'a légué, ainsi que la date à laquelle la copie a été terminée.

M. H.

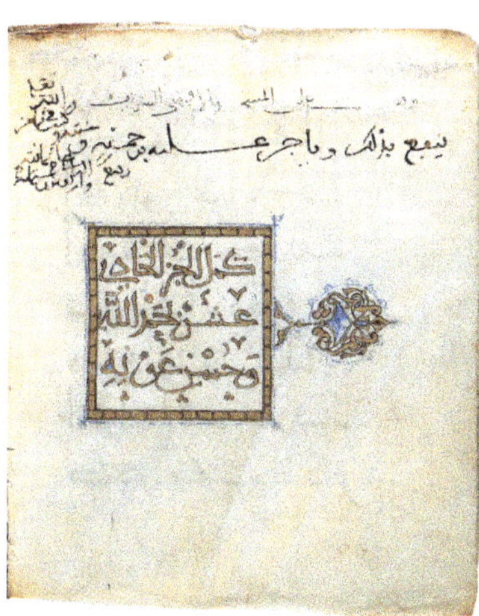

Al-Roub'a al-Magribiyya, dernier folio du volume 11, Musée islamique, Haram al-Charif, Jérusalem.

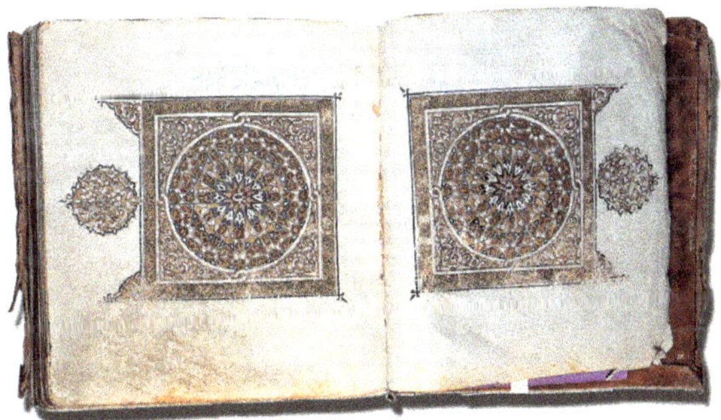

Al-Roub'a al-Maghribiyya, double frontispice, Musée islamique, Haram al-Charif, Jérusalem.

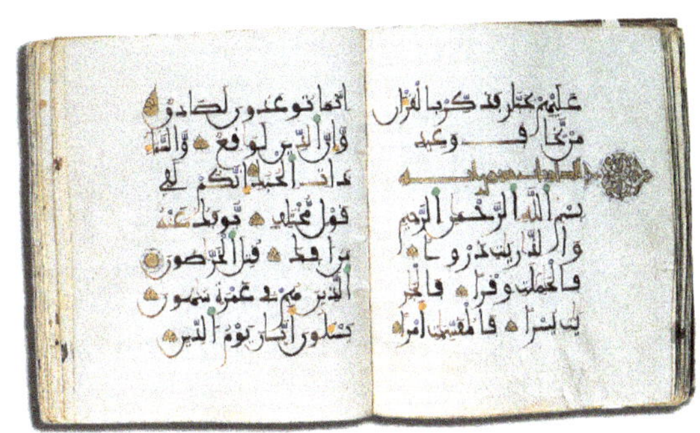

Al-Roub'a al-Magribiyya, folio avec l'utilisation des différentes couleurs marquant les vocales et ponctuations, Musée islamique, Haram al-Charif, Jérusalem.

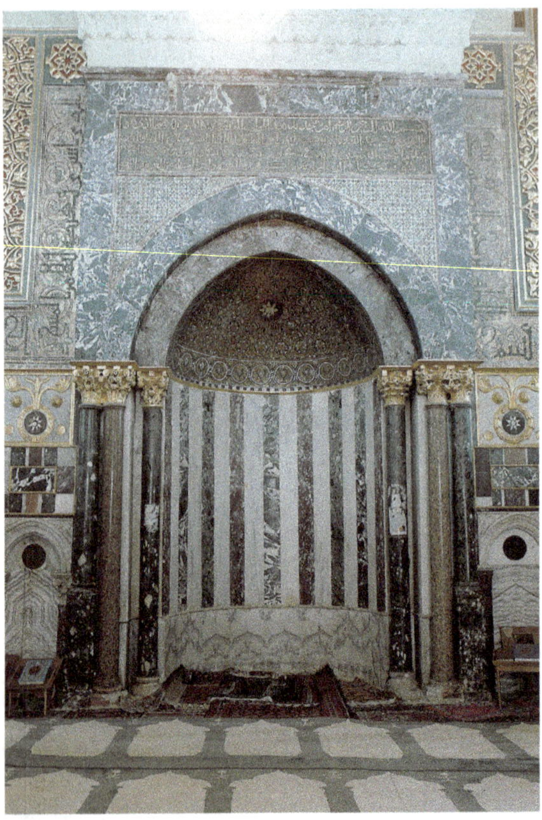

Mosquée al-Aqsa, mihrab, Haram al-Charif, Jérusalem.

I.1.b **Mosquée al-Aqsa**

La mosquée al-Aqsa s'élève au centre de la partie sud de l'esplanade.
Horaires: voir Musée islamique (I.1.a).

Contrairement à une opinion largement répandue, la mosquée al-Aqsa n'occupe pas l'entière superficie du Haram al-Charif. Il s'agit en réalité de l'édifice couvert qui se trouve parallèle au mur méridional du Haram. Tel qu'on peut le voir aujourd'hui, le bâtiment est le résultat de nombreux développements architecturaux qui ont commencé sous le calife 'Omar Ibn al-Khattab, lequel, dès sa conquête de Jérusalem en 15/638 et sa visite du Haram en compagnie du patriarche Sophronios, avait fait édifier sur place une modeste mosquée.

Il ne reste aucune trace du sanctuaire d'origine, mais des efforts considérables ont été déployés sous les Omeyyades (65/685-96/715) pour construire la seconde mosquée al-Aqsa. Les spécialistes divergent sur la question de savoir qui en fut le commanditaire: certains historiens en attribuent la construction au calife 'Abd al-Malik Ibn Marwan (65/685-86/705) – à qui l'on doit le Dôme du Rocher, Qubbat al-Silsila et plusieurs portes et murs du Haram. D'autres l'attribuent à son fils al-Walid (86/705-96/715), le promoteur des palais omeyyades récemment mis au jour au sud de la mosquée al-Aqsa. Pour d'autres encore, les travaux auraient commencé sous 'Abd al-Malik et se seraient achevés sous al-Walid.

De la partie omeyyade ne subsiste que le mur sud. À cet endroit, la topographie de la mosquée accuse une forte inclinaison vers le sud, ce qui a nécessité de niveler le sol au moyen d'arcs et de piliers, créant ainsi une plate-forme. Aujourd'hui, ces structures souterraines sont appelées "l'ancienne al-Aqsa" et "le lieu de prière des Marwanides". En raison des nombreux tremblements de terre qui ont frappé Jérusalem et la Palestine après la période omeyyade, la mosquée a été reconstruite à plusieurs reprises. L'actuel bâtiment est la synthèse des multiples restaurations et reconstructions réalisées pendant les périodes abbasside et fatimide. Lorsque les Croisés s'emparèrent de Jérusalem, ils transformèrent une partie de al-Aqsa en église, ajoutant à l'édifice une grande abside – toujours visible dans la dernière nef orientale – et affectant une partie de l'aile occidentale au logement de leurs chevaliers.

C'est aux Ayyoubides et aux Mamelouks qu'il reviendra de rétablir la mosquée dans son caractère musulman originel. On doit à Saladin la restauration du *mihrab* et l'adjonction de la chaire en 583/1187, et c'est al-Nasir Muhammad Ibn Qalawun qui fit restaurer la coupole (727/1327-1328), comme le précise l'inscription commémorative qui y est apposée. Mais les Croisés n'ont pas été les seuls à attenter au caractère islamique de la mosquée. Le 21 août 1969, un touriste australien fanatique mit le feu à la mosquée, causant des dommages considérables à la partie sud du sanctuaire. Même si l'acte relevait à l'évidence de l'intolérance religieuse et nationaliste, la justice israélienne rejeta le chef d'inculpation d'incendie volontaire et déclara que l'acte émanait d'un psychopathe. Toutes ces modifications ont assez largement altéré la structure initiale de la mosquée, dont la superficie atteignait le double de ce qu'elle est actuellement.

On accède généralement à al-Aqsa par le portail central, l'un des sept que compte l'édifice. Chacun d'entre eux conduit à l'une des sept nefs de la mosquée, toutes étant précédées d'une baie couronnée d'un arc brisé, le plus grand étant l'arc central. Le bâtiment épouse un plan rectangulaire (80 m x 55 m) et consiste en

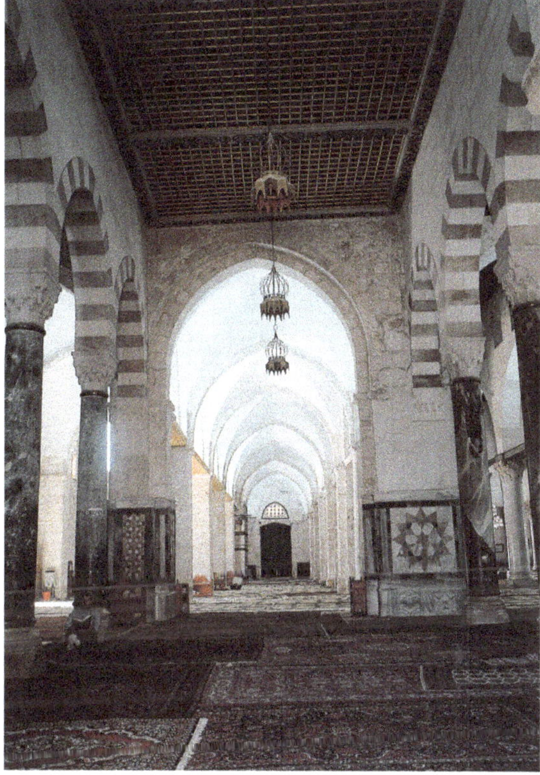

Mosquée al-Aqsa, nef, vue vers le nord, Haram al-Charif, Jérusalem.

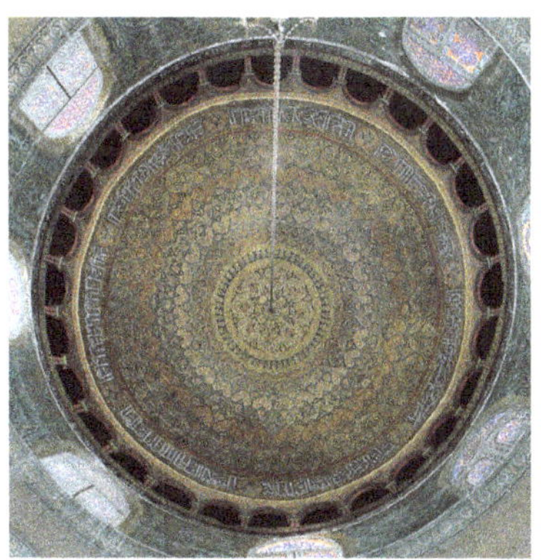

Mosquée al-Aqsa, coupole, Haram al-Charif, Jérusalem.

Le Dôme du Rocher, vue générale, Haram al-Charif, Jérusalem.

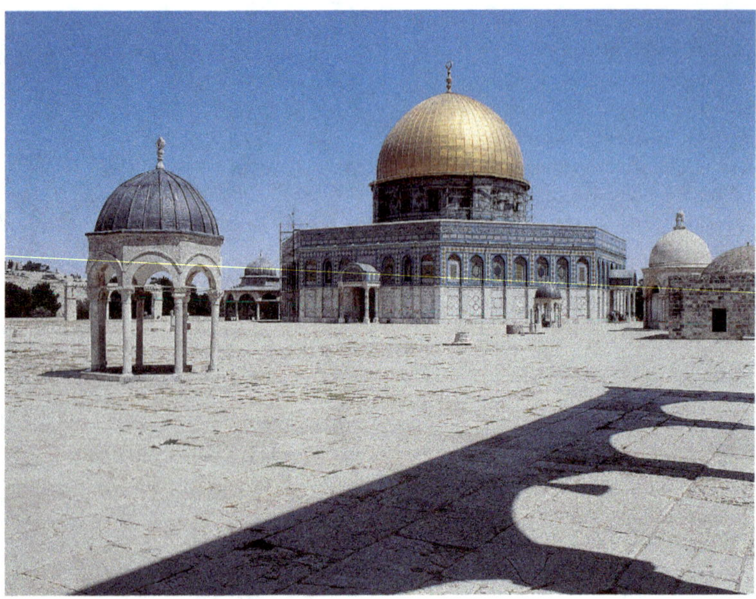

sept nefs orientées du nord au sud, la plus large étant la centrale. Reposant sur quatre grands arcs brisés, une coupole s'élève devant le *mihrab.* Des niches en plein cintre occupent les angles des arcs, assurant la transition du plan carré au plan octogonal puis au plan circulaire de la coupole. Le dôme est décoré d'ornements à motifs végétaux, géométriques et calligraphiques.

Y. N.

I.1.c **Dôme du Rocher**

Au cœur du Haram al-Charif, c'est le joyau de la couronne de Jérusalem comme de la Palestine. Horaires : voir Musée islamique (I.1.a).

Sans aucun doute unique en son genre, le Dôme du Rocher est l'un des plus anciens monuments islamiques. Sa symétrie et son originalité, l'élégance de son architecture et de son appareil décoratif constituent à eux seuls une véritable école d'art, laquelle a suscité tout au long des siècles l'intérêt de quantité d'érudits et de chercheurs. De nombreux souverains musulmans ont entretenu la structure du Dôme du Rocher tout au long des périodes islamiques, et les différents travaux de restauration qu'ils y ont réalisés n'ont modifié ni le plan ni les décorations d'origine.
Le Dôme fut édifié sous l'égide du calife omeyyade 'Abd al-Malik Ibn Marwan en 72/691-692 au-dessus du rocher d'où le prophète Muhammad a entamé son Voyage nocturne au paradis. Le site a été

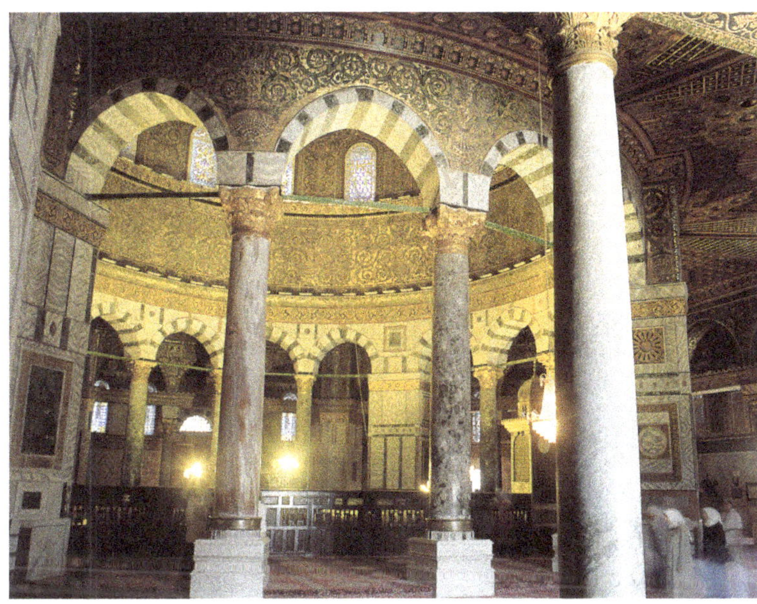

Dôme du Rocher, vue générale de l'intérieur, Haram al-Charif, Jérusalem.

visité et vénéré par les musulmans dès la conquête de Jérusalem, et c'est ce qui incita 'Abd al-Malik Ibn Marwan à y faire ériger le monument que nous connaissons aujourd'hui.

Le Dôme du Rocher est une construction à plan octogonal couverte d'une coupole reposant sur un tambour cylindrique. Il est doté de quatre portails, chacun orienté vers l'un des quatre points cardinaux. À l'extérieur, les parties inférieures des murs sont lambrissées de marbre, tandis que les parties hautes sont revêtues de carreaux de céramique qui remontent au règne du sultan Soliman le Magnifique, à qui l'on doit le remplacement des parements mosaïqués endommagés entre 952/1545 et 959/1552. Le tambour est également plaqué de faïence, tandis que la coupole extérieure

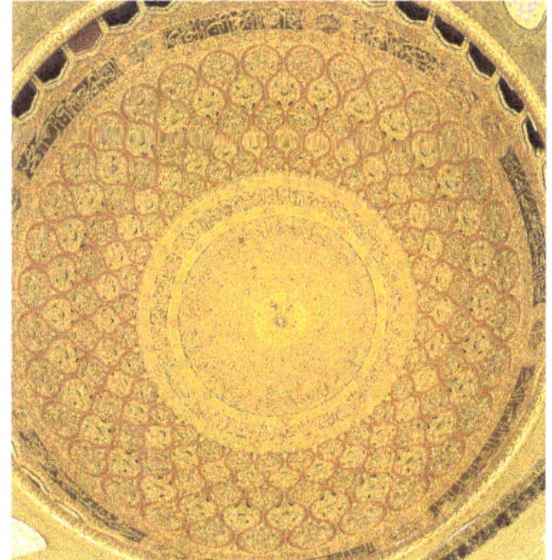

Dôme du Rocher, décoration intérieure de la coupole, Haram al-Charif, Jérusalem.

en ciment – mais qui était en bois jusqu'en 1965 – a été depuis recouverte de cuivre et peinte en or. L'espace compris entre la coupole et les octogones extérieur et médian a été revêtu d'un plafond en bois,

Dôme du Rocher, détail des arcs soutenant la coupole, Haram al-Charif, Jérusalem.

La porte Dorée au lever du jour, Haram al-Charif, Jérusalem (© Sonia Halliday Photographs).

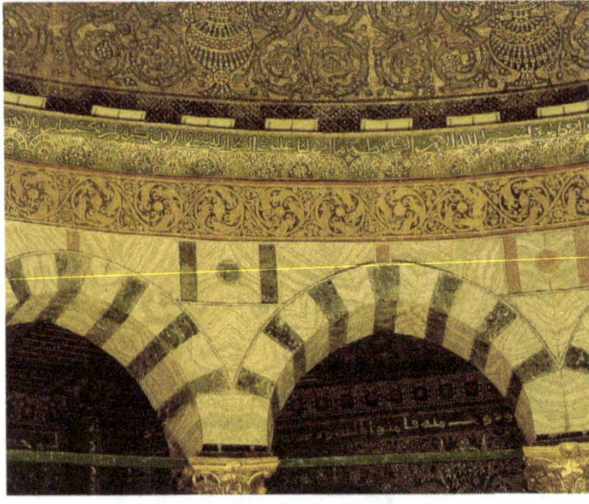

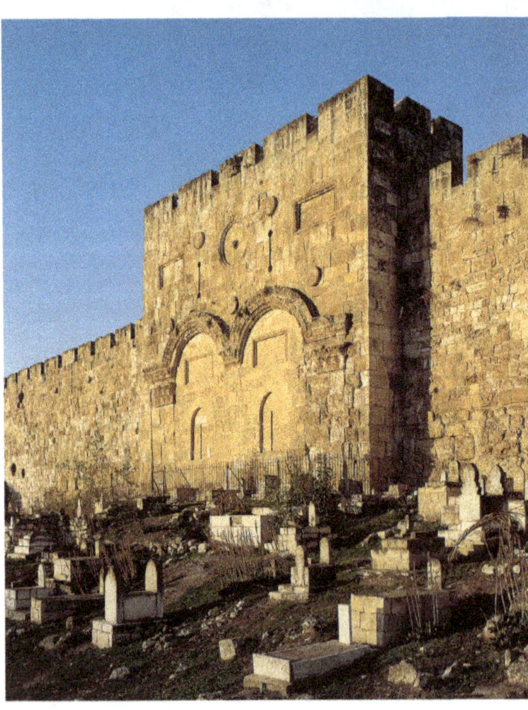

lui-même recouvert de feuilles de plomb à l'extérieur et décoré d'ornements en bois richement colorés à l'intérieur.

Le plan intérieur du monument consiste en deux octogones, extérieur et intérieur, qui entourent tous deux le rocher sur lequel est érigée la coupole. L'octogone extérieur est supporté par huit piliers et seize colonnes, alors que l'octogone intérieur compte quatre piliers et douze colonnes. Les arcs en plein cintre qui les relient sont décorés de mosaïques et d'inscriptions calligraphiques brillamment exécutées. La coupole intérieure en bois, d'un diamètre de 20,44 m, est considérée comme la plus ancienne structure en bois ayant survécu et consiste en panneaux de bois décoré montés sur plâtre. Une distance d'environ 1,50 m sépare les deux coupoles afin de protéger la coupole intérieure des nuisances atmosphériques. Le tambour cylindrique du Dôme est percé de seize fenêtres et décoré d'une somptueuse variété d'arabesques mosaïquées et de versets coraniques.

Le Rocher sacré se trouve sous la Coupole. Il s'agit d'une structure naturelle de forme irrégulière (18 x 13 x 1,5 m) dominant une grotte carrée (4,5 x 4,5 m) dotée de deux *mihrabs*, l'un concave, l'autre plat. De nombreux musulmans viennent y prier dans l'espoir de voir leurs vœux exaucés.

Y. N.

I.1.d **Porte Dorée (Bab al-Rahma et Bab al-Tawba)**

Au centre du mur oriental de l'esplanade.
Horaires: voir Musée islamique (I.1.a).

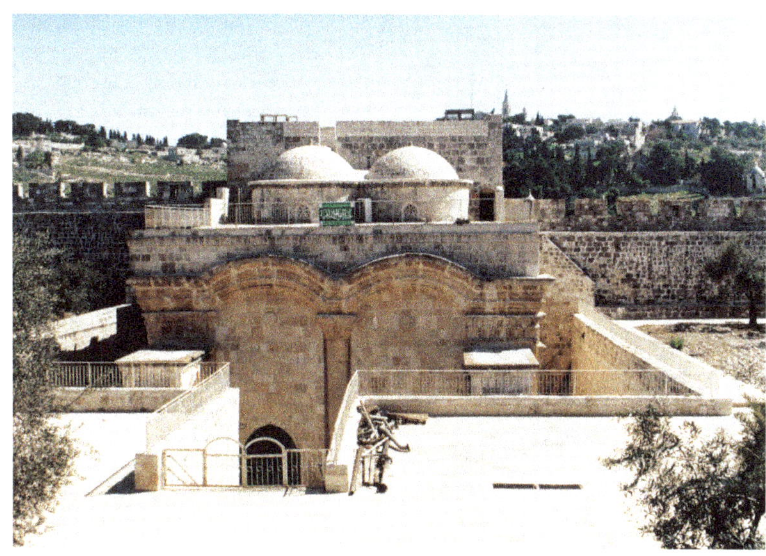

Porte Dorée, vue de l'ouest avec la colonne centrale, Haram al-Charif, Jérusalem.

La visite du site requiert une autorisation préalable de l'Administration des waqfs *des Affaires islamiques (tél.: 02 628 1222).*

Cette porte n'est pas datée. Cependant, tant son architecture que ses décorations l'attribuent à l'époque du cinquième calife omeyyade, 'Abd al-Malik Ibn Marwan, qui est à l'origine d'un vaste projet d'agrandissement de la zone du Haram. Au nombre de ses projets figuraient le Dôme du Rocher, Qubbat al-Silsila (le Dôme de la Chaîne), ainsi qu'un certain nombre de portes et de murailles du Haram.

De nombreuses légendes entourent la porte Dorée, une double porte formée de Bab al-Rahma (porte de la Miséricorde) et de Bab al-Tawba (porte du Repentir). On raconte qu'en 631, quand l'empereur Héraclius arriva devant la porte, les pierres de l'édifice s'éboulèrent à ses pieds, l'empêchant de pénétrer. Ce n'est que lorsqu'il se présenta dans une attitude plus humble qu'elle s'ouvrit de nouveau. Bien qu'elle ait fait son apparition en 215/830, cette légende s'est perpétuée pendant tout le Moyen Âge. Les Croisés avaient l'habitude d'ouvrir la porte deux fois par an – pour le dimanche des Rameaux et pour le dimanche de Pâques – même si, le dimanche des Rameaux, c'est par la porte de Benjamin (aujourd'hui connue sous le nom de Bab al-Asbat) que le Christ est supposé être entré dans la ville. On admet aussi généralement que l'empereur Héraclius pénétra dans la ville par une porte située sous l'actuel monument, ce qu'attestent des vestiges récemment mis au jour. La porte est connue en Occident sous le nom de "porte Dorée", un nom dérivé du mot grec *horaia* (beau) et du mot latin *aurea* (doré).

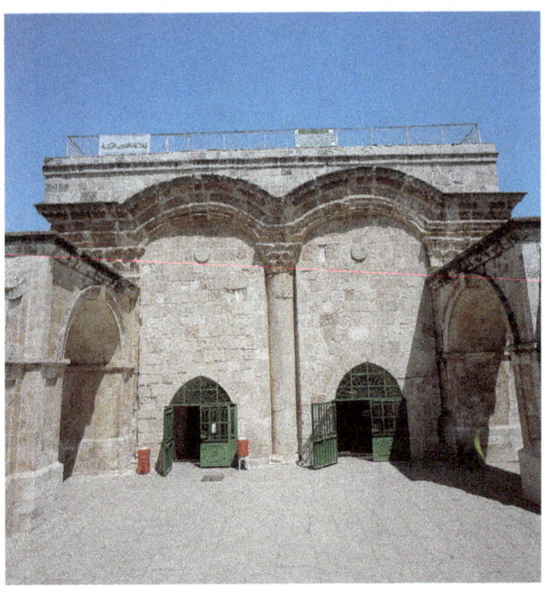

Porte Dorée, vue de l'ouest avec la colonne centrale, Haram al-Charif, Jérusalem.

Les sources littéraires arabes la mentionnent comme Bab al-Rahma (porte de la Miséricorde) et Bab al-Tawba (porte du Repentir), en référence à une interprétation du verset 13 de la sourate al-Hadid du Coran, qui fait allusion à une porte conduisant à la Miséricorde (en d'autres termes la mosquée al-Aqsa) – l'Agonie (la vallée de la Géhenne) se trouvant à l'extérieur, à l'est. Il n'est donc pas étonnant que la porte ait acquis une telle importance dans l'islam, et soit devenue l'un des sites religieux et archéologiques majeurs dans l'enceinte du Haram. Toute la zone orientale qui lui est adjacente est occupée par le plus ancien et le plus célèbre cimetière musulman de Jérusalem, qui a conservé son nom: cimetière de Bab al-Rahma. Plusieurs compagnons du Prophète y sont enterrés, et c'est toujours l'endroit où de nombreux musulmans aimeraient trouver leur dernière demeure.

Durant les périodes fatimide, ayyoubide et mamelouke, l'édifice servait de mosquée. À l'époque ottomane, la porte a servi de résidence à des adeptes du soufisme, notamment aux Mawlawis. Avant l'arrivée des Croisés fut érigée, au-dessus, la *madrasa* al-Nasiriya, l'une des premières écoles de Jérusalem, en même temps que l'une des plus réputées; elle est attribuée au *cheikh* Nasir al-Maqdisi. C'est dans cette *madrasa* que le philosophe soufi al-Ghazali élabora sa doctrine philosophique, c'est là qu'il vécut sa période de doute, là qu'il conçut ses certitudes; c'est là enfin qu'il rédigea son célèbre ouvrage, *Vivification des sciences de la foi.* Le corps de l'édifice comporte quatre belles façades à deux niveaux, parfaitement complémentaires l'une de l'autre, revêtues de bas-reliefs à motifs floraux et géométriques. La façade orientale appartient à la fois à la muraille de Jérusalem et à celle du Haram. Depuis le Haram, un escalier monumental permet d'accéder à l'intérieur, qui consiste en deux portiques orientés d'est en ouest. Chaque portique est composé de trois voûtes coiffées de coupoles surbaissées et reposant sur deux rangées de larges colonnes.

Y. N.

I.1.e **Khalwa nord-ouest de Ahmad Pacha**

Située dans le mur nord-ouest de l'esplanade du Dôme du Rocher, elle est adjacente à la limite occidentale de la colonnade nord.
Horaires : voir Musée islamique (I.1.a).

Une *khalwa* (ou cellule) désigne généralement un petit espace retiré dans une

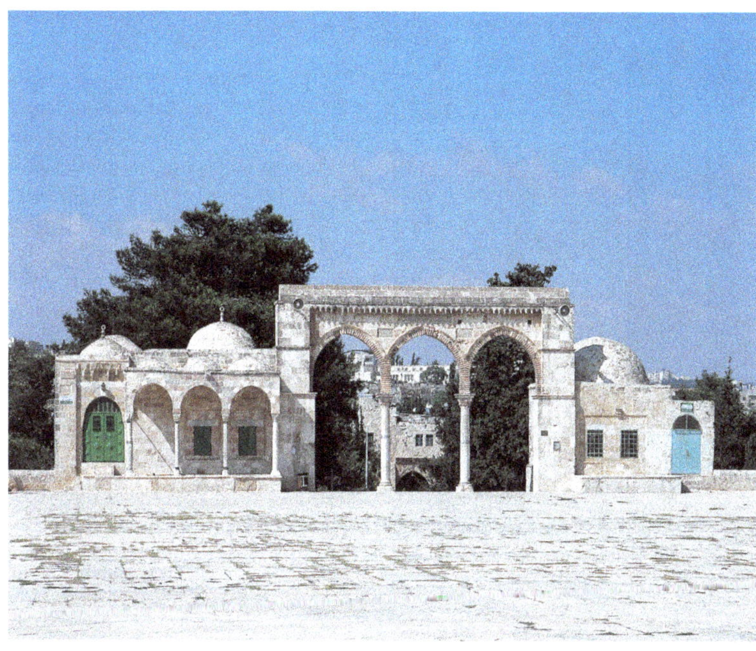

Khalwa nord-ouest de Ahmad Pacha, vue générale, Haram al-Charif, Jérusalem.

zawiya, où le soufi trouve l'atmosphère idéale pour la méditation, la concentration et le travail. Mais dans le Haram, il s'agit d'un bâtiment indépendant à deux niveaux et comprenant plus d'une unité. Ce type de construction s'est répandu ici pendant la période ottomane et près de vingt cellules ont survécu, la plus belle étant celle de Ahmad Pacha.

Comme elle présente de nombreuses caractéristiques de l'architecture mamelouke de Jérusalem, elle est également connue sous le nom de "*khalwa* mamelouke". Elle sert actuellement de bureau au directeur de la mosquée al-Aqsa.

L'établissement fondé par Ahmad Pacha en 1009/1600-1601 était destiné aux soufis et à l'étude de la juridiction islamique. Ahmad Pacha nomma à sa tête l'un des plus grands soufis de Jérusalem, le *cheikh* al-Ghazi Abou al-Su'ud, et lui attribua à vie un salaire annuel de 600 dirhams d'argent prélevé sur les revenus du *waqf* du bâtiment. Par ailleurs, il précisa de façon extrêmement détaillée les modalités de gestion susceptibles

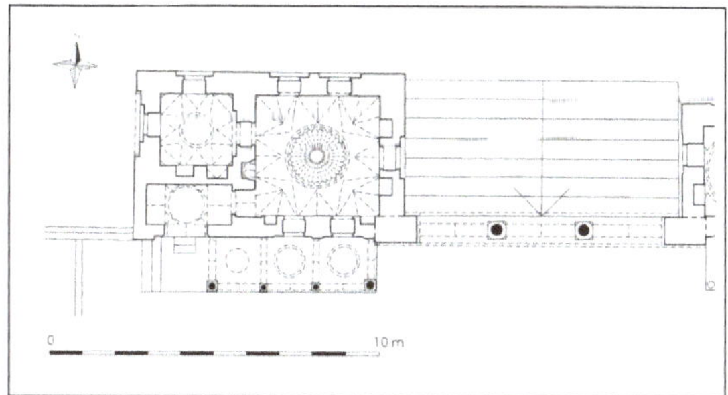

Khalwa nord-ouest de Ahmad Pacha, rez-de-chaussée, Haram al-Charif.

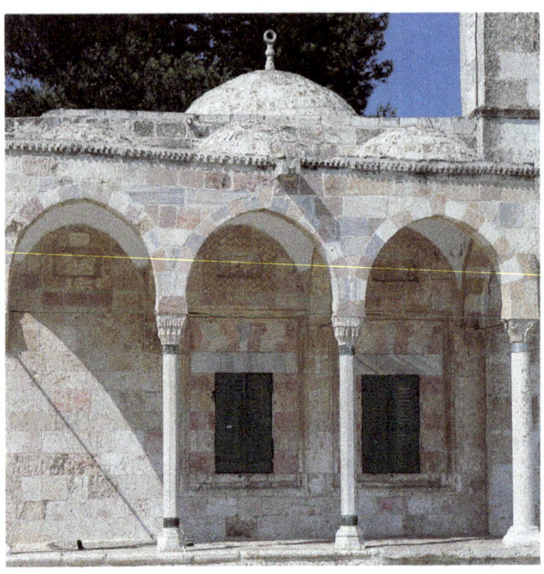

Khalwa nord-ouest de Ahmad Pacha, portique, Haram al-Charif, Jérusalem.

d'assurer au mieux le fonctionnement, l'entretien régulier et la mission pédagogique et religieuse de la *khalwa.*
Ahmad Pacha, qui était alors gouverneur de Gaza, descendait d'une vieille famille de notables dont les membres occupèrent des postes prestigieux dans l'Empire ottoman, à Jérusalem en particulier. Mustapha Pacha, son grand-père, fut envoyé en mission jusqu'au Yémen sous le règne du sultan Soliman le Magnifique. Son père était Radwan Pacha, de la famille al-Radwan qui avait gouverné Gaza aux Xe/XVIe et XIe/XVIIe siècles. Cette famille connut son âge d'or sous Ahmad Pacha, qui fut considéré comme l'un des plus grands mécènes de l'architecture à Jérusalem de la fin du Xe/XVIe siècle – la cité tenait d'ailleurs une place de choix dans son cœur. Il visita plusieurs fois la ville, où le fameux architecte 'Abd al-Mouhsen Ibn Namr collabora à nombre de ses projets.
Le bâtiment comprend deux niveaux. Le rez-de-chaussée est formé d'une pièce orientale carrée et de deux chambres, qui abritent actuellement les générateurs d'électricité destinés à dépanner le Haram en cas d'urgence. Le niveau supérieur comporte une grande pièce centrale et deux autres, plus petites – le mur méridional de l'une d'entre elles étant doté d'un *mihrab*. La construction se distingue par sa richesse architecturale et décorative, qui témoigne d'une recherche évidente dans l'agencement des façades, orientées vers les quatre points cardinaux, dont la symétrie des composantes a été conçue comme une quintessence de l'architecture de Jérusalem: l'exemple reste d'ailleurs unique à ce jour. C'est dans les linteaux des portes et des fenêtres, et dans les décorations qui les surmontent, que cette singularité est la plus éclatante.

Y. N.

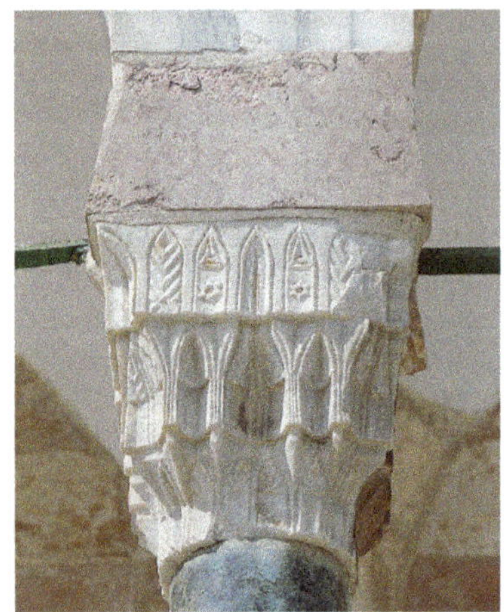

Khalwa nord-ouest de Ahmad Pacha, chapiteau, Haram al-Charif, Jérusalem.

I.1.f Mihrab de la Mastaba de 'Ali Pacha

Dans la partie occidentale de l'esplanade, à l'est de Bab al-Qattanine.
Horaires: voir Musée islamique (I.1.a).

La date de construction du *mihrab* est documentée par une inscription gravée sur une plaque de marbre rectangulaire apposée au-dessus de la demi-coupole qui le coiffe: deux vers en *naskhi* ottoman qui précisent, en substance, que 'Ali Pacha était le gouverneur ottoman de Jérusalem en 1047/1637–1638. L'intention de 'Ali Pacha n'était pas seulement de construire quelque œuvre destinée à commémorer son nom, mais aussi de procurer aux visiteurs du Haram des espaces ouverts à la prière. On pense que de nombreux étudiants se rassemblaient autour de sa *mastaba* pour recevoir en plein air l'enseignement de leur *cheikh*.

Le *mihrab* se dresse au milieu du mur méridional de la *mastaba* et se présente comme une niche couronnée d'un arc brisé de style *ablaq*. Alors que, d'une manière générale, le *mihrab* est un élément qui fait partie intégrante des mosquées, qu'elles soient indépendantes ou intégrées à un ensemble de bâtiments, il constitue ici une entité architecturale à part entière.

Dans l'enceinte du Haram, il était très courant de trouver une *mastaba* surmontée d'un *mihrab*, mais ceci ne veut pas dire que chaque *mastaba* disposait d'un *mihrab*. Les *mastabas* du Haram ont été carrelées de rangées de simples pierres blanches, que le temps (la pollution) a rendues grises aujourd'hui. À côté de chaque *mastaba* était planté un arbre destiné à procurer un peu

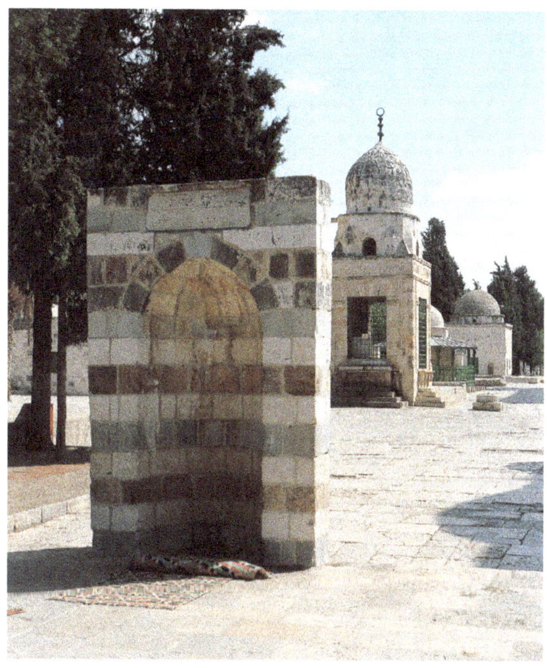

Mihrab de la Mastaba de 'Ali Pacha, Haram al-Charif, Jérusalem.

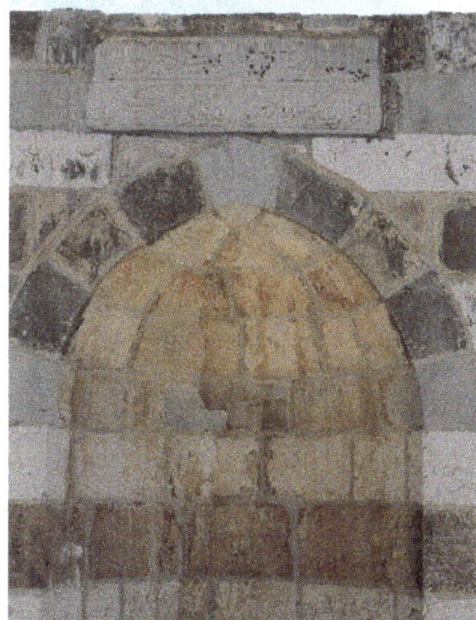

Mihrab de la Mastaba de 'Ali Pacha, inscription fondatrice, Haram al-Charif, Jérusalem.

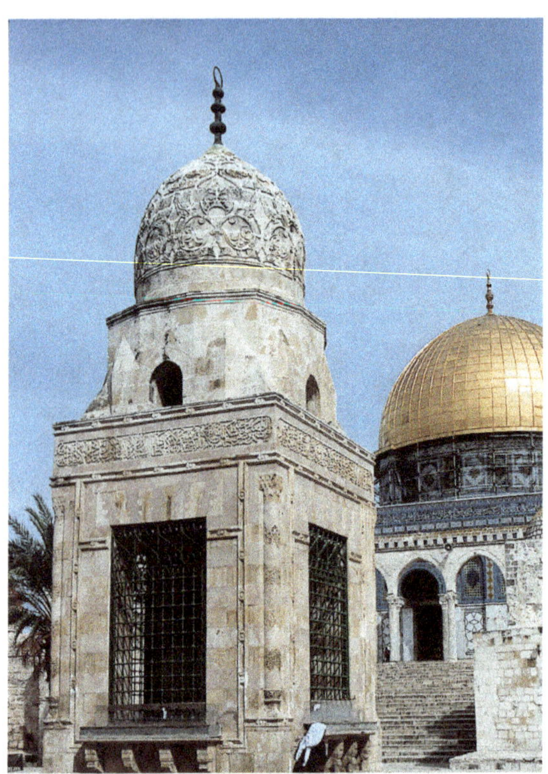

Sabil Qaytbay, coupole sculptée, Haram al-Charif, Jérusalem (© Sonia Halliday Photographs, photo D. Silverman).

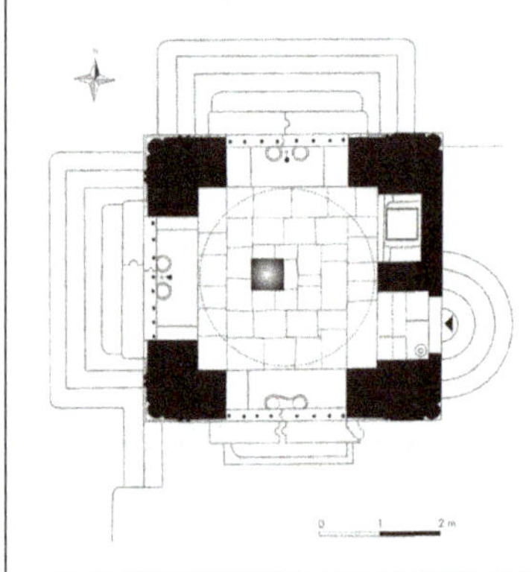

Sabil Qaytbay, plan, Haram al-Charif.

d'ombre dans la chaleur de l'été, et une ou deux marches étaient ménagées sur les côtés pour permettre l'accès.

Y. N.

I.1.g **Sabil Qaytbay**

Il se situe dans la cour du Haram, *entre la volée d'escaliers occidentale conduisant au Dôme du Rocher et Bab al-Qattanine.*
Horaires d'ouverture: voir Musée islamique (I.1.a).

Le *sabil* Qaytbay est l'une des plus belles fontaines de Jérusalem, et sans aucun doute l'une des plus élégantes constructions à coupole du Haram. Érigée sur une *mastaba* et coiffée d'une coupole en pierre remarquablement décorée, cette construction est tout à fait représentative de l'architecture de la fin de la période mamelouke, telle qu'on la rencontre surtout au Caire. On y accède par la porte occidentale du Dôme du Rocher en empruntant l'escalier qui lui fait face.
De la fontaine primitive due au sultan Sayf al-Din Inal (865/1465) puis réformée par le sultan Qaytbay (887/1482) comme annexe de la *madrasa* al-Achrafiyya voisine ne subsiste que le puits sur lequel elle a été construite. Restaurée par le sultan ottoman 'Abd al-Hamid II en 1300/1882-1883, comme le précise une inscription, le Comité pour la restauration de la mosquée al-Aqsa a entrepris depuis peu de réparer et de rénover la fontaine.
Le *sabil* se trouve sur la partie nord d'une *mastaba* dont la partie sud est dotée d'un *mihrab.* D'une hauteur de 13 m environ, l'édifice est composé de trois parties. La

première consiste en une base quadrangulaire ou chambre percée sur trois côtés de hautes fenêtres protégées par des grilles décoratives datant de la période ottomane. Les appuis des fenêtres reposent sur des corbeaux de pierre sculptée, tandis que les linteaux sont en pierres délicatement appareillées. La porte du *sabil* se trouve sur le côté oriental, et l'on y accède par un escalier circulaire qui s'élève de la *mastaba*. Sur les côtés nord et ouest, une volée de quatre marches conduit à la base de la fontaine. À chaque angle de l'édifice se dresse une colonne à chapiteau finement décoré de *mouqarnas*. Les murs de l'édifice sont montés dans le style *ablaq*, qui se caractérise par l'alternance de pierres rouges et jaunes. Au sommet de l'édifice, une inscription commémorative calligraphiée en style mamelouk *naskhi* cite des versets coraniques et livre quelques informations sur le fondateur.

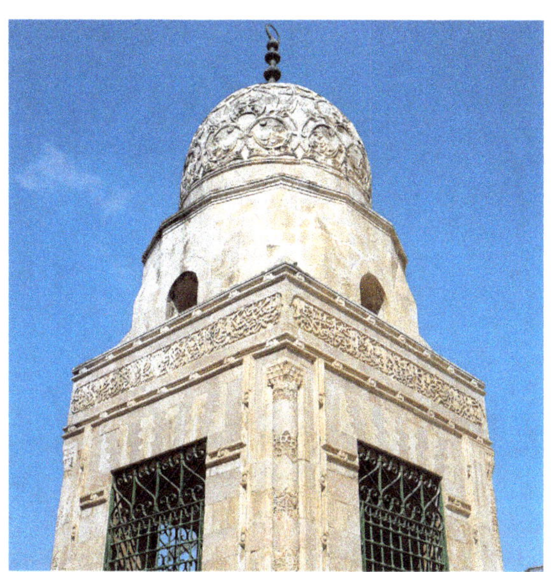

Sabil Qaytbay, coupole sculptée, Haram al-Charif, Jérusalem.

La partie médiane du bâtiment est formée par le tambour de la coupole, qui fait office de liaison entre la base quadrangulaire et l'assise circulaire de la coupole. Chacun des quatre murs est percé en son milieu d'une petite fenêtre d'aération. Aux angles, de petits piliers en forme de pyramide transforment le quadrilatère en octogone puis en dodécagone.

La partie supérieure consiste en une élégante et haute coupole en pierre décorée de splendides arabesques. Il s'agit de la seule coupole de style mamelouk égyptien en dehors du Caire. Elle n'a d'ailleurs pas d'équivalent, même au Caire, car ce type de dôme sculpté surmonte généralement les

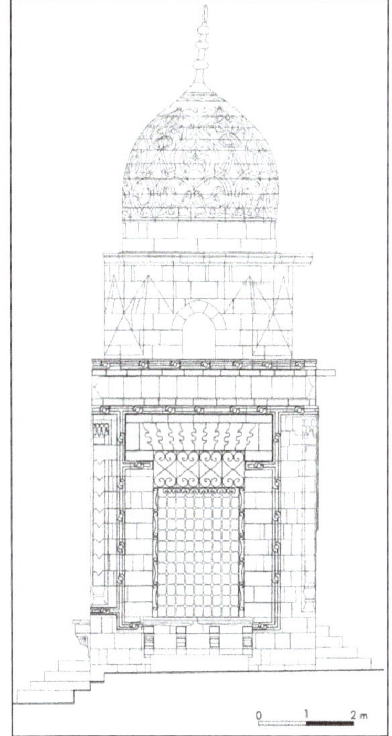

Sabil Qaytbay, élévation sud, Haram al-Charif, Jérusalem.

Sabil Qaytbay, vue intérieure de la coupole, Haram al-Charif, Jérusalem (© A.Walls).

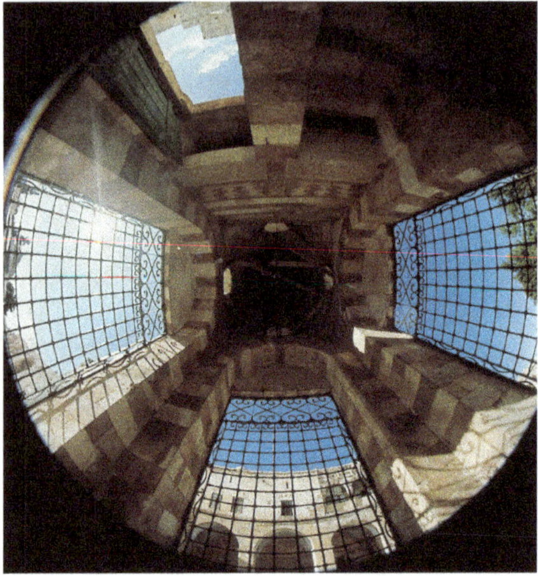

mausolées. En Égypte, les fontaines étaient construites à l'intérieur des complexes architecturaux et étaient dépourvues de coupole. Les éléments structurels et décoratifs sont essentiellement inspirés de l'architecture égyptienne, ce qui n'a rien d'étonnant puisque les maçons et les artisans étaient des Égyptiens qui avaient apporté avec eux la technique de construction des coupoles en pierre sculptée qui ornent les monuments funéraires du Caire. Il est assez probable que les maçons qui ont réalisé la fontaine soient ceux-là même qui plus tard ont construit la *madrasa* al-Achrafiyya.

M. H.

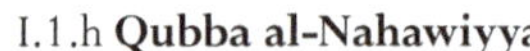

I.1.h **Qubba al-Nahawiyya**

Dans le secteur sud-ouest de l'esplanade du Dôme du Rocher, en haut des escaliers qui conduisent à l'esplanade depuis Bab al-Silsila. Horaires d'ouverture: voir Musée islamique (I.1.a).

La coupole fut construite en 604/1227-1228 par l'émir Hussam al-Din Abou Sa'd Qaymaz al-Mu'addami, *wali* de Jérusalem, sur ordre de al-Mu'addam 'Issa, gouverneur du sud de la Syrie et de la Palestine sous le règne ayyoubide. Ces indications sont gravées sur le mur nord de la pièce occidentale de l'édifice, et sont également mentionnées dans les textes de deux historiens de Jérusalem, Fadl Allah al-'Umari (746/1345) et Mujir al-Din al-Hanbali (900/1495). À l'origine, elle fut conçue comme école de grammaire arabe, discipline dont 'Issa était féru, étant lui-même l'auteur d'ouvrages en la matière. Dans sa description du dôme,

Qubba al-Nahawiyya, entrée, Haram al-Charif, Jérusalem.

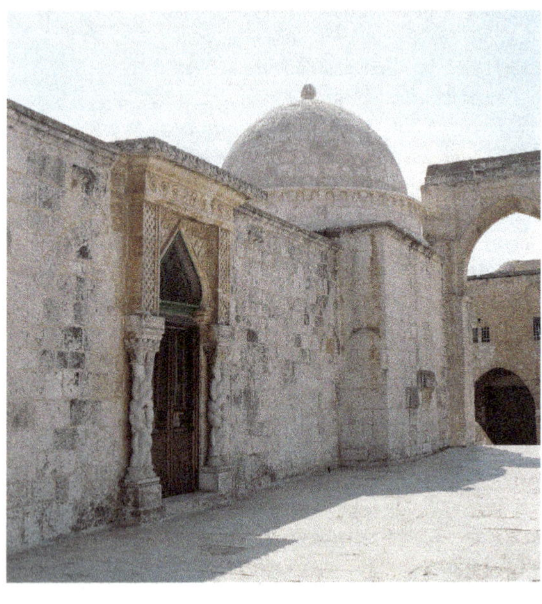

al-'Umari raconte que al-Mu'addam avait engagé un *imam* pour conduire sur place les cinq prières quotidiennes, et recruté un *cheikh* de sa *madrasa* al-Mu'addamiyya pour dispenser un enseignement à vingt-cinq élèves de l'école hanafite. Les revenus du village de Bayt Laqya furent instaurés en *habous* pour assurer l'entretien de l'école.
Érigé sur deux niveaux indépendants, une solution imposée par la topographie du site, l'édifice est un chef-d'œuvre architectural. Le rez-de-chaussée, au même niveau que le parvis du Haram, est composé de plusieurs pièces voûtées d'arêtes, auxquelles on accède par une petite entrée côté ouest et qui servaient surtout d'entrepôt pour l'huile des lampes de la mosquée al-Aqsa et du Dôme du Rocher. Aujourd'hui, elle est occupée par les bureaux du tribunal musulman de Jérusalem.
Situé au même niveau que l'esplanade du Dôme du Rocher, l'étage supérieur est composé de deux pièces coiffées de deux coupoles en pierre et reliées par un espace intermédiaire. La coupole occidentale se distingue par sa hauteur et son élégance, et date de l'époque ayyoubide – l'époque de la construction d'origine. La coupole qui couvre la salle orientale, beaucoup moins haute, est de style ottoman, ce qui suggère qu'elle a probablement été ajoutée ultérieurement, après que la coupole d'origine, identique à la première, fut tombée en ruine.
La façade est composée de différents éléments architecturaux (comme les arcs et les colonnes de marbre) qui sont venus s'ajouter au fil du temps. Le portail principal, bien que datant de la seconde moitié du XIVe/XXe siècle, est remarquablement décoré, notamment les colonnes en marbre coiffées de chapiteaux sculptés remontant à l'époque des

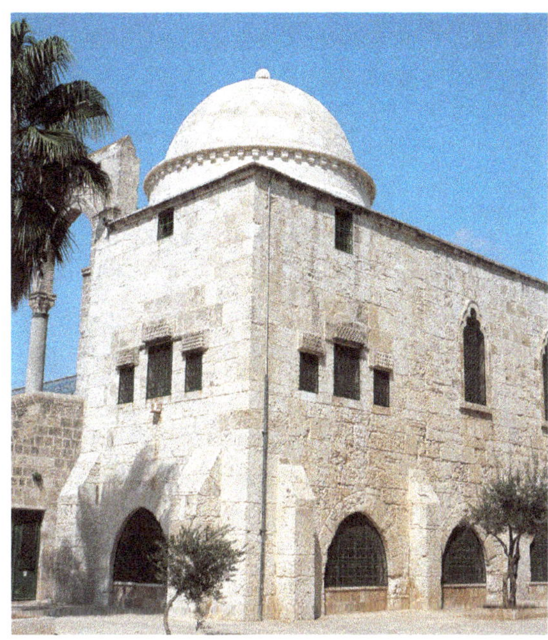

Qubba al-Nahawiyya, vue générale, Haram al-Charif, Jérusalem.

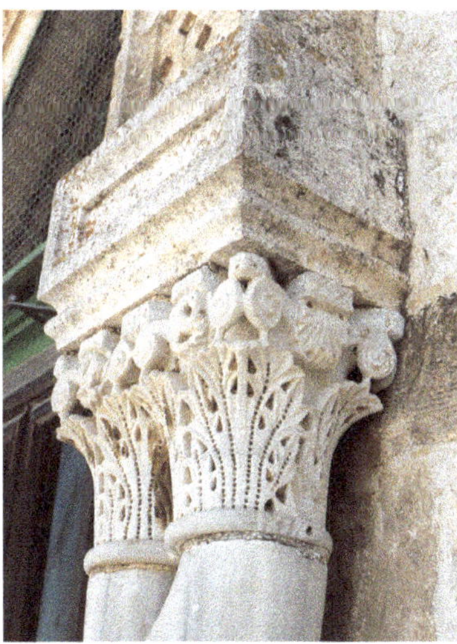

Qubba al-Nahawiyya, chapiteaux de l'entrée, Haram al-Charif, Jérusalem.

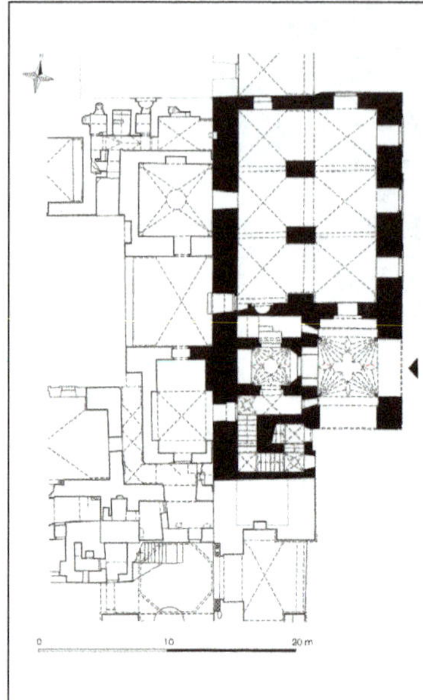

Madrasa al-Achrafiyya, rez-de-chaussée, Haram al-Charif, Jérusalem.

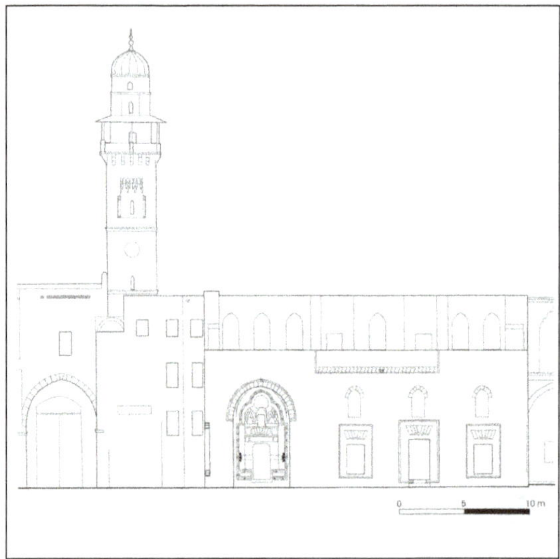

Madrasa al-Achrafiyya, façade principale (est), Haram al-Charif, Jérusalem.

Croisés. Sur la façade occidentale, une inscription gravée en *naskhi* ottoman évoque une fontaine érigée en 1137/1724-1725 par un bienfaiteur nommé Hassan al-Hussayni. L'inscription subsiste, mais la fontaine a disparu. L'intérieur de la coupole occidentale a gardé son aspect d'origine. La zone de transition entre la pièce carrée et la coupole circulaire est richement ornée de motifs décoratifs en forme de coquillages et d'arabesques. Une inscription est gravée en *naskhi* ayyoubide sur l'un des murs intérieurs. Actuellement, les pièces du niveau supérieur de la *qubba* al-Nahawiyya sont occupées par les bureaux du *mufti* de Jérusalem.

M. H.

I.1.i **Madrasa al-Achrafiyya**

Située en limite ouest de l'esplanade, entre Bab al-Silsila et Bab al-Mathara, face au sabil *Qaytbay.*
Horaires d'ouverture: voir Musée islamique (I.1.a).

Al-Achrafiyya est reconnue comme la plus splendide *madrasa* de Jérusalem tant sur le plan architectural qu'artistique, et la plus importante sur le plan éducatif. L'historien Moujir al-Din al-Hanbali (901/1496) la considère comme le troisième joyau de la couronne de Jérusalem après la mosquée al-Aqsa et le Dôme du Rocher. Elle doit son nom au sultan al-Achraf Qaytbay, qui la fit reconstruire en 885/1480-887/1482 – ce pourquoi on la connaît également sous le nom de "*madrasa* al-Sultaniyya.
Détruite puis reconstruite, la *madrasa* d'origine fut érigée, sous le sultan al-Dahir Khouchqadam, par l'émir Hassan al-Dahiri,

Haram al-Charif

Madrasa al-Achrafiyya, entrée, Haram al-Charif, Jérusalem

Madrasa al-Achrafiyya, détail de l'entrée, Haram al-Charif, Jérusalem.

qui était le gardien des deux *harams* de 869/1464 à 872/1467. À la mort du sultan Khouchqadam, survenue avant la fin des travaux, l'émir Hassan al-Dahiri l'offrit au sultan Qaytbay et confia la suite des travaux à l'émir Bardabak al-Taji, le nouveau gardien des sanctuaires. La construction fut achevée en 875/1470, comme l'atteste la plaque d'inscriptions que l'on peut toujours voir sur l'ancien mur de la *madrasa* près de Bab al-Silsila, mais l'inauguration officielle n'eut lieu qu'en 877/1472, lorsque le sultan Chihab al-Din al-'Umari nomma à sa tête un *cheikh* secondé d'un groupe d'enseignants soufis. Il lui alloua les revenus d'un *waqf* des plus confortables : Moujir al-Din rapporte que les fonds attribués à la *madrasa* étaient suffisants pour couvrir les salaires de 60 soufis (chacun d'eux percevant un salaire mensuel de 45 dirhams), d'un *cheikh* (500 dirhams) et de nombreux autres employés, sans compter les dépenses afférentes à l'entretien de l'établissement. Étaient inclus dans le *waqf* 28 villages répartis autour de Gaza, Ramla, Jérusalem et Hébron, ainsi qu'un *caravansaray*, un *hammam*, deux pressoirs, un moulin, un four à pain, une écurie, des boutiques et des maisons à Gaza.

Quand le sultan Qaytbay découvrit la *madrasa* pour la première fois, il fut profondément déçu de constater qu'elle ressemblait à d'autres monuments du Haram et la fit détruire. Puis il recruta au Caire des maçons et des artisans égyptiens qu'il plaça sous la direction d'un architecte copte pour procéder à la reconstruction. Quand l'ouvrage fut terminé en 887/1482, c'était un chef-d'œuvre de l'architecture mamelouke, avec lequel aucune *madrasa* ne pouvait rivaliser dans tout Jérusalem. C'est ce que confirme la description qu'en donne

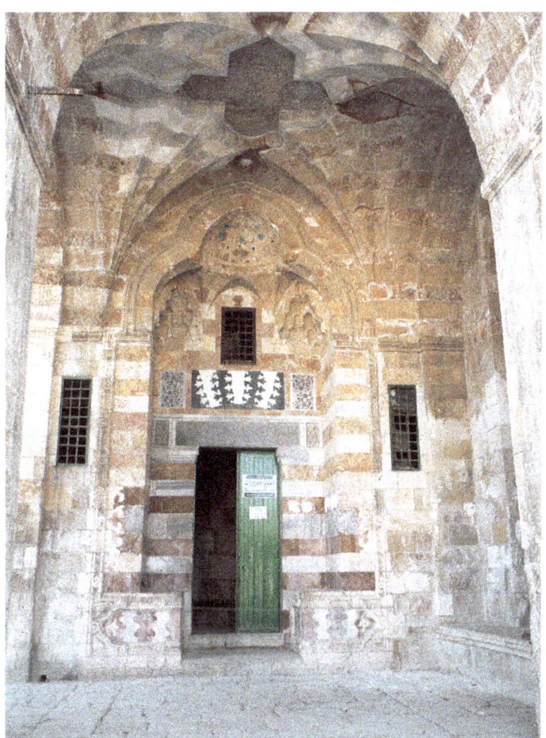

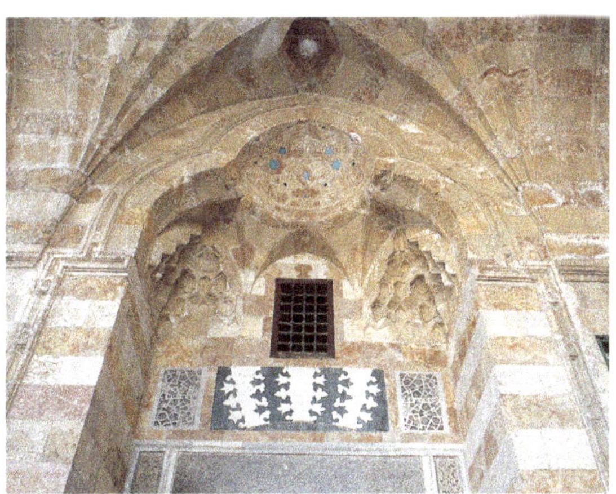

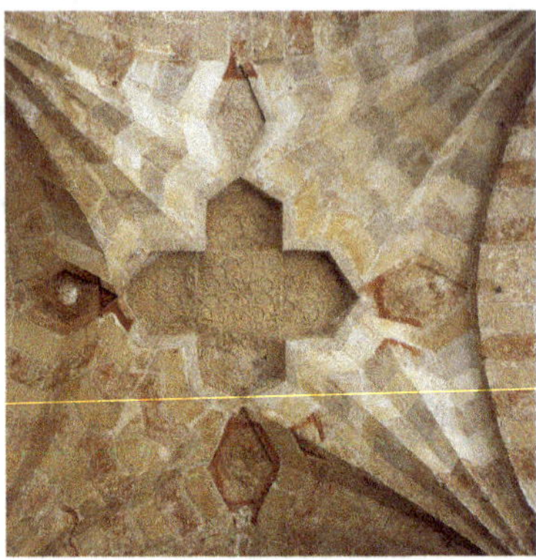

Madrasa al-Achrafiyya, entrée, détail de la voûte, Haram al-Charif, Jérusalem.

le célèbre dominicain Félix Fabry, qui visita la *madrasa* en 888/1484. Bien que partiellement détruite à la suite du séisme de 903/1497-1498, elle fut reconstruite et restaurée selon son plan originel. Les activités pédagogiques de la *madrasa* se sont poursuivies trois siècles durant, et nombre de voyageurs et historiens qui la visitèrent aux Xe/XVIe et XIe/XVIIe siècles exprimèrent leur profonde admiration. En 1080/1669-1670, un voyageur turc, Evlia Çelebi, la décrivit ainsi: "La *madrasa* al-Sultaniyya est la meilleure *madrasa* de Jérusalem." L'érudit soufi 'Abd al-Ghani al-Naboulsi y séjourna en 1102/1690-1691 et se montra particulièrement élogieux à son sujet.

La *madrasa* al-Achrafiyya est un bâtiment à deux niveaux. Le portail principal de l'édifice, auquel on accède par le parvis du Haram, est réellement magnifique; la richesse de ses éléments architecturaux et de son ornementation en fait un sommet de l'art et de l'architecture mamelouks. L'entrée est composée d'un porche ouvert sur les côtés est et sud; reposant sur deux arcs brisés, il est surmonté d'une voûte en éventail. La porte d'accès s'ouvre au fond d'une profonde niche surmontée d'une demi-coupole sculptée et somptueusement revêtue de céramique émaillée. Elle ouvre sur un vestibule qui conduit à une grande salle au nord. Percées dans le mur oriental de cette dernière, une porte et deux fenêtres donnent sur la cour du Haram; le mur septentrional comporte également une porte et une fenêtre, tandis que le mur méridional est percé d'une fenêtre et s'enrichit d'un *mihrab* décoré de marbre de couleur.

Cette salle est occupée aujourd'hui par un atelier de conservation des manuscrits et des documents du Haram. Au sud du vestibule, un escalier de pierre mène à l'étage et au minaret qui domine Bab al-Silsila. La partie sud de l'étage est en ruine. On peut cependant y déceler le plan originel, qui correspond au plan cruciforme mamelouk à quatre *iwans*. Au centre se trouve une cour à deux grands *iwans* nord et sud, et deux petits *iwans* est et ouest. De ces quatre *iwans*, seul a survécu la structure méridionale, avec son *mihrab*. La partie sud-ouest de ce niveau est formée de plusieurs pièces, actuellement occupées par une école coranique pour filles.

M. H.

I.1.j **Citadelle** (option)

Dans la partie ouest de la ville, face à la muraille et immédiatement au sud de Bab al-Khalil.
Horaires: de 8:00 à 17:00.
Entrée payante.

La Citadelle, l'un des sites majeurs de Jérusalem, constitue un exemple typique de l'architecture militaire islamique. Elle fut construite sur un emplacement stratégique pour protéger l'entrée occidentale de la ville. Le choix du lieu fut surtout déterminé par la présence, au même endroit, d'anciennes fortifications. Telle qu'on peut la voir aujourd'hui, la Citadelle date du règne du sultan mamelouk al-Nasir Muhammad Ibn Qalawun, qui l'avait fait reconstruire en 710/1310-1311. Cette date, aujourd'hui disparue, était gravée sur une plaque apposée au-dessus de l'entrée principale côté est, où le chercheur suisse Max van Berchem l'avait relevée en 1894. On sait par le célèbre historien égyptien Ahmad al-Qalqachandi (756/1355-821/1418) que c'est le sultan al-Nasir Muhammad Ibn Qalawun qui a fait reconstruire la citadelle en 716/1316-1317. Elle était destinée à servir de place forte militaire, de casernement à la garnison de la ville et de siège à l'administration mamelouke en poste à Jérusalem. L'archéologue britannique C. N. Johns, qui a réalisé des fouilles sur le site dans les années 1930 et 1940, est arrivé à la conclusion que la muraille extérieure de la Citadelle et les tours datent du début de l'époque mamelouke. Des styles semblables peuvent être observés dans les châteaux de Kérak et de Shawbak en Jordanie. Mais l'édifice comporte aussi des parties plus anciennes datant des périodes hellénistique, romaine et de la première période islamique, et d'autres, plus tardives, qui furent ajoutées à l'époque ottomane.

Épousant les contours d'un rectangle irrégulier, la Citadelle est formée d'imposants remparts et de cinq grandes tours, l'ensemble étant ceint d'une muraille extérieure et d'un fossé. On y pénètre par la porte extérieure orientale, qui fut ajoutée par le sultan ottoman Soliman le Magnifique en 939/1532-1533 et qui conduit à la principale porte intérieure par deux ponts. Le premier pont-levis en bois enjambe le fossé extérieur et conduit à la barbacane, puis au second pont, en pierre, qui franchit le fossé intérieur. Au-dessus de cette entrée, un encadrement de pierre semble indiquer l'emplacement d'une plaque d'inscription aujourd'hui disparue. En tournant à droite puis à gauche, on accède à une salle hexagonale couverte d'une voûte percée d'une lucarne d'aération. Un escalier en pierre conduit à la tour nord-est, appelée tour de David, qui daterait de l'époque d'Hérode Antipas (4 av. J.-C.-39 ap. J.-C.) et qui offre un magnifique panorama sur la ville, notamment sur le Haram al-Charif.

Lors de fouilles dans la cour de la Citadelle, on a découvert un pan de mur et deux tours carrées remontant aux IIe et Ier siècles av. J.-C., ainsi qu'une tour ronde et un pan de mur datant de la période omeyyade (41/661-132/750). La salle de l'étage supérieur de la tour sud-ouest fut transformée en mosquée sous le règne du sultan al-Nasir Muhammad Ibn Qalawun, ce qu'atteste une inscription trouvée sur le mur oriental de la mosquée. Sur le même mur, une autre inscription mentionne l'édification d'une tour par l'emir ayyoubide al-Mu'addam 'Issa, en 610/1213-1214, à l'intérieur de la Citadelle. Aucune de ces inscriptions ne se trouve à son emplacement d'origine. La mosquée fut restaurée par le sultan Soliman le Magnifique en 938/1531-1532, époque à laquelle furent ajoutés un beau *mihrab,* un splendide *minbar* et un minaret. Ce dernier, aujourd'hui de forme cylindrique, fut restauré en 1065/1655 sous Muhammad Pacha, le gouverneur ottoman de Jérusalem à l'époque.

M. H.

LES MANUSCRITS DE LA BIBLIOTHÈQUE DE LA MOSQUÉE AL-AQSA

Yusuf Natsheh

Dès le début de la conquête musulmane et jusqu'à l'avènement de l'Empire ottoman, la Palestine a été à l'avant-garde de l'enseignement et de la culture islamiques. Son importance religieuse aux yeux des musulmans, la présence de la mosquée al-Aqsa et les nombreuses *madrasa*s fondées dans l'enceinte du Haram al-Charif ottoman ont incité quantité de savants et de lettrés à visiter la ville, voire à s'y installer. Des cercles de discussion furent instaurés, où l'on débattait d'une multitude de sujets, parmi lesquels la jurisprudence islamique, la langue, la poésie, la linguistique, la théologie, l'interprétation du Coran et des *hadith*s. Nombre d'érudits originaires de la ville ou en visite depuis différents horizons du monde islamique ont écrit leurs ouvrages en Palestine et favorisé leur diffusion auprès des étudiants. Certains ont même apporté avec eux des manuscrits du Caire, de Damas, de Bagdad, de La Mecque et de Médine. De nombreuses bibliothèques furent fondées dans les institutions publiques, et les plus célèbres demeurent celles de la mosquée al-Aqsa, du Dôme du Rocher et de Cheikh Muhammad al-Khalili.

Mais les outrages du temps et les diverses catastrophes qui ont frappé Jérusalem ont fini par disperser nombre de ces manuscrits ; beaucoup ont été perdus ou abîmés, ce qui a poussé le Conseil islamique suprême, en 1340/1923, à créer une bibliothèque moderne pour conserver ce qui restait des collections. Cette bibliothèque a été déplacée plusieurs fois à l'intérieur de la mosquée al-Aqsa pour être finalement installée dans Masjid al-Nisa' (la mosquée des Femmes), située à l'est de la salle orientale du Musée islamique. Les manuscrits appartiennent aux époques mamelouke et ottomane, les plus anciens datant du VIIe/XIIIe siècle. Ils couvrent plusieurs disciplines islamiques telles que les sciences du Coran, y compris l'art de la récitation, l'interprétation, la science des *hadith*s et la terminologie, les fondements de la religion, le soufisme, l'éthique et la jurisprudence, les quatre rites sunnites, la langue et la littérature arabes, l'histoire, la philosophie, l'astronomie et l'arithmétique.

En dépit des efforts déployés par le directeur de la bibliothèque, qui tente de les protéger en les exposant deux fois par an à des fumigations, ces manuscrits souffrent de l'humidité et nécessitent un entretien régulier et une restauration minutieuse. À cet effet, l'Association de bienfaisance, en collaboration avec l'Administration des *waqf*s des Affaires islamiques, projette la création à Jérusalem d'un centre moderne chargé de la restauration et de l'entretien des manuscrits. Le centre sera situé dans la *madrasa* al-Achrafiyya qui a abrité, jusqu'au début de l'année 2000, la bibliothèque de al-Aqsa. Les deux organismes œuvrent de concert avec l'Institut italien de restauration de Florence pour mener à bien le projet sous l'égide de l'Organisation des nations unies pour l'éducation, la science et la culture (Unesco), et de nombreux étudiants se sont portés volontaires pour venir à Jérusalem et contribuer à la restauration et à l'entretien des précieux manuscrits.

SYSTÈMES HYDRAULIQUES DU HARAM AL-CHARIF

Yusuf Natsheh

Dans le Coran, Dieu a dit: “À partir de l’eau, Nous avons amené toute chose à la vie.” La pénurie d’eau à Jérusalem a joué un rôle déterminant dans le choix de la première installation urbaine. La seule source étant celle de ‘Ayn Silwan, la ville s’est bâtie autour de ce point d’eau et, l’eau étant fondamentale pour accomplir les ablutions obligatoires avant chacune des cinq prières quotidiennes, elle a acquis dans l’islam une signification religieuse majeure.

Le Haram al-Charif étant l’un des lieux saints les plus vénérés de l’islam, et le lieu depuis lequel le Prophète a accompli son Voyage nocturne au paradis, le sanctuaire attire depuis toujours des visiteurs venus de tous les pays du monde islamique, en particulier durant le Ramadan et à l’occasion de différentes fêtes religieuses. Par conséquent, les autorités religieuses ont dû assurer l’approvisionnement en eau tant pour la survie de leur nation que pour permettre aux croyants de pratiquer leurs rituels religieux. C’est pourquoi trois projets ont été entrepris : d’abord, on a construit des citernes et des réservoirs dans le Haram al-Charif ; ensuite, des aqueducs ont acheminé l’eau depuis les sources avoisinantes jusqu'au Haram ; enfin, de nombreuses fontaines ont été construites à l’intérieur du Haram et dans les zones environnantes.

Les sources historiques évoquent l’existence de 22 à 37 citernes. D’une profondeur modeste ou très importante, elles pouvaient fournir un total de dix millions de gallons d’eau. Elles sont aisément repérables, car la plupart d’entre elles sont dotées d’une margelle en pierre ou en marbre qui s’élève au-dessus du niveau du sol, tandis que d’autres sont flanquées d’une citerne en pierre et que d’autres encore sont surmontées d’une petite coupole ou d’une fontaine. De nombreuses légendes se sont tissées autour de ces citernes. Par exemple, la citerne Waraqa (la citerne de la Feuille) aurait été appelée ainsi parce qu’un homme, descendu au fond pour chercher son seau, y aurait trouvé une porte donnant sur un jardin. Il y aurait cueilli des feuillages avant de remonter à la surface. De tout temps, ce sont les eaux de pluie qui ont alimenté les citernes.

Les citernes ne fournissaient pas seulement l’eau aux visiteurs du Haram al-Charif, mais aussi à tous les habitants de la ville. Mais pendant les périodes de sécheresse, elles ne suffisaient plus à fournir la quantité d’eau nécessaire, et les autorités durent chercher d’autres moyens d’approvisionnement. On résolut le problème en utilisant les sources du village voisin de Irtas, au sud de Jérusalem, dont l’eau avait été largement utilisée sous les Romains et pendant l’ère musulmane. L’eau fut acheminée au Haram par un aqueduc se déversant dans une conduite construite par le sultan ayyoubide al-Malik al-‘Adil en limite occidentale du sanctuaire. Selon des sources historiques, cet aqueduc (appelé Qanat al-Sabil) fut restauré sous les Mamelouks par l’émir Tankiz, puis à nouveau par le sultan Qaytbay.

Outre cet aqueduc, de nombreuses fontaines (*sabils*) furent construites dans le Haram durant les périodes ayyoubide et mamelouke, parmi lesquelles la citerne de al-Mu‘addam ‘Issa, le *sabil* de Cha‘alan et celui de Ibrahim al-Roumi. Mais la plus belle de ces fontaines est bien le *sabil* Qaytbay, qui fait face à la *madrasa* al-Achrafiyya. Des *sabils* d’un style nouveau furent construits sous le règne du sultan ottoman Soliman le Magnifique. Six *sabils* furent érigés à l’intérieur du Haram et autour de ses principaux accès : tous sont de fabuleux exemples de *sabils* adossés aux murs. Beaucoup d’autres ont été construits dans le style mamelouk et le Qanat al-Sabil continue à être entretenu.

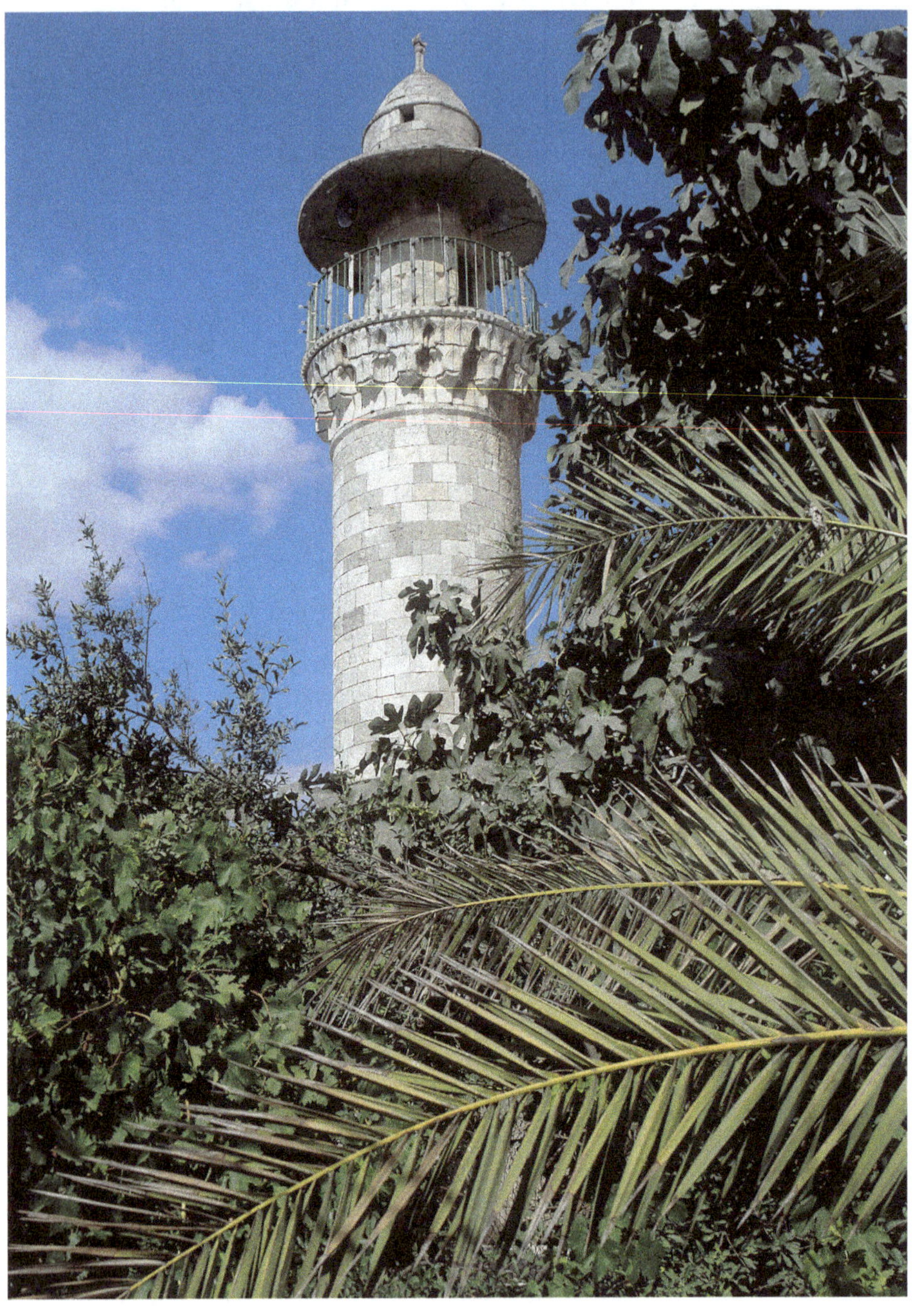

Les institutions soufies de Jérusalem

Yusuf Natsheh

II.1 JÉRUSALEM

II.1.a Khanqa al-Duwadariyya
II.1.b Zawiya al-Khalwatiyya (al-Hamra')
II.1.c Khanqa al-Mawlawiyya
II.1.d Zawiya al-Qadiriyya (al-Afghaniyya)
II.1.e Ribat Bayram Jawiche
II.1.f Ribat al-Mansouri
II.1.g Complexe Sultan Khassaki

Les souks
Fortifications et portes de la vieille ville

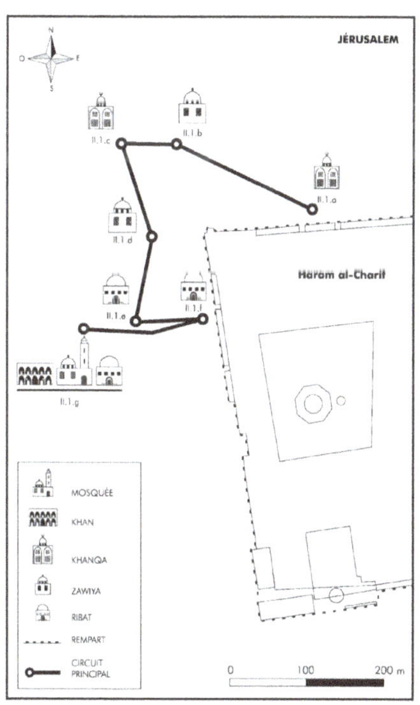

Zawiya al-Khalwatiyya, minaret, Jérusalem.

"Notre Protecteur et Consolateur" est une formule incantatoire, un vœu adressé à Dieu par ses fidèles serviteurs pour Lui demander de les préserver des malheurs et de les guérir des maladies. Même si elle est commune à tous les croyants, cette invocation est, après l'adoration de Dieu, au cœur de la philosophie soufie : la voie vers le bonheur ultime. Comme suggéré par son titre, ce circuit s'attache à présenter quelques-uns des établissements soufis qui s'étaient établis à Jérusalem.

Le soufisme en islam s'est développé par étapes. Au début, les adeptes se réunissaient dans des mosquées ou des résidences privées. Plus tard, lorsque le mouvement est devenu moins confidentiel et plus ouvert, la création d'institutions communautaires s'est avérée nécessaire; à Jérusalem, cette phase a débuté sous les Ayyoubides, avant de prendre de l'ampleur et de se diversifier sous les Mamelouks et pendant la période ottomane. Plusieurs noms furent attribués aux établissements soufis, le plus connu était la *zawiya*, mot d'origine arabe, bien que la *khanqa,* mot d'origine perse, et le *ribat* aient également été largement utilisés. De toute façon, l'architecture des bâtiments et les modalités de gestion administrative et financière étaient pratiquement identiques.

Cet itinéraire s'intéressera à huit établissements représentatifs des divers ordres soufis, la plupart datant de la période ottomane, quelques-uns seulement remontant à la période mamelouke. En effet, les ordres soufis connurent un essor considérable sous le règne ottoman, alors même que la plupart des établissements mamelouks avaient périclité: leurs *waqfs* étant tombés en désuétude, les ressources faisaient défaut. Bien que les livres d'histoire mentionnent la présence d'ordres soufis antérieurement à la période des Croisés, les bâtiments les plus anciens qui aient survécu datent de la période ayyoubide.

D'une manière générale, les détails architecturaux et décoratifs de tout édifice reflétaient le niveau de vie et l'idéologie de l'époque à laquelle il avait été construit. De même, tous les établissements soufis obéissaient plus ou moins à la même configuration : un certain nombre de petites pièces dans lesquelles le soufi pouvait s'isoler ; une grande salle où les adeptes se réunissaient pour pratiquer les rituels soufis; parfois une petite mosquée réservée à la prière, à l'étude et au prêche; une modeste cuisine; des zones de service; un minaret servant à communiquer les activités de la *zawiya* au voisinage (un instrument de diffusion de la pensée soufie en quelque sorte); un patio – dont une partie plantée d'arbres et de fleurs – et une citerne pour collecter les eaux de pluie.

Ces institutions étaient abondées par des *waqfs* islamiques, et les relations qu'elles devaient entretenir avec le pouvoir et la juridiction étaient clairement consignées par des chartes énumérant un certain nombre de clauses et de termes relatifs aux revenus, aux dépenses, aux salaires, aux devoirs et aux responsabilités des différents membres.

II.1 JÉRUSALEM

II.1.a **Khanqa al-Duwadariyya**

Au sud de la madrasa *al-Salamiyya, sur Tariq Bab al-'Atm, juste au croisement avec Tariq al-Mudjahidin. Le site étant actuellement occupé par une école privée, l'intérieur ne se visite pas. L'édifice étant situé dans un lieu assez sombre, le visiteur devra s'habituer à l'obscurité avant de pouvoir apprécier la beauté des éléments de l'entrée et de la façade occidentale.*

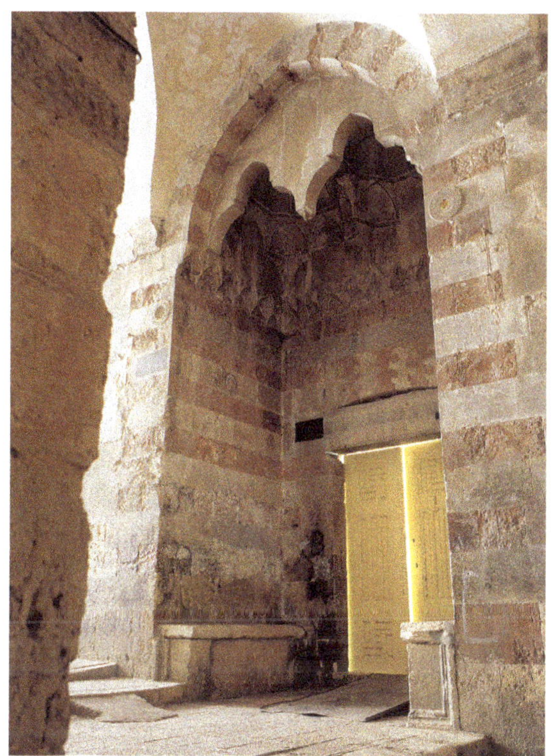

Khanqa al-Duwadariyya, entrée, Jérusalem.

Al-Duwadariyya, du nom de son fondateur l'émir 'Alam al-Din Abou Moussa al-Duwadar, est connue par la plaque commémorative comme Maison des Vertueux. Elle était appelée jusqu'à récemment *madrasa* al-Bakriyya, d'après le nom du premier calife, Abou Bakr al-Sidiq. La fondation d'établissements soufis était l'un des principaux devoirs dévolus aux grands émirs sous le règne des Mamelouks. L'émir 'Alam al-Din assuma de multiples missions de premier plan, et exerça diverses fonctions dans l'administration, la défense et l'éducation, servant fidèlement plusieurs sultans mamelouks, notamment Baybars (658/1260-676/1277) et al-Nasir Muhammad Ibn Qalawun, qui régna pas moins de trois fois. Connu pour être un sympathisant du soufisme, il fut un grand protecteur de la science et des lettrés. Sa résidence était comparée à une mosquée.

L'inscription fondatrice que l'on peut lire au-dessus de l'entrée fournit d'utiles informations sur l'histoire et les commanditaires de l'édifice. L'établissement fut fondé en 695/1295-1296 pour accueillir trente soufis, arabes et non arabes – vingt célibataires et dix mariés –, et pour héberger les visiteurs sur des périodes de dix jours. Il était également stipulé qu'on y enseignerait le Saint Coran, les *hadith*s et la doctrine chafi'ite. Pour en garantir la pérennité, d'importants *waqf*s furent mobilisés, qui comprenaient le village de Bir Nabala au nord de Jérusalem, le village de Hajla, ainsi que nombre de bâtiments de toute sorte à Jérusalem, Naplouse et Bissan.

Al-Duwadariyya se distingue par l'originalité de son programme architectural. L'entrée, dans la façade occidentale, est un chef-d'œuvre sans égal dans l'architecture de Jérusalem, même si certaines réalisations de même style peuvent se rencontrer à Damas. L'alternance de pierres rouges et blanches, typiques du système

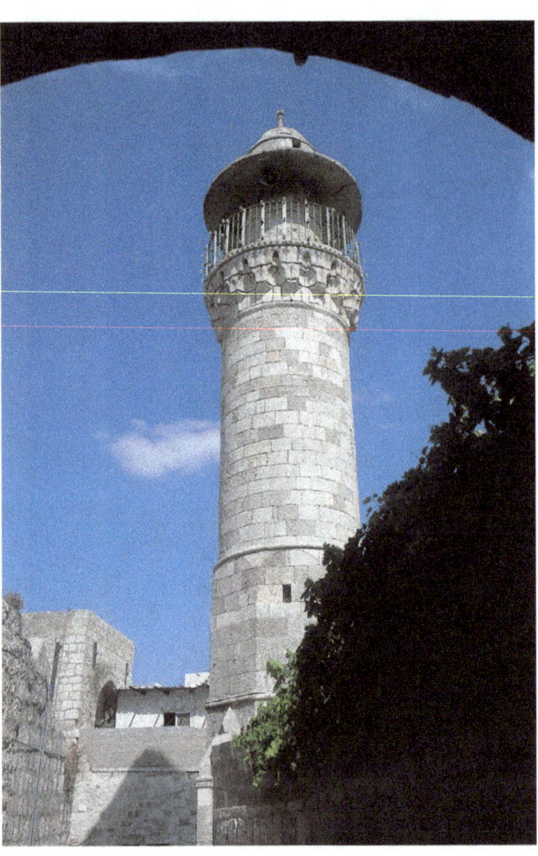

Zawiya al-Khalwatiyya, minaret, Jérusalem.

ablaq, s'élève jusqu'à la voûte qui couvre l'entrée. Au-dessus de l'accès, un linteau en pierre précède un arc de décharge orné de mosaïques. L'arc est lui-même surmonté de l'inscription calligraphiée évoquée plus haut, surmontée de trois rangées de *mouqarnas* (décorations en forme de stalactites) en pierre magnifiquement travaillée. Les *mouqarnas* ornant la niche qui couronne l'entrée sont précédés par deux arcs brisés, eux-mêmes précédés d'un arc brisé revêtu de mosaïques de couleur.

L'entrée conduit à un patio rectangulaire pavé de grandes dalles de pierre. Au nord et au sud de la cour sont réparties de petites cellules qui, autrefois, servaient de logement aux soufis, tandis qu'à l'ouest une grande salle rectangulaire est divisée en trois parties. Chacun des deux côtés extérieurs est percé de deux fenêtres surmontées d'un arc de décharge mosaïqué et d'un oculus. Dans la partie médiane, un accès conduit à une salle dans laquelle les résidents soufis se réunissaient et où l'on enseignait le Coran et les *hadiths*.

II.1.b Zawiya al-Khalwatiyya (al-Hamra')

Au nord de la vieille ville, à l'ouest de la route conduisant au minaret al-Hamra' (ou minaret Rouge), non loin de Tariq al-Bastami. La visite du site requiert l'autorisation du gardien. Les moments les plus propices se situent avant les prières de midi et de l'après-midi.

Même si l'ordre soufi Khalwati apparaît officiellement à Jérusalem pendant la période mamelouke, la construction de cette *zawiya* date du début de la période ottomane (939/1532-1533). Un document *waqf* conservé au Tribunal religieux de Jérusalem indique que les revenus provenant de divers terrains de la ville étaient alloués à l'établissement et à son personnel.

La *zawiya* est attribuée au *cheikh* 'Ala' al-Din Abou Hassan, un disciple de l'ordre des Khalwati. Précurseur du soufisme à

Jérusalem au Xe/XVIe siècle, on l'appelait "le modèle de sagesse et la crème des crèmes parmi les ascètes". Les soufis appartenant à cet ordre, et plus particulièrement les descendants du *cheikh*, ont joué un rôle fondamental dans la vie sociale et religieuse de Jérusalem. Outre la direction de la *zawiya* et la gestion des *waqfs* qui lui étaient attachés, nombre d'entre eux ont exercé les fonctions de comptable : 'Abd al-Qadir Chalabi, par exemple, fut le comptable du *waqf* de Bayram Jawiche.

L'ascétisme et la piété du *cheikh* 'Ala' lui valurent le soutien de nombreux grands émirs, ce dont bénéficia largement sa *zawiya*. Dans la première moitié du Xe/XVIe siècle, l'établissement se vit attribuer un confortable *waqf* composé de terrains et d'immeubles légués par de nombreux bienfaiteurs, parmi lesquels figuraient des personnages de l'envergure d'un Haji Bek, le gouverneur de Naplouse, ou d'un Qasim Bek, le gouverneur de Safad.

Malheureusement, il ne reste pas grand-chose des éléments de la *zawiya*. Les cellules des soufis ont complètement disparu, tout comme la mosquée d'origine, le salon de cérémonie et autres espaces, y compris le moulin et l'atelier de tissage qui faisaient partie du *waqf*. La *zawiya* actuelle est beaucoup plus petite que le bâtiment d'origine, qui, avec ses propriétés et annexes, s'étendait au sud jusqu'au bout de la rue où se trouve ce qu'aujourd'hui on appelle à tort la mosquée du *cheikh* Rihan.

Cependant, les vestiges de la *zawiya*, c'est-à-dire le patio et le beau minaret, nous permettent d'imaginer la splendeur initiale de la bâtisse. La cour actuelle, de forme rectangulaire, est plantée d'arbres et de fleurs, et dispose d'une citerne et de sanitaires. Au nord-est de la cour se dresse le minaret, qui n'est pas attenant à la mosquée actuelle puisque celle-ci ne date que de la fin du XIIIe/XIXe siècle. D'une hauteur de 18 m, le minaret est construit en pierres blanches (que l'usure du temps a rendues grises) entre lesquelles s'intercalent quelques pierres rouges. La base, carrée, supporte un élégant fût cylindrique, dans lequel des pendentifs ménagent la transition du plan carré au plan octogonal. Le balcon circulaire où se tient le *muezzin* pour appeler à la prière repose sur une corniche de *mouqarnas* et est couvert d'une petite coupole; là est installé un auvent destiné à protéger le *muezzin* du soleil et de la pluie. La mosquée connaît une large affluence cinq fois par jour, quand l'appel à la prière est diffusé du haut du minaret.

Zawiya al-Khalwatiyya, minaret, détail décoratif, Jérusalem.

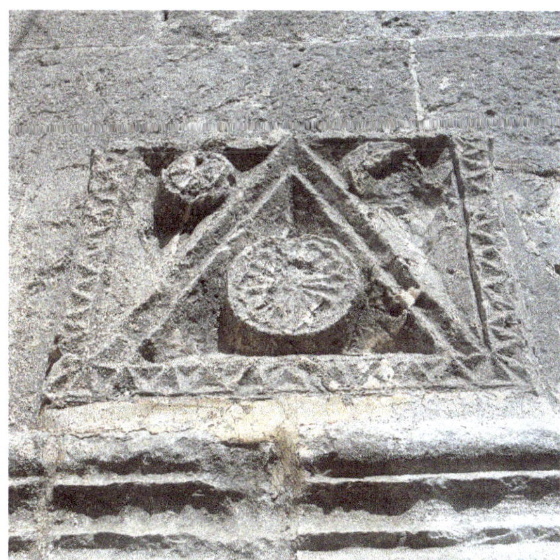

II.1.c Khanqa al-Mawlawiyya

La khanqa *al-Mawlawiyya est située dans la partie nord de la vieille ville de Jérusalem, légèrement au nord de Tariq al-Mawlawiyya, qui relie la route du minaret Rouge, à l'est, à la route principale du quartier al-Sa'diyya. Le bâtiment peut se visiter pendant la journée, mais on aura la courtoisie de demander la permission d'entrer aux résidents et aux personnes présentes dans la salle du rez-de-chaussée.*

Les différentes unités qui composent la *khanqa* al-Mawlawiyya datent de plusieurs époques. On sait que la salle de la mosquée remonte à l'époque des Croisés, tandis que la façade sur rue pourrait même dater d'une époque antérieure. Plusieurs pièces du deuxième niveau sont de style mamelouk, alors que le minaret et la salle d'audience remontent au Xe/XVIe siècle.

Khanqa al-Mawlawiyya, entrée, Jérusalem.

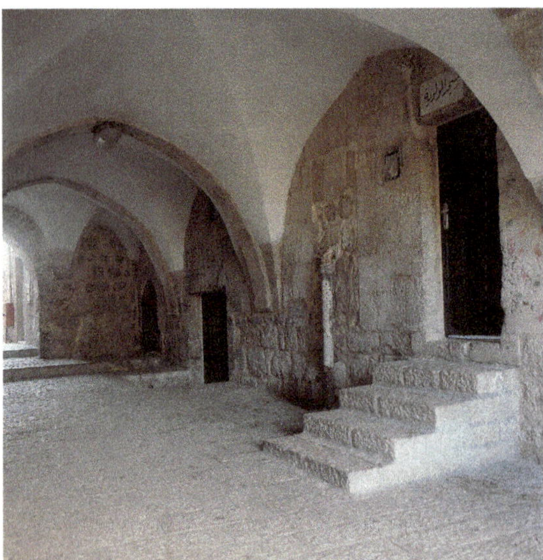

Le complexe a toujours été un lieu de culte, d'abord sous les Croisés, où il servit d'église (Sainte-Agnès), ensuite sous les musulmans, qui en firent une mosquée. La fonction religieuse s'est encore amplifiée sous les Ottomans quand la *khanqa* devint le siège de l'ordre soufi Mawlawiyya à Jérusalem, un ordre attribué au célèbre soufi Djalal al-Din al-Roumi, inhumé à Konya en Turquie. Au cours des tenues, les rituels de la prière étaient accompagnés de musiques et de danses très rythmées, et les soufis se couvraient la tête d'un long voile. L'ordre fut actif à Jérusalem jusqu'au début du XIVe/XXe siècle, mais a commencé à décliner dans la seconde moitié du XXe et nombre de ses propriétés ont été transformées en maisons d'habitation. Pour autant, les cinq prières quotidiennes sont toujours conduites dans la mosquée, et l'appel à la prière est toujours lancé du haut du minaret.
De nombreux émirs ont participé au développement et au mécénat du complexe architectural; le dernier fut Khadawri Bek, plus connu sous le nom d'Abou Sayfin, gouverneur de Jérusalem en 990/1586-1587. On lui doit le troisième niveau du site : c'est là que se trouve la salle d'audience, et que les soufis Mawlawiyya adorent et invoquent le nom de Dieu. Khadawri Bek alloua un généreux *waqf* de 500 pièces d'or à la *khanqa*. Le *waqf* produisit d'importants bénéfices au XIe/XVIIe siècle, une fois que furent complètement payés les gages des employés et les dépenses d'entretien de l'établissement. Le personnel comptait notamment un gérant, un *imam*, un *cheikh*, un "psalmodieur" de Coran, deux *muezzins* et un domestique, un porteur de torches et un portier.

La façade occidentale de la *khanqa* est d'une grande simplicité. Dans la partie nord, une porte donne sur une grande salle rectangulaire, récemment rouverte à la visite après restauration. Au milieu de la façade, une porte suspendue conduit par de nombreuses marches à un patio de forme irrégulière autour duquel se répartissent les différentes entités de la *khanqa*. Au nord de cette cour se dresse la mosquée, de plan rectangulaire et composée de trois nefs couvertes de voûtes d'arêtes soutenues par deux rangées de larges piliers. Lorsque cette salle fut transformée en mosquée, un *mihrab* fut ménagé au milieu du mur sud. Dans l'angle sud-est de la mosquée, le minaret s'élève sur une large base. À l'instar des minarets ottomans, il présente un fût cylindrique en forme de crayon effilé, mais il est moins élégant, avec davantage de caractères locaux. Le tombeau du *cheikh* 'Ali, un soufi de l'ordre des Mawlawiyya, se dresse dans la cour. Au sud, une pièce en contrebas abrite les tombeaux de trois maîtres de l'ordre. On accède à la salle d'audience, qui donne sur la vieille ville, et à l'entrée du minaret par une série de marches. Sur le linteau de l'entrée, une inscription honore le nom du fondateur et mentionne la date de construction. Le voyageur soufi 'Abd al-Ghani al-Naboulsi, qui visita la *khanqa*, nous a laissé une riche description des rituels religieux et de la musique que les Mawlawiyya exécutèrent en sa présence.

II.1.d Zawiya al-Qadiriyya (al-Afghaniyya)

Sur Tariq Barquq, au niveau de Bab al-Ghawanima, l'une des portes de l'esplanade. La visite requiert l'accord préalable du cheikh *de la* zawiya.

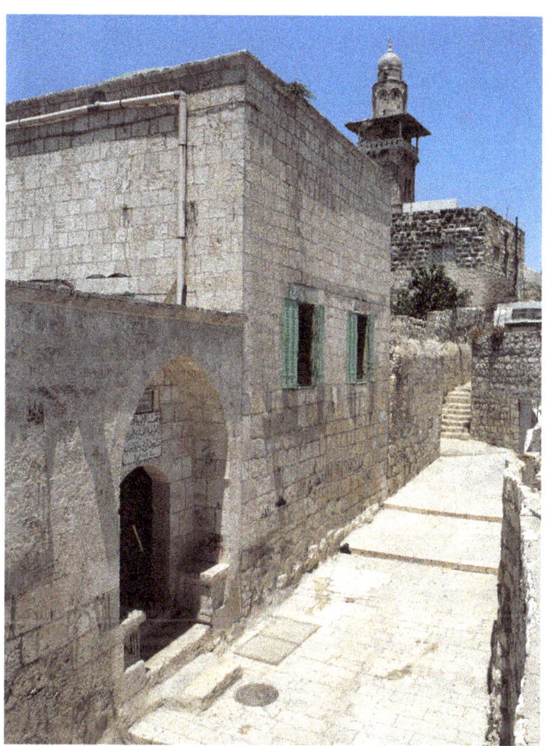

Zawiya al-Qadiriyya, façade principale, Jérusalem.

La *zawiya* al-Qadiriyya est facile à trouver car c'est l'unique bâtiment public, sur le côté nord de Tariq Barquq, dont l'entrée mérite d'être remarquée. Elle doit son nom au *cheikh* 'Abd al-Qadir al-Djilani, fondateur et maître de l'ordre soufi Qadiriyya. Aujourd'hui, elle est connue sous l'appellation de *zawiya* al-Afghaniyya (*zawiya* afghane) car elle héberge depuis quelques décennies un groupe d'Afghans basés à Jérusalem et à qui l'on a confié la direction de l'établissement.
La *zawiya* al-Qadiriyya a su préserver son style architectural d'origine, et continue

Ribat Bayram Jawiche, premier étage, Jérusalem

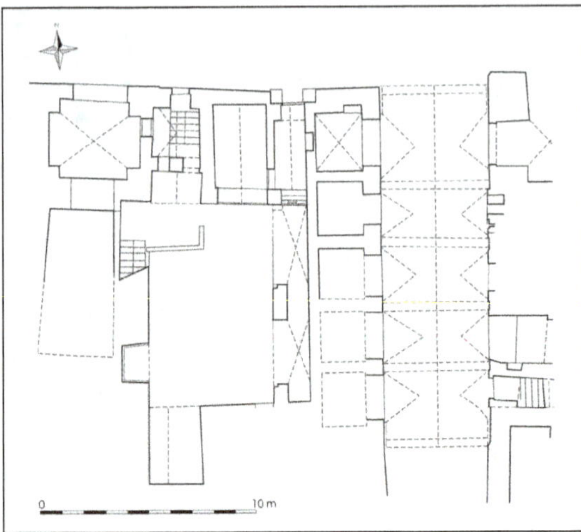

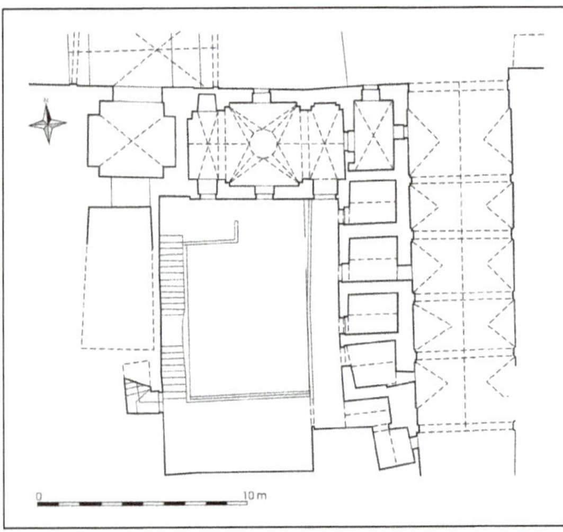

Ribat Bayram Jawiche, rez-de-chaussée, Jérusalem.

d'assumer ses fonctions d'origine. Au moins deux fois par semaine, et chaque vendredi, les fidèles viennent toujours y rencontrer le *cheikh* actuellement en poste, 'Abd al-Karim al-Afghani.

La *zawiya* fut commanditée par Muhammad Pacha, gouverneur de Jérusalem, en 1043/1632-1633. Il était connu pour l'intérêt qu'il portait aux institutions soufies de Jérusalem et au développement architectural de la ville, qu'il aima au point de s'y s'installer après sa retraite. Il consacra des fonds considérables à la *zawiya* afin de couvrir toutes ses dépenses courantes et d'assurer la pérennité de l'établissement; il exigea que l'argent soit investi dans le commerce et que les bénéfices annuels soient alloués au fonctionnement de la *zawiya*.

La *zawiya* al-Qadiriyya présente deux façades extérieures. Sur la façade ouest, de rares petites fenêtres assurent l'éclairage aux différentes cellules; côté sud, la seconde façade principale comporte le seul accès à l'édifice. Avec son unique arc brisé, il s'agit d'une entrée des plus modeste si on la compare à l'entrée de al-Duwadariyya. Surélevée de trois marches par rapport au niveau de la rue, elle dispose d'une *mastaba* de chaque côté. Au-dessus de l'entrée, une inscription précise les noms de la *zawiya*, de l'ordre soufi et du fondateur, ainsi que la date de construction de l'édifice.

Un bref corridor conduit à un patio de forme rectangulaire irrégulière, dont une bonne partie est plantée d'arbres et de fleurs – ce qui correspond d'assez près à la description fournie il y a quatre siècles par la charte du *waqf*. La cour est entourée sur les côtés ouest et sud par onze petites cellules.

La partie nord abrite sur deux étages les services et la salle de réunion. Le rez-de-chaussée est d'origine, alors que l'étage supérieur, qui servait de logement au *cheikh* de la *zawiya*, est une adjonction plus tardive. À l'est de l'entrée se trouve enfin une mosquée à laquelle on accède par une volée de marches.

II.1.e **Ribat Bayram Jawiche**

Situé à l'angle sud-ouest du carrefour Aqabat al-Takiyya, Tariq Bab al-Nadir et Tariq al-Wad. Le bâtiment étant actuellement occupé par une résidence et une école, l'intérieur ne se visite pas.

La plaque d'inscriptions apposée au-dessus de l'édifice indique que les travaux ont été achevés le 20 *rabi 'al-awwal* 947 / 25 juillet 1540, et que c'est l'émir Bayram Jawiche Ibn Mustapha qui en a ordonné la fondation pour offrir un hébergement aux nécessiteux.

Bien qu'il n'existe aucune traduction arabe des références historiques relatives à Bayram Jawiche, les registres du Tribunal religieux de Jérusalem livrent suffisamment d'informations sur cette grande figure ottomane du Xe/XVIe siècle. Il occupa à Jérusalem plusieurs postes de premier plan, militaires autant que civils, et ses nombreuses activités s'exercèrent aussi sur le terrain social, économique, architectural et administratif. À titre d'exemple, signalons qu'il fut l'administrateur du complexe Sultan Khassaki, qu'il géra d'une main de maître et avec une honnêteté sans faille. Il supervisa les travaux de construction de la Mawardiyya et la dernière phase des deux *hammams* relevant du *waqf* de Sultan Khassaki. Il recruta aussi des architectes pour restaurer un canal et fut un grand négociant en savon, sucre, graisse, domaines et terrains dans toute la Palestine et la Syrie. À la demande de Muhammad al-Naqqach, le maître d'ouvrage du projet, il partit en Égypte recruter des architectes pour le chantier de la muraille de Jérusalem. Sans oublier qu'il construisit sa propre maison, un orphelinat et le *ribat* mentionné ci-dessus.

Le *ribat* Bayram Jawiche possède deux façades, dont la principale, côté nord, donne sur Aqabat al-Takiyya et comporte l'entrée. La deuxième façade, orientée à l'est, donne sur Tariq al-Wad. Dans son état actuel, le bâtiment est à trois niveaux: les deux premiers, construits à l'époque de Bayram, sont d'origine, alors que le troisième est une adjonction plus tardive, mais dont nous ne connaissons pas la date. Au premier niveau, immédiatement après

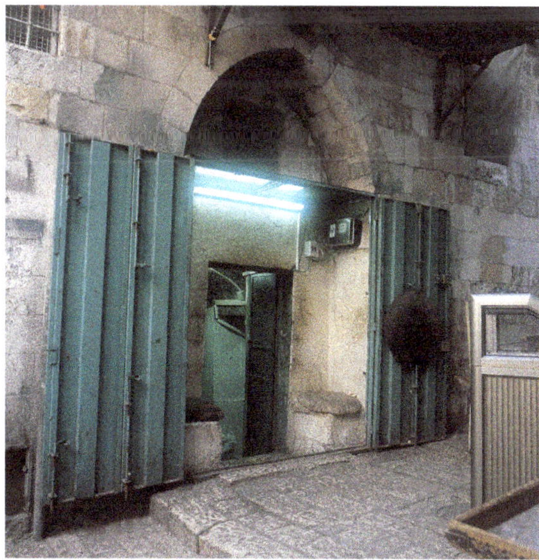

Ribat Bayram Jawiche, entrée, Jérusalem.

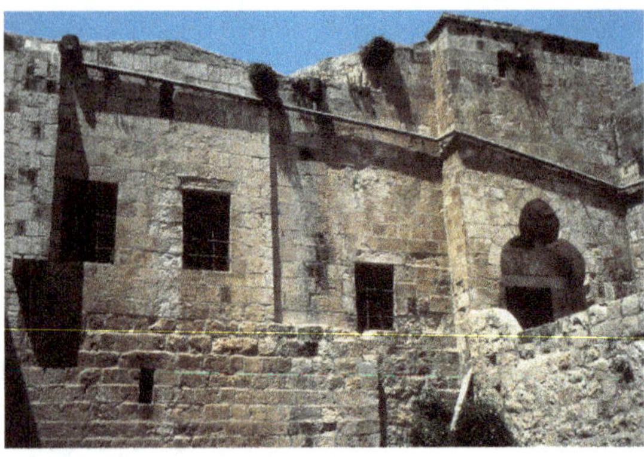

Ribat Bayram Jawiche, façade intérieure, Jérusalem (© M. Hamilton Burgoyne).

l'entrée, un bref couloir conduit à un patio entouré sur les côtés nord, est et sud par de petites pièces qui servaient de logement aux soufis et aux pauvres. Le deuxième niveau est composé d'une petite cour découverte à laquelle on accède par un escalier s'élevant du patio du rez-de-chaussée. Son corridor dessert six chambres, puis une salle divisée en trois parties.

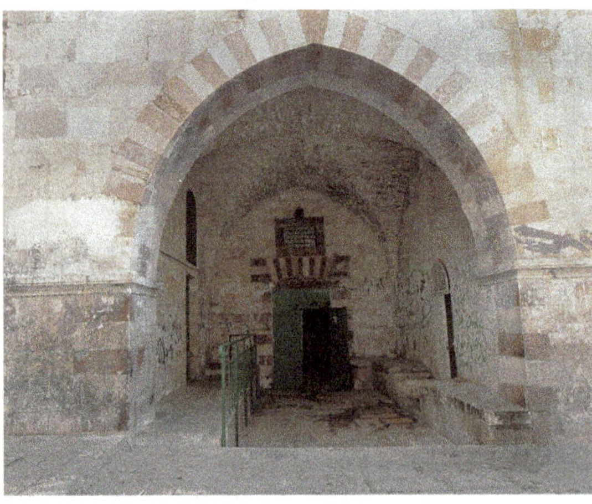

Ribat al-Mansouri, vue de l'entrée depuis l'extérieur, Jérusalem (© Sonia Halliday Photographs, photo D. Silverman).

II.1.f **Ribat al-Mansouri**

Au sud de Bab al-Nadir, près de l'entrée de l'esplanade. Les visiteurs sont les bienvenus pendant la journée.

Le *ribat* date de la période mamelouke, comme l'atteste l'inscription fondatrice au sommet du mur méridional de l'entrée. Elle mentionne que le sultan al-Mansour Qalawun le fit construire en 681/1282-1283. Il voulait fonder un lieu qui puisse héberger les pèlerins et les pauvres. Qalawun fut l'un des plus grands sultans mamelouks, l'un de ceux qui ont établi le plus grand nombre de fondations dues à la dynastie mamelouke en Égypte et en Syrie. Il régna de 678/1279 à 689/1290, immédiatement après le sultan Baybars. Bien que ses projets architecturaux les plus grandioses aient été menés au Caire, les villes saintes de Jérusalem et d'Hébron ont reçu leur part de ses attentions. Il a construit un *ribat* et un hôpital à Hébron, mais la plupart de ses édifices n'ont pas survécu.

Nous ne disposons pas de renseignements sur les activités administratives, financières ou sociales du *ribat*. Cependant, certains documents attestent que les revenus de nombreux bâtiments situés en différents endroits de Palestine lui étaient alloués, sans compter qu'il fut construit par le chef de l'État mamelouk en personne. Ce *waqf* a permis au *ribat* de poursuivre ses activités pendant toute la période mamelouke et jusqu'à la fin de l'Empire ottoman, époque où un groupe de musulmans soudanais vinrent à Jérusalem et s'installèrent dans le *ribat*. Leurs descendants y vivent toujours actuellement, et il

Ribat al-Mansouri, intérieur, Jérusalem (© Sonia Halliday Photographs, photo D. Silverman).

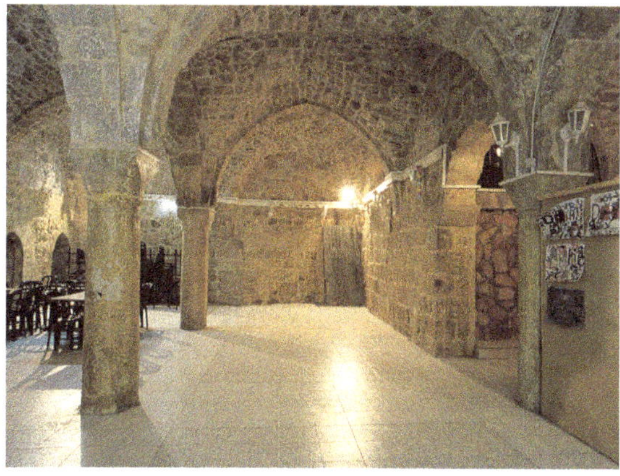

n'est pas rare de les trouver assis devant l'entrée du *ribat*. Ils sont ordinairement très aimables, aussi serait-il courtois de les saluer avant de leur demander l'autorisation de visiter certaines parties du *ribat*. L'endroit servait aussi de prison.

La façade du *ribat* fait face à Tariq Bab al-Nadir et présente deux niveaux : le premier remonte à la période mamelouke, tandis que le second date de la période ottomane. On peut encore en apprécier l'élégance dans l'ordonnancement des fenêtres, dans les pierres colorées, l'arc brisé du portail d'entrée, l'encadrement ornemental qui sépare les deux parties et l'arc supérieur décoré d'une frise cannelée. Le plan intérieur reflète la fonction d'origine et présente trois unités architecturales, dont la première consiste en une entrée rectangulaire. Le sol carrelé s'abaisse doucement sous le niveau de la rue et, sur chacun des côtés est et ouest, se trouve une large *mastaba* de pierre couverte d'une voûte d'arêtes. L'inscription fondatrice déjà évoquée est apposée sur le mur méridional. La deuxième unité architecturale consiste en une vaste salle rectangulaire située à l'est de l'entrée et que l'on gagne par un corridor. Une rangée de quatre colonnes supportant des arcs brisés divise cet espace en deux parties. Cette salle a accueilli de nombreux pèlerins qui venaient à Jérusalem depuis tous les horizons du monde islamique. C'est aujourd'hui un espace dévolu à différentes fonctions, notamment à des activités culturelles. À l'ouest de l'entrée, la troisième unité architecturale est un vaste patio entouré de nombreuses pièces de dimensions variées, dont l'une abrite un tombeau. Ces pièces hébergeaient de nombreux soufis et indigents de Jérusalem et de l'ensemble du monde islamique, et de nos jours, elles accueillent encore de nombreux descendants des différentes sectes qui ont choisi de venir s'installer dans la ville sainte. Compte tenu des difficultés économiques et sociales auxquelles doivent faire face les habitants de la ville, la cour a été dotée d'extensions modernes qui en altèrent la beauté.

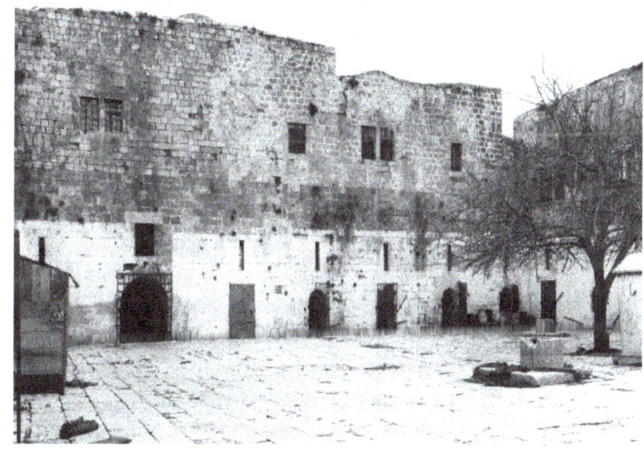

Ribat al-Mansouri, façade intérieure, Jérusalem (© The Creswell Archive, Département d'art oriental, Musée Ashmole, Oxford).

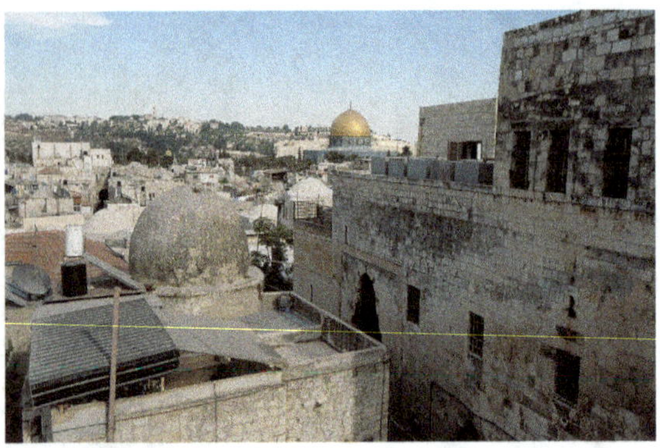

Complexe Sultan Khassaki, tombe et palais au premier plan, Dôme du Rocher avec le mont des Oliviers à l'arrière-plan, Jérusalem (© Sonia Halliday Photographs, photo D. Silverman).

Complexe Sultan Khassaki, entrée nord, Jérusalem (© Sonia Halliday Photographs, photo D. Silverman).

II.1.g **Complexe Sultan Khassaki**

Situé au cœur de la vieille ville, au milieu de la partie sud de Aqabat al-Takiyya, qui relie Tariq Khan al-Zayt à l'ouest à Tariq Bab al-Nadir à l'est. On peut visiter l'extérieur du site dans la journée; pour l'intérieur, il convient de s'entendre préalablement avec les responsables se trouvant à l'entrée sud.

La construction de l'édifice, la plus grande œuvre caritative de toute la ville, a pris environ quatre années (959/1552-963/1556).

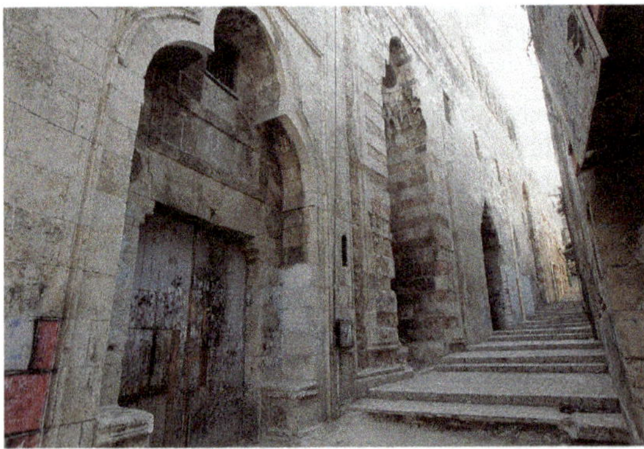

Le complexe est vaste et possède deux entrées. L'entrée nord donne sur Aqabat al-Takiyya, l'entrée sud sur Aqabat al-Saraya. Dans le parler local, *al-takiyya* signifie "le lieu où la nourriture est servie gratuitement". D'autre part, al-Saraya désigne le siège du gouverneur ou du *wali*, en référence à la résidence du gouverneur ottoman avant le mandat britannique sur la Palestine.

Le complexe est attribué à Roxelane, épouse du sultan ottoman Soliman le Magnifique (926/1520-974/1566), connue sous le nom de Haseki Hürrem (la bien disposée, l'enjouée) Sultan. Les archives ottomanes l'évoquent aussi sous le nom de Sultan Khassaki, la favorite, la bien-aimée du sultan.

Sultan Khassaki légua de généreux *waqfs* à son œuvre de bienfaisance afin d'assurer la pérennité de ses activités. Elle y alloua les revenus de trente bourgs et hameaux de Palestine et d'ailleurs. À la suite du décès de Sultan Khassaki, les revenus de quatre autres villages faisant partie du *waqf* du sultan vinrent conforter le rendement du *waqf*. Ces villages se trouvaient dans différentes régions de Gaza, Naplouse, Jérusalem, Sidon et Tripoli.

Le complexe était composé de quatre sections différentes, dont certaines sont encore debout.

1. Un grand *caravansaray* destiné à l'hébergement des voyageurs et des commerçants. Il consiste en une grande entrée conduisant à un couloir entouré de pièces de chaque côté. Le corridor débouche dans un patio entouré d'autres coursives formant elles-mêmes le *caravansaray*. Bien que certaines de leurs fonctions aient évolué, ces parties sont toujours visibles depuis l'entrée sud du site.

2. Une mosquée richement meublée d'arcs et de voûtes : elle est dédiée à la prière, à la récitation du Coran et aux louanges au bienfaiteur. L'emplacement exact de cette mosquée demeure inconnu, mais on pense qu'elle a été partiellement détruite et que l'actuel réfectoire des étudiants a été construit au-dessus.

3. Un *ribat* composé de 55 pièces servant de logis aux soufis, aux pauvres et aux visiteurs. Là encore, on ignore l'emplacement de ce *ribat*, la plupart des pièces ayant probablement été détruites ou affectées à d'autres fonctions, mais il est assez probable qu'il se soit trouvé à l'endroit où se dresse actuellement l'imprimerie, à l'est de l'entrée sud.

4. Une grande cuisine, un four, un moulin, plusieurs entrepôts et un *sabil* assurant l'approvisionnement en eau. Tous ces éléments ont survécu et peuvent être vus lorsqu'on accède au site par l'entrée nord et qu'on se dirige vers l'est par une série de marches. Bien que le *waqf* du *ribat* soit tombé en désuétude depuis fort longtemps, la cuisine sert toujours une délicieuse soupe chaque matin, ainsi que du riz et de la viande tous les mardis et pendant le Ramadan.
Cette institution des plus active était gérée par un certain nombre de hauts fonctionnaires ottomans. Le directeur était envoyé d'Istanbul et était assisté d'une équipe d'une cinquantaine de personnes, chacune étant assignée à une tâche bien précise stipulée dans l'acte du *waqf*. À titre d'exemple, un employé était chargé de laver les verres, un autre de sélectionner le riz. Il y avait également deux cuisiniers et leurs trois aides, un homme de main et un responsable des travaux d'entretien et de restauration du bâtiment. Sans compter les dépenses courantes, l'ensemble des salaires du personnel avoisinait les 79 505 dirhams d'argent.

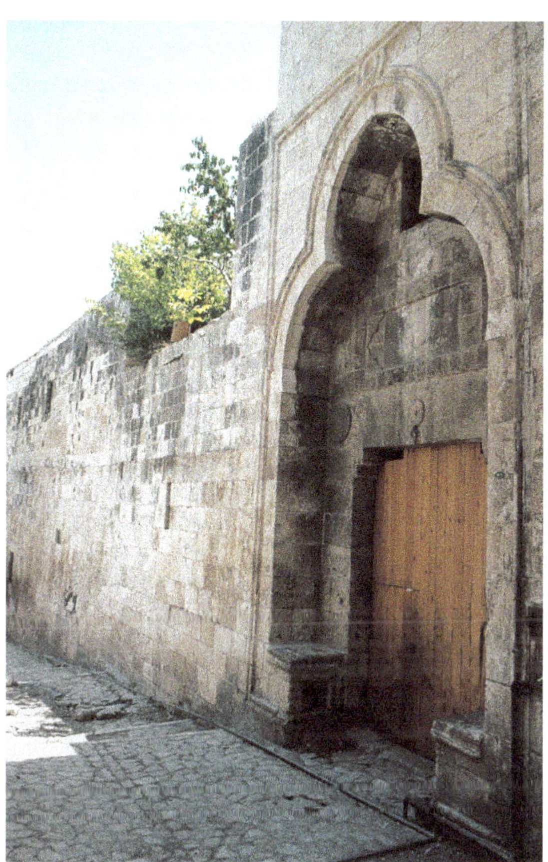

Complexe Sultan Khassaki, portail de l'entrée nord, Jérusalem (© M. Hamilton Burgoyne).

LES SOUKS

Yusuf Natsheh

Au Moyen Âge, les villes musulmanes étaient réputées pour l'importance de leurs marchés, tels les souks Khan al-Khalili au Caire, al-Hamidiyya à Damas, le souk al-Safafir (des Chaudronniers) à Bagdad et le Bazar égyptien à Istanbul. Les nombreux souks de Jérusalem nous sont connus par les récits des voyageurs et des historiens. Le plus célèbre était le souk al-Qattanine (le marché des Marchands de coton), mais il faut rappeler les souks Khan al-Zayt (le marché de l'Huile d'olive), al-'Attarine (le marché des Épices), al-Lahhamine (le marché des Bouchers), al-Khawajat (le marché du Tissu). Le souk al-'Attarine, qui forme le prolongement méridional du souk Khan al-Zayt, fait partie de trois souks adjacents qui datent des époques mamelouke et ottomane. Une partie de leurs fondations pourrait dater de l'époque des Croisés, les fouilles ayant attesté qu'ils furent construits sur les ruines d'un marché préexistant d'époque romano-byzantine. Le souk est couvert de voûtes d'arêtes ouvertes en leur centre, et c'est une expérience féerique que d'assister au spectacle des rayons du soleil se reflétant sur les marchandises colorées, ce qui confère au lieu une atmosphère vivante et pleine de charme. Jusqu'à récemment, le souk était spécialisé dans les parfums arabes et orientaux, mais aujourd'hui, le développement et la modernisation de la ville ont considérablement réduit le nombre de ces échoppes, qui ne sont plus que trois.

Parallèles au souk al-'Attarine se trouvent deux autres marchés présentant une organisation et une architecture similaires. À l'ouest, le souk al-Lahhamine doit son nom à sa multitude de boucheries vendant toutes sortes de viandes. Il y a cinquante ans, la plupart de ces boutiques étaient des forges utilisant des techniques traditionnelles arabes, où les ferronniers traitaient le cuivre et d'autres métaux au marteau et au soufflet. La communauté arménienne reste très réputée dans cet artisanat. Le marché situé à l'est, quant à lui, est connu sous le nom de souk al-Khawajat en référence aux marchands de toiles et de tissus. Actuellement, on ne peut en voir que la partie méridionale, car la zone nord reste encore à mettre au jour et à restaurer.

Des toits de ces trois souks, le visiteur peut jouir d'une vue panoramique sur la vieille ville de Jérusalem, avec ses mosquées, ses églises et ses divers monuments. L'accès aux toits se fait par des escaliers situés au bout du souk al-'Attarine. Tourner ensuite à gauche pour traverser le souk al-Lahhamine, puis au sud dans le souk al-Husur (le marché des Nattes).

FORTIFICATIONS ET PORTES DE LA VIEILLE VILLE

Mahmoud Hawari

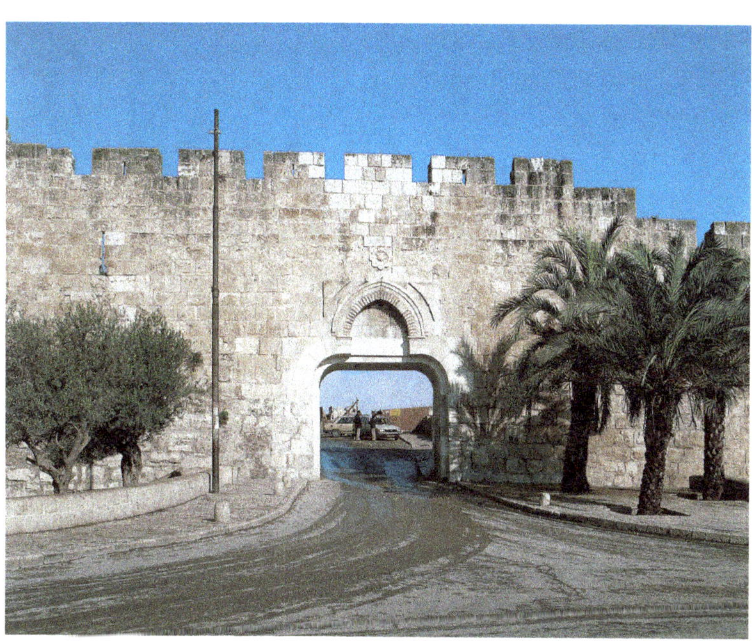

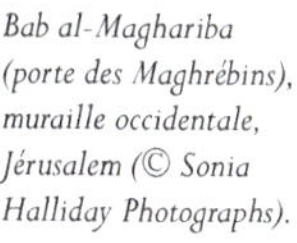

Bab al-Maghariba (porte des Maghrébins), muraille occidentale, Jérusalem (© Sonia Halliday Photographs).

Considérée comme l'un des monuments les plus emblématiques de Jérusalem, la muraille qui entoure la vieille ville a su préserver son tracé d'origine à travers les siècles. Les fortifications de la ville ont été partiellement détruites, restaurées et reconstruites à plusieurs reprises au long de leur histoire. Elles furent enfin sévèrement endommagées lors de la guerre qui opposa Ayyoubides et Croisés au début du VIIe/XIIIe siècle. Lorsque les Mamelouks accédèrent au pouvoir (longtemps après la défaite des Croisés), ils ne procédèrent pas à la consolidation des murailles de la ville, préférant reconstruire et fortifier la Citadelle pour y installer une base militaire et un centre administratif.

Les portes de la ville, elles, ont été conservées dans leur forme d'origine et ont continué à faire office de points d'entrée et de sortie pendant l'époque mamelouke. Le célèbre historien de Jérusalem Moujir al-Din al-Hanbali citait en 901/1496 les noms de neuf portes en service à son époque: Bab al-Maghariba (porte des Maghrébins), Bab Sahyoun (porte de Sion) – également appelée Bab al-Nabi Daoud (porte de David) –, Bab al-Sir, Bab al-Mihrab, Bab al-Rahba, Bab Deir al-Sarb, Bab al-ʻAmoud "porte de la Colonne" (porte de Damas), Bab al-Daʻiya et Bab al-Asbat.

La plupart des portes et des murs actuels de la cité ont été reconstruits entre 944/1537 et 947/1541, à l'époque du

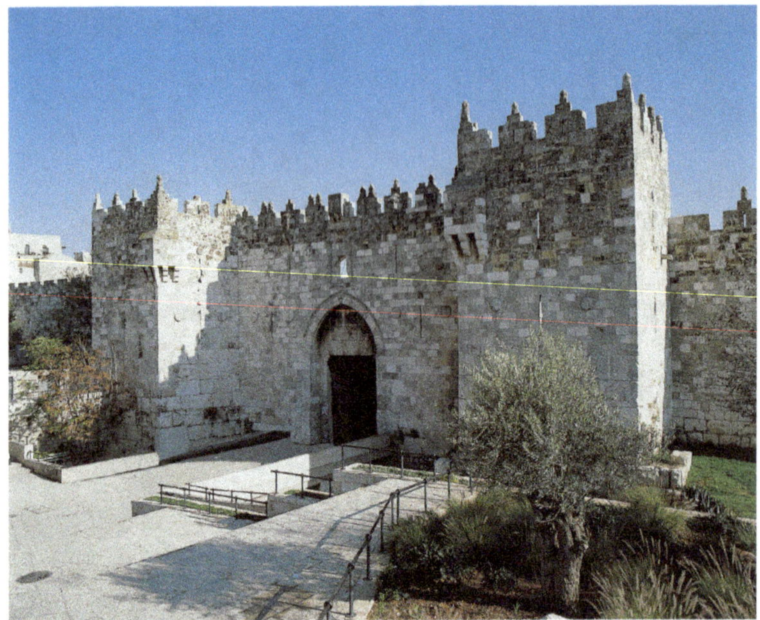

Bab al-'Amoud, "porte de la Colonne" (porte de Damas), muraille nord, Jérusalem (© Sonia Halliday Photographs).

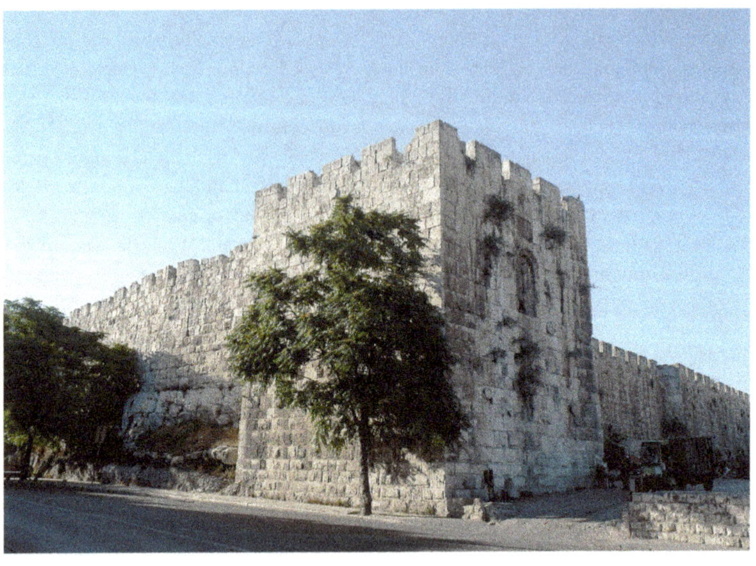

Tour al-Qalaq, vue générale, Jérusalem.

sultan ottoman Soliman le Magnifique. L'enceinte suit approximativement le tracé de la muraille qui entourait la ville à l'époque ayyoubide (VIIe/XIIIe siècle); la hauteur des murs, qui se déploient sur 4 018 m de longueur, varie entre 11,60 et 12,20 m. La fortification comprend 35 tours, 17 mâchicoulis, 344 meurtrières, 16 inscriptions et de nombreux médaillons décoratifs.

Aujourd'hui, seules sept des portes de la ville sont encore utilisées: Bab al-Khalil (porte de Jaffa) sur la muraille ouest; Bab al-Jadid (porte Neuve), Bab al-'Amoud (porte de Damas) et Bab al-Sahira (porte d'Hérode) sur la muraille nord; Bab al-Asbat (porte des Lions) sur la muraille est, Bab al-Maghariba (porte des Maghrébins) et Bab al-Nabi Daoud (porte de Sion) sur le mur méridional.

On peut parcourir à pied l'ensemble de la muraille, à l'exception de la section située entre Bab al-Asbat et le cimetière de Bab al-Rahma (porte Dorée). Une autorisation spéciale doit être obtenue auprès de l'Islamic Endowment Department ou du gardien du cimetière. Avant de grimper au sommet de la muraille pour profiter d'une vue imprenable sur la vieille ville, le visiteur devra se procurer un billet à Bab al-Khalil ou à Bab al-'Amoud. Il est recommandé de se munir de chaussures adaptées pour éviter de glisser. En été, il est impératif d'emporter une bouteille d'eau potable et de porter un chapeau.

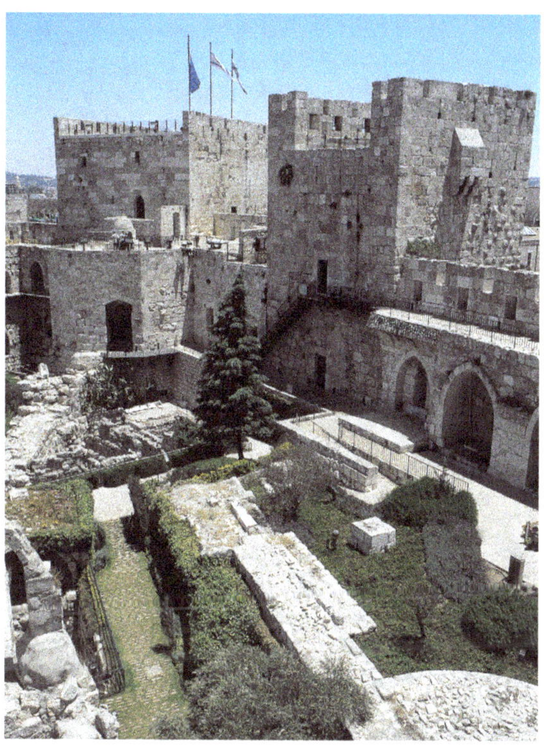

Citadelle, vue générale de l'intérieur, Jérusalem.

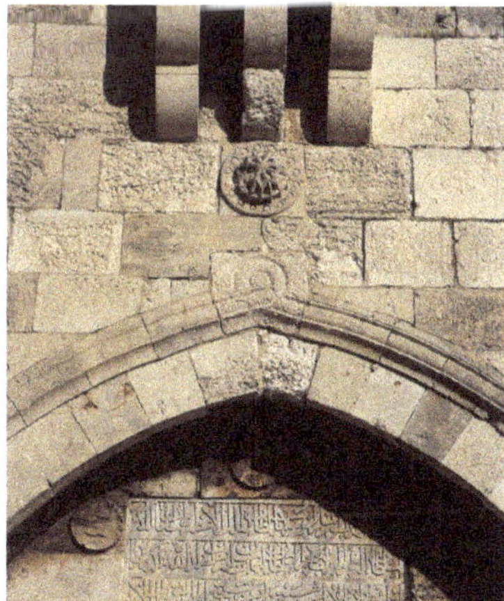

Bab al-Khalil, détail, Jérusalem.

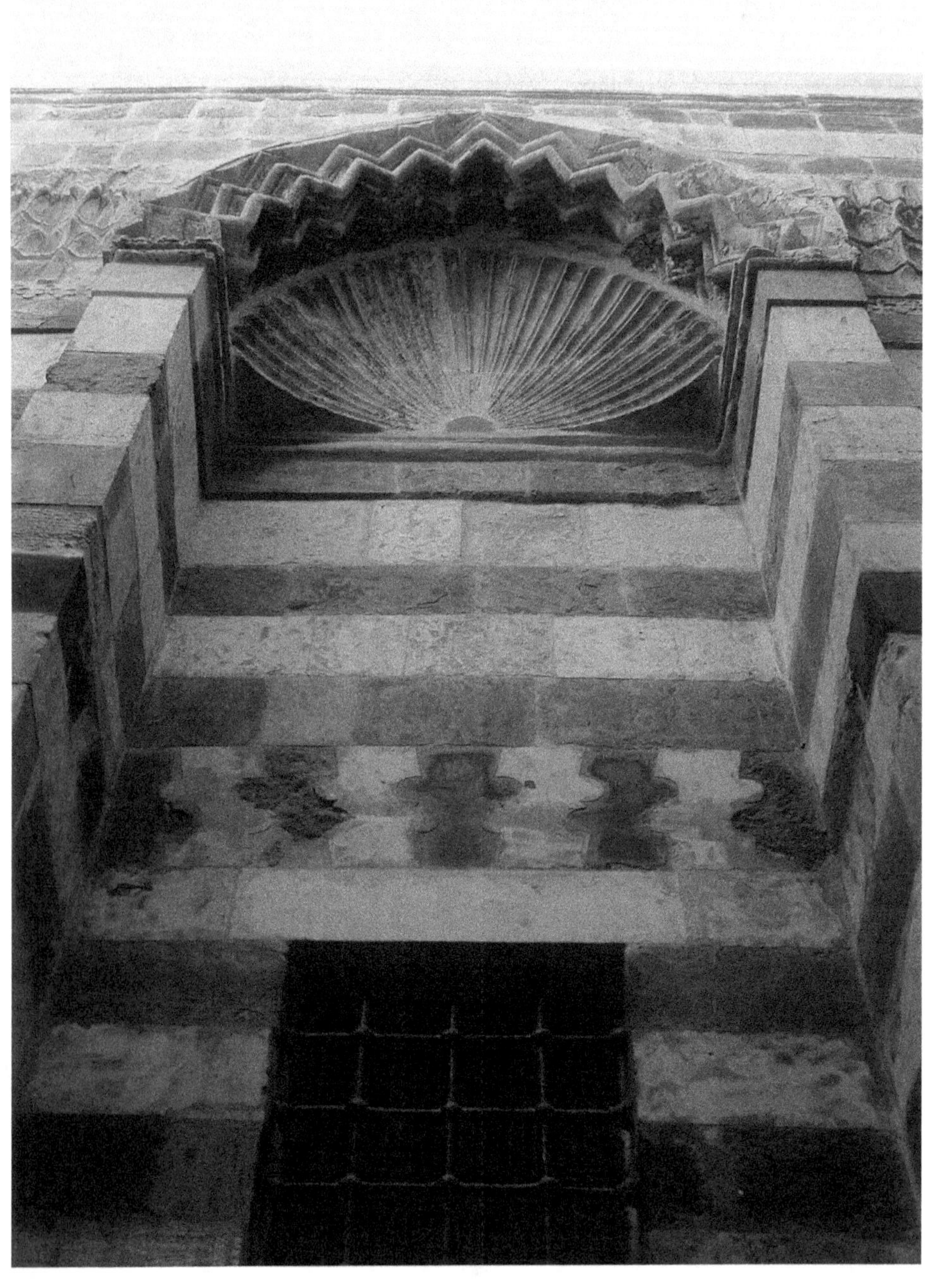

Jérusalem: le centre du savoir et des sciences religieuses

Yusuf Natsheh

III.1 JÉRUSALEM

III.1.a Maktab et Maqam Bayram Jawiche
III.1.b Madrasa al-Mawardiyya (al-Rassasiyya)
III.1.c Madrasa et Khanqa al-Jawhariyya
III.1.d Madrasa al-Arghouniyya
III.1.e Souk al-Qattanine
III.1.f Madrasa al-Tankiziyya
III.1.g Madrasa al-Taziyya
III.1.h Madrasa al-Tachtamouriyya

Le système du waqf
La journée d'un étudiant dans une madrasa

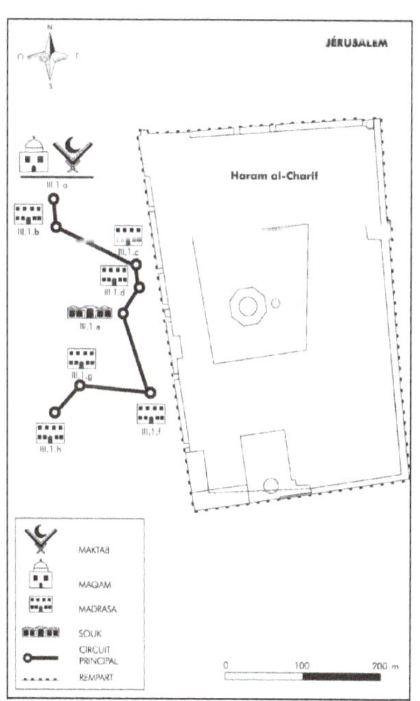

Madrasa al-Mawardiyya, entrée, détail, Jérusalem.

La Palestine et Jérusalem restent profondément marquées par l'empreinte du pèlerinage, du soufisme et de l'érudition. Après le circuit II, qui a exploré le soufisme à Jérusalem, cet itinéraire mettra l'accent sur les établissements d'enseignement qui se sont développés à proximité du Haram al-Charif.

Le fait d'aborder les institutions scientifiques dans un chapitre séparé répond à une simple démarche méthodologique. Les thématiques concernées par les différents itinéraires interfèrent en de nombreux points, notamment dès lors qu'il s'agit des centres de savoir et des *zawiyas* soufies – après tout, le statut éminent de Jérusalem dans la sphère islamique a favorisé les deux types d'institutions. Les *waqfs* dont ils dépendaient étaient régis par les mêmes modalités et règlements, et leurs activités culturelles étaient assez similaires, notamment celles qui étaient liées au Coran et aux *hadiths*.

Dans la mesure où les *madrasas* et les *zawiyas* ne sont généralement jamais très éloignées les unes des autres, on ne pourra pas éviter de retourner sur certains sites pour voir différents édifices: c'est notamment le cas des bâtiments situés au carrefour de Tariq al-Wad, Tariq Bab al-Nadir et Aqabat al-Takiyya, qui figurent à la fois au programme du circuit II et du circuit III.

Cet itinéraire comprend huit sites et ouvre deux "fenêtres": la première est relative au système du *waqf* en Islam et en Palestine, la seconde décrit une journée de la vie d'un étudiant dans une *madrasa*. Une attention toute spéciale a été apportée à l'unité du sujet. En fait, le souk al-Qattanine est le seul site qui puisse sembler échapper à la logique du circuit; toutefois, il date de la même période que les autres bâtiments visités, dont il partage d'ailleurs certaines caractéristiques architecturales, et une grande partie de ses revenus étaient consacrés au financement de la *madrasa* al-Tankiziyya. Le souk al-Qattanine constitue également un lien entre les deux points essentiels de l'itinéraire: Tariq Bab al-Hadid et Tariq Bab al-Silsila.

Notre périple commencera là où s'achève le circuit II. Il est conseillé de commencer l'itinéraire par Bab al-'Amoud, mais rien n'empêche de commencer la visite par la fin du circuit (al-Tankiziyya) et de poursuivre en sens inverse. Le meilleur moment pour effectuer la visite de ces sites est entre la première heure de la matinée et midi, car certains bâtiments servent au culte et sont donc fermés l'après-midi.

Centré sur les zones adjacentes au Haram – sur Tariq Bab al-Hadid et Tariq Bab al-Silsila –, ce circuit couvre un secteur majeur de la Jérusalem mamelouke. Il permettra également d'appréhender la topographie de la ville, la diversité de ses rues principales et secondaires, mais aussi les problèmes cruciaux qui affectent la vieille ville.

III.1 JÉRUSALEM

III.1.a Maktab et Maqam Bayram Jawiche

Dans l'angle nord-ouest du carrefour formé par Tariq Bab al-Nadir et Aqabat al-Takiyya d'un côté et Tariq al-Wad de l'autre. La visite du lieu est possible aux heures d'ouverture de la bibliothèque d'al-Sadaqat.

D'après l'inscription qui surmonte l'entrée, le *maktab* Bayram Jawiche a été restauré en 947/1541, ce qui signifie que le bâtiment était dévolu à une autre fonction avant que Bayram ne le réforme pour le transformer en tombeau, pour lui-même et sa famille, et en *maktab* réservé à l'éducation des garçons (voir Ribat Bayram Jawiche, II.1.e). Le plan architectural de la partie d'origine témoigne de cette double fonction, mais aujourd'hui les activités pédagogiques ont cessé et le *maktab* est plutôt connu pour être le sépulcre de Bayram. Le tombeau a été recouvert de tissu; aujourd'hui le comité Sadaqat y expose ses publications et ouvrages religieux, les bénéfices de la vente étant reversés à des œuvres de bienfaisance.

En 948/1543, Bayram Jawiche consacra au *maktab* un *waqf* constitué de la rente des cépages et de plantations de figuiers du village de Bayt Sahour. Dans un deuxième temps, il lui adjoignit le *waqf* de son *ribat*, ce qui en fit le deuxième plus grand *waqf* de la Jérusalem ottomane après celui de Sultan Khassaki, atteignant une valeur totale de 150 000 dirhams d'argent, qu'il consacra à l'acquisition de terrains et de propriétés en différents endroits de Palestine. Selon ses dispositions, les revenus devaient servir à financer son *ribat* et son *maktab*. Il rémunéra le maître des élèves à hauteur de trois dirhams d'argent par jour et d'une prise en charge gratuite. Il précisa également que les orphelins devraient apprendre le Coran, les *hadiths* ainsi que les rudiments de la lecture.

Deux des façades du *maktab* donnent sur la rue. La façade principale donne à l'est sur Tariq al-Wad et possède l'unique entrée du monument, au-dessus de laquelle une plaque métallique rend hommage au fondateur et précise la date de construction. L'entrée est rehaussée de pierres de plu-

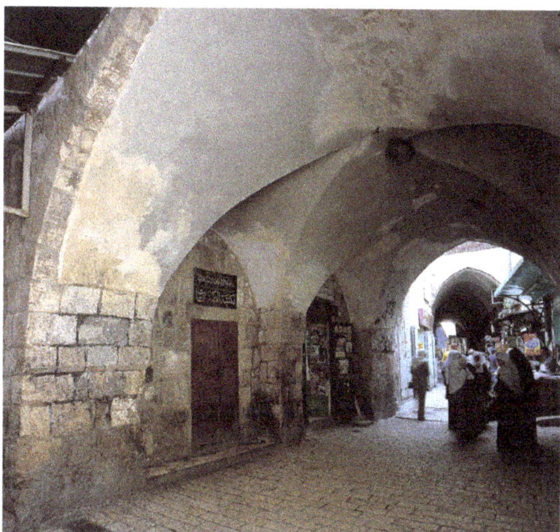

Maktab et Maqam Bayram Jawiche, entrée, Jérusalem.

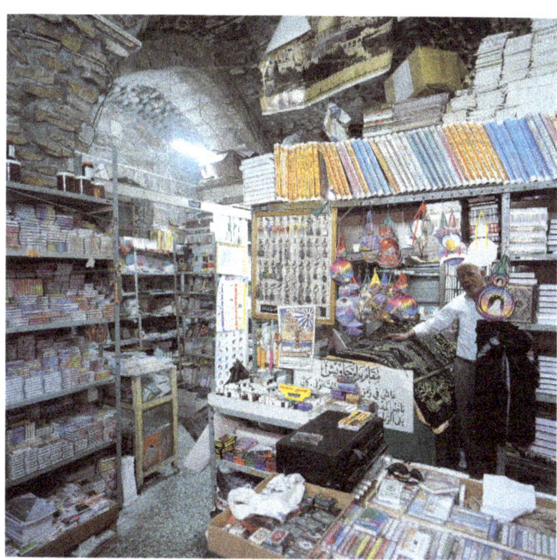

Maktab et Maqam Bayram Jawiche, intérieur, zone orientale abritant le tombeau de Bayram Jawiche, Jérusalem.

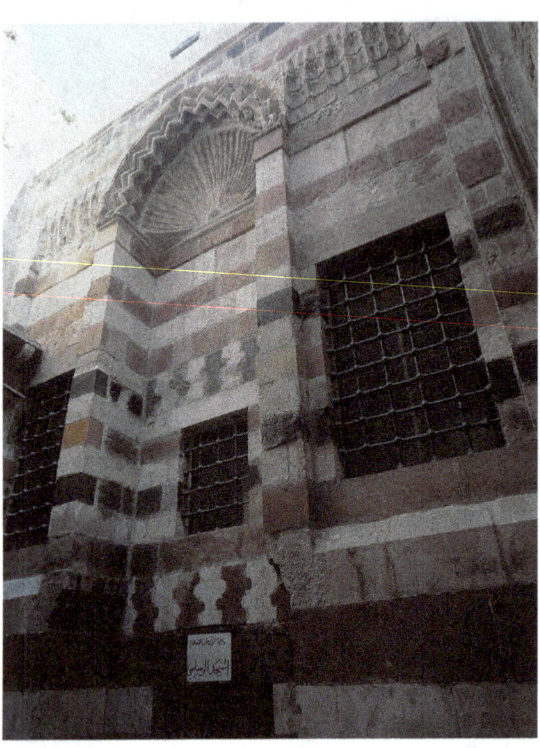

Madrasa al- Mawardiyya, entrée, partie supérieure, Jérusalem. (© Sonia Halliday Photographs, photo D. Silverman).

sieurs couleurs. La partie supérieure de cette façade est occultée par une arcade construite ultérieurement. La deuxième façade, orientée au sud, donne sur Aqabat al-Takiyya. L'édifice se présente sur deux niveaux. Le rez-de-chaussée est le niveau d'origine – c'est celui qui fut restauré par Bayram; il comprend une grande salle en forme de "T", divisée en deux parties par un grand arc. Au rez-de-chaussée, la zone orientale abrite le tombeau de Bayram Jawiche, tandis que l'étage supérieur (ajouté ultérieurement) consiste en un patio de modestes dimensions entouré de nombreuses pièces à l'est et à l'ouest.

III.1.b Madrasa al-Mawardiyya (al-Rassasiyya)

Au sud de Aqabat al-Takiyya, entre le ribat *Bayram Jawiche à l'est et, à l'ouest, un édifice dont on ignore le nom du mécène. L'accès à l'intérieur de l'édifice n'est pas autorisé actuellement.*

Le bâtiment n'est pas daté, puisque aucun document *waqf* ou inscription fondatrice ne vient nous éclairer à son sujet. Mais on suppose que la *madrasa* aurait fait partie du *ribat* Bayram Jawiche, ce qui en ferait un bâtiment ottoman. La construction comporte des éléments à la fois mamelouks et ottomans, mais doit pouvoir être située entre la fin du IXe/XVe siècle et le début du Xe/XVIe siècle. Nous ne disposons d'aucune donnée relative au commanditaire de l'édifice ni à la nature de ses *waqfs*. La *madrasa*, qui doit son nom à l'un de ses célèbres *cheikhs*, était connue jusqu'à récemment, mais de façon erronée, sous le nom de *madrasa* al-Rassasiyya ("plomb" en arabe), puisque le plomb était le matériau utilisé pour lier les pierres de l'assise inférieure.

Les documents du Tribunal religieux de Jérusalem indiquent que, bien que nombreux, les *waqfs* de la *madrasa* ne suffisaient pas à couvrir ses dépenses. Des crédits furent engagés pour restaurer les annexes, crédits que l'on espérait rembourser avec de futurs revenus. Mais le plan échoua et la *madrasa* fut transformée en résidence privée. En échange d'une occupation dont la durée était limitée à quelques années, le locataire devait prendre les rénovations à sa charge, mais l'arrangement devait préalablement être approuvé par un *qadi*. Il en

résulta que, dans la première moitié du Xe/XVIe, Bayram Jawiche lui alloua à son tour 3 600 pièces d'argent ottomanes pour pouvoir s'y installer pendant les travaux de construction de sa propre maison à l'est de son *ribat*. Un certain al-Hadj Sinan al-Sughanji y a également vécu quelque temps et restauré certaines parties du bâtiment. À l'exception de la mosquée, la plus grande partie de la *madrasa* abrite actuellement un orphelinat islamique qui assure les cours des cycles préparatoire et secondaire.
Un autre document nous permet d'identifier clairement les différentes unités de la *madrasa* et les limites entre le complexe Sultan Khassaki et le *ribat* Bayram Jawiche. La Mawardiyya comprenait trois pièces: un grand *iwan* faisant face à une vaste salle, une mosquée et deux patios. C'est dans l'une de ces pièces que, au début du siècle dernier, 'Arif al-'Arif, le célèbre chroniqueur de Jérusalem, auteur d'un volume sur l'histoire de la ville, a fait ses études primaires et secondaires. Appareillée selon le système *ablaq* avec une alternance de pierres dans les tons de noir, rouge et blanc, la façade nord de la *madrasa* est proprement stupéfiante. Au centre, le portail d'entrée, en léger retrait, est flanqué de chaque côté d'une petite *mastaba*. Au-dessus du portail, un linteau de pierre rouge est surmonté d'un cordon de pierres noires et blanches également dans le style *ablaq*. Le portail d'entrée est couronné d'une coquille festonnée enserrant un arc plein cintre à moulures en chevrons. À l'ouest, un escalier conduit à la mosquée de la *madrasa* et aux autres unités précédemment citées, légèrement surélevées par rapport au rez-de-chaussée.

III.1.c Madrasa et Khanqa al-Jawhariyya

Au nord de Tariq Bab al-Hadid, adjacente au ribat *al-Kurd qui se trouve près du mur occidental de l'esplanade.*
La visite de certaines parties intérieures, notamment celles qui abritent le Département d'archéologie islamique, est possible – à condition d'en demander l'autorisation au bureau de l'établissement – du matin jusqu'en début d'après-midi.

D'après la plaque d'inscriptions qui surmonte l'entrée, la construction de la *madrasa* date de 844/1440. Initialement destiné à l'hébergement des soufis et à la récitation du Coran, le bâtiment abrite aujourd'hui, pour partie, le Département d'archéologie islamique, tandis que le reste a été transformé en logements.
Le fondateur de l'édifice est Jawhar al-Qunquba'i, un eunuque abyssinien qui

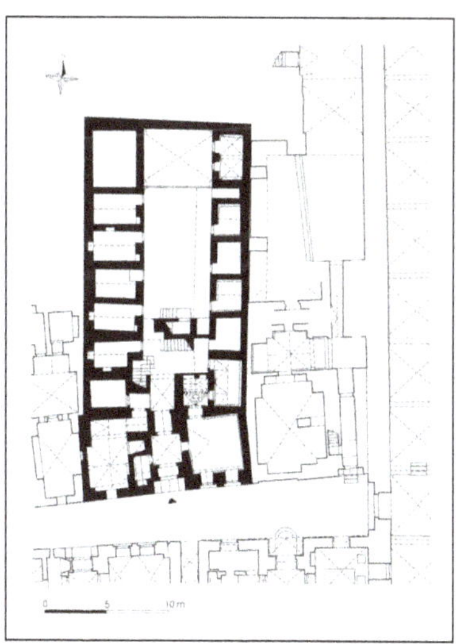

Madrasa et Khanqa al-Jawhariyya, rez-de-chaussée, Jérusalem.

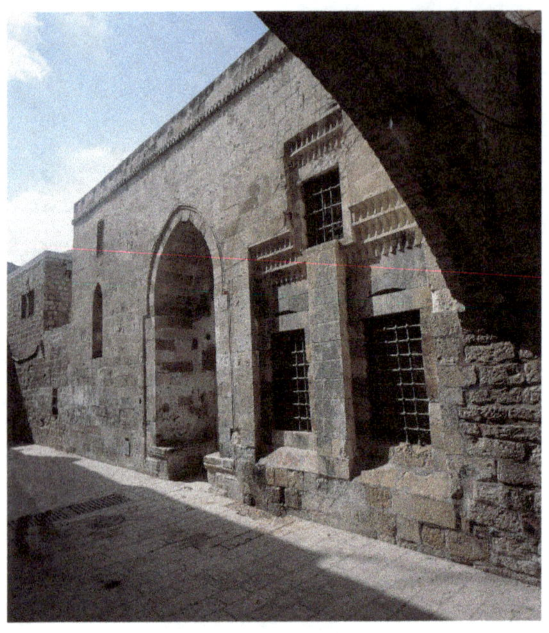

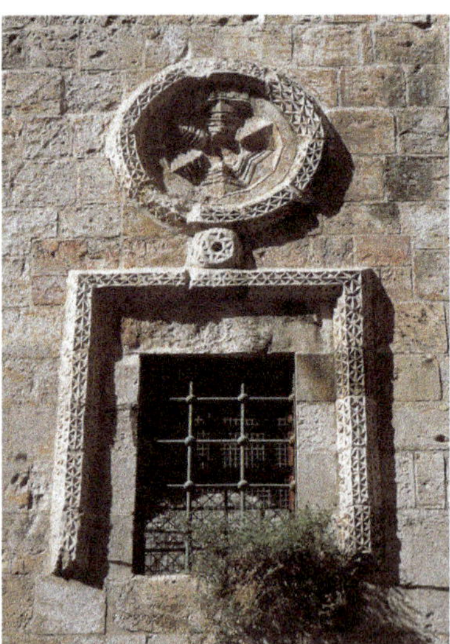

Madrasa et Khanqa al-Jawhariyya, façade sud, vue générale, Jérusalem.

Madrasa et Khanqa al-Jawhariyya, fenêtre, détail décoratif, Jérusalem.

fut offert au sultan mamelouk Barquq (784/1382-801/1399) avant d'être affranchi et d'occuper plusieurs postes de haut rang au service de nombreux émirs. Il fut notamment le trésorier du sultan al-Achraf Barsbay (825/1422-842/1438) et exerça une influence notable sur la politique financière de la dynastie mamelouke. En 843/1439, il se vit confier la gestion du *harem* au palais du sultan Jaqmaq, qui lui octroya le titre de "*cheikh* des *cheikhs*" et de gardien du Haram al-Nabawi à Médine. Jawhar est mort en 844/1440 à l'âge de soixante-dix ans, à peine un mois après avoir achevé la construction de sa *madrasa* à Jérusalem. Mais c'est dans la *madrasa* qu'il avait fait construire au Caire, près de la mosquée al-Azhar, qu'il fut enterré.

La fortune considérable de Jawhar lui permit de consacrer un confortable *waqf* à l'entretien de la *madrasa* et à son nombreux personnel. La dotation comprenait des terrains dans les villages de Taqwa, Tulkarem, Bayt al-Zaytoun et Koufiya. La *madrasa* était dirigée par un recteur, le personnel était composé d'un *cheikh* soufi, de 25 soufis, d'un directeur de prières, d'un répétiteur de récitation coranique, de 10 orphelins, d'un percepteur, d'un concierge, d'un secrétaire et d'une personne préposée au ménage. Jawhar prévit aussi dans son *waqf* une distribution quotidienne de pain aux veuves, et un budget spécial pour l'huile des lampes. On évalue les dépenses annuelles de la *madrasa* à 9 600 pièces d'argent et 11 376 livres de pain.

Aux époques mamelouke et ottomane, la *madrasa* Jawhariyya joua un rôle de premier plan dans la vie culturelle et sociale. Les plus éminents érudits, dont le *cheikh* Kamal al-Din Ibn Abi Charif al-Qudsi, l'un des plus grands *cheikhs* de la *madrasa* al-Salahiyya, y dispensaient leur enseignement. L'établissement fut également le lieu de résidence de prestigieux visiteurs tels le *qadi* Charaf al-Din Moussa al-Ansari, représentant du sultan en 845/1471, et le *qadi* Chihab ad-Din Ibn Jubaylat, qui était venu enquêter à Jérusalem dans l'affaire de la reconstruction de la synagogue par les juifs de la ville après que celle-ci eut été détruite. C'est dans la Jawhariyya qu'il entendit leur témoignage.

En fait, le bâtiment a pâti des mêmes problèmes que tous les autres établissements du même genre et la Jawhariyya a fini par être transformée en résidence à la fin du XIIIe/XIXe siècle. De plus, les Israéliens ont entrepris récemment de creuser un tunnel le long du mur ouest du Haram, ce qui a gravement endommagé l'édifice et imposé de nouveaux travaux de restauration.

La Jawhariyya ne présente qu'une façade, orientée au sud. Un portail d'entrée à arc brisé conduit par un couloir – flanqué à l'est et à l'ouest de nombreuses salles et chambres – à un patio, tandis qu'un *iwan* occupe la zone septentrionale. Dans l'angle sud-ouest, un escalier conduit au premier étage, qui comporte aussi de nombreuses pièces, parmi lesquelles des bureaux du Département de l'archéologie islamique. À l'est du couloir qui prolonge l'entrée, un autre escalier mène à l'autre partie du premier étage, dont les pièces se trouvent exactement à l'aplomb de celles du rez-de-chaussée. La famille al-Khatib habite les autres grandes salles. Le deuxième niveau est d'époque ottomane.

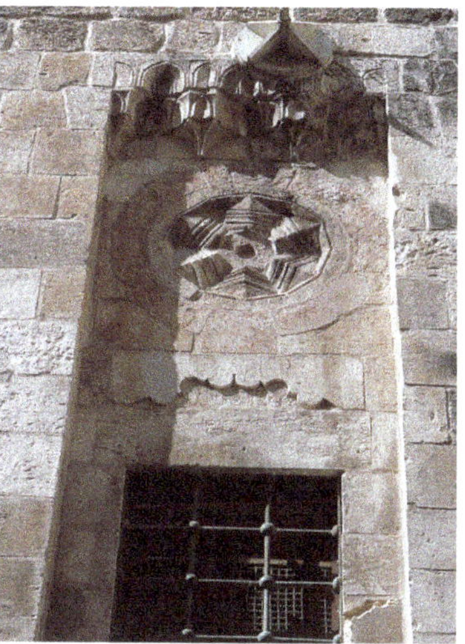

Madrasa et Khanqa al-Jawhariyya, fenêtre, détail décoratif et mouqarnas, Jérusalem.

III.1.d **Madrasa al-Arghouniyya**

Attenante au mur ouest de l'esplanade, à l'extrémité de Tariq Bab al-Hadid qui relie Tariq al-Wad au sanctuaire.

Les visiteurs ne sont pas admis à l'intérieur du bâtiment, mais depuis la rue, on peut apprécier la façade nord à tout moment de la journée.

Selon l'inscription fondatrice, on sait que l'édifice fut construit pour recevoir une *madrasa* et un *turbé* (mausolée). Il fut achevé en 759/1358 sous le règne de Rukn al-Din Baybars al-Sayfi, quelques mois seulement après la mort de son fondateur, l'émir Arghoun, en 758/1357. Arghoun était l'un de ces émirs mamelouks ambitieux et brillants. Il parvint au grade militaire d'émir *arba'in* (commandant d'une troupe de quarante soldats) à l'âge de seulement 17 ans, alors qu'il était connu sous

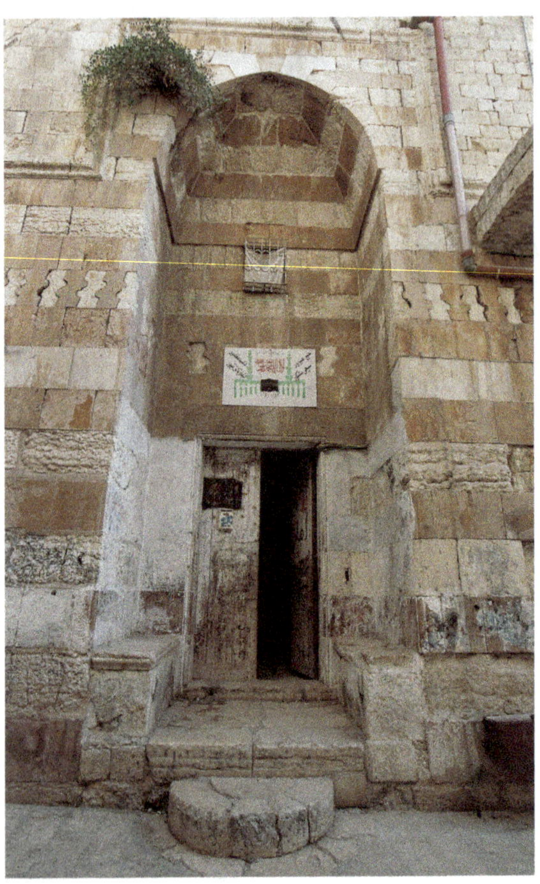

Madrasa al-Arghouniyya, entrée, Jérusalem (© Sonia Halliday Photographs, photo D. Silverman).

le nom de Arghoun al-Saghir (le jeune Arghoun). Dans l'armée mamelouke, il fallait parvenir à un échelon avancé avant de devenir émir *al-mi'a* (commandant d'une troupe de cent soldats) puis *muqaddam 'arif* et de se voir attribuer les plus éminentes fonctions princières. Arghoun parvint à ce rang sous le règne du sultan Cha'ban. Un décret fut émis pour remplacer le titre de al-Saghir par celui de al-Kamili, en référence à al-Kamil Cha'ban. Toute personne persistant à l'appeler al-Saghir s'exposait désormais aux plus redoutables sanctions. Arghoun gouverna les provinces d'Alep et de Damas et conduisit une colonne jusqu'au sultanat de Zoulghadar. Il fut appelé plus tard au Caire, le siège du gouvernement mamelouk, en 755/1355, puis arrêté et emprisonné à Alexandrie dans des circonstances obscures; il fut finalement exilé à Jérusalem, où il s'établit et fonda sa propre *madrasa*.

La *madrasa* Arghouniyya attira des personnalités de premier plan qui y prirent résidence. Le *qadi* Sa'd al-Din Sa'd al-Dayri (m. 867/1462-1463) y dispensa des cours de droit islamique, et le *qadi* Ghars al-Din Khalil al-Kinani, jusque-là enseignant à la *madrasa* Salahiyya, y séjourna en 879/1474. Al-Arghouniyya deviendra par la suite, avant 897/1492, la résidence de Khadr Bek, le gouverneur de Jérusalem. De nom-

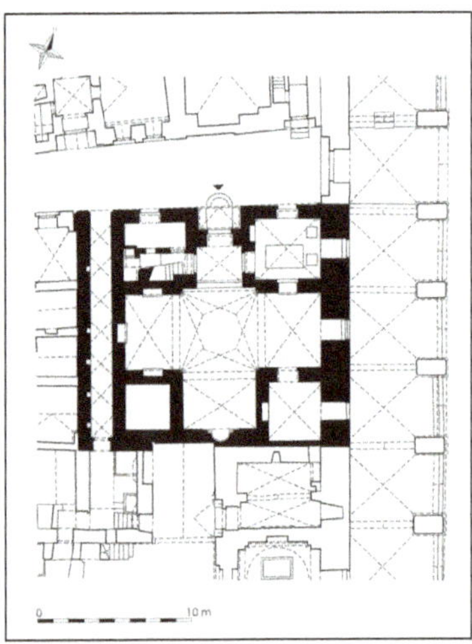

Madrasa al-Arghouniyya, rez-de-chaussée, Jérusalem.

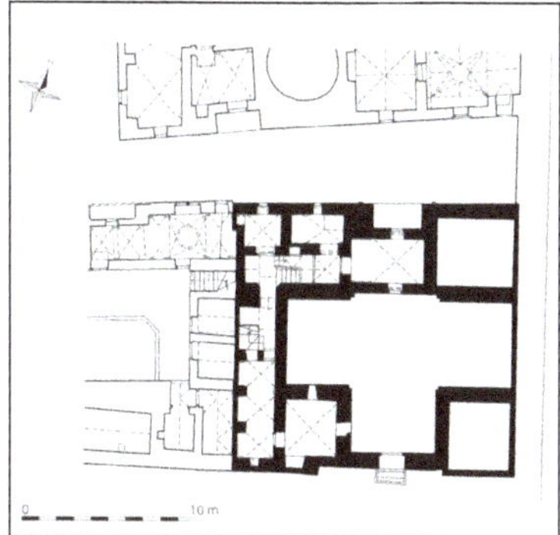

Madrasa al-Arghouniyya, étage, Jérusalem.

breux documents de l'époque ottomane révèlent les noms d'éminents maîtres et érudits engagés à la *madrasa* et qui contribuèrent à sa remarquable réussite. Plusieurs membres de la famille al-'Afifi ayant assuré les fonctions de *cheikh* de la *madrasa*, l'institution fut appelée plus tard *madrasa* al-'Afifi. En 1931, le roi hachémite Hussayn Ier, chef de la révolution arabe contre les Turcs pendant la Première Guerre mondiale, fut enterré dans l'*iwan* est de la *madrasa*. Actuellement, la plus grande partie de l'édifice a été transformée en résidence.

La façade nord de al-Arghouniyya est splendide avec ses assises de pierres montées dans un style *ablaq* richement coloré. L'entrée commémorative, légèrement en retrait, abrite le portail rectangulaire, flanqué de deux *mastabas*, qui conduit à l'intérieur. L'inscription fondatrice qui surmonte le portail est aux armoiries de *al-jumdari*, le préposé aux vêtements du sultan : c'est en effet l'une des charges qui furent celles d'Arghoun. À l'est de l'entrée, la fenêtre rectangulaire aux beaux fers forgés d'époque mamelouke rehausse la beauté de l'ouvrage, que parachève l'exquis linteau de pierre qui couronne la fenêtre. Le bâtiment au plan architectural bien équilibré est composé d'un espace central carré couvert d'une voûte d'arêtes et entouré de quatre *iwans*, l'*iwan* sud étant le plus grand.

III.1.e **Souk al-Qattanine**

Au milieu de la limite occidentale du Haram. Le souk peut se visiter toute la journée.

Le complexe est connu aujourd'hui sous le nom de Souk al-Qattanine (marché des Marchands de coton). Cette appellation n'est pas d'origine, mais remonte au Xe/XVIe siècle. On l'appelle familièrement Souk al-'Atm (le marché Sombre) car il est effectivement très sombre en comparaison des parties découvertes du Haram. Le souk est considéré comme l'un des plus beaux et des plus parfaitement préservés de Palestine. Le grand spécialiste d'architecture islamique Creswell le tient même pour l'un des plus beaux du Moyen-Orient. Au début du Xe/XVIe siècle, Moujir al-Din, historien de Jérusa-

Souk al-Qattanine, rez-de-chaussée, Jérusalem

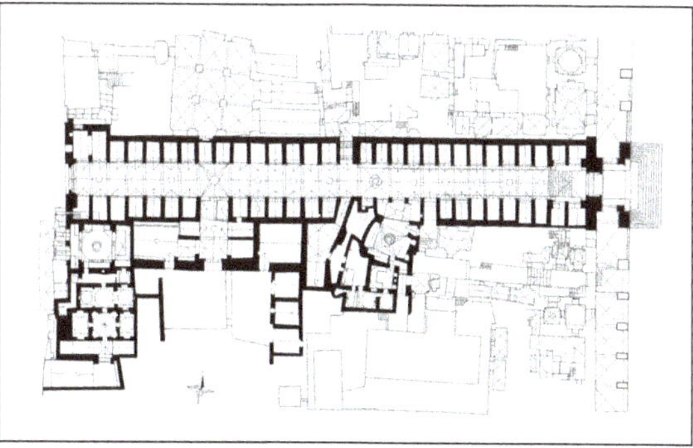

Souk al-Qattanine, entrée est, Jérusalem.

Souk al-Qattanine, entrée ouest, Jérusalem.

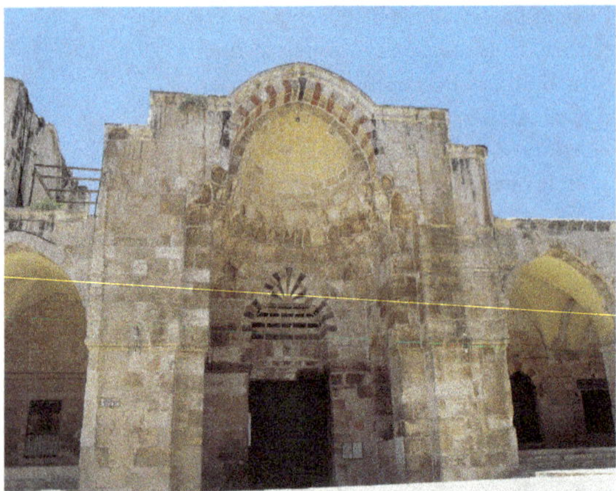

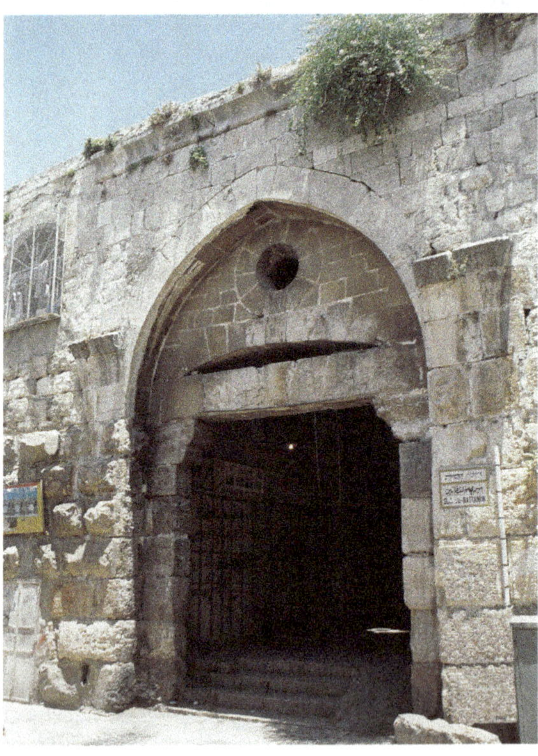

lem et d'Hébron, l'évoque en ces termes: "Parmi les lieux éminents de Jérusalem se compte le souk al-Qattanine, qui est adjacent à la Mosquée [al-Aqsa] par l'ouest. Il est des plus parfaits et n'a d'égal dans aucun pays."

Le souk, qui est plutôt un centre commercial, fut construit par le sultan al-Malik al-Nasir Muhammad Ibn Qalawun, dont le règne dura de la fin du VIIe/XIIIe au début du VIIIe/XIVe siècle et qui laissa plus de chefs-d'œuvre architecturaux à Jérusalem que tous les autres sultans, y compris l'émir Tankiz al-Nasiri, qui fut vice-sultan de Syrie entre 712/1312 et 740/1340.

Les bénéfices dégagés par le souk étaient distribués à parts égales entre le *waqf* du Haram et la *madrasa* al-Tankiziyya. Mais aujourd'hui, la *madrasa* ayant cessé son activité, c'est l'Administration des *waqfs* des Affaires islamiques qui collecte les revenus. Le souk a été restauré une première fois en 1974 ; d'autres projets de restauration destinés à le dynamiser sur les plans culturel et économique sont actuellement à l'étude.

Le complexe comprend un *caravansaray*, deux *hammams* et un souk tout en longueur qui s'étend d'est en ouest sur 95 mètres environ. Deux rangées de trente boutiques chacune s'alignent sur les côtés nord et sud. La voûte en berceau est composée d'une série d'arcs qui divisent le plafond en trente sections, dont chacune est percée d'un jour permettant le passage de la lumière et la circulation de l'air.

Le souk comporte deux entrées, l'une à l'est, l'autre à l'ouest. L'entrée orientale, qui est également l'une des plus importantes portes du Haram, est un joyau architectural aux détails particulièrement soignés. Il s'agit d'une grande ouverture formée d'un arc trilobé et inscrite dans un grand arc en plein cintre reposant sur cinq rangées de *mouqarnas* en pierre. Les pierres rouges, noires et grises de l'entrée sont appareillées selon le style *ablaq*, un agencement courant dans l'architecture musulmane de Jérusalem, notamment pour les édifices de l'époque mamelouke. L'entrée occidentale, elle, est beaucoup plus simple que la précédente, avec une ouverture rectangulaire surmontée d'un arc plat composé de sept claveaux, lui-même surmonté d'un arc de décharge et d'un oculus. L'ensemble s'inscrit à son tour dans une haute niche couronnée d'un arc brisé.

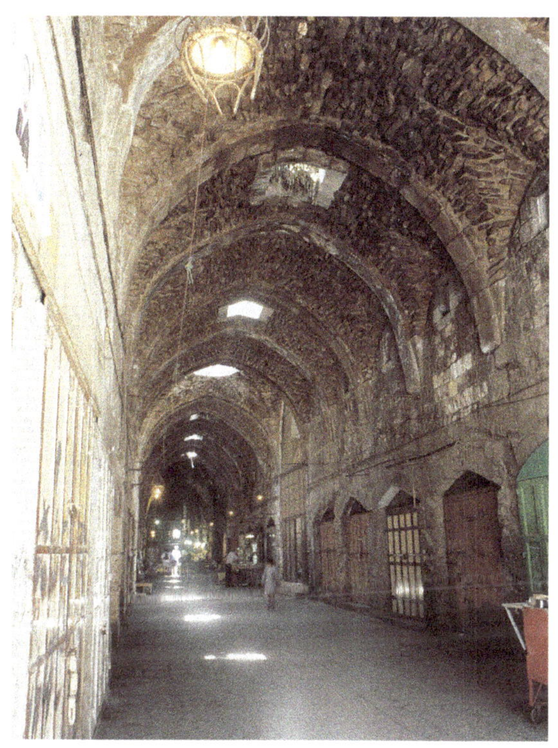

Souk al-Qattanine, vue générale, Jérusalem.

III.1.f **Madrasa al-Tankiziyya**

Dans la partie est de Tariq Bab al-Silsila, non loin du Haram. On ne peut malheureusement pas visiter ce bel édifice car il est occupé par les Israéliens. Le visiteur pourra cependant en observer attentivement la façade.

Peu avant l'accès au *haram* se trouve un petit patio dont le côté nord est occupé par le *ribat* Tankiz, réservé aux femmes. Au nord-ouest se trouvent le *sabil* du sultan Sulayman Ier (943/1536) et, à l'arrière, le *turbé* al-Sa'diyya (711/1311). Enfin, la partie méridionale de cette place est occupée par la façade de la *madrasa* al-Tankiziyya.

La *madrasa* al-Tankiziyya a reçu différentes appellations au cours de son histoire. Sa charte *waqf* la désigne comme *khanqa*, d'autres documents l'évoquent comme *madrasa*, tandis qu'elle est tout simple-

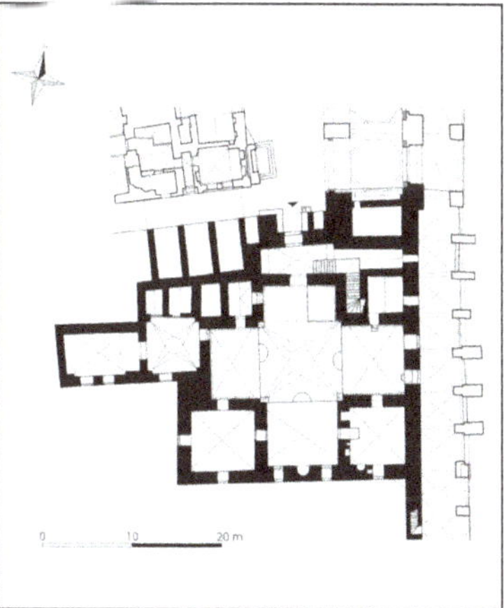

Madrasa al-Tankiziyya, rez-de-chaussée, Jérusalem.

Madrasa al-Tankiziyya, coupe, Jérusalem

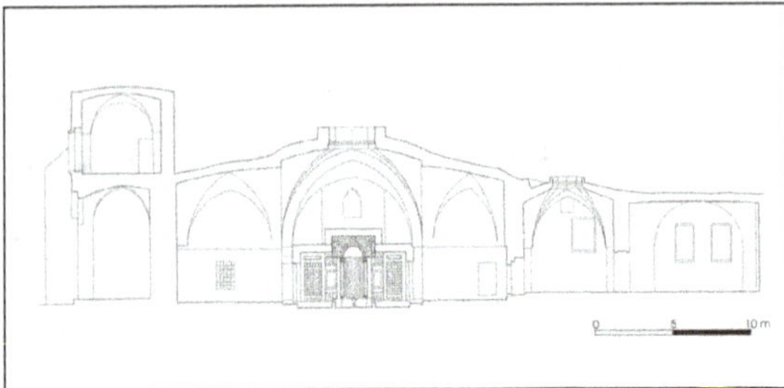

ment mentionnée comme "lieu" sur l'inscription fondatrice qui surmonte l'entrée: ce qui montre qu'elle a été conçue comme un grand complexe multifonctionnel.

Madrasa al-Tankiziyya, entrée, Jérusalem.

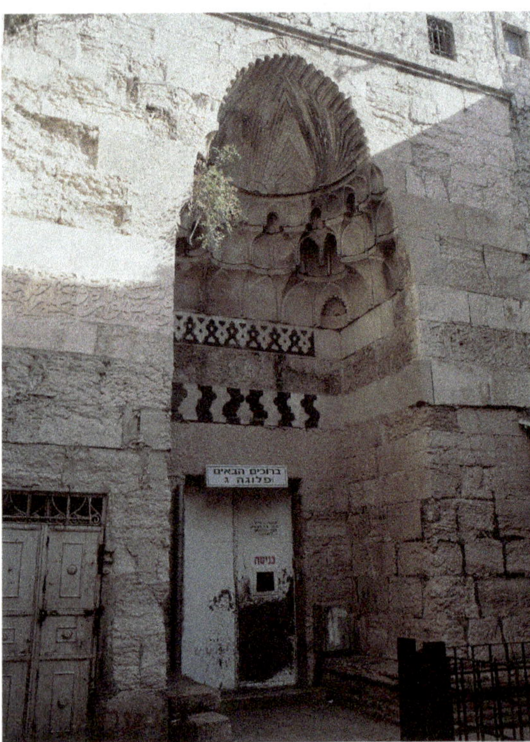

Les termes de l'inscription précisent que la *madrasa* fut érigée en 728-729/1329 par l'émir Sayf al-Din Tankiz al-Nasiri dans l'espoir de "recevoir la reconnaissance divine". Comme beaucoup d'autres émirs mamelouks, Tankiz a commencé sa vie comme esclave avant de gravir rapidement les échelons de la hiérarchie mamelouke jusqu'à devenir la plus éminente figure militaire et administrative de Syrie sous le règne de al-Nasir Muhammad Ibn Qalawun, aux filles duquel il maria ses fils. Il est resté un personnage central jusqu'en 740/1340, date à laquelle il est tombé en disgrâce.

Tankiz a laissé la réputation d'un mécène généreux, ayant financé de nombreux projets architecturaux à Damas, Jérusalem et en Palestine entre autres lieux. Institutions religieuses, *caravansarays*, *hammams*, équipements hydrauliques: autant de projets urbains qu'il a pu mettre en œuvre grâce à son immense fortune, et qui sont toujours sur pied, notamment à Jérusalem. En dehors du complexe qui nous intéresse ici, il a construit le souk al-Qattanine à Jérusalem, qui comprenait également deux *hammams*, un *khan* et un *ribat* pour femmes. C'est à lui que l'on doit toutes les restaurations du Noble Sanctuaire réalisées à son époque. Le *waqf* de la *madrasa* al-Tankiziyya comprenait le village de 'Ayn Qinya (à l'ouest de Ramallah), avec la totalité de ses terres, plus les bénéfices des deux *hammams*. Le nombre d'employés figurant sur la liste du *waqf* permet d'évaluer la munificence dont bénéficiait l'établissement, et de mesurer le rôle qui fut le sien tant sur le plan éducatif que culturel. Les émoluments du personnel administratif et pédagogique s'échelonnaient comme suit: un enseignant percevait mensuellement 60 dirhams, un assistant 30 ; selon leur niveau, les élèves recevaient 20 dirhams (avancé), 15 dirhams (intermédiaire), ou 10 dirhams (débutant) – avec un total de 15 élèves. Le *cheikh* responsable de l'enseignement des *hadiths* touchait 40 dirhams par mois, le lecteur de *hadiths* 20 dirhams – chacun des élèves de sa classe recevant 7,5 dirhams. Le lecteur du Coran était rétribué à hauteur de 15 dirhams, 20 dirhams étaient alloués à chacun des deux chargés d'affaires, 20 au concierge, 10 au responsable du bassin d'ablutions, 60 au *cheikh* soufi et 10 à chacun des 15 soufis. Le salaire du cuisinier était de 5 dirhams, celui du serviteur de 3 dirhams. Sans oublier pour chacun une ration de pain et d'huile d'olive. De plus, chaque visiteur soufi était hébergé pour dix jours et se voyait remettre une allocation quotidienne de un dirham et demi; il recevait également une livre et demie de pain par jour.

La Tankiziyya recèle d'admirables détails architecturaux. Le majestueux portail commémoratif qui occupe la façade nord est composé d'une grande niche couronnée par une coupole sur laquelle des incisions formant une frise cannelée réfléchissent la lumière dans toutes les directions. La coupole repose sur trois rangées de *mouqarnas*. La porte est surmontée d'un énorme linteau composé d'une rangée de voussoirs assemblés dans le style *ablaq*. Dominant l'ensemble, la plaque de fondation aux armoiries de Tankiz – un grand calice inscrit dans un cercle – rappelle qu'au cours de sa carrière bien remplie, Tankiz exerça aussi les fonctions de *saqi* (échanson). Le portail de l'édifice est assez proche de celui d'une mosquée construite par Tankiz à Damas, ce qui montre bien l'influence de différentes écoles architecturales et artistiques sur l'architecture de Jérusalem. L'accès en question conduit à un vestibule au sud duquel une porte dessert l'intérieur de la *madrasa* – une cour couverte entourée de quatre *iwans*. Le bâtiment consiste en une multitude de salles et de cellules.

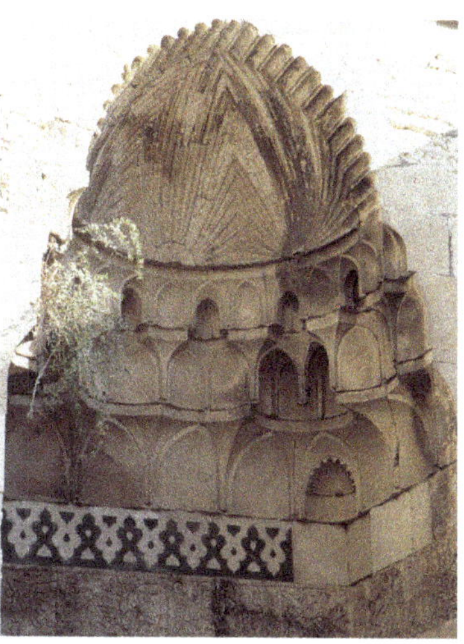

Madrasa al-Tankiziyya, entrée, détail, Jérusalem.

III.1.g **Madrasa al-Taziyya**

Au nord de Tariq Bab al-Silsila, adjacente à Aqabat Abou Madyan (zawiyat *al-Maghariba), qui conduit au mur occidental. S'agissant d'un domicile privé, l'intérieur n'est pas ouvert aux visiteurs.*

Si la date de la mort de l'émir Taz est fournie par l'inscription (763/1362) dominant la fenêtre principale de la façade

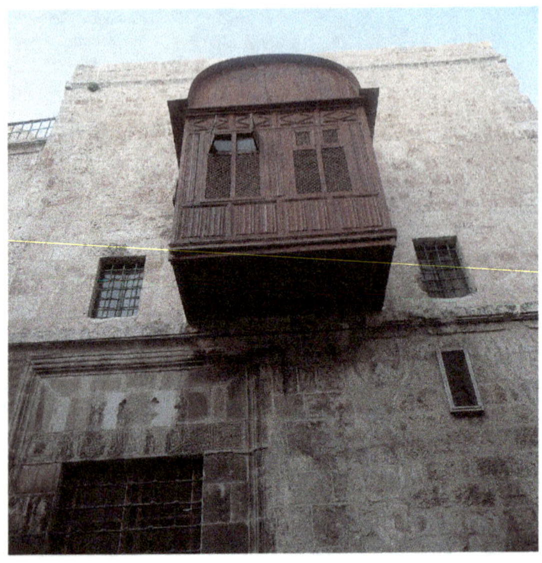

Madrasa al-Taziyya, façade ouest, machrabiyya, Jérusalem.

sud, nous ne disposons pas de renseignements explicites sur la date de construction du bâtiment ou de constitution des *waqfs* dont il relevait. Toutefois, les caractéristiques architecturales du mausolée, qui dans le passé a servi de *madrasa*, permettent d'en situer la construction autour de 762/1361.

La fondation de l'établissement est due à l'émir Taz, un esclave mamelouk du sultan al-Nasir Muhammad Ibn Qalawun. Parmi nombre de fonctions éminentes dans la dynastie mamelouke, il exerça notamment celle d'échanson *(saqi)* – une charge sensible à l'époque –, ce qui explique la présence d'un calice dans ses armoiries, comme on l'a vu plus haut.

Une fois parvenu au poste de gouverneur d'Alep, sa chance commença à tourner; après son arrestation, il fut envoyé en exil à Jérusalem où il finit par s'installer et fonder la *madrasa* al-Taziyya. Le personnage de Taz, sa famille et certains de ses affranchis qui vivaient à Jérusalem nous sont connus par de nombreuses sources historiques.

Bien que l'inscription fondatrice l'évoque comme un mausolée, la réalité aussi bien que les documents prouvent que l'édifice remplissait plusieurs fonctions. Y étaient rétribués des oulémas, des lecteurs et des répétiteurs, dont les salaires étaient payés grâce au *waqf* du bâtiment, qui comprenait le village de al-Minya, au nord-ouest du lac de Tibériade. La Taziyya possède une seule façade, à l'ouest, divisée horizontalement en deux parties. La partie inférieure est percée d'une simple porte conduisant à l'intérieur. À l'ouest de l'entrée s'ouvre une fenêtre rectangulaire ceinte d'un profond encadrement et protégée par des grilles métalliques de style mamelouk. La fenêtre est surmontée d'un premier linteau sur lequel est gravée l'inscription fondatrice, puis d'un second lin-

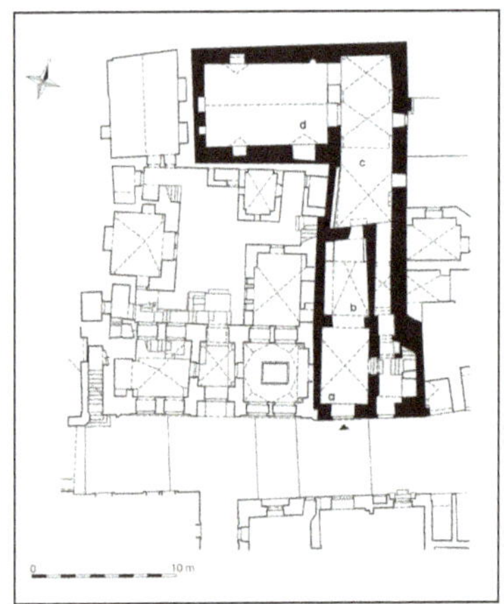

Madrasa al-Taziyya, rez-de-chaussée, Jérusalem.

teau délicatement appareillé. Les pierres de cette zone sont montées selon la technique *ablaq*. Quant à la partie supérieure de la façade, elle se distingue par ses assises bien coordonnées; trois fenêtres sont surmontées d'encorbellements en *machrabiyya* du XIIIe/XIXe siècle.

La *madrasa* est un bâtiment à deux niveaux. Le rez-de-chaussée comprend deux parties; la section méridionale présente une entrée, un escalier et deux grandes salles, chacune d'elles étant couverte par une voûte d'arêtes. La partie septentrionale de ce même niveau comporte elle aussi deux grandes salles que l'on atteint par un couloir situé à l'est des pièces de la partie méridionale, ainsi qu'un *iwan* conduisant à une grande voûte d'arêtes donnant sur la rue principale au sud. Sur le flanc nord, un certain nombre de pièces, pour la plupart reconstruites à l'époque ottomane, servent de logements. Certaines ont été couvertes d'une petite voûte surbaissée.

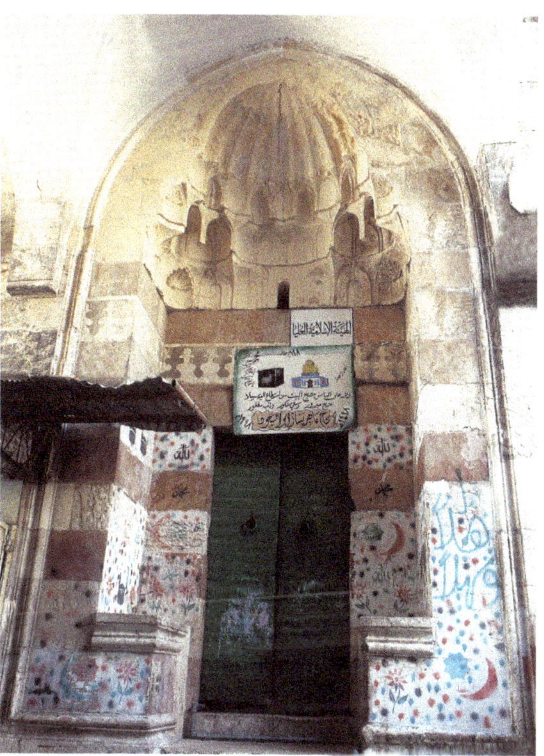

Madrasa al-Tachtamouriyya, entrée, Jérusalem.

III.1.h Madrasa al-Tachtamouriyya

Au sud de Tariq Bab al-Silsila, entre Aqabat Abou Madyan et Tariq Harat al-Charaf. La madrasa *est accessible aux visiteurs le matin sur autorisation de la direction.*

La distance qui sépare la Tachtamouriyya du Haram s'est vue rachetée par l'excellence de son emplacement, à un carrefour, et par la liberté d'action qui a été laissée aux architectes qui en ont dessiné les plans (elle se distingue grandement d'autres bâtiments érigés sur des schémas architecturaux plus rigides).

Selon la plaque d'inscriptions apposée sur la façade nord, la *madrasa* a été construite en 782/1380-1381 par l'émir Tachtamour al-'Ala'i, lequel était connu pour sa fréquentation assidue des lettrés et son intérêt pour les choses de la théologie – de même que pour sa passion pour la poésie et la musique. Au cours de sa carrière administrative et militaire à l'époque mamelouke, Tachtamour occupa plusieurs postes d'importance, dont celui de *dawadar kabir* du sultan al-Achraf Cha'ban. Il fut aussi gouverneur de la province de Safad et chef des armées d'Égypte. À la suite de cer-

Madrasa al-Tachtamouriyya, tombe de Tachtamour al-'Ala'i, Jéruslem.

Madrasa al-Tachtamouriyya, rez-de-chaussée, Jérusalem.

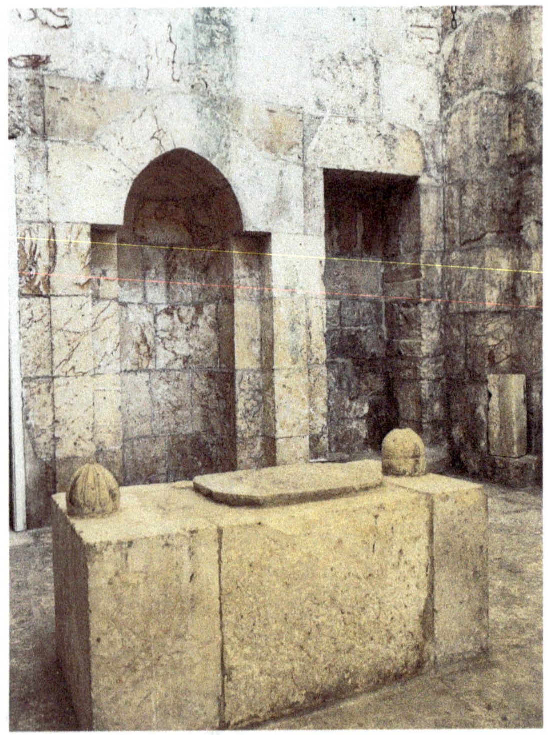

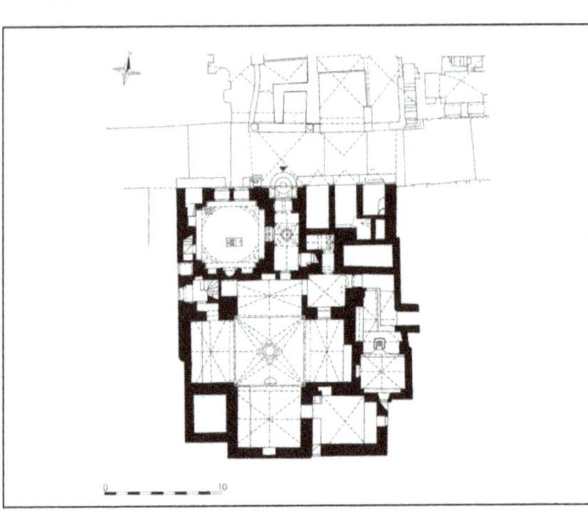

tains différends avec d'autres émirs, il choisit de se retirer à Jérusalem où il vécut jusqu'à sa mort en 786/1384. Il a été enterré dans son *turbé* ou mausolée, qui se trouve à l'intérieur du complexe et qui fait l'objet de notre visite.

C'est le célèbre historien de Jérusalem Moujir al-Din qui a désigné l'édifice comme *turbé*, alors que les documents du Tribunal religieux de Jérusalem l'appellent *madrasa*. En fait, l'inscription gravée sur la façade nord le qualifie tout simplement de "lieu". Et cette appellation semble bien la plus idoine, même si les unités qui composent l'édifice justifient son statut de complexe multifonctionnel. Le bâtiment présente trois façades (nord, sud et ouest), un portail commémoratif, un vestibule, un mausolée, une *madrasa* à quatre *iwans*, une fontaine, des boutiques et différentes salles et chambres.

On accède à l'intérieur par des marches circulaires construites à l'avant de la façade nord, composée de deux parties. La partie occidentale est percée de deux grandes fenêtres protégées par des grilles métalliques. Au-dessus de chaque fenêtre, un linteau est surmonté d'une rangée de claveaux dans les tons de rouge, noir et blanc selon le style *ablaq*, puis du bandeau d'inscriptions surmonté à son tour par une réplique de la première frise *ablaq*. L'ensemble est inscrit dans une moulure ornementale concave. Les assises se succèdent sans interruption, sinon pour la fenêtre qui éclaire la chambre funéraire, jusqu'à l'apparition de l'assise de la coupole qui coiffe le sommet de la chambre funéraire. Devant chacune des deux fenêtres est ménagée une petite fontaine (une vasque de pierre concave). À l'ouest, l'entrée d'une petite échoppe est surmontée d'un balcon en pierre récemment restauré et qui repose sur quatre consoles. La partie orientale présente un élégant portail réalisé en pierres de différentes couleurs et orné de *mouqarnas*. L'entrée est dotée d'un redent "tapissé" de *mouqarnas* en bois coiffé d'un auvent également de *mouqarnas* et flanqué de chaque côté de deux *mastabas* de pierre.

L'entrée donne sur un vestibule rectangulaire assombri par l'adjonction d'un plafond en bois. Chacun de ses trois murs est percé d'une porte. La première ouvre sur une chambre funéraire, une pièce carrée dont le sol est dallé de marbre de couleur. Dans la partie sud, deux cénotaphes sont couverts d'une coupole. La deuxième porte mène à la *durqa'a* centrale couverte d'une voûte d'arêtes et entourée de quatre *iwans*. Celui du sud, le plus grand, accueille un *mihrab* au centre de son mur méridional. La troisième porte, à l'est, conduit à un escalier qui permet d'accéder à l'étage supérieur où sont distribuées de nombreuses pièces à usage résidentiel.

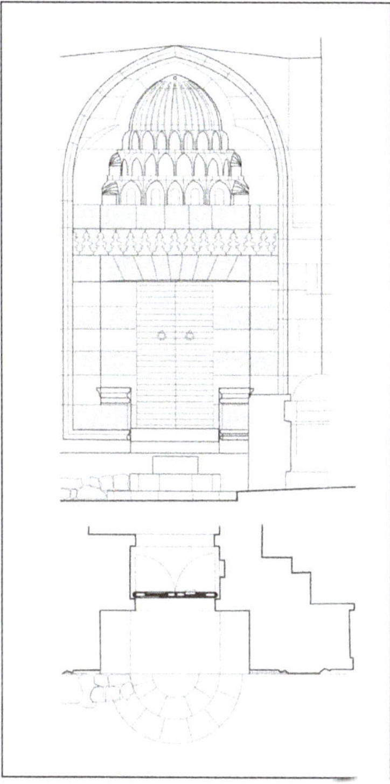

Madrasa al-Tachtamouriyya, portail d'entrée, Jérusalem.

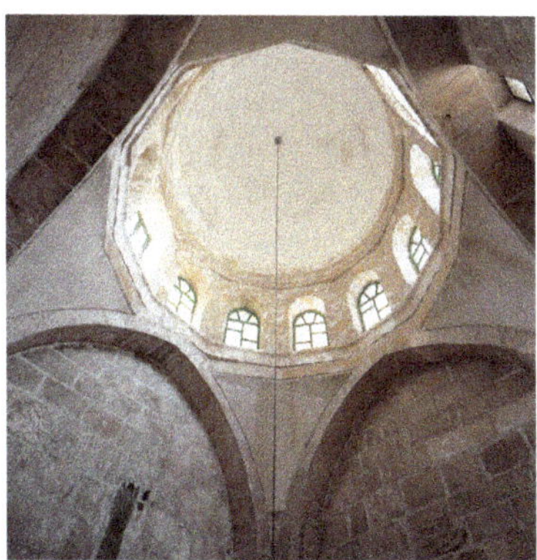

Madrasa al-Tachtamouriyya, coupole de la chambre funéraire, Jérusalem.

LE SYSTÈME DU *WAQF*

Yusuf Natsheh

Dans l'histoire islamique de Jérusalem, le *waqf* est une dotation monétaire ou patrimoniale en faveur de certaines institutions – et parfois de certains individus. Le système du *waqf* répondait à la fois aux besoins spirituels et matériels des musulmans; ses revenus servaient à construire ou à restaurer des édifices publics tels que des mosquées, des *madrasas* et des *sabils*, et à aider financièrement des érudits, des étudiants ou des nécessiteux. Signalons encore que la propriété consacrée au *waqf* pouvait se trouver aussi bien à l'intérieur qu'à l'extérieur de la Palestine.

Compte tenu du statut prestigieux de Jérusalem dans l'Islam, le système du *waqf* islamique fut adopté très tôt dans la ville. Le calife 'Othman Ibn 'Affan (23/644-35/656) avait constitué en *waqf* la source de Silwan, au sud de la vieille ville, pour répondre aux besoins des plus démunis. Dans les périodes qui ont suivi, le *waqf* a servi à protéger les intérêts du Haram al-Charif. Le système s'est amplifié et généralisé après la reconquête de Jérusalem par Saladin. À titre d'exemple, on peut citer le *waqf* de la *madrasa* al-Salahiyya et du *maristan* al-Salahi durant la période ayyoubide, ceux de la Tankiziyya et de la Duwadariyya à l'époque mamelouke et le *waqf* de Sultan Khassaki à l'époque ottomane. Le système est toujours en vigueur en Palestine, mais reste le plus souvent circonscrit au *waqf* en faveur de la descendance.

Le *waqf* était généralement légalisé par un document, qui pouvait être un décret si le donateur était un sultan, ou une référence au mécène dans l'inscription fondatrice figurant sur le bâtiment – comme on a pu le voir à la *khanqa* al-Duwadariyya –, ou encore une charte détaillée; dans ce cas, l'acte était enregistré et entériné devant témoins au Tribunal religieux. Cette dernière procédure était la plus courante, et la plupart des *waqfs* mamelouks et ottomans étaient établis sous cette forme. Pour que l'acte soit valide, le donateur devait prouver qu'il était effectivement propriétaire du bien qui faisait l'objet du *waqf*. Dès lors que le *waqf* était signé, il acquérait le statut de document légal et devenait par conséquent intangible. Il ne pouvait plus être cédé ni annulé, ni même modifié en l'une quelconque de ses clauses. C'est pourquoi le *waqf* ne pouvait qu'exceptionnellement être révisé, et à la condition expresse que l'accord du *qadi* ait été prononcé et que les changements envisagés servent les intérêts du *waqf*. Le document relatif au *waqf* précisait généralement la mission pour laquelle il avait été constitué, le nombre d'employés nécessaires à son fonctionnement, leurs salaires et leurs charges respectives.

L'importance d'un *waqf* et des rendements qu'il génère dépend de plusieurs facteurs liés à la fois au bienfaiteur, à l'emplacement de la donation et à sa durée de validité. Ainsi, il a pu arriver qu'un simple gobelet ait été légué à titre de *waqf*. Les *waqfs* du Haram al-Charif à Jérusalem, de la mosquée al-Ibrahimi à Hébron et du mausolée de Nabi Moussa (le prophète Moïse) passent pour les plus importants et les mieux nantis de l'époque mamelouke. Si le système du *waqf* présente des avantages incontestables, il n'a pas réussi à absorber l'inflation qui affecte l'économie locale. Les monopoles et les rentes à long terme ont contribué à dégrader le système, qui a pâti de décennies de monotonie et de routine.

LA JOURNÉE D'UN ÉTUDIANT DANS UNE *MADRASA*

Yusuf Natsheh

Si les sources historiques et islamiques sur la ville de Jérusalem ne fournissent que peu de détails sur la vie scolaire et les activités à l'intérieur de la *madrasa*, il est toutefois possible de se faire une idée du déroulement de la vie quotidienne dans ces institutions à travers les bribes éparses relevées sur différents documents et contrats de *waqf*.

Pour être admis dans une *madrasa*, l'élève devait faire preuve des connaissances élémentaires qu'il avait accumulées au cours de son enfance et de son adolescence. Les plus chanceux étaient issus d'un milieu cultivé, et avaient bénéficié des ouvrages et des références disponibles dans leur milieu; leur éducation initiale leur avait alors été dispensée par leur père ou par leur entourage. D'autres élèves pouvaient venir d'une couche sociale peut-être moins cultivée, mais nantie: dans ce cas, le père avait les moyens de payer des cours particuliers avec le *cheikh* le plus réputé du moment. Enfin, les élèves les plus défavorisés, tels les orphelins, pouvaient être admis dans une école financée par quelque riche bienfaiteur afin qu'ils ne soient pas privés d'enseignement; ces élèves démunis se voyaient alors attribuer à l'année l'encre et le papier, ainsi que le pain et les vêtements nécessaires. À ce stade, l'élève était initié à la lecture et à l'écriture, et à la mémorisation de certaines parties du Coran et de la tradition des *hadiths*. Les étudiants les plus brillants connaissaient par cœur l'intégralité du Coran: tel fut le cas de Moujir al-Din al-Hanbali, le célèbre historien de Jérusalem à l'époque mamelouke, qui était capable de réciter le Livre saint tout entier avant d'avoir atteint l'âge de dix ans.

Une fois admis dans une *madrasa*, et à condition d'être assidu et de réussir aux examens, l'élève bénéficiait pour la durée de ses études, et selon les engagements du donateur, d'une bourse provenant de la rente du *waqf*. Il pouvait aussi arriver que l'élève soit hébergé dans l'une des cellules de la *madrasa*, surtout s'il était célibataire ou originaire d'une autre ville. L'élève intégrait l'une des trois catégories suivantes: avancé, intermédiaire ou débutant. Outre les sept lectures du Coran et leurs interprétations, il avait le choix entre l'étude du droit islamique selon l'un des quatre *madhhab*s sunnites (hanafite, chafi'ite, malékite et hanbalite) ou la spécialisation dans le domaine des *hadith*s et de leur interprétation. Il pouvait également suivre des cours de littérature et de langue arabes. Quelle que soit l'option choisie, l'élève était tenu d'être très studieux, au risque de devoir céder sa place. Sa journée commençait dès l'aube, et ne s'achevait qu'au coucher du soleil. Une fois accomplie la prière du lever du jour, qui se faisait en commun, il se consacrait à la lecture du Coran, seul ou avec d'autres étudiants. Il veillait à honorer le mécène dans ses prières, et priait pour son âme si ce dernier était décédé. Ensuite, il prenait son petit déjeuner, puis allait retrouver ses camarades dans l'un des quatre *iwans* de la *madrasa*, où le *cheikh* leur dispenserait un cours dans l'une des disciplines choisies. Pendant cette leçon, l'élève pouvait poser toutes les questions qu'il souhaitait et débattre de certains points; s'il avait besoin de plus amples explications, il pouvait s'adresser à l'assistant du *cheikh* après les prières de la mi-journée et le déjeuner. Dans l'après-midi, il se rendait à la mosquée al-Aqsa pour y écouter le prêche et les *fatwas* communiquées au public. Enfin, après le crépuscule et les prières du soir, il lui restait encore assez de temps pour étudier et pour réviser ses leçons avant de se reposer.

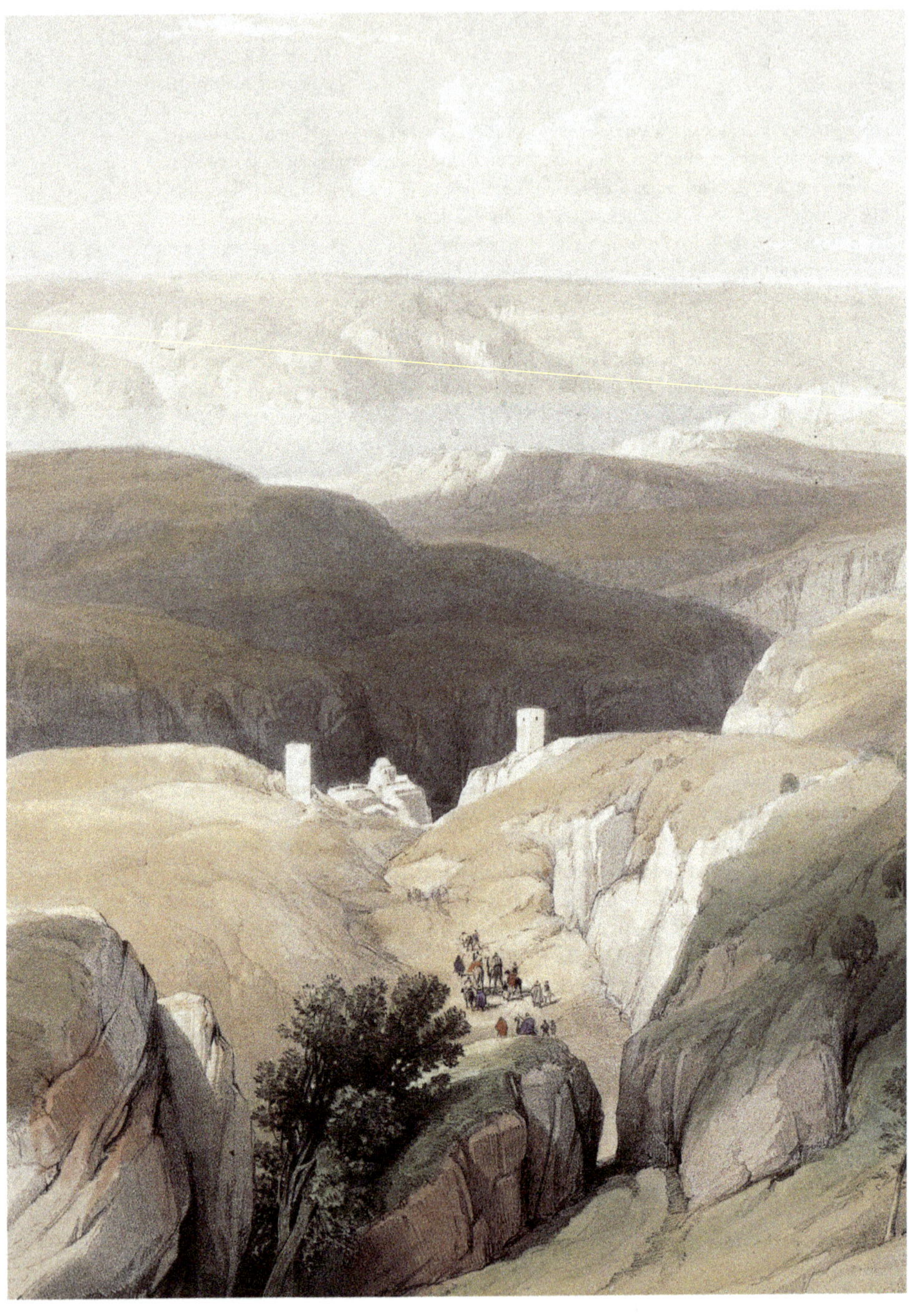

Un voyage dans le désert

Yusuf Natsheh, Mahmoud Hawari

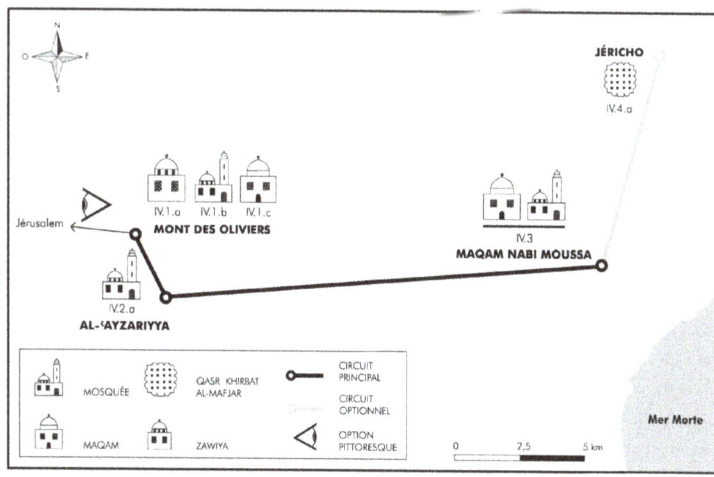

La mer Morte depuis les hauteurs de 'Ayn Gedi, près du monastère de Saint-Saba, litographie de D. Roberts (© Musée Victoria et Albert, Londres).

La promenade de Jérusalem à Jéricho est exceptionnelle tant du point de vue géographique qu'historique. En effet, la région, quasi désertique, toute de monts et de vallées, est riche en sites historiques, en sanctuaires islamiques et en monastères chrétiens. La route, sinueuse, descend du sommet des montagnes de Jérusalem (800 m d'altitude) vers la vallée du Jourdain et la mer Morte (le point le plus bas du globe à 400 m au-dessous du niveau de la mer) pour arriver à Jéricho (la ville la plus basse du monde à 250 m au-dessous du niveau de la mer).

Le visiteur commencera son excursion par le belvédère du mont des Oliviers au village de al-Tour, d'où, tournant le regard vers l'ouest, le nord ou le sud, on peut admirer la vieille ville de Jérusalem, les collines et les vallons qui l'entourent, ainsi que les pentes occidentales du mont des Oliviers, où abondent sites archéologiques et monuments historiques. À l'est, le regard embrasse le fascinant spectacle du désert, de la mer Morte et de la vallée du Jourdain; par temps clair, on peut même apercevoir les monts de Jordanie. Environ 500 m plus loin en direction du nord, on arrive à un carrefour où l'on pourra s'arrêter pour visiter les trois premiers sites du circuit: la *zawiya* al-As'adiyya, la mosquée du Dôme de l'Ascension et le mausolée de Rabi'a al-'Adawiyya.

À partir du carrefour, la promenade continue vers le versant sud-est du mont des Oliviers jusqu'au village de al-'Ayzariyya où l'on visitera la mosquée al-'Uzayr qui s'élève à l'est de l'église franciscaine de Saint-Lazare (qui fut ressuscité par le Christ [Jean, 11]). On se dirigera ensuite vers la vallée du Jourdain, à l'est, par la nouvelle route qui remplace depuis peu l'ancienne chaussée étroite et sinueuse qui reliait Jérusalem à Jéricho. Dès lors, le paysage change notablement : dénudés et arides en été, monts et vallées se couvrent d'herbe et de fleurs au printemps. Des campements de bédouins sont stationnés dans la région, qui a attiré les premiers moines chrétiens dès la période byzantine (V[e] et VIe siècles). Certains de leurs prieurés ont survécu jusqu'à aujourd'hui, parmi lesquels le monastère Saint-Georges (Deir al-Qilt), qui se trouve dans l'oued al-Qilt au nord de la route Jérusalem-Jéricho.

À dix-huit kilomètres de Jérusalem, on quittera la route principale pour poursuivre en direction du sud sur 500 m environ; là apparaît un énorme complexe architectural surmonté de coupoles blanches : c'est Maqam Nabi Moussa (le mausolée du prophète Moïse), un des plus importants de la région de Jérusalem, qui fut construit à l'époque mamelouke et agrandi sous le règne ottoman.

Après la visite du *maqam*, on reprendra la route Jérusalem-Jéricho pour continuer en direction de l'est jusqu'à la vallée du Jourdain, que l'on interprète comme une partie de la faille syro-africaine qui s'étend du nord de la Syrie à l'est de l'Afrique. Toujours en direction de l'est, la route continue ensuite jusqu'à la mer Morte et l'embouchure du Jourdain. La mer Morte est un phénomène unique au monde. Les Romains l'appelaient la "mer d'asphalte", les historiens arabes la désignaient sous le nom de "mer de Loth" ou de "mer de Sodome" (d'après certains épisodes de l'Ancien Testament), ou encore de "lac nauséabond" en raison de la forte odeur de soufre qui en émane. Introduit par les Croisés, le nom de "mer Morte" signe clairement l'absence de vie qui la caractérise.

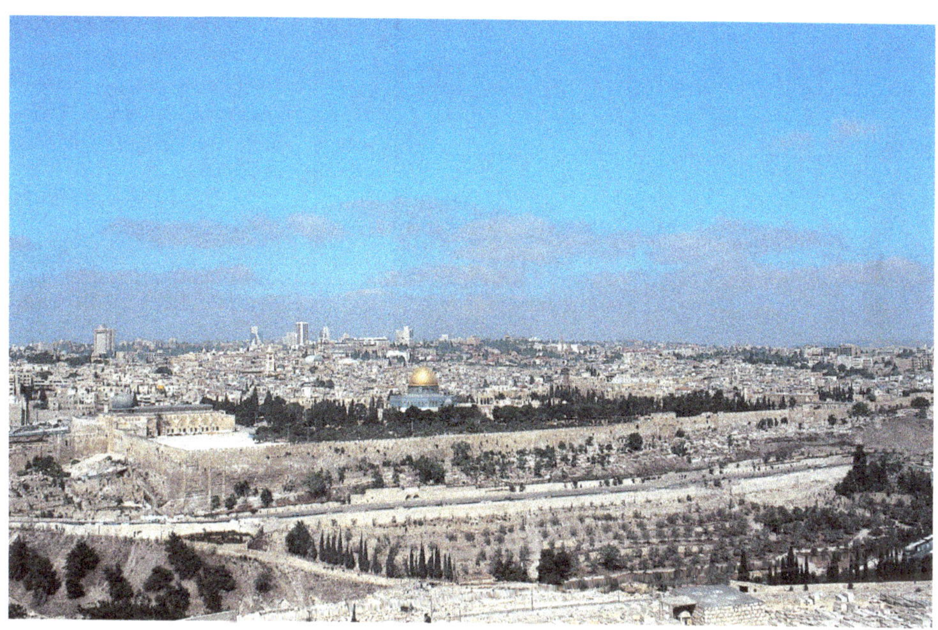

Jérusalem, vue panoramique depuis le mont des Oliviers.

Une autre route bifurque au nord en direction de Jéricho. La ville s'étend au cœur d'une oasis riche en sources d'eau fraîche, en palmiers et en arbres fruitiers. On y trouve d'importants sites archéologiques et historiques de diverses époques, et notamment le château de Khirbat al-Mafjar (palais de Hicham), érigé sous le règne des Omeyyades.

M. H.

OPTION PITTORESQUE

Vue panoramique sur la vieille ville de Jérusalem

Sur le versant sud-ouest du mont des Oliviers, face à l'hôtel al-Aqwas al-Sab'a (des Sept Arcs) se trouve un mirador qui offre une magnifique vue panoramique sur la vieille ville de Jérusalem.

Ce point élevé offre l'un des panoramas les plus saisissants de la vieille ville de Jérusalem. Le plan de la ville s'y affiche clairement, révélant d'emblée la beauté de ses monuments et la puissance de ses murs d'enceinte. Le Haram al-Charif, dont les plans furent élaborés par le calife omeyyade 'Abd al-Malik Ibn Marwan à la fin du Ier/VIIe siècle, se dessine nettement avec ses bâtiments, ses coupoles et ses élégants minarets. Au centre s'élève le Dôme du Rocher avec sa coupole dorée, au sud la mosquée al-Aqsa avec sa coupole grise couverte de plomb. Les monuments historiques sont concentrés aux confins nord et

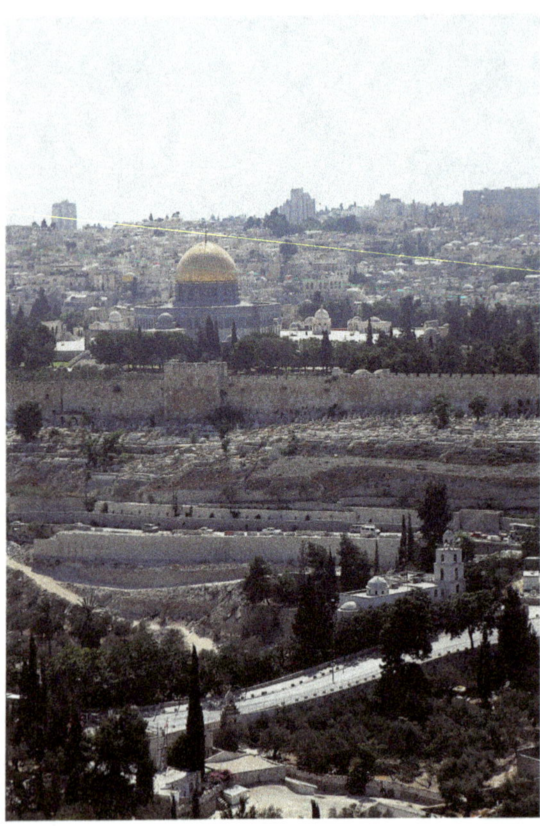

Dôme du Rocher, vue panoramique depuis le mont des Oliviers.

ouest du Haram. On peut également distinguer les deux murailles, orientale et méridionale, de la vieille ville, ainsi que ses portes, notamment la porte Dorée (Bab al-Rahma et Bab al-Tawba) et Bab al-Asbat (porte des Lions). À l'ouest de la vieille ville, la Citadelle dresse ses hautes et impénétrables tours, tandis que les clochers et les dômes des églises ajoutent un charme inégalé à la ville.
Nul ne s'étonnera dès lors que Moujir al-Din al-Hanbali (v. 901/1496), le célèbre historien de la Jérusalem mamelouke, ait pu écrire: "De loin, la vision de Jérusalem est une merveille de luminosité et de beauté, surtout quand on la regarde de l'orient depuis le mont des Oliviers ou depuis la direction de la *qibla*."

M. H.

IV.1 LE MONT DES OLIVIERS

IV.1.a Zawiya al-As'adiyya

Elle se situe dans la partie orientale du mont des Oliviers, près de Qubbat al-Su'ud et de nombreuses églises.
Horaires: dans la journée, en dehors des heures de prière. Visite sur autorisation du directeur de la zawiya.

Cette *zawiya*, parfois appelée *khanqa*, porte le nom de son fondateur, le *cheikh* Abou Sa'id As'ad Efendi, le grand *mufti* de Constantinople (Istanbul), qui lui a aussi attribué un *waqf*. La plaque d'inscriptions qui surmonte la porte d'entrée signale que plusieurs parties de la *zawiya*, notamment la mosquée, furent construites en 1023/1614 1615. En 1033/1623, As'ad Efendi constitua un important *waqf* au bénéfice de la *zawiya* par l'intermédiaire de son mandataire officiel, Muhammad Pacha, à l'époque gouverneur de Jérusalem. Il était stipulé que le revenu annuel du *waqf* – qui comprenait de nombreux bâtiments, des terrains et un four situés dans le village de al-Tour – seraient consacrés à l'entretien de la *zawiya*, à ses dépenses courantes, y compris celles afférentes aux fidèles, aux

visiteurs et aux employés (gérant, *imam*, *muezzin*, portier, domestique et percepteur). La direction du *waqf* fut confiée au *cheikh* Chams al-Din Muhammad al-'Alami, l'un des plus grands soufis de Jérusalem dans la première moitié du Xe/XVIe siècle; il fut également nommé *cheikh* de la *zawiya*. Les inscriptions gravées sur les murs de la cour centrale ainsi que les caractéristiques architecturales du bâtiment attestent que la construction de la *zawiya* s'est étendue sur plusieurs périodes. Outre les inscriptions déjà mentionnées, on trouve deux autres plaques d'inscriptions: la première renseigne sur la crypte conduisant au tombeau du *cheikh* al-'Alami, date de 1143/1730-1731; la seconde date de 1323/1905-1906 et précise l'année de construction du vestibule de la mosquée.
L'édifice se compose de plusieurs unités auxquelles on accède par un escalier qui démarre au niveau de la rue et qui aboutit à deux portails d'accès. Celui de l'est mène à la mosquée du Dôme de l'Ascension, celui du sud conduit à la cour de la *zawiya*.
La cour est rectangulaire, avec un sol moderne recouvert de dalles de pierre. À l'ouest de l'entrée, une porte percée dans le mur nord conduit, par des escaliers, à la crypte où sont enterrés le *cheikh* al-'Alami et quelques membres de sa famille. Face à la porte nord, au milieu du mur sud de la cour, une autre porte donne sur la mosquée de la *zawiya*.
La mosquée épouse un plan rectangulaire (10 x 6,5 m). Plusieurs fenêtres percées dans le mur occidental assurent un bon éclairage naturel. Un *mihrab* occupe le milieu du mur sud, tandis que le plafond de la grande salle est divisé en deux parties par un arc brisé. La partie méridionale, carrée, est coiffée d'une coupole surbaissée; la partie septentrionale, rectangulaire, est voûtée d'arêtes.
Dans le mur occidental, une troisième porte ouvre sur une cour découverte de

Zawiya al-As'adiyya, vue générale, mont des Oliviers, Jérusalem.

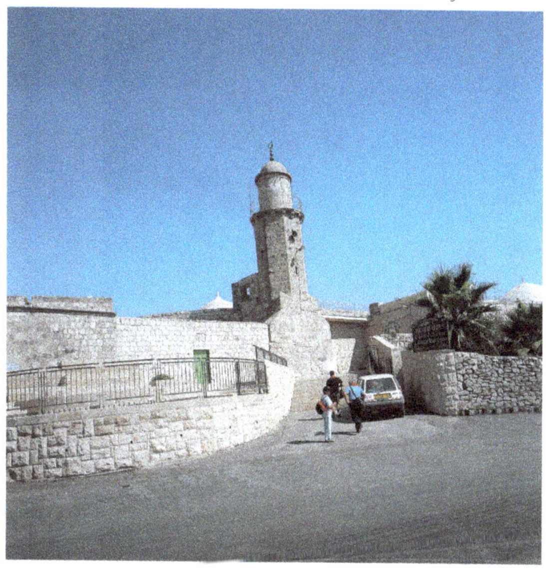

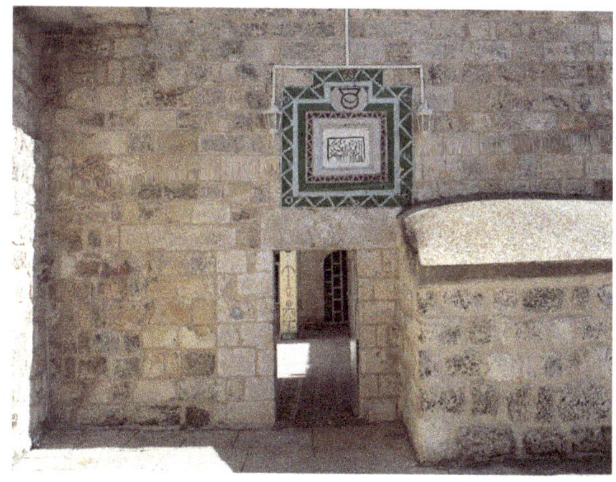

Zawiya al-As'adiyya, entrée, mont des Oliviers, Jérusalem.

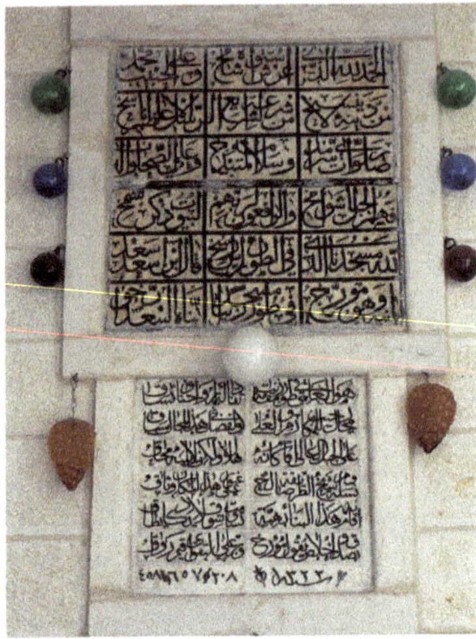

Zawiya al-As'adiyya, inscriptions fondatrices, mont des Oliviers, Jérusalem.

forme irrégulière, en contrebas de la cour intérieure. Des toilettes ont été aménagées dans la partie nord de la cour, tandis que la partie sud abrite de nombreux tombeaux. La zone orientale de la *zawiya* est dévolue à des fonctions résidentielles et sert de logement aux descendants des al-'Alami. On peut y accéder par une quatrième porte percée dans le mur sud-est de la cour.

Y. N.

IV.1.b Mosquée de Qubbat al-Su'ud (Dôme de l'Ascension)

Ouverte tous les jours de 8:00 à 16:00. Droit d'accès nominatif.

Nous sommes ici devant l'un des sites les plus éminents de Jérusalem. Selon la tradition chrétienne, il commémore l'ascension de Jésus au paradis après sa résurrection. Il est cité dans l'évangile selon saint Luc et, bien qu'aucun endroit précis ne soit assigné à l'événement, il est couramment admis que c'est à cet endroit qu'a eu lieu l'ascension du Christ.

Avant la diffusion du christianisme, les fidèles avaient coutume de commémorer secrètement l'Ascension dans une grotte du mont des Oliviers. Il ne reste plus rien de la première église commémorative de l'Ascension, construite à l'époque byzantine avant l'année 392. De nombreuses tentatives ont été menées pour la reconstruire en se fondant sur les descriptions de voyageurs byzantins et sur la recherche archéologique. Pendant la période des Croisés, le plan circulaire primitif a laissé place à une structure octogonale ; à proximité fut érigé un monastère fortifié. C'est à cette époque que la validité de l'Ascension a été définitivement établie. Après la conquête de Jérusalem par Saladin, le bâtiment a été transformé en mosquée, laquelle constitue depuis un *waqf* islamique. Aujourd'hui, il est géré par l'Administration des *waqfs* des Affaires islamiques comme tout autre lieu saint, et l'accès est autorisé à toutes les communautés. La mosquée et le parvis qui l'entoure ont été restaurés récemment. Les remaniements intervenus sous le règne de Saladin et de ses successeurs ont préservé nombre d'éléments architecturaux de la période des Croisés, notamment les colonnes de marbre et leurs chapiteaux. Un *mihrab* a été ajouté dans la partie méridionale de l'octogone, les espaces entre colonnes ont été obturés et le dallage du sol a été restauré. L'actuelle mosquée présente un plan octogonal. Dans les angles de l'octogone, des colonnes de marbre sont coiffées de chapiteaux à décor végétal et animalier.

Le visiteur peut accéder à l'intérieur du sanctuaire par une porte ouverte dans le flanc occidental. Le sol est couvert de petites dalles de pierre, et la zone supposée conserver les empreintes des pas de Jésus est délimitée par une petite bordure de pierres rectangulaires. Dans la cour extérieure circulaire se trouvent de nombreux autels appartenant à différents ordres. Sur les murs, on remarque un certain nombre d'anneaux en fer servant à fixer les tentes et les parasols pendant les cérémonies annuelles de l'Ascension.

Y. N.

IV.1.c **Maqam Rabi'a al-'Adawiyya**

Le maqam *se trouve sur le mont des Oliviers, près de la* zawiya *al-As'adiyya. Le visiteur devra préalablement s'entendre avec le gardien.*

L'étude architecturale du site ainsi que les fouilles entreprises en 1995 montrent que l'édifice est d'un style composite et que sa construction s'est déroulée sur différentes périodes. Les trouvailles les plus anciennes remontent aux Byzantins, comme l'attestent certains tessons de céramique. Sur le mur occidental, une inscription en grec proclame: "Courage, Domitilla, nul n'est immortel." Même si certains pensent qu'il était dédié à sainte Pélagie, le site fut probablement utilisé comme sépulture. Une inscription coufique a également été mise au jour, qui daterait de la première époque islamique; bien qu'elle n'ait pas encore été déchiffrée, elle pourrait avoir une signification religieuse, étant donné que, depuis le VIe/XIIe siècle, plusieurs récits évoquent l'existence d'une sépulture de Rabi'a

Mosquée de Qubbat al-Su'ud, vue générale, mont des Oliviers, Jérusalem.

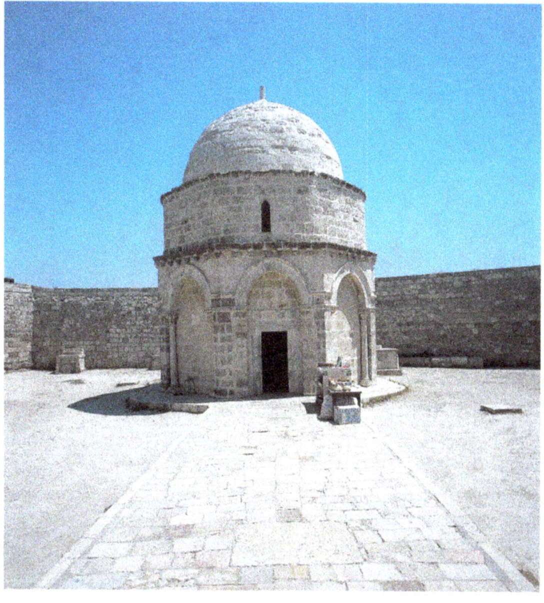

Maqam Rabi'a al-'Adawiyya, escalier, mont des Oliviers, Jérusalem.

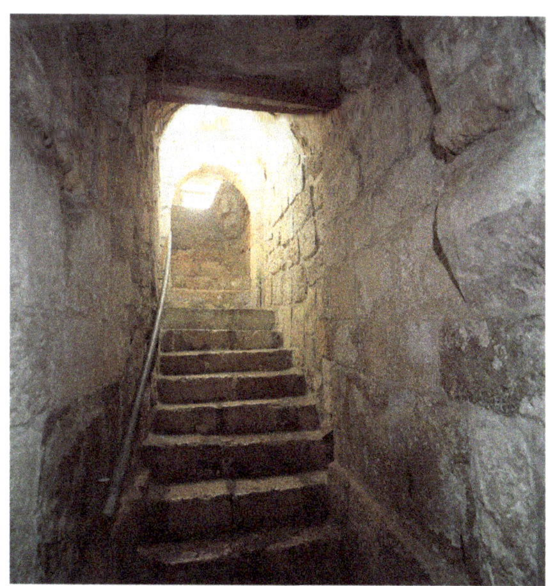

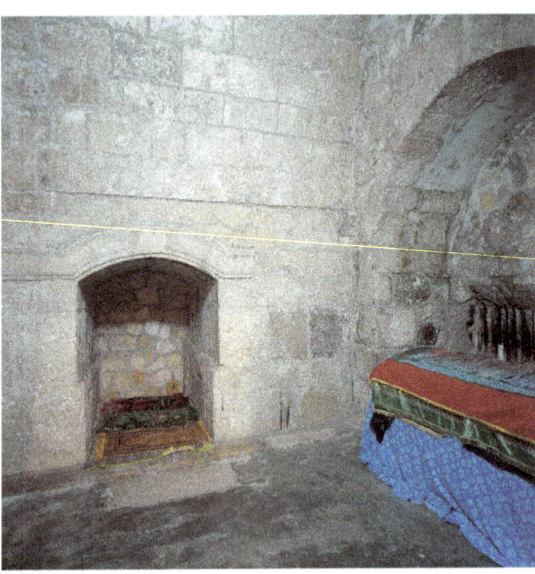

Maqam Rabi'a al-'Adawiyya, intérieur de la chambre funéraire, mont des Oliviers, Jérusalem.

al-'Adawiyya. De plus, les poteries qui ont été découvertes sur place datent aussi bien de l'époque ayyoubide que de l'époque mamelouke, sans oublier un mur datant du VIIe/XIIIe-VIIIe/XIVe siècle. Il est donc clairement établi que le site a bien servi pendant de longues périodes successives.

Aujourd'hui, le *maqam* porte le nom de Rabi'a al-'Adawiyya. Cependant, dans les sources historiques musulmanes, ce même nom désigne plusieurs personnes différentes. La plus connue est Oum al-Khayr Rabi'a al-'Adawiyya al-Basriyya, la célèbre soufie décédée en 185/801 à Bassora en Irak. La deuxième est Rabi'a, l'épouse de Ahmad Ibn Abou al-Hawari, qui pourrait être enterrée sur le site. 'Abd Allah al-Mukhlis en a parlé dans les années 1830 : "Il se pourrait bien que la Rabi'a enterrée ici sur le mont des Oliviers et sous la *zawiya* al-As'adiyya ne soit ni l'épouse de al-'Adawiyya, ni celle de Ahmad Ibn Abou al-Hawari, mais une autre Rabi'a dont le temps a effacé l'histoire, mais conservé le nom."

Le *maqam* s'ouvre sur une simple entrée rectangulaire surmontée d'un linteau en pierre puis d'une fenêtre. À l'origine, l'entrée était formée par un arc, qui a été comblé ultérieurement. L'intérieur est composé de deux parties. La salle occidentale carrée est couverte d'une voûte en berceau. La présence d'un *mihrab* dans le mur sud prouve que l'endroit était utilisé pour la prière. Un escalier de 5 m de longueur environ sépare cette pièce de la partie orientale, dont le sol est plus bas que celui de la pièce occidentale, d'époque moderne, comme l'indique le sol cimenté. Cette pièce orientale rectangulaire (5,6 x 3,4 m) est également couverte par une voûte en berceau. Un cénotaphe se trouve au centre de la pièce.

Y. N.

IV.2 AL-'AYZARIYYA

IV.2.a Mosquée al-'Uzayr

*La mosquée est située dans le village de al-'Ayzariyya, sur le versant oriental du mont des Oliviers, sur la route Jérusalem-Jéricho. La cour extérieure de la mosquée peut se visiter en dehors des heures de prière avec l'autorisation de l'*imam. *On atteint la mosquée depuis la route principale Jérusalem-Jéricho en empruntant sur gauche une piste latérale goudronnée que l'on trouvera à* *quelques mètres au nord-est du parvis de l'église Saint-Lazare.*

À l'époque romaine, au Moyen Âge et jusqu'à récemment, al-'Ayzariyya était l'ultime station avant l'entrée dans Jérusalem par l'est; il en allait de même quand Jésus vint de Galilée à Jérusalem et qu'il fut accueilli dans la maison de Marie, de Marthe et de Lazare à al-'Ayzariyya et où, d'après le Nouveau Testament, il accomplit le miracle de la résurrection de Lazare. C'est grâce à cet événement et à la présence du tombeau de Lazare qu'une agglomération commença à se développer ; le bourg s'agrandit à l'époque byzantine et continua à prospérer au Moyen Âge. Le nom arabe du village vient du mot grec *Lazarion* qui signifie "endroit de Lazare".

On sait par les récits historiques et les vestiges archéologiques qu'à l'époque byzantine, deux églises et un monastère furent édifiés sur le site (l'une des églises fut détruite par un tremblement de terre en 390, l'autre fut érigée au VIe siècle). Certaines parties de ces bâtiments ont probablement été réutilisées et restaurées à l'époque des Croisés. Mais au moment de la conquête de Jérusalem par Saladin en 583/1187, les bâtiments étaient en piteux état. Les musulmans – qui considèrent Jésus comme un messager de Dieu et qui croient au miracle de la résurrection de Lazare – édifièrent sur les vestiges du site primitif une mosquée à laquelle ils donnèrent le nom de al-'Uzayr.

On ne connaît pas exactement la date de construction de la mosquée. Cependant, l'architecture du bâtiment affiche différents styles relevant de différentes époques, la plus récente étant la période ottomane. D'après les registres du Tribunal religieux de Jérusalem, la mosquée a fait l'objet de plusieurs restaurations au Xe/XVIe siècle puis au cours des siècles suivants. La dernière en date est documentée par l'inscription commémorative qui surmonte l'entrée de la salle de prière: ceintes d'une frise ornementale, ces trois lignes en caractères ottomans précisent que la mosquée fut restaurée sous le règne du sultan 'Abd al-Hamid II (1293/1876-1327/1909).

La modeste porte extérieure de la mosquée conduit par un escalier à un patio dont le niveau se trouve en contrebas de

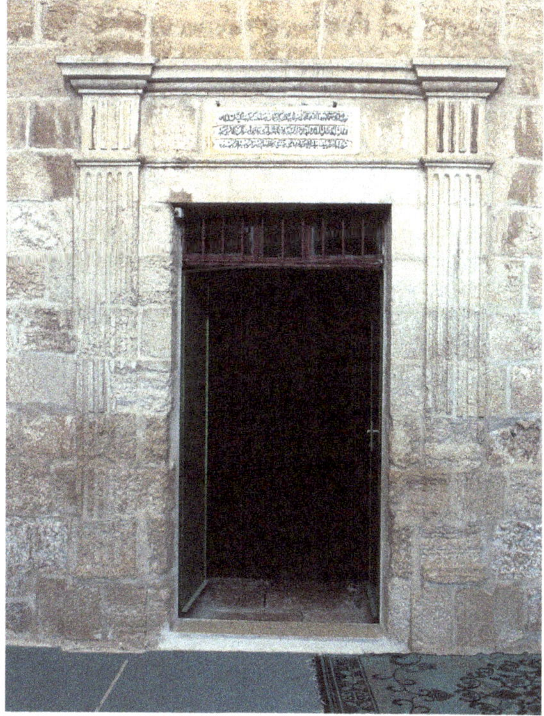

Mosquée al-'Uzayr, entrée avec l'inscription commémorative, al-'Ayzariyya.

la rue. Cette cour rectangulaire est bordée de murs de pierre datant de diverses époques, comme en témoignent leurs tailles, leurs formes et leurs styles. Le mur sud est signalé par un simple *mihrab* moderne en pierre, de forme concave. On accède à la salle de prière par une porte rectangulaire surmontée de l'inscription ottomane citée plus haut. La salle de prière, également rectangulaire, est couverte par une voûte en berceau soutenue par l'énorme pilier de pierre qui s'élève dans l'entrée. Le sol est recouvert de tapis. Dans la partie est se trouve une sépulture rectangulaire semblable aux tombeaux ottomans, et que l'on attribue au prophète al-'Uzayr (saint Lazare). Le mur sud accueille un *mihrab* lambrissé de carreaux de céramique d'un style typiquement ottoman, tandis qu'à l'extrémité opposée se trouve une baie, actuellement condamnée, qui devait conduire autrefois à la tombe de Lazare. On y accède aujourd'hui par une entrée située à l'ouest de l'entrée de la mosquée.

Y. N.

Mosquée al-'Uzayr, tombe du prophète al-'Uzayr, al-'Ayzariyya.

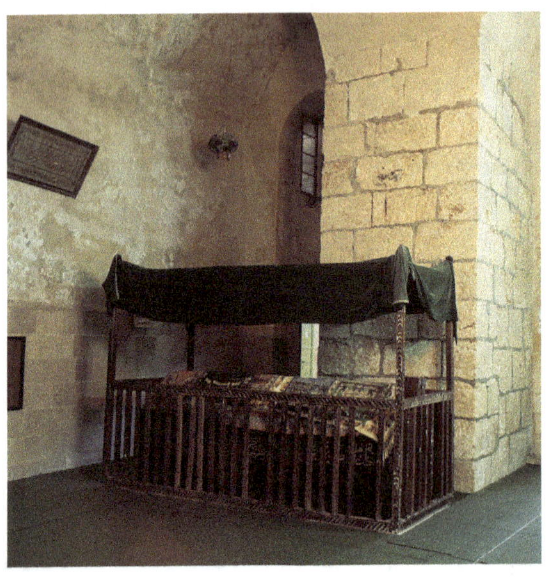

IV.3 MAQAM NABI MOUSSA

À 28 km à l'est de Jérusalem (panneau indicateur sur la route Jérusalem-Jéricho). Le mausolée est ouvert toute la journée, mais l'intérieur ne se visite qu'en dehors des heures de prière.

La mausolée de Nabi Moussa se trouve dans une région désertique, au milieu des dunes de sable qui surplombent la mer Morte. Calme et silencieux, l'endroit invite à la méditation et à la contemplation, et évoque d'autres lieux dans lesquels se sont développées les trois religions monothéistes (le judaïsme, le christianisme et l'islam).

Plusieurs raisons ont présidé à l'édification du *maqam*. La première tient à ce que l'islam et le Coran reconnaissent Moïse comme l'un des prophètes de Dieu. Ensuite, les musulmans considèrent leur credo comme une suite aux précédents monothéismes (le judaïsme et le christianisme), qu'il perfectionne et parachève. Le Coran ne dit-il pas: "L'Envoyé a cru à ce qui a été descendu vers lui de la part de son Maître. Chacun des Croyants a cru en Dieu et en ses Anges, en ses Livres révélés et en ses Envoyés. Nous ne séparons pas l'un de ses Envoyés de l'autre. Ils ont dit: 'Nous avons entendu et nous avons obéi'."(sourate II, verset 285, trad. R. Khawam, 1990). Enfin, il n'est pas

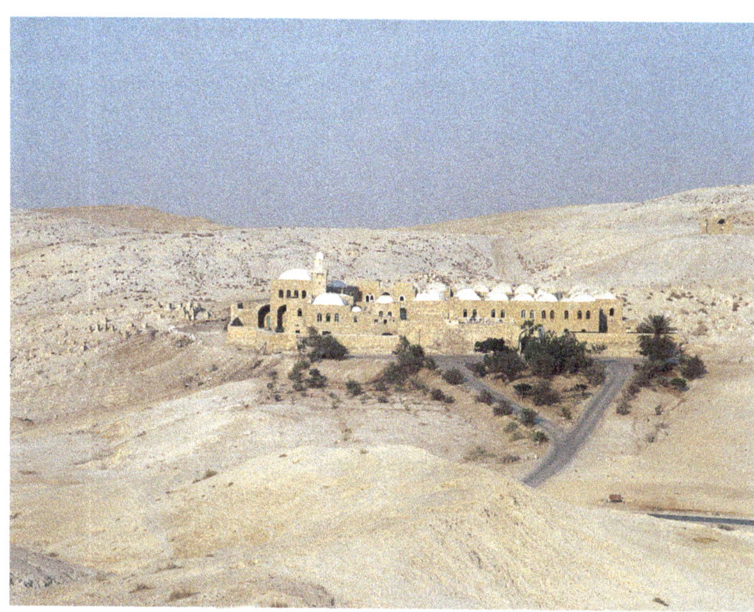

Maqam Nabi Moussa, vue générale.

impossible qu'ici, l'édification d'un *maqam* d'une telle importance ait été motivée par le désir de rétablir un certain équilibre avec d'autres monastères construits dans la région depuis la période byzantine. Le fait d'encourager les foules à se rassembler en certaines occasions bien spécifiques répondait à plusieurs buts: cela permettait de distraire le public de ses soucis quotidiens tout en favorisant les relations sociales et les échanges économiques; mais c'était aussi, à l'adresse de l'ennemi, une manière de témoigner de la solidarité de la communauté. Bien que les sources historiques indiquent que le *mawsim* de Nabi Moussa a commencé dès le règne ayyoubide, aucun vestige architectural de cette époque n'a pu être mis au jour. Les vestiges les plus anciens qui nous soient parvenus datent

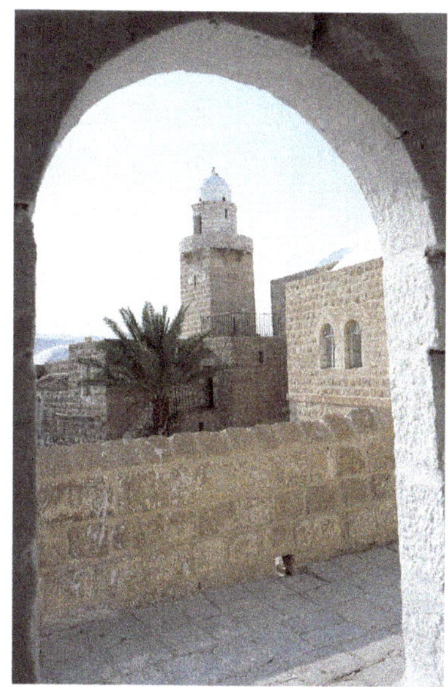

Maqam Nabi Moussa, minaret de la mosquée.

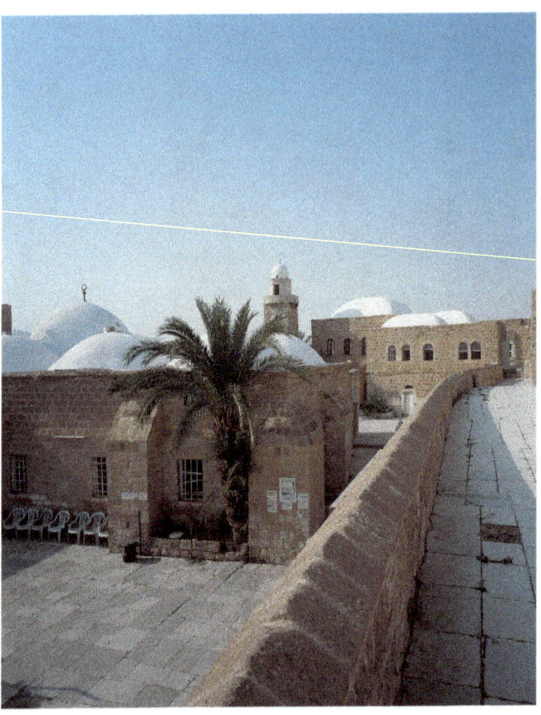

Maqam Nabi Moussa, vue intérieure avec le minaret de la mosquée.

de la période du sultan mamelouk Baybars, qui fit construire le *maqam* en 668/1269-1270. Baybars était l'un des fondateurs de la dynastie mamelouke, un administrateur rigoureux connu pour ses activités de bâtisseur dans différentes régions de l'empire mamelouk, à Jérusalem, en Palestine et, surtout, au Caire. Depuis le règne de Baybars jusqu'au mandat britannique sur la Palestine (1917-1948), et notamment pendant la période ottomane, le *maqam* a fait l'objet de nombreuses restaurations et extensions, dont les auteurs ont souvent tenu à rester anonymes. Parmi ceux qui ont entretenu le *maqam* sous le règne ottoman, il faut citer Efendi Hussam al-Din (1013/1604-1605), le *cheikh* Mohammad al-Khalili (1139/1726-1727) et le *mufti* de Jérusalem Muhammad Tahir al-Hussayni (1303/1885-1886).

Avec une superficie de 0,5 ha, le *maqam* est considéré, du point de vue architectural, comme le plus grand ensemble religieux de Palestine après le Haram al-Charif. Protégé par un mur d'enceinte, il comporte trois niveaux; dans la façade occidentale, un portail conduit, à travers un couloir, à un patio central dans lequel se trouvent une mosquée à cinq nefs, un *maqam* et des puits. Plus de 100 pièces et salles de diverses superficies entourent la cour. Au sous-sol se trouvent des écuries, au rez-de-chaussée des galeries, des entrepôts, deux fours et deux cuisines. De l'ensemble émerge un minaret de moyenne hauteur. Du balcon du *muezzin*, on jouit d'une vue panoramique sur les monts du Jourdain. À l'ouest et précédant le *maqam* s'étend une grande esplanade où, au plus fort du *mawsim*, se déroulent différents spectacles et festivités, mais qui, en dehors de cette période, est utilisée comme parking. À l'est et au nord du complexe se trouve un grand cimetière où se font toujours enterrer ceux qui souhaitent bénéficier de la protection du *maqam*. Pendant la saison des fêtes, la foule afflue en nombre, mais le site attire toute l'année quantité de visiteurs locaux et des groupes de musulmans ou de non-musulmans venus d'Inde, du Sud-Est asiatique et d'Europe.

Y. N.

IV.4 JÉRICHO

IV.4.a **Qasr Khirbat al-Mafjar (Palais de Hicham)** (option)

À 2 km au nord de Jéricho.
Horaires: de 8:00 à 17:00. Entrée payante.

Les fouilles archéologiques dirigées par Richard Hamilton et Dimitri Baramki dans les années 1930 et 1940 ont permis de mettre au jour un grand palais datant de la période omeyyade. Longtemps attribué au calife omeyyade Hicham Ibn 'Abd al-Malik, il semble plus vraisemblable aujourd'hui que ce soit son successeur, al-Walid Ibn Yazid, qui en ait été l'instigateur: la richesse de l'ornementation et le luxe de l'édifice correspondent davantage au style de vie décadent de ce dernier. La construction prit une vingtaine d'années, mais la durée de vie du palais fut des plus brève : quatre ans après la fin des travaux, il fut détruit par un séisme en 129/747.

Le palais de Hicham à Jéricho est le plus grand et le plus somptueux des nombreux palais et résidences érigés dans la partie méridionale du désert syrien, plus précisément dans le désert jordanien; en témoignent les ornements muraux en stuc, dont une partie est exposée au Musée archéologique de Palestine (musée Rockefeller) à Jérusalem, et la plupart des éblouissants parterres de mosaïque, qui

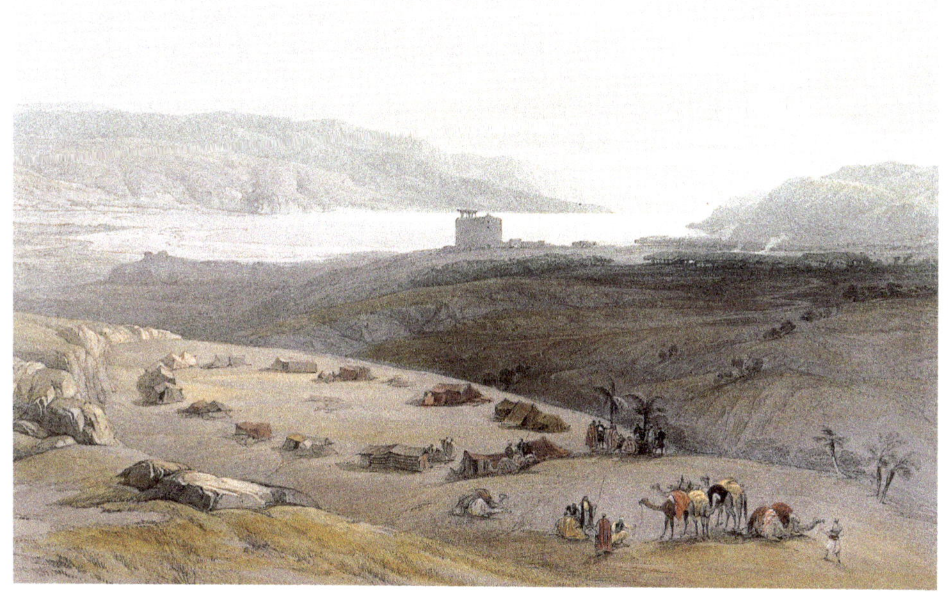

Le campament près de Jéricho, vue générale, litographie de D. Roberts (© Musée Victoria et Albert, Londres).

ne craignent aucune comparaison en dehors des mosaïques du Dôme du Rocher. Le site était une résidence d'hiver privilégiée pour le calife, et ce choix fut sans doute influencé par la topographie désertique de Jéricho et par son climat. La proximité des sources de 'Ayn al-Dyouk a permis de construire un aqueduc de 8 km acheminant l'eau au palais et transformant la région en une verte oasis. Étant donné l'importance du palais de Hicham au regard de l'art et de l'architecture islamiques, et de son fort pouvoir attractif du point de vue touristique dans la région de Jéricho, l'édifice a fait l'objet de toute une série de restaurations. La plus récente a été conduite en 1994 grâce à une contribution du gouvernement italien au Département palestinien des Antiquités. Sous l'égide de l'Unesco, les travaux ont été menés à bien par une équipe italo-palestinienne.

Les campagnes de fouilles archéologiques et les programmes de restauration ont permis de mettre au jour plusieurs parties du palais. L'entrée extérieure, qui abrite la billetterie, conduit à un patio dans lequel sont exposées quelques vestiges architecturaux ayant survécu au séisme. Au nord de cette cour se trouve un bassin dont le fond est revêtu de mosaïques, tandis qu'à l'ouest s'ouvre l'entrée du palais, laquelle conduit à une grande cour présentant au centre une fenêtre décorée. Autour de la cour, sur les côtés sud et ouest, les différentes salles sont distribuées sur deux niveaux. Au milieu du corridor sud, attenante à la base du minaret, s'élève la petite mosquée qui était autrefois la mosquée privée du calife. La mosquée publique, elle, se trouve au nord du portique est. Dans le mur sud s'aperçoit la niche du *mihrab*, orienté en direction de La Mecque. On accède par un couloir à un splendide *hammam*, précédé d'un bassin et entouré au nord par plusieurs pièces, dont l'une devait certainement servir de salle de réception: elle est dallée de remarquables mosaïques, qui passent d'ailleurs pour les plus belles du pays. Une chaufferie et des latrines ont également été mises au jour.

Y. N.

MAWSIM DE NABI MOUSSA

Yusuf Natsheh

La Palestine a été le théâtre d'une intense activité religieuse, sociale et économique, notamment à l'époque ayyoubide, dès que l'ensemble de la population, y compris les gouverneurs, a commencé à visiter les différents sanctuaires religieux palestiniens. Ce phénomène, connu sous le nom de *mawasim* (pl. de *mawsim*), s'est affirmé à l'époque mamelouke ; il a perduré sous les Ottomans et est toujours en vigueur aujourd'hui – il n'a été interrompu qu'en temps de troubles politiques. Parmi les *maqams* qui ont été associés aux *mawsims* annuels, on peut citer ceux de 'Ali Ibn 'Alim à Arsouf, de Nabi Roubine au sud de Jaffa, de Nabi Salih à Ramla, de al-Hussayn à Ascalon, de Daroum près de Gaza, et le mausolée de Nabi Moussa.

Parmi tous ces *mawsims*, le plus important et le plus célèbre est celui de Nabi Moussa (le prophète Moïse). Les festivités débutent le vendredi précédant le Vendredi saint des Grecs orthodoxes (entre le 22 mars et le 25 avril) et durent une semaine.

La procession a été documentée comme suit à la fin du XIXe ou au début du XXe siècle:

"Les habitants de Jérusalem et les gérants du *waqf* du *maqam* se rassemblent dans la cour de la mosquée al-Aqsa. La procession se dirigera vers Jéricho en passant par Tariq al-Mudjahidin, Bab al-Asbat et Ra's al-'Amoud. Les habitants de Naplouse, Hébron, et autres villes faisaient suite, en une procession qui brandit des drapeaux et des banderoles décorées de versets coraniques et de calligraphies rendant hommage aux califes orthodoxes et aux maîtres soufis. Danses et musiques folkloriques accompagnent le cortège, et certains regagnent le *maqam* à cheval. Lorsque la foule arrive sur le site, l'enthousiasme est à son comble. Les groupes des différents ordres soufis entrent en transe au rythme des tambourins et des timbales. Leurs danses sont spectaculaires, les bâtons s'agitent, les épées s'affrontent en mouvements habiles. Le tout est accompagné des joyeux youyous des femmes et des acclamations des spectateurs."

Les fidèles prenaient place à l'intérieur du *maqam*, où l'on procédait à la lecture du Coran. Comme les visiteurs se pressaient par milliers, on dressait des tentes autour du sanctuaire pour qu'ils puissent s'installer confortablement. Les nouveaux venus prenaient la place des sortants.

Comme bien d'autres, cette fête était pour beaucoup l'occasion d'accomplir des vœux, de procéder à la circoncision et à la première coupe de cheveux des petits garçons. De la nourriture était distribuée gratuitement à une assistance innombrable, grâce à un généreux *waqf* réservé aux visiteurs du site. Les mets les plus divers étaient mis à leur disposition, et une pâtisserie très particulière, appelée "le gâteau de Nabi Moussa", était fabriquée tout spécialement pour l'occasion. Les festivités duraient une semaine. Le jeudi, munis des trois drapeaux (le drapeau de Nabi Moussa, celui de Nabi Daoud – le prophète David – et celui de la mosquée al-Aqsa), les visiteurs retournaient en procession à la mosquée où les étendards étaient remis en place jusqu'à l'année suivante.

LA VIE MONASTIQUE AU DÉSERT

Yusuf Natsheh

Sous le règne byzantin, une nouvelle pratique fit son apparition en Palestine, qui conduisit certains moines à quitter les villes pour s'isoler dans le désert de Jérusalem. Le phénomène prit naissance en Haute Égypte avant de se développer en Palestine. Une campagne archéologique a recensé plus de 80 monastères dans le désert de Jérusalem, sur un territoire qui s'étend sur 80 km de long et 20 km de large. Citons entre autres le monastère de Mar Saba près du village de al-'Ubaydiyya dans la zone de Bethléem; le monastère Saint-Georges de Koziba à Oued al-Qilt, sur la route de Jérusalem à Jéricho; le monastère de Hajla près du Jourdain; enfin le monastère de la Tentation (Qarantal) à Jéricho.

Le phénomène du monachisme a été associé à trois grands personnages, chacun ayant influencé son successeur. Le premier est le moine Chariton, fondateur de la première communauté monastique (laure) en 330 après J.-C.; ensuite, Euthymius (376-473), qui attira des milliers d'adeptes, et enfin Sabas (439-532), le plus grand organisateur du mouvement.

L'ordre comprenait deux écoles: la première était appelée *cœnobium*, la seconde était connue sous le nom de *laura* (laure). Les moines cénobites vivaient en communauté dans l'enclos d'un monastère et s'entraidaient les uns les autres. Outre son activité principale qui constituait à adorer Dieu, le servir, méditer, prier et lire, chaque moine avait une fonction bien précise au sein du groupe. Les reclus s'adonnaient chaque jour à une prière collective et à une prière individuelle, mais les repas étaient pris en commun et les activités sociales quotidiennes étaient partagées. Souvent entourés d'une muraille, comme l'exige ce mode de vie particulier, ces monastères étaient composés de plusieurs bâtiments tels une église, une salle de réunion, une salle à manger, une source d'eau à proximité, un jardin potager et des cellules.

Dans les laures, au contraire, les moines vivaient en ermites dans un environnement distinct. Chacun occupait une grotte ou une retraite quelconque où il mangeait et s'adonnait à l'adoration de Dieu cinq jours par semaine, mais retrouvait ses compagnons chaque samedi et dimanche dans l'espace réservé à la prière collective; après s'être muni de quelques provisions, chacun s'en retournait ensuite à la solitude de sa retraite.

Mais quel que soit le mode de vie choisi, collectif ou solitaire, l'austérité et la simplicité étaient de rigueur. Les moines se nourrissaient principalement de pain et des fruits et légumes que pouvait leur offrir un environnement plutôt aride. Il leur arrivait aussi de faire sécher des fruits sauvages. Ils pouvaient également se livrer à des activités rudimentaires comme cultiver de petits lopins de terre ou tresser des paniers et des cordes, qu'ils échangeaient contre d'autres produits des villages environnants. Les grands monastères importaient le blé de Jordanie. Loin du tumulte de la ville, l'isolement et le calme ont permis à certains moines de développer leurs talents littéraires ou poétiques et d'approfondir leurs connaissances théologiques, ce dont la dimension culturelle de la chrétienté s'est trouvée grandement enrichie.

Le monastère Saint-Georges de Koziba à Oued al-Qilt est parfaitement représentatif de ce phénomène. Depuis Jérusalem, on y accède en tournant vers le nord à l'entrée de l'Observatoire de Jéricho. De Jéricho, il faut emprunter la première route à droite après la sortie de la ville. Le visiteur aura tout loisir d'admirer de superbes panoramas sur le désert juste avant d'arriver au monastère, que l'on peut visiter de 9:00 à 15:00 (avec une interruption de 12:00 à 13:00). Là, il sera accueilli avec du café et de l'eau fraîche, fort bienvenus après la fatigue entraînée par la descente de la vallée et l'excursion au monastère en suivant le cours de l'aqueduc romain qui, incidemment, a été plusieurs fois restauré.

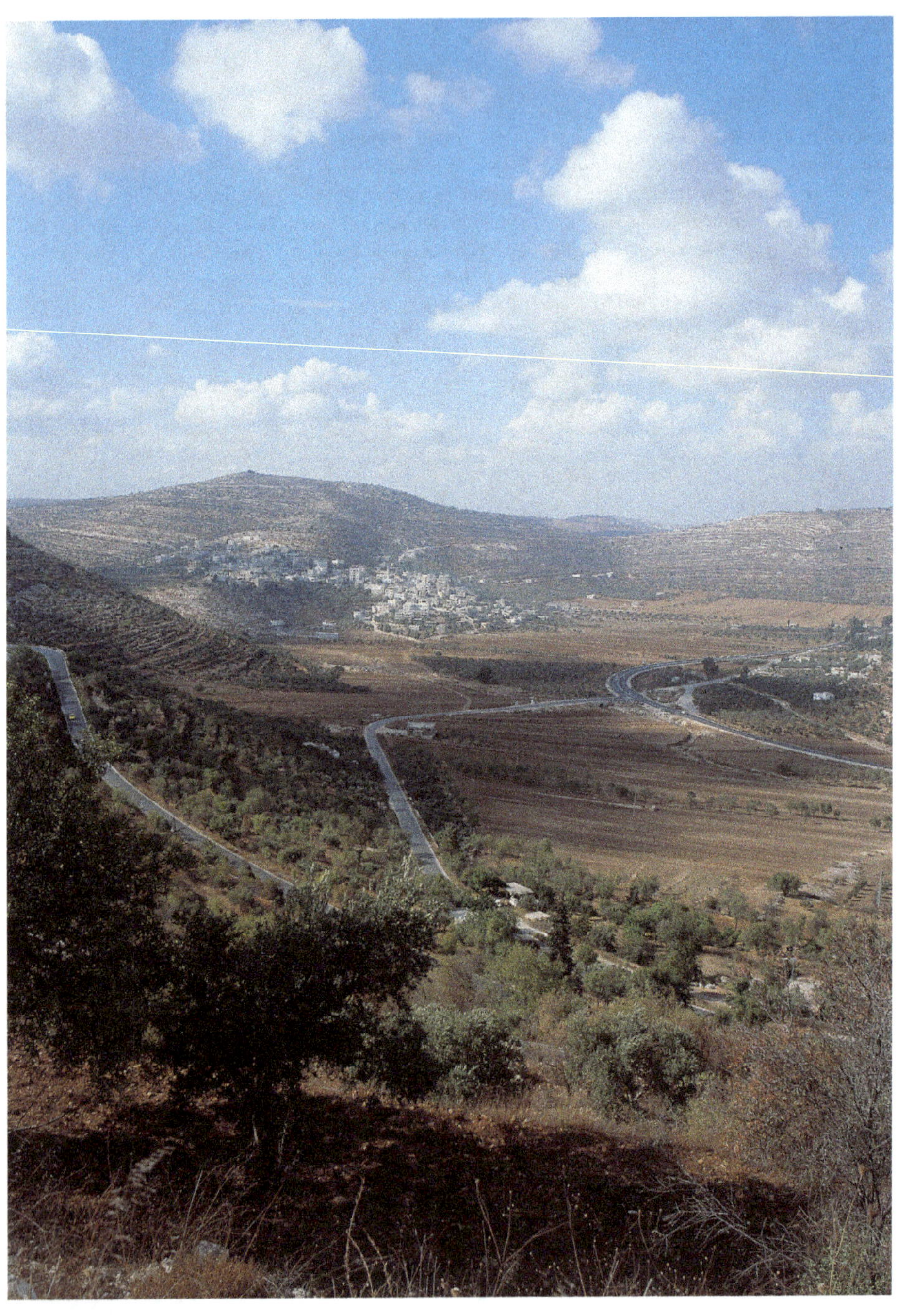

La route des *khans* et du soufisme

Marwan Abu Khalaf, Nazmi al-Ju'beh

V.1 MAQAM NABI SAMUEL (prophète Samuel)

V.2 MAQAM NABI SALIH

V.3 MAQAM AL-QATRAWANI

V.4 KHAN JIFNA

OPTION PITTORESQUE
Plaine de al-Lubban

V.5 KHAN AL-LUBBAN

V.6 NAPLOUSE
V.6.a Tombeau de Joseph

V.7 SEBASTIA
V.7.a Maqam Nabi Yahya (saint Jean-Baptiste)

Le service postal entre Le Caire et Damas

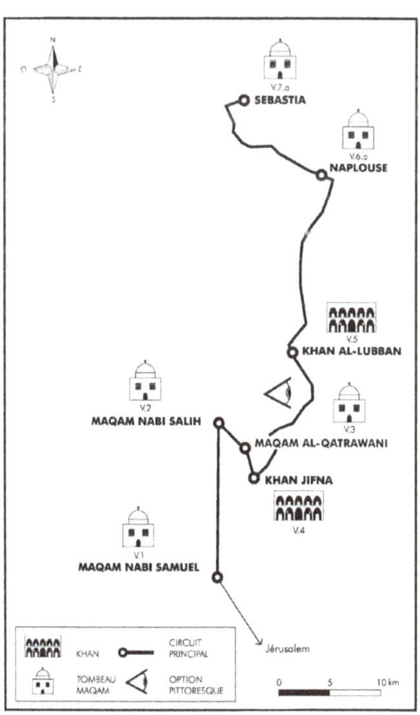

Plaine de al-Lubban, vue générale.

De nombreux facteurs ont contribué à l'expansion des *caravansarays* en Palestine, à commencer par la situation géographique centrale du pays; ensuite, le fait de constituer un carrefour entre l'Égypte et la Syrie, le Croissant fertile et la péninsule Arabique; enfin, le pays était traversé par la route côtière appelée "Via Maris", utilisée à différentes fins militaires, commerciales et de communication.

Certaines sources historiques attribuent au calife omeyyade 'Omar Ibn 'Abd al-'Aziz (99/717-101/720) la construction des premiers *caravansarays* pour les voyageurs, qui sont restés très prospères jusqu'au milieu du XIIIe/XIXe siècle. Le *khan* de Abou Ghosh, un village à l'ouest de Jérusalem, et qui date vraisemblablement des périodes omeyyade et abbasside, était toujours en usage à l'époque des Croisés et à l'époque mamelouke; c'est le seul monument de cette période qui ait survécu en Palestine.

Les *caravansarays* y étaient établis soit le long des principales artères reliant des grandes villes comme Jérusalem, Gaza, Naplouse et Ramla, soit à l'intérieur des villes et des villages. Sur les grandes voies de communication se trouvaient Khan Jaljuliya, Khan Jubb Yusuf, Khan al-Minya, Khan Yunis et Khan al-Toujjar. La construction des *caravansarays* atteignit son apogée durant la période mamelouke, que l'on considère comme l'âge d'or de l'architecture islamique en Égypte et en Syrie. Leur nombre continuera à augmenter jusqu'au début de la période ottomane.

L'objectif de ces constructions était de protéger les commerçants et les pèlerins contre d'éventuels pillages, et de leur fournir les moyens d'une halte confortable. Les *khans* servirent également de relais de poste jusqu'à ce que le sultan mamelouk Baybars ne dissocie les routes du courrier de celles des *caravansarays*. On construisit alors de véritables relais de poste, et l'acheminement du courrier entre Le Caire et Damas y gagna grandement en efficacité.

Le *caravansaray* consistait en un bâtiment rectangulaire ou carré construit autour d'un patio et composé de deux niveaux. Le rez-de-chaussée comprenait des écuries pour les dromadaires et les chevaux, ainsi que des entrepôts pour les marchandises des commerçants; le premier étage abritait les chambres des hôtes. Pendant la période mamelouke notamment, des mosquées ou des oratoires furent ajoutés à ces bâtiments, qui disposaient également d'une fontaine pour répondre aux besoins des voyageurs. Lorsque le *khan* était situé à l'extérieur des villes, ses murs étaient souvent fortifiés. Lorsqu'il était construit à l'intérieur de la cité, il prenait le nom de *wikala*.

En raison de son caractère sacré au regard de l'islam, la Palestine a toujours attiré des flots de voyageurs, ce qui explique la construction de nombreux *khans* par tout le pays. Ils rendaient de multiples services aux pèlerins, aux visiteurs et aux soufis arrivant sur place, surtout à l'occasion des différentes célébrations musulmanes. Dans les villages, les résidences des soufis revêtaient une autre forme et étaient installées dans la zone des *maqams* de leurs vénérés maîtres. La plupart des villages avaient plus d'un *maqam*, les habitants venaient y faire des offrandes, brûler des cierges et accomplir leurs vœux.

Certains de ces *maqams* avaient leurs propres cérémonies, au cours desquelles

différentes manifestations populaires, au rythme des tambours des soufis et des derviches, attiraient la foule des villages voisins à la recherche du pardon et d'un avenir meilleur.
Ce circuit est consacré aux *caravansarays* et aux *maqams* qui jalonnent la route de Jérusalem à Sebastia, depuis Maqam Nabi Samuel (le tombeau du prophète Samuel) au nord-ouest de la Ville sainte jusqu'à Maqam Nabi Yahya (le tombeau de saint Jean-Baptiste) à Sebastia. Il nous permettra aussi de nous intéresser aux routes postales qui reliaient les deux capitales mameloukes, Damas et Le Caire, à travers la Palestine.

M. A. K.

V.1 MAQAM NABI SAMUEL (prophète Samuel)

Le site est accessible en voiture ou en car. Prendre la route Jérusalem-Ramallah et tourner sur gauche au village d'al Ram. Traverser Bir Nabala et Bir al-Jeib, puis tourner à gauche en direction du sud ; au sommet de la montagne s'aperçoit Maqam Nabi Samuel. Le monument, qui est actuellement tenu par des juifs orthodoxes, peut se visiter toute la journée.

Le mausolée de Nabi Samuel se trouve au sommet d'une montagne à 6 km au nord-ouest de Jérusalem. S'élevant à 885 m au-dessus du niveau de la mer, c'est la plus haute de toute la région de Jérusalem ; du sommet, le regard embrasse la plus grande partie de la Ville sainte. Ce prestigieux monument religieux date de la période byzantine, quand l'empereur Justinien fit élever une église à l'endroit où l'on pensait que le prophète Samuel était enterré. Les Croisés renforcèrent le caractère militaire du site, et même son importance religieuse, en y bâtissant une église et un monastère. Ils appelèrent l'endroit Montagne de la Joie, car c'est du sommet de celle-ci qu'ils aperçurent Jérusalem pour la première fois. Le bâtiment fut restauré sous le règne de Saladin, puis fit l'objet de soins attentifs de la part de nombreux gouverneurs mamelouks. La visite en a toujours été autorisée aux juifs, qui déposent leurs cierges à côté de ceux des fidèles musulmans.
Le tombeau des Croisés a été transformé en mosquée et un *mihrab* a été ajouté. Pour répondre à la fréquentation croissante des pèlerins et des visiteurs, le lieu fut agrandi à plusieurs reprises et doté de chambres. Le site était en effet un passage obligé pour

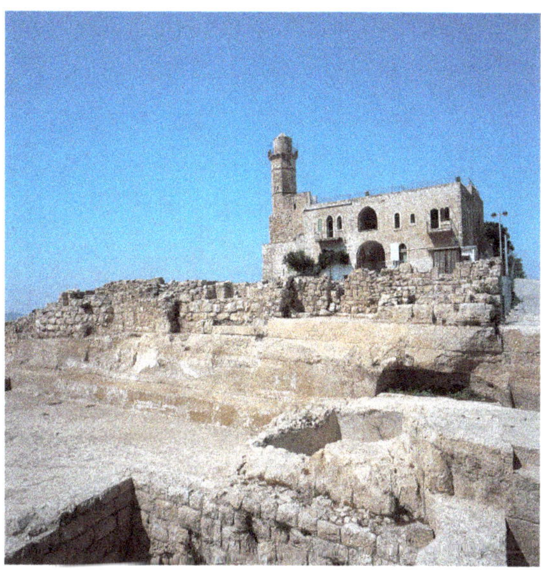

Maqam Nabi Samuel, vue générale.

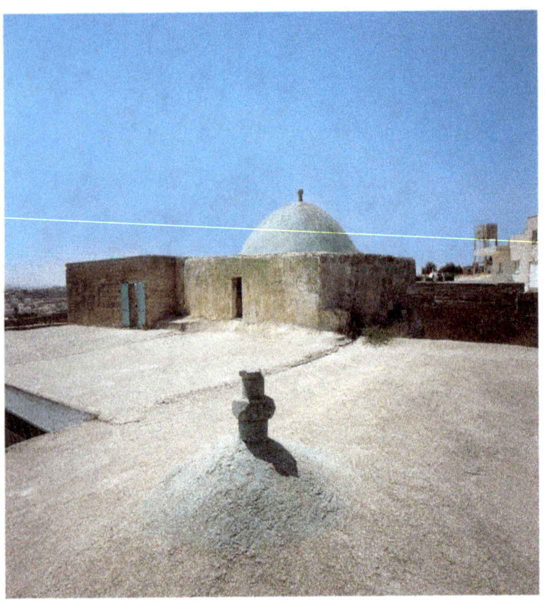

Maqam Nabi Salih, vue générale.

tout soufi se rendant à Jérusalem, et aucun n'aurait manqué l'occasion de passer une nuit au mausolée de Nabi Samuel, qui était tenu par la famille al-'Alami, originaire de Jérusalem.
Aujourd'hui, le site est visible depuis toutes les directions à des kilomètres à la ronde. L'architecture intérieure du bâtiment conserve le souvenir des Croisés avec les vestiges de consoles et les piliers gothiques, autant d'éléments qui seront plus tard complétés par des apports mamelouks. Le minaret cylindrique de la mosquée remonte au XIIe/XVIIIe siècle; comme le *maqam* et la mosquée, il est dû au *cheikh* Muhammad al-Khalili. Malheureusement, le bâtiment a été gravement endommagé pendant la Première Guerre mondiale, mais le Conseil islamique suprême a procédé à sa restauration dans les années 1920, comme en témoigne l'inscription qui figure au-dessus de l'entrée.
Le *maqam* ressemble à une citadelle. Au milieu de l'entrée, un grand portail conduit à un vaste hall au milieu duquel se trouve le cénotaphe, comme il est d'usage dans d'autres mausolées commémoratifs islamiques (tels les tombeaux de la mosquée al-Ibrahimi à Hébron). Au centre du mur méridional se trouve un *mihrab*. À l'extrémité du mur septentrional, un escalier étroit conduit à la crypte, qui se présente sous la forme d'une grotte naturelle ; le cénotaphe y apparaît entouré de cierges. On y trouve les offrandes et les cierges (le lieu est actuellement occupé par des juifs orthodoxes, mais la visite reste possible). À côté de l'entrée principale, de très hautes marches conduisent au toit et au minaret. De l'angle sud-est, on y jouit d'une vue panoramique sur Jérusalem.
Si l'on dispose de temps, on le consacrera avantageusement aux vestiges romains, byzantins et croisés mis au jour grâce aux fouilles effectuées autour du site, notamment les citernes et les écuries taillées à même le roc.

N. J.

V.2 MAQAM NABI SALIH

Le village de Nabi Salih se trouve à environ 15 km au nord-ouest de Ramallah. On y parvient en suivant les pentes qui descendent de Maqam Nabi Samuel en direction de Bitunia, à la périphérie de Ramallah, puis de Birzeit.
Horaires: dans la journée, en dehors des heures de prière.

Le Coran mentionne neuf fois le prophète Salih, qui fut l'envoyé de Dieu pour guider les habitants de Thamud sur la bonne voie. C'est pourquoi neuf *maqams* furent élevés en son honneur dans toute la Palestine. Celui de Ramallah est le plus grand et le plus célèbre. Le *maqam* s'élève sur les ruines d'une église byzantine au sud-est du village. L'abside de l'église peut toujours être vue à côté du mur occidental du *maqam*, ce qui atteste que le site est visité au moins depuis la période byzantine. Même s'il n'est pas daté, le bâtiment remonte probablement à la période mamelouke ou ottomane. Disséminés alentour se trouvent les vestiges du vieux village et des chambres des visiteurs ou des *mujawirs*.

Par chance, le *maqam*, lui, est demeuré intact. De forme rectangulaire, il présente un modeste *mihrab* au centre du mur méridional. À côté de la salle de prière se trouve une vaste pièce qui servait de logement au gardien du lieu et aux visiteurs. Le mur occidental est percé d'une petite porte conduisant au mausolée, tandis que dans la partie ouest du bâtiment, un vaste espace a été aménagé pour les festivités populaires et religieuses annuelles. On y fait des offrandes, on y dresse des tables pour les visiteurs, on y allume des cierges sur le cénotaphe et l'on y accomplit les différentes prières.

Les visiteurs sont chaleureusement accueillis par les habitants du village, qui appartiennent tous à la famille Tamimi (originaire d'Hébron) – de la lignée de Tamim Ibn 'Aws al-Dari, le célèbre compagnon du prophète Muhammad, dont la descendance s'est aussi installée à Jérusalem, Naplouse et dans la région de Ramallah.

N. J.

V.3 MAQAM AL-QATRAWANI

De Nabi Salih, se diriger à l'est vers le bourg de Birzeit. Parvenu au centre du village, prendre au nord en direction de 'Atara. Au sommet d'une montagne, au sud-ouest de cette localité, sur le site du monastère de al-Iqbal, apparaît un majestueux maqam *à deux coupoles.*

Au milieu d'une vaste étendue de terre plantée de chênes et de caroubiers se dresse un bâtiment rectangulaire surmonté de deux coupoles. Les hauts plafonds du *maqam* sont soutenus par des voûtes croisées en pierre blanche sur laquelle des traces de cierges et de combustion sont encore apparentes. Le bâtiment est de style mamelouk, même si des fouilles archéologiques pratiquées sous le *maqam* ont révélé

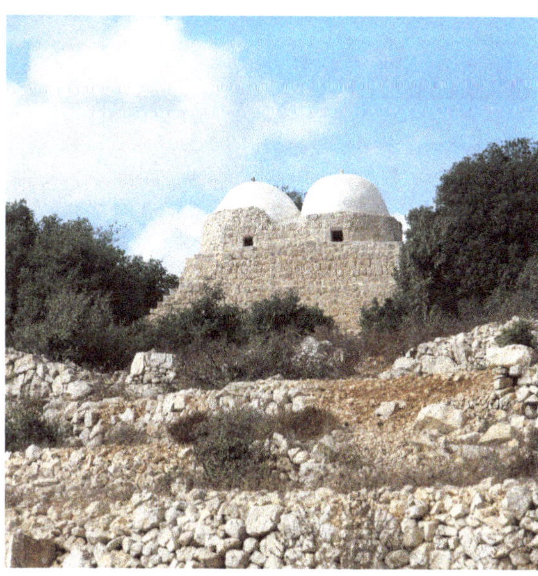

Maqam al-Qatrawani, vue générale.

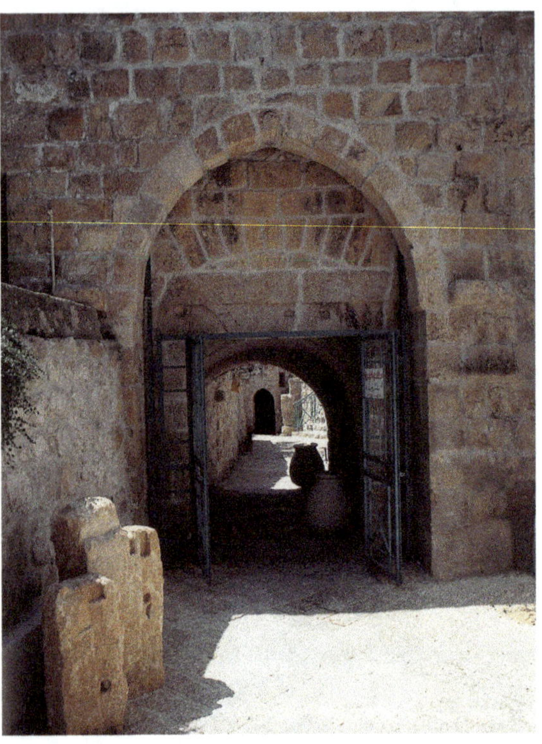

Khan Jifna, entrée.

les vestiges d'une église byzantine qui, pour certains, pourrait être l'église Sainte-Catherine. Selon la croyance populaire, le nom de Qatrawani dérive de Catherine.
Lorsque la pluie tarde à se manifester, les paysans de toute la région affluent sur le site: ils viennent prier Dieu de leur envoyer la pluie et font des offrandes au mausolée al-Qatrawani. Souvent, les musulmans parachèvent leur visite en disant des prières devant le *mihrab* du *maqam*.
Les habitants des villages voisins ont engagé un employé spécialement affecté au service du *maqam* et de ses visiteurs, ainsi que des pauvres qui demandent à y être secourus; ils lui ont construit une pièce à l'ouest du bâtiment. Un certain nombre de tombes trouvées à proximité de l'édifice sont celles de croyants qui aspiraient à être enterrés près du *maqam* al-Qatrawani dans l'espoir d'être bénis.

N. J.

V.4 KHAN JIFNA

Pour arriver au khan *en sortant de Maqam Nabi Salih, se diriger vers l'est en direction de Birzeit. Continuer à travers des plantations d'oliviers et d'abricotiers jusqu'à Jifna, qui se trouve à 2 km à l'est de Birzeit et à 23 km au nord de Jérusalem.*
Le khan *se trouve à 50 mètres du rond-point central de la bourgade, côté nord-ouest. Il a été complètement restauré en 1998-1999 et relève depuis du domaine public de Jifna. Une partie du bâtiment abrite aujourd'hui les bureaux du Conseil municipal, l'autre a été transformée en restaurant et en parc.*
La visite est possible toute la journée.

Jifna se trouve sur le flanc d'une colline fertile dominant une vallée couverte d'amandiers, d'oliviers et d'abricotiers. En arabe (parlé), le mot *jifna* (de l'arabe littéraire *jifan*) signifie pied de vigne, et c'est bien aux vignobles, nombreux à l'époque des Croisés, que la bourgade doit son nom. Mais certains attribuent ce nom à Jifna, l'ancêtre des Ghassanides, la tribu arabe qui dominait une grande partie de la Syrie sous contrôle de l'Empire byzantin. Les vestiges de la localité incitent à adhérer à cette hypothèse, tout comme l'existence

Khan Jifna

de Deir Ghassana au nord-ouest du village de Nabi Salih.

Plusieurs facteurs expliquent l'importance de Jifna. Selon une tradition chrétienne apocryphe, c'est l'endroit où la Sainte Famille – Jésus et ses parents, Marie et Joseph – se serait arrêtée pour se reposer sous un figuier du village. C'est pourquoi il est une étape sur l'itinéraire des pèlerins d'Acre à Jérusalem en passant par Nazareth, Sebastia, Naplouse, puis Jérusalem et Bethléem. Comme la bourgade bénéficiait de terres fertiles et d'abondantes ressources en eau, elle attira l'intérêt des Croisés. Toutefois, les preuves historiques et archéologiques indiquent que le premier habitat de Jifna remonte à l'époque romaine et que la ville a été occupée sans interruption jusqu'à la fin de la période ottomane – la plus grande partie du centre ancien date d'ailleurs de cette époque.

Le *khan* de Jifna est la plus remarquable construction de la ville. Il doit à son imposante allure militaire d'être appelé *burj* (tour). Les fondations remontent probablement à l'époque romaine (63 av.-324 ap. J.-C.) ou byzantine (324-637). Les Croisés le restaurèrent entre la fin du XIe et la seconde moitié du XIIe siècle, et il fit l'objet de nombreuses modifications et adjonctions aux époques mamelouke et ottomane.

Le bâtiment, de plan rectangulaire (le mur méridional mesure 40,60 m de long, le mur occidental 50 m), comprend plusieurs chambres et salles dans les parties nord et sud-ouest. Côté est, un couloir donne sur une cour intérieure, sur laquelle s'ouvrent les portes des différentes pièces, alors qu'aucune fenêtre ne donne sur la rue côté ouest. Le bâtiment possède un pressoir à huile, une

Khan Jifna, cour intérieure et escalier d'accès à la partie supérieure.

Khan Jifna, cour intérieure, vue générale.

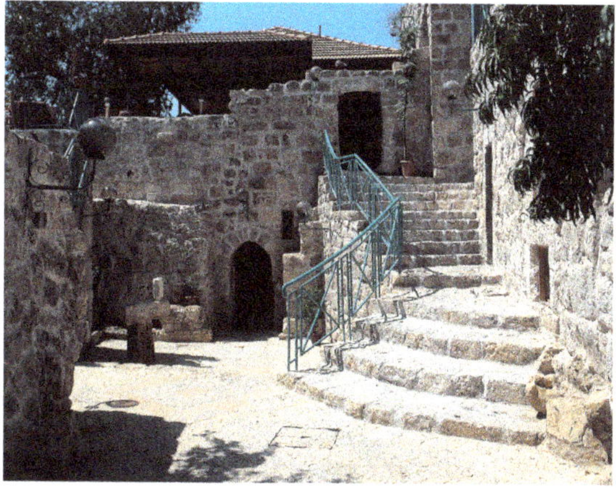

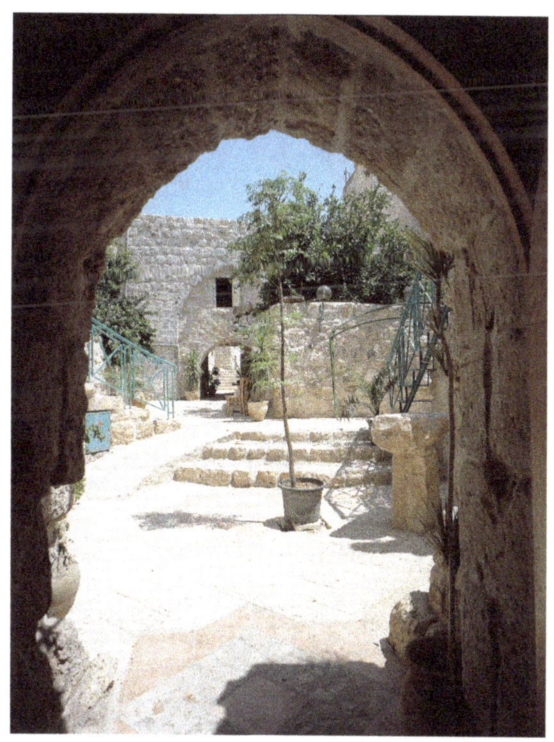

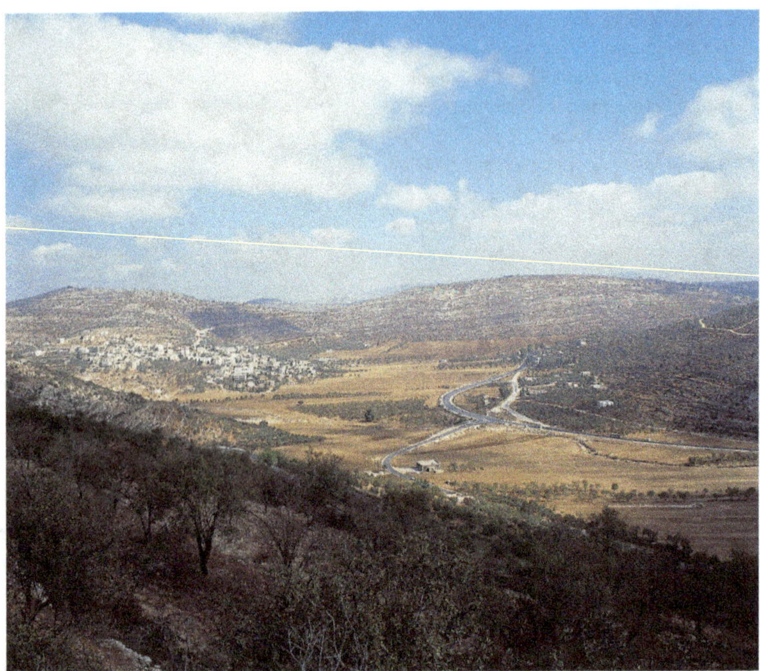

Plaine de al-Lubban, vue générale.

salle supposée être une ancienne cellule de prison, des couloirs qui reliaient certaines parties de l'édifice, ainsi que d'autres zones qui n'ont pas encore été mises au jour.

M. A. K.

OPTION PITTORESQUE

Plaine de al-Lubban

À 15 km au nord de la ville de al-Bireh sur la route principale entre Jérusalem et Naplouse. Arrivé sur une haute crête montagneuse au sud du village de al-Lubban, le visiteur profitera d'une vue fascinante sur la plaine du même nom.

Cette plaine fertile aux sols alluviaux et entourée de pentes montagneuses fait l'objet de cultures intensives de légumes et de céréales. Dans la partie méridionale se trouvent les vestiges d'un *caravansaray* entouré de figuiers, d'amandiers, de pruniers et de pêchers. Oliviers, amandiers et chênes se partagent les versants de la montagne voisine.

M. A. K.

V.5 KHAN AL-LUBBAN

À 41 km de Jérusalem. Après avoir visité le khan de Jifna, reprendre la route de Naplouse. Passer le croisement du village de Sinjil puis, 1 km plus loin, quitter la route principale par la gauche. La route devient sinueuse, et la descente est très escarpée jusqu'à la plaine de al-Lubban. Ne pas manquer de s'arrêter à l'un des virages pour contempler le panorama de la plaine. Le khan *se trouve sur droite au bout de cette route en lacets. Le site est ouvert en permanence.*

Le bâtiment n'est pas daté, mais son style l'attribue à la fin de la période mamelouke ou au début de la période ottomane. Une grande partie du côté ouest et une partie du côté nord ont été restaurées et reconstruites durant l'époque ottomane, comme l'attestent la taille et le style des pierres. En raison de sa position stratégique, le *khan* a été utilisé comme poste de police sous le mandat britannique et sous l'administration jordanienne. Le bâtiment épouse la forme d'un carré de 23 m de côté. Contrairement aux autres *khans*, il est composé d'un seul niveau, ce qui s'explique sans doute par la faible distance qui le sépare des deux villes de Naplouse et de al-Bireh.
Une grande partie de la construction d'origine est encore intacte. On y pénètre par une entrée conduisant à un patio et à une salle voûtée. Les pièces des côtés nord et sud de la cour servaient probablement de bureaux, tandis que le côté nord abritait les chambres des visiteurs, mais l'emplacement de la mosquée n'a pas pu être localisé. De nouvelles restaurations ont été entreprises récemment pour rendre l'édifice plus accessible aux visiteurs.
Outre son emplacement crucial, le fait qu'un puits ait déjà existé à proximité a constitué un autre atout décisif dans le choix du site.

M. A. K.

Khan al-Lubban, entrée, vue intérieure.

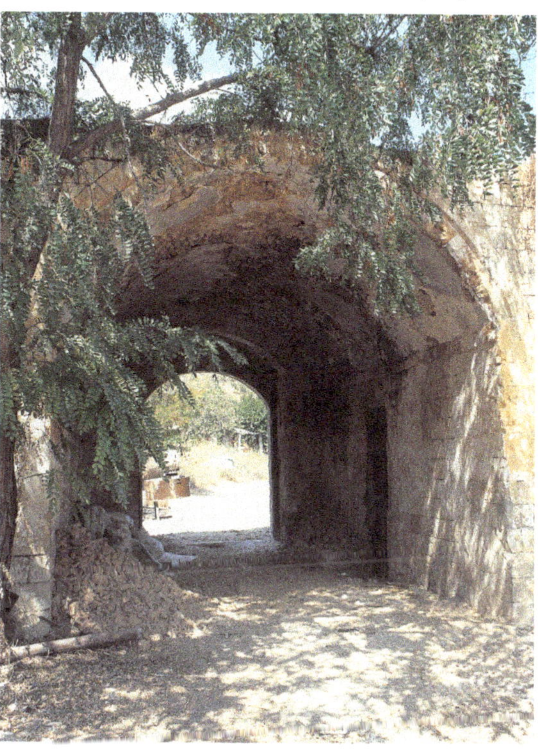

Khan al-Lubban, salle principale.

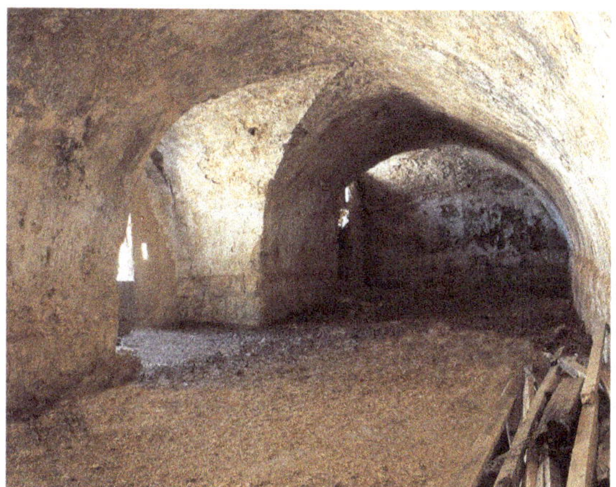

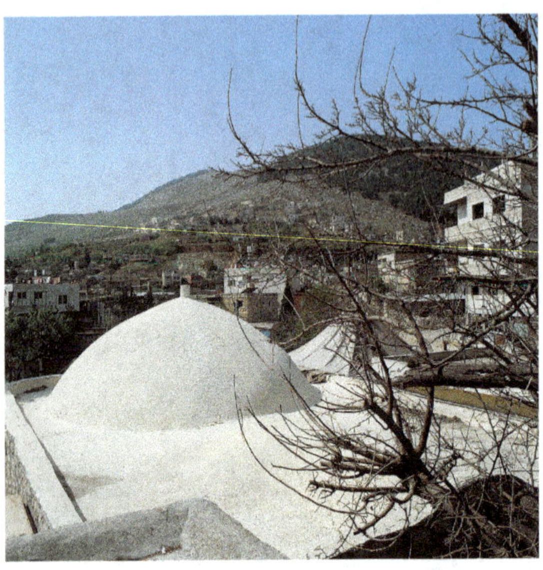

Tombeau de Joseph, vue générale, Naplouse.

V.6 NAPLOUSE

V.6.a **Tombeau de Joseph**

Au centre du village de Balata, qui constitue aujourd'hui l'un des quartiers est de Naplouse.

L'emplacement du tombeau de Joseph suscite bien des controverses, puisqu'on a identifié au moins deux sites possibles. Le premier est la mosquée al-Ibrahimi à Hébron (VIII.1.a), le second est l'édifice devant lequel nous nous trouvons. Selon certaines sources historiques, Joseph aurait d'abord été enterré à Naplouse, sa dépouille ayant ensuite été transférée à la mosquée al-Ibrahimi, où une *qubba* a été érigée au-dessus de son tombeau. Le site est vénéré par les trois religions révélées en raison du statut particulier de Joseph dans chacune d'entre elles.

Le *maqam* s'élève au-dessus d'un ancien puits et consiste en une chambre funéraire carrée nantie d'un *mihrab* et surmontée d'une coupole. Aucun signe particulier dans la construction ne témoigne qu'un soin spécial lui ait été apporté, peut-être parce que la plupart des sultans se sont davantage intéressés à la mosquée al-Ibrahimi. La salle est précédée d'un autre espace découvert ouvrant sur un patio. Dans le mur occidental s'ouvre une autre petite pièce réservée au gardien du maqam.

L'édifice obéit au style local qui prévalait pendant la période ottomane. Le ministère des *Waqfs* et des Affaires religieuses, propriétaire du monument, a confié la protection des lieux à la famille du *cheikh* Fayad 'Abd Allah, qui possède un document signé de la main du sultan ottoman 'Abd al-Hamid l'autorisant à servir et garder le tombeau de Joseph.

N. J.

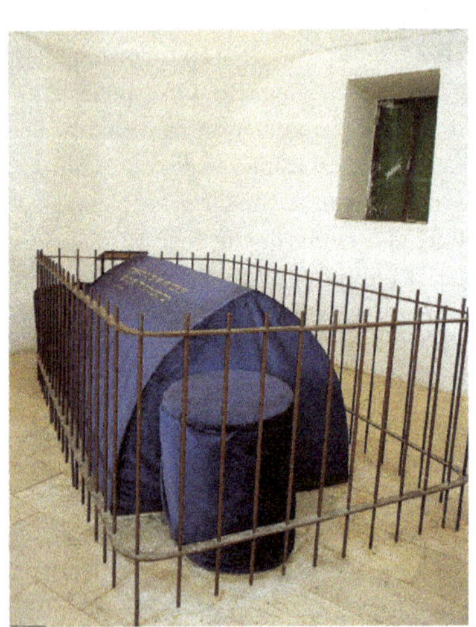

Tombeau de Joseph, chambre funéraire, Naplouse.

V.7 SEBASTIA

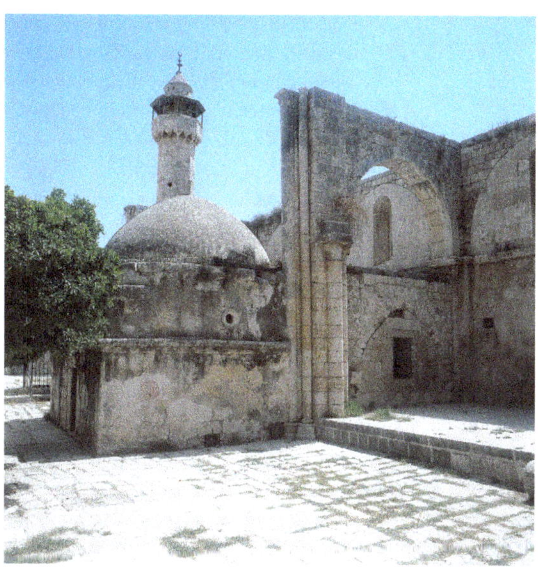

Maqam Nabi Yahya, façade nord vue de l'intérieur de la cour, Sebastia.

V.7.a Maqam Nabi Yahya (saint Jean-Baptiste)

On peut se rendre à Sebastia en passant par Naplouse puis en tournant à gauche pour arriver au croisement des routes de Tulkarem et Jénine. Poursuivre en direction de Jénine (nord) sur environ 2,3 km jusqu'à une voie latérale qui dessert la bourgade de Sebastia. En sortant du village, on pourra emprunter la route qui passe par la fameuse rue des Colonnades romaines, au milieu des vestiges de la ville antique.
Le mausolée se trouve dans la cour de la mosquée au centre du village de Sebastia, Le site est ouvert toute la journée.

Le village de Sebastia se trouve à environ 15 km au nord-ouest de Naplouse, sur les flancs des collines de Samarie qui dominent de 463 m le niveau de la mer. La ville fut construite par Hérode en l'an 25 av. J.-C., sur les ruines de l'ancienne Samarie, la capitale du royaume d'Israël. Les fouilles effectuées en 1908, 1931 et 1935 ont permis de mettre au jour des vestiges de différentes périodes, les plus anciens remontant à l'Âge de la pierre.
Au début du IVe siècle, lorsque le christianisme devint religion officielle de l'Empire romain, les habitants de Sebastia étaient partagés entre paganisme et christianisme ; c'est à ce moment que la légende populaire selon laquelle Jean le Baptiste, qui fut exécuté par Hérode Antipas, aurait été enterré à Sebastia commença à se répandre jusqu'à devenir une croyance fermement établie.

Cette croyance fut renforcée par la présence de trois statues à l'intérieur du *maqam*. La première représente une danseuse portant une tête humaine sur un plat, la deuxième Hérode se tenant le menton en signe de remords pour avoir tué Jean le Baptiste, tandis que la troisième représente la tête décapitée du Baptiste. Hélas, ces statues, dont on ignore le sort actuel, ont été enlevées par la Direction des monuments israéliens en 1987.
La tradition populaire veut aussi que les parents de saint Jean, le prophète Zacharie et son épouse, soient enterrés au même endroit, ce qui étaye encore la légende selon laquelle c'est là que saint Jean aurait été emprisonné et enterré. Mais d'autres récits localisent la tombe du Baptiste à Damas, voire dans la vallée de la Bekaa, dans l'est du Liban.

Sebastia

Deux églises byzantines ont été construites dans le village, et l'unique mosquée semble bien avoir été élevée à côté des ruines de l'une d'entre elles. La mosquée date de l'époque du calife 'Omar Ibn al-Khattab, et Sebastia fut l'un des premiers villages où l'on ait construit une "mosquée de 'Omar". Malheureusement, elle fut détruite au VIe/XIIe siècle par un tremblement de terre, et les Croisés construisirent une église sur ses fondations.

En 583/1187, après avoir vaincu les Croisés à la bataille de Hattin, Saladin fit construire un sanctuaire dédié à saint Jean-Baptiste. En 1310/1892-1893, le sultan ottoman 'Abd al-Hamid fit ajouter deux pièces dans la partie orientale de la mosquée, où s'accomplissent actuellement les prières; c'est également là que s'élève le minaret.

Le site a toujours attiré des moines, des soufis et de nombreux visiteurs. 'Abd al-Ghani al-Naboulsi le décrit ainsi: "Nous sommes arrivés dans ce village et sommes entrés dans sa mosquée, qui était à l'origine un vaste monastère. Nous y avons vu des bâtiments peu ordinaires, dont la plupart étaient largement en ruine. Nous avons descendu les escaliers qui conduisent à la grotte. À l'extrémité se trouvait une petite fenêtre où l'on dit que reposent Jean le Baptiste et son père."

Le *maqam* est composé de deux pièces. La première, de plan carré, est surmontée d'une coupole qui s'élève au-dessus du tombeau; on y accède en empruntant le couloir devant la façade nord. La seconde salle abrite un *mihrab*; elle est adjacente à la première, et l'on y accède par une porte qui s'ouvre dans la première pièce.

M. A. K.

LE SERVICE POSTAL ENTRE LE CAIRE ET DAMAS

Marwan Abu Khalaf

La route du courrier entre Le Caire et Damas était l'une des plus importantes de celles qui traversaient la Palestine – parmi lesquelles la fameuse route côtière connue sous le nom de "Via Maris". Les sources historiques nous apprennent que les *khans* servaient de relais de poste sur la plupart des voies commerciales du monde islamique. Mais à l'époque mamelouke, et surtout sous al-Dahir Baybars (658/1260-676/1277), les routes du courrier furent séparées des itinéraires des *khans*, et quantité de nouveaux relais de poste firent leur apparition sur les routes reliant Le Caire à Damas.

Le service des postes jouait en effet un rôle capital dans l'Empire islamique, puisqu'il assurait la liaison entre les différentes provinces et garantissait une diffusion rapide des nouvelles et des ordres. D'où l'intérêt que lui accordèrent la plupart des sultans, notamment durant la première période, quand le pays était encore exposé aux attaques réitérées des Croisés.

La plupart des relais se présentaient comme des bâtiments de plan rectangulaire et comprenaient quelques dépendances pour accueillir, en petit nombre, les voyageurs désireux d'y faire halte avec leurs montures. Chaque relais comportait quelques petites pièces, une modeste mosquée, un puits ou une citerne et une écurie, comme on peut le voir à Yibna, Qaqun, al-Lajjun et Jisr Banat Ya'qoub.

L'une des routes postales reliant Le Caire et Damas a été décrite par Ibn Fadl Allah al-'Umari dans son célèbre ouvrage *al-Ta'rif bi-l-mustalah al-charif*, une introduction à la terminologie sacrée. Partant de Gaza, la route postale en Palestine empruntait ensuite deux directions: la première conduisait à al-Karak en Jordanie, la seconde à Damas via Bayt Daris, Yasour, Lidda, al-'Awja, al-Tira, Qaqun, al-Fandaqumiya, Jénine, Zar'in, Bisan, al- Majami, al-Zahra' et Irbed.

Au Xe/XVIe siècle, la route postale partait de al-'Arich, continuait par *Khan* Yunis, Gaza, al-Majdal, Yibna, Ramla, Ra's al-'Ayn, Qaqun, al-Lajjun, 'Uyun al-Tujjar, al-Minya, Jisr Banat Ya'qoub, al-Qunaytra, et gagnait enfin Damas.

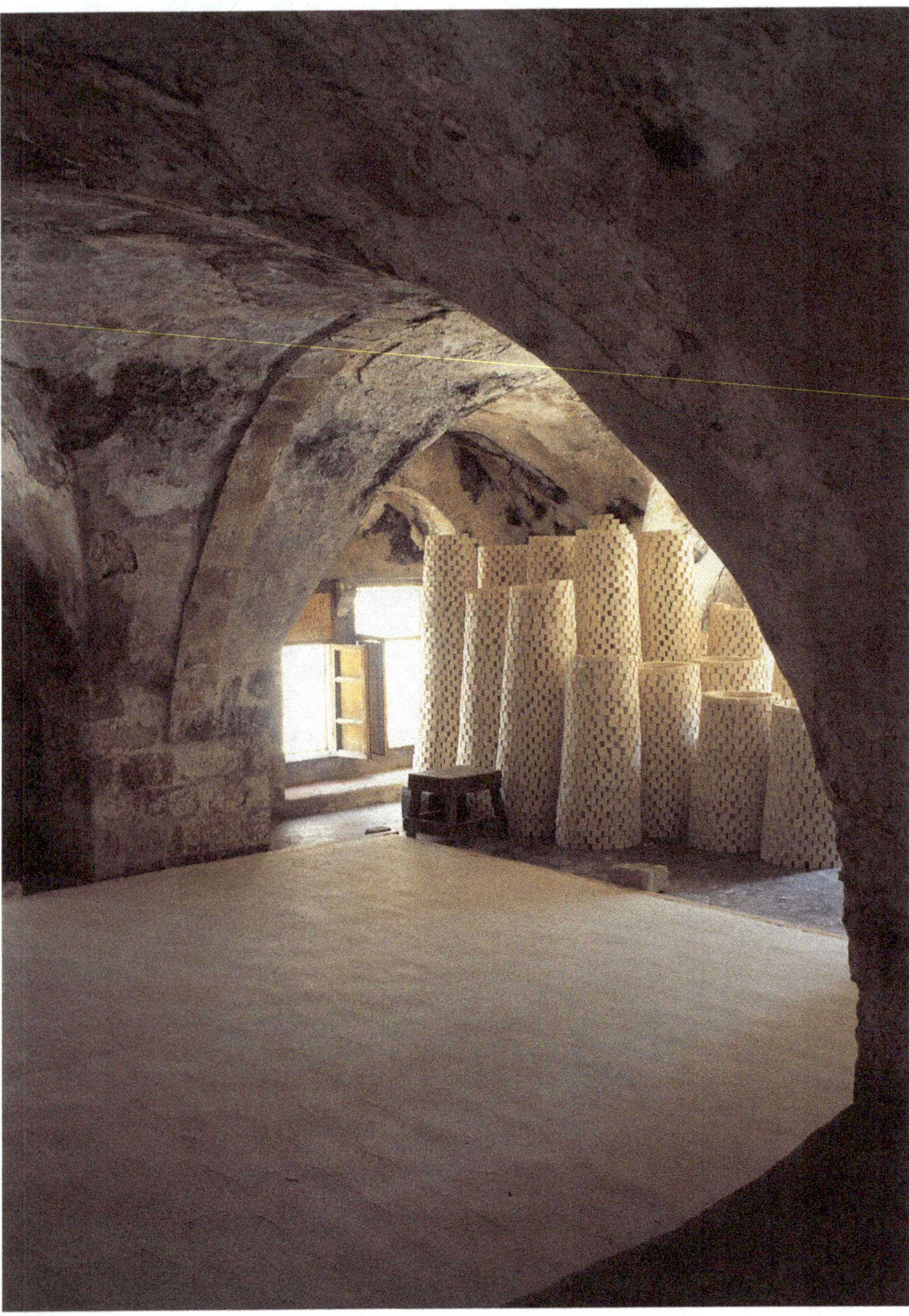

Naplouse: la ville des *hammams* et du savon

Marwan Abu Khalaf, Naseer R. Arafat, Nazmi al-Ju'beh

VI.1 NAPLOUSE

VI.1.a Maqam Ghanim

OPTION PITTORESQUE

Le mont Garizim (mont des Samaritains)

VI.1.b Mosquée al-Khadra' (Maqam Sitna al-Khadra')
VI.1.c Manufacture de savon de la famille Touqan
VI.1.d Hammam al-Jadida (al-Chifa')
VI.1.e Khan al-Wikala al-Gharbiyya
VI.1.f Souk de Khan al-Toujjar et Wikala al-Farroukhiyya
VI.1.g Grande Mosquée
VI.1.h Maqam Rijal al-'Amoud

La fabrication du savon
Les palais de Naplouse

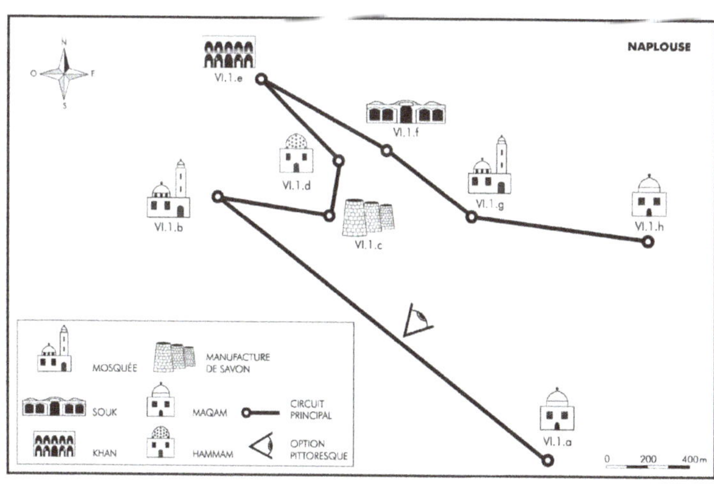

Manufacture de savon de la famille Touqan, pains de savon en cours de séchage.

Ce circuit concerne Naplouse, la plus grande ville de Cisjordanie. Magnifiquement située entre les grandioses monts Ebal et Garizim, elle se trouve à 67 km au nord de Jérusalem et à environ 570 m au-dessus du niveau de la mer.

La ville devait sa réputation à ses multiples *hammams*, et à une florissante industrie du savon – certaines sources font état de pas moins de 30 savonneries à la fin du XIIIe/XIXe siècle –, qui justifient pleinement le choix de cet itinéraire. Bien que le premier habitat remonte au deuxième millénaire av. J.-C., les vestiges archéologiques et historiques visibles dans la ville vont de l'époque romaine (63 av. J.-C.-324 ap. J.-C.) à la fin de l'époque ottomane (1336/1917).

Naplouse est devenue une ville islamique vers l'an 15/636-637 et se trouve mentionnée dans de nombreuses sources historiques de la première période islamique. Les références les plus éloquentes nous viennent de al-Muqaddasi, lequel, au IVe/Xe siècle, appelle Naplouse "la petite Damas" tant les deux villes présentent de similitudes: entourées d'oliviers, l'eau y ruisselle de toutes parts et les maisons y sont construites en pierre.

Les Croisés occupent Naplouse en 492/1099, date à laquelle le prince Tancrède parvient à annexer la ville à son territoire, la principauté de Galilée. À l'époque de Baldwin Ier, elle faisait partie du royaume latin de Jérusalem, et nombre d'églises et autres bâtiments religieux y sont alors construits.

Après la bataille de 'Ayn Djalout en 658/1260, Naplouse se soumet à la bannière du sultan mamelouk Baybars. Les sources historiques mameloukes la décrivent comme une ville aux eaux abondantes et aux terres fertiles. La ville connut aussi des siècles d'une dense activité intellectuelle et scientifique, et nombre de ses érudits ont influencé le climat spirituel du monde islamique. On y édifia quantité de bâtiments remarquables, qui témoignent des caractères généraux de l'architecture islamique autant que de ses particularités locales; certains d'entre eux – des mosquées, des *maqams*, des *zawiyas*, des fontaines, des moulins, des *caravansarays* et des souks – sont documentés par les sources historiques.

Ce circuit d'une journée est centré sur la vieille ville et comprend plusieurs sites historiques et archéologiques majeurs, tous faciles d'accès. C'est la diversité qui a présidé à notre sélection de bâtiments, qui comporte la Grande Mosquée, la manufacture de savon de la famille Touqan, le souk de Khan al-Toujjar, la mosquée al-Khadra', le *khan* al-Wikala al-Gharbiyya, le *hammam* al-Jadida, ainsi que deux *maqams*. Deux "fenêtres" nous permettront également de nous intéresser aux palais et à la fabrication du savon. Enfin est proposée une excursion sur le mont Garizim (Jabal al-Samara, le mont des Samaritains). Rappelons également que la ville est réputée pour ses pâtisseries orientales – notamment la *kunafa* – qui méritent vraiment d'être goûtées. De même, on ne manquera pas de profiter de l'occasion pour se procurer quelque pain de l'incomparable savon de Naplouse.

M. A. K.

Maqam Ghanim, Naplouse.

Maqam Ghanim, vue générale, Naplouse.

VI.1 NAPLOUSE

VI.1.a Maqam Ghanim

On accède au mausolée par la route qui, au sud de Naplouse, conduit jusqu'au mont Garizim par le versant sud-ouest; l'édifice se dresse au sommet du mont, d'où l'on domine la ville. Le site est ouvert toute la journée.

Le *maqam* se trouve au nord-est des ruines de la citadelle construite par l'empereur byzantin Justinien, puis reconstruite par les Croisés, et qui englobe les vestiges d'une église de plan octogonal.
Le *maqam* fut érigé en l'honneur du *cheikh* Ghanim al-Burini (né en 563/1167), à qui Saladin en avait confié le contrôle (le quartier et la porte al-Ghawanima à Jérusalem portent le nom de cette famille). Il est largement admis que lui-même et ses fils l'utilisaient à titre de retraite. Il est très probable également que, en raison de sa position stratégique, le bâtiment ait servi de tour de guet; sa structure à deux niveaux rappelle d'ailleurs fortement d'autres tours de guet observables dans les régions méridionales de la Palestine.
L'édifice consiste en deux pièces adjacentes, dont l'une abrite une modeste tombe. Du sommet du bâtiment, le regard embrasse toute la ville de Naplouse. On rapporte qu'à l'époque des invasions franques, le *maqam* était l'élément central du dispositif de surveillance; c'est de là qu'on prévenait de l'imminence du danger, en utilisant le feu la nuit, et la fumée le jour.

N. J.

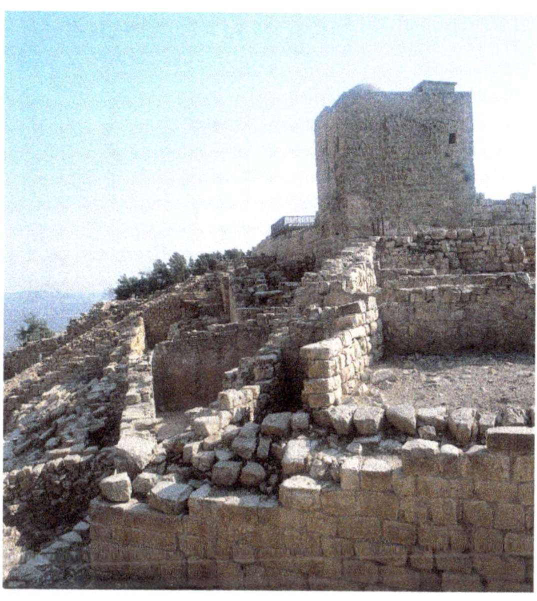

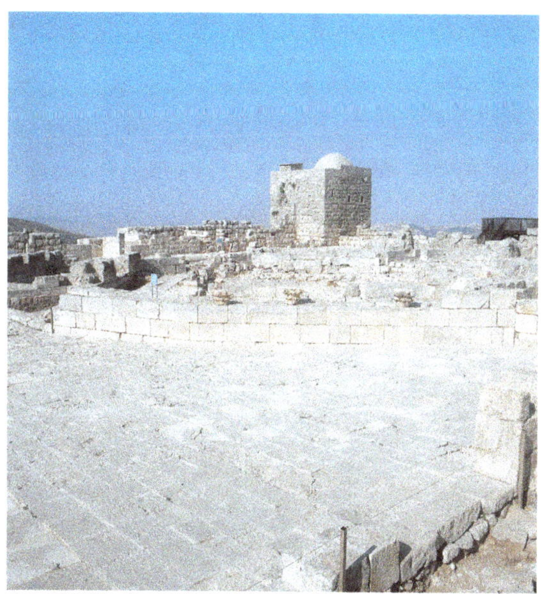

OPTION PITTORESQUE

Le mont Garizim
(mont des Samaritains)

Le mont Garizim (connu localement sous le nom de al-Tour) s'élève à 881 m au-dessus du niveau de la mer. Le site est sacré au regard des Samaritains, qui le tiennent pour le mont Moriah, le site du sacrifice d'Isaac par Abraham; c'est donc là qu'ils se rendent en pèlerinage, c'est là qu'ils viennent accomplir des sacrifices pendant la Pâque. Les Samaritains d'aujourd'hui (une secte dissidente du judaïsme) se présentent comme les descendants des Israélites qui n'ont pas quitté la Palestine pour Babylone; ils ne reconnaissent donc que la prophétie de Moïse et se réclament de la filiation de Haroun. Ils continuent à vivre dans une société fermée et conservatrice, qui n'obéit qu'aux Cinq Livres de Moïse dans l'Ancien Testament (le Pentateuque): Genèse, Exode, Lévitique, Nombres et Deutéronome. Les Samaritains font leurs ablutions avant la prière et les femmes se lavent des impuretés de la menstruation et du retour de couches. Pour les prières du matin, ils s'agenouillent et se prosternent en direction du mont Garizim, leur *qibla* en quelque sorte. Ils s'interdisent de travailler les jours de shabbat et passent la nuit du vendredi à prier et glorifier Dieu. Ils célèbrent la Pâque, la Pentecôte et la fête des Tabernacles.

Le moment fort de la Pâque est le sacrifice sanglant de l'agneau, qui se déroule dans un champ entouré d'une clôture et au milieu

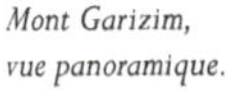
Mont Garizim, vue panoramique.

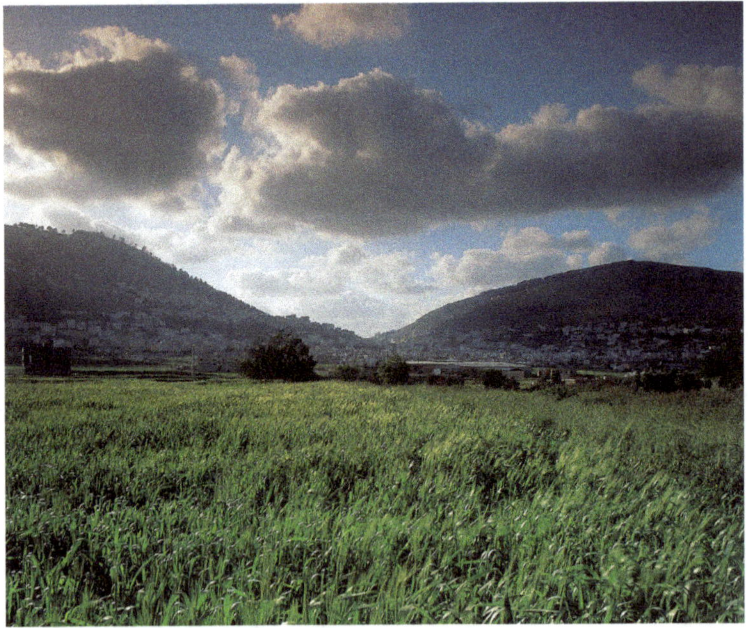

duquel se trouve un profond puits au-dessus duquel s'accomplit le sacrifice. Deux autres puits servent de four. La synagogue des Samaritains se trouve à proximité de ce terrain, au milieu d'un nouveau quartier résidentiel. Les Samaritains croient que c'est sur le mont Garizim que viendra le Messie. Bien qu'ils se fient au calendrier lunaire, ils suivent en fait deux modes de datation: le premier commence avec la Création, l'autre avec le jour de l'Exode.

Les Samaritains, dont le nombre total atteint à peine 450 individus, ce qui en fait l'une des plus petites sectes au monde, vivent dans l'isolement le plus complet et se marient exclusivement entre membres de la communauté. La plupart résident sur le mont Garizim, et quelques-uns à Holon, près de Tel Aviv. Ils utilisent l'hébreu dans leurs prières et l'arabe dans la vie quotidienne. Sous le règne d'Alexandre le Grand, les Samaritains firent élever sur le mont Garizim un temple qu'ils considérèrent comme leur centre religieux et spirituel. Le temple a été complètement détruit par le roi asmonéen Jean Hyrcan en 125 av. J.-C., mais, sur le versant oriental de la montagne, on peut toujours en voir quelques vestiges, auxquels on accède par un escalier. Les Samaritains se sont maintes fois révoltés contre les Romains, ce qui a conduit à une réduction drastique de leur nombre ainsi qu'au repli sur soi et à un profond isolement.

N. J.

VI.1.b **Mosquée al-Khadra' (Maqam Sittna al-Khadra')**

Dans la zone de Ra's al-'Ayn, à l'ouest de Naplouse et près de 'Ayn al-'Asal.

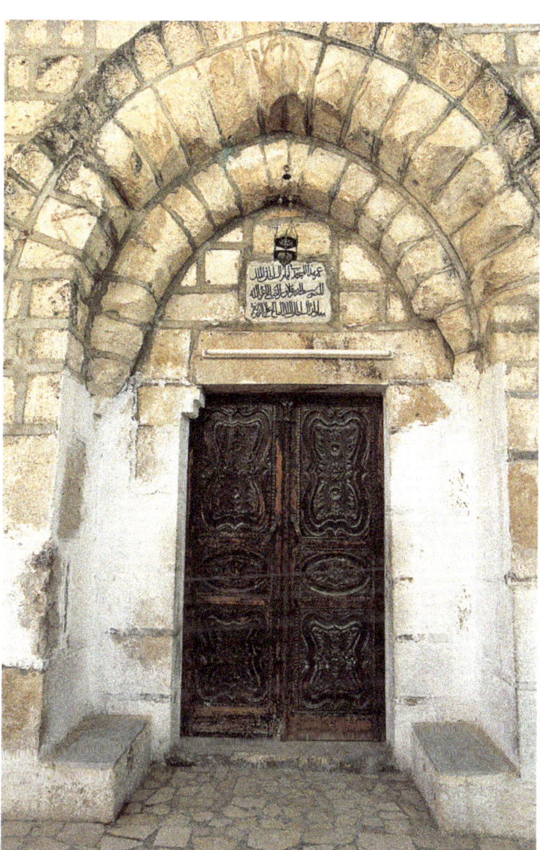

Mosquée al-Khadra', entrée, Naplouse. (© Sonia Halliday Photographs, photo D. Silverman).

Horaires: dans la journée, en dehors des heures de prière.

D'après la tradition locale, al-Khadra' était l'une des filles de Jacob. Comme elle refusait d'épouser le *cheikh* d'une tribu païenne, elle implora le secours de Dieu, et le prétendant mourut sur le champ. Le *maqam* aurait été édifié pour commémorer l'événement. On croit également que c'est l'endroit où Jacob pleura la mort de son fils

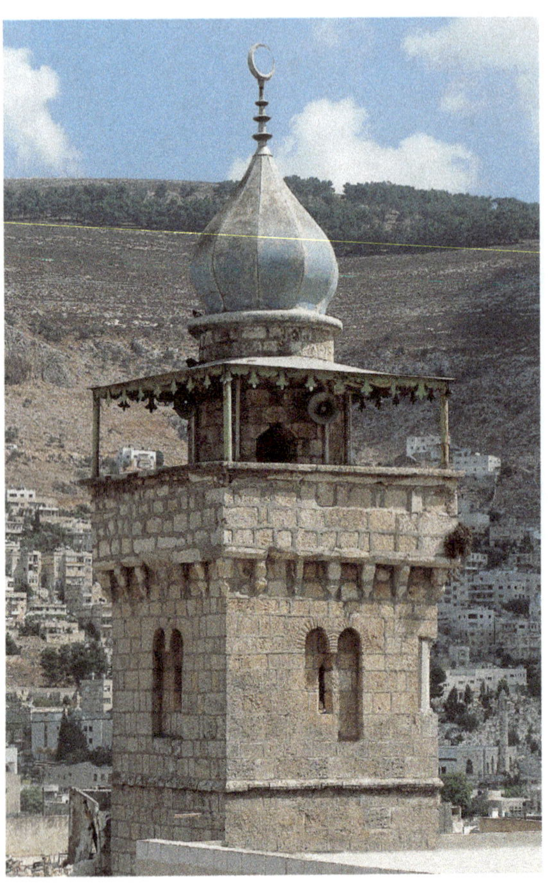

Mosquée al-Khadra', minaret, détail de la partie supérieure, Naplouse. (© Sonia Halliday Photographs, photo D. Silverman).

mosquée par les Ayyoubides après qu'ils eurent libéré la ville en 583/1187. Cependant, l'inscription sur plaque de marbre qui domine l'entrée centrale nord précise que la mosquée fut reconstruite sous le règne du sultan mamelouk al-Mansour Sayf al-Din Qalawun (678/1279-689/1290) sous l'égide de son fils al-Salih 'Ala' al-Din 'Ali Ibn Qalawun (679/1281-687/1288). C'est également à ce moment que fut ajouté l'actuel minaret. À l'époque ottomane, les zones supérieures de la partie nord de la mosquée ont été restaurées, ainsi que l'ornementation de la niche du *mihrab*. Ces travaux ont très probablement eu lieu à la fin du XIe/XVIIe siècle, car le voyageur turc Evlia Çelebi avait visité l'édifice en 1082/1671-1672 et n'avait mentionné aucun dommage.

La mosquée comprend une cour au nord, une salle de prière et un minaret. Au centre du patio rectangulaire se trouvent un bassin en marbre et une fontaine.

Joseph. Près de la porte ouest du *maqam*, une petite pièce sombre est connue sous le nom de "Deuil de Jacob". La pièce est supposée construite au-dessus d'une grotte, et quelques accessoires de derviches peuvent toujours être vus à proximité du *maqam*.

Les détails architecturaux de la mosquée révèlent qu'il s'agissait initialement d'une église, construite par les Croisés entre 492/1099 et 583/1187 et transformée en

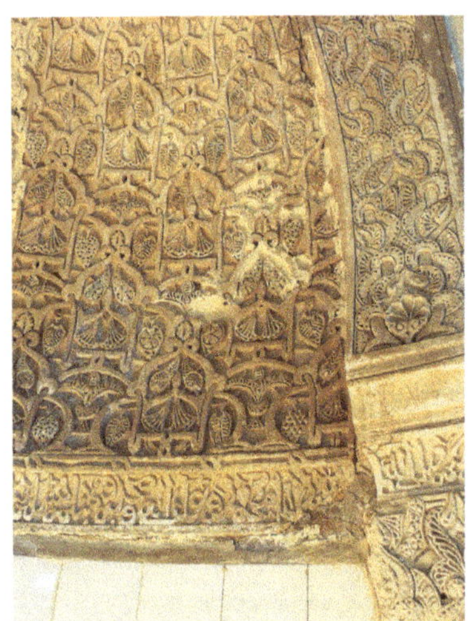

Mosquée al-Khadra', mihrab, détail de la décoration, Naplouse.

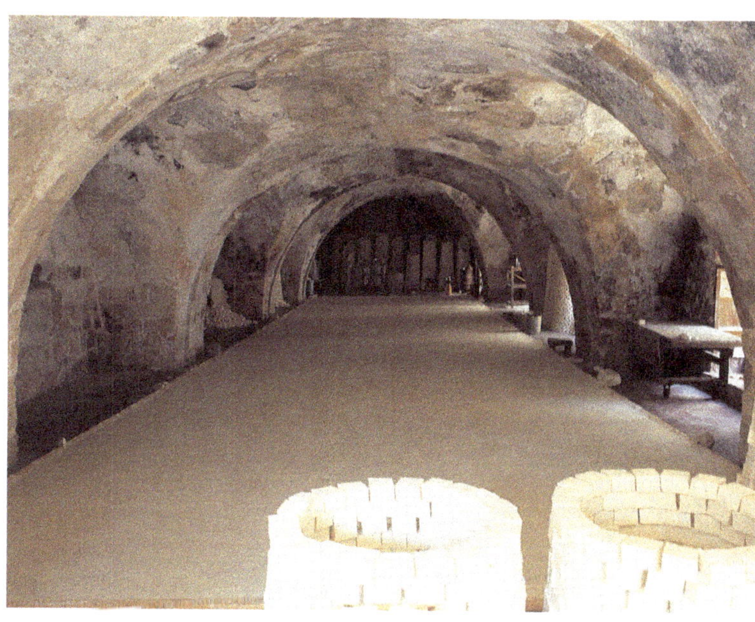

Manufacture de savon de la famille Touqan, étage supérieur, pâte de savon étendue pour le séchage, Naplouse.

L'angle nord-ouest est occupé par l'endroit réservé aux ablutions, l'angle sud-est par un groupe de tombes assez récentes.

La salle de prière est une construction rectangulaire qui s'étend d'est en ouest au sud de la cour nord, sur laquelle donne une façade dotée de trois entrées. Chacune est surmontée d'un encadrement de pierre formant un arc brisé décoré d'ornements végétaux insérés dans des cercles. Ces ornements forment une rosace qui recouvre la surface de chacune des pierres. Au milieu du mur méridional de la salle, l'imposant *mihrab* occupe une niche dont la voûte est ornée de feuilles, de branches d'arbre et de pommes de pin; à la base court une frise épigraphique *naskhi* reprenant des versets coraniques. Un magnifique *minbar* en bois, de fabrication récente, se trouve à côté de cette niche.

À quelques mètres à l'extérieur du mur nord de la cour s'élève le minaret. Sa base carrée en pierre supporte un fût qui se termine par un balcon soutenu par des consoles également en pierre.

M. A. K.

VI.1.c Manufacture de savon de la famille Touqan

Au sud-ouest du square al-Tuta, dans le centre du quartier al-Qaryun à Naplouse.

Le site peut se visiter tous les jours, sauf le vendredi, sur rendez-vous avec le propriétaire. C'est aussi l'occasion d'acheter du savon à base d'huile d'olive naturelle.

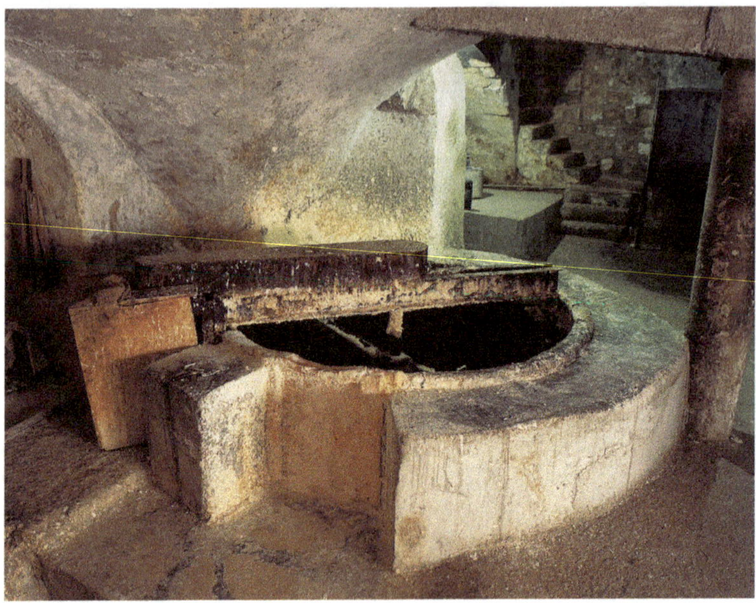

Manufacture de savon de la famille Touqan, salle de cuisson du savon, cuve, Naplouse.

C'est à la fin du XIIIe/XIXe siècle que la famille Touqan a fondé cette savonnerie, une imposante construction en pierre à deux niveaux et de plan rectangulaire. Assez peu décorée, la façade principale, qui donne sur le square al-Tuta, se distingue néanmoins par une grande entrée centrale conçue pour faciliter la décharge des huiles et la sortie des boîtes de savons. La porte, en bois, est surmontée d'un arc brisé entouré de petites fenêtres, généralement fermées de l'intérieur, dont chacune est coiffée d'un arc brisé. Contrairement à la partie inférieure de la façade, la partie supérieure est percée de grandes fenêtres destinées à faciliter la ventilation qui contribue au séchage du savon.

La grande entrée conduit à l'intérieur du rez-de-chaussée, autrement dit au département administration et production, avec les bureaux de la direction et de la comptabilité. C'est là que s'effectue la fabrication du savon, dans une très vaste et haute salle couverte de voûtes d'arêtes reposant sur des piliers en pierre. Un grand espace appelé *al-balat* (pavement) y abrite une gigantesque cuve réservée à la cuisson du savon. Devant la cuve se trouve un bassin semi-circulaire appelé *mibzal*; à côté de ce dernier, d'autres bassins carrés recueillent l'eau de fermentation ainsi que l'eau pure. Sous la cuve est placée une petite pièce contenant le fourneau. Là se déroule le processus de combustion qui permet au savon de se former. On y accède par un escalier qui fait face au *mibzal*. Au-dessus du fourneau se trouve une cheminée dont le conduit s'élève très largement au-dessus de la manufacture. Toujours au même niveau, une citerne sert à stocker l'huile. Sur le côté sud-est de la savonnerie, un escalier conduit au premier étage, un immense espace plat appelé *mafrach* où l'on étale le savon liquide pour le laisser sécher. Le savon est ensuite coupé à l'aide d'instruments métalliques puissamment aiguisés. Les morceaux sont disposés en forme de cylindres – un peu en forme de phares –, de façon à permettre à l'air de circuler jusqu'à ce que les savons soient complètement secs et prêts à l'emploi. Le plafond de cet étage est composé d'une série de coupoles surbaissées qui prennent appui sur des arcs reposant à leur tour sur des piliers.

M. A. K.

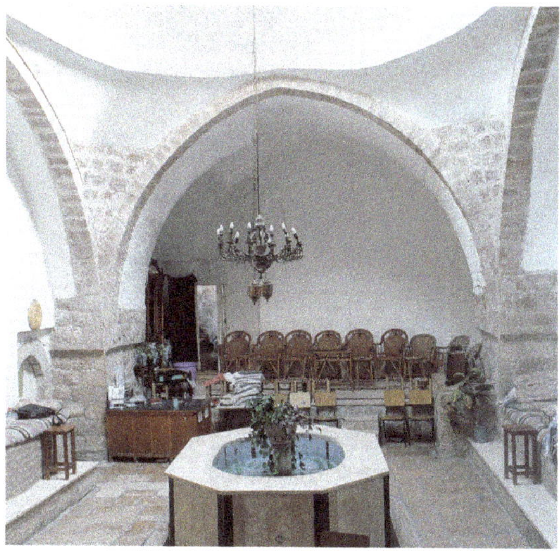

Hammam al-Jadida, salle de réception avec la fontaine centrale, Naplouse.

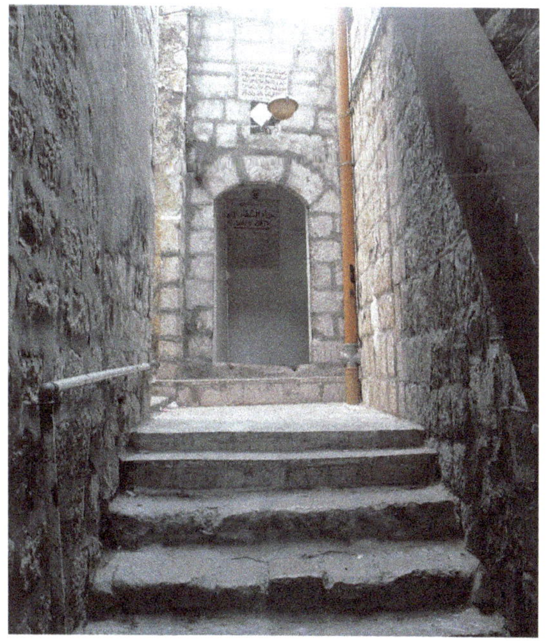

Hammam al-Jadida, escalier d'accès, Naplouse.

VI.1.d **Hammam al-Jadida (al-Chifa')**

Rue al-Nasir, en face de la mosquée al-Bek, dans le centre de la vieille ville. L'établissement est ouvert toute la journée pour le bain ou pour la visite. Le mardi est réservé aux femmes.

Pour les habitants de Naplouse, les *hammams* ont toujours été synonymes de divertissement en même temps que d'hygiène. Les femmes avaient l'habitude d'y apporter des fruits, d'y danser et d'y chanter toutes sortes de chansons pour chaque occasion sociale, pour chaque cérémonie. Les *hammams* publics étaient donc associés de près à la vie sociale à Naplouse, et l'on y célébrait aussi des circoncisions et des mariages. Selon la coutume, la famille de la mariée réservait tel *hammam*, celle du marié en louait un autre pour elle-même et pour ses amis. Une fois que tout un chacun avait pris son bain, le cortège se formait et, marié en tête, se dirigeait vers la maison de la fiancée en chantant au rythme des tambourins. Tout au long du trajet, les commerçants arrosaient le cortège de riz et de parfum.

Ce bain est appelé *hammam* al-Jadida (le neuf) parce que c'est le plus récent qui ait été construit. Mais son nom actuel, al-Chifa' (la guérison), vient des quelques vers gravés au-dessus de l'entrée. Le *hammam* fait partie d'un complexe qui appartient à la famille Touqan. Comme le précise l'inscription, il fut fondé en 1149/1736-1737 par Salih, Ahmad et Mustapha, les fils d'Ibrahim Touqan.

Le plan du *hammam* est des plus simple, même s'il comporte plusieurs parties. La première, immédiatement derrière l'entrée, consiste en une vaste salle de réception appelée "le vestiaire d'été"; au centre se trouve une fontaine, et tout autour des banquettes en pierre sur lesquelles les visiteurs peuvent se détendre tout en sirotant un rafraîchissement ou en fumant un narguilé. Cette pièce se distingue par ses belles colonnes en bois et par ses deux estrades, où est rangé le matériel approprié. La voûte qui couvre la salle est percée de jours. À côté, la deuxième salle, le "vestiaire d'hiver", répond aux mêmes fonctions que la précédente, à ceci près qu'on l'utilise pendant les mois d'hiver. C'est pourquoi le plafond est plus bas et dépourvu d'ouvertures; par ailleurs, la fontaine est plus petite.

Le bain se déroule dans une grande salle chauffée entourée de nombreuses petites pièces. Afin de conserver la chaleur, cette pièce est couverte d'une voûte en berceau recouverte de pièces de faïence de façon à préserver la température intérieure. De belles lucarnes rondes recouvertes de verre y ont été ménagées. Le système permettant de faire chauffer à la fois l'eau et le sol est remarquable: sous les dalles de pierre, tout un réseau de tuyaux fait circuler la vapeur qui résulte de la combustion, chauffant ainsi le sol en même temps que le *hammam*. S'allonger sur le sol ainsi chauffé revient à prendre un sauna et procure quantité de bienfaits pour la santé. Enfin, pour conserver la chaleur à l'intérieur du *hammam,* on a ménagé entre les différentes sections d'étroits corridors bas de plafond et équipés d'une porte à chaque extrémité.

N. J.

VI.1.e **Khan al-Wikala al-Gharbiyya**

À l'extrémité ouest de la vieille ville, à l'entrée occidentale du souk al-Haddadine (marché des forgerons). La visite du khan *est autorisée toute la journée. La mairie a récemment acheté le site pour le restaurer et l'aménager.*

L'emplacement de ce *khan* révèle la perspicacité et le sens pratique de ses concepteurs, puisqu'il démarque la zone des métiers industriels des zones résidentielles. C'est de plus le premier lieu que rencontraient les caravanes en entrant dans la ville. Une fois les matières premières achetées au souk, elles étaient immédiatement transférées au centre d'artisanat – adjacent au *khan* – spécialisé dans le travail du fer et du cuivre. Et une fois que les produits étaient manufacturés, ils étaient mis en vente sur place, sans qu'on ait besoin de les transporter à dos d'âne ou de dromadaire en direction des marchés.

Le plan du *khan* al-Wikala, d'une remarquable efficacité fonctionnelle, répond parfaitement aux besoins pour lesquels il a été construit. L'énorme porte d'entrée autorise un accès facile aux dromadaires et aux ânes (le moyen de transport le plus courant). Le commerçant entrait d'abord dans un vaste patio agrémenté d'une fontaine centrale; un dépôt était à sa disposition pour ses marchandises, ainsi qu'une écurie pour ses bêtes; sa propre chambre se trouvait au premier étage, auquel il accédait par l'escalier.
Le bâtiment comporte deux niveaux d'une surface d'environ 1 000 m^2 chacun. Le rez-de-chaussée, avec une entrée côté nord, s'organise autour d'un patio entouré d'écuries et de boutiques où se déroulaient toutes les transactions commerciales. Tout autour court une galerie à arcs en plein cintre reposant sur des colonnes en pierre; un escalier conduit à l'étage supérieur.
Les chambres du premier étage sont des plus simples. Chacune a une porte, une fenêtre donnant sur la cour et une autre sur la rue. La partie ouest du *khan* est en grande partie détruite, mais les vestiges révèlent tout de même qu'elle comportait trois niveaux. Le bâtiment n'est pas daté, mais il porte l'empreinte architecturale de la fin de l'époque mamelouke.

N. J.

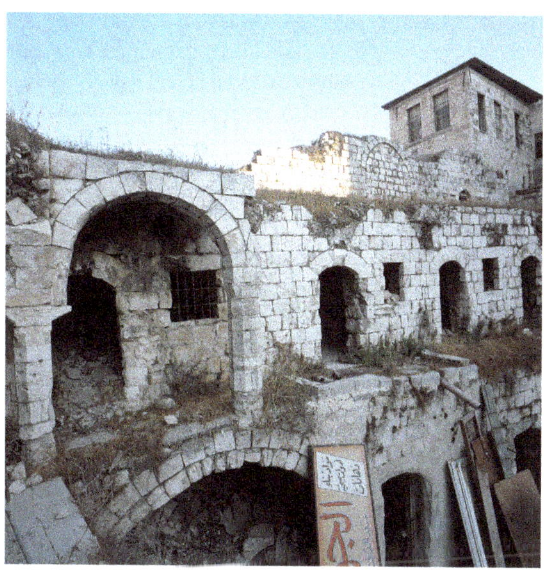

Khan al-Wikala al-Gharbiyya, façade est, Naplouse.

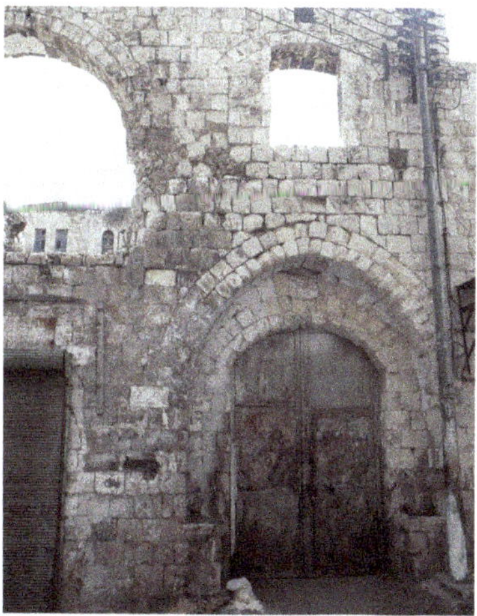

Khan al-Wikala al-Gharbiyya, façade sud, Naplouse.

VI.1.f Souk de Khan al-Toujjar et Wikala al-Farroukhiyya

Au centre de la vieille ville de Naplouse. La visite est possible toute la journée.

Il est indéniable que la position de Naplouse sur les routes de commerce qui, tout au long de l'histoire, ont traversé la Palestine a considérablement dynamisé l'activité constructrice dans la région, et influencé l'architecture de bâtiments précisément voués aux échanges marchands. Une série de *khans* et de *wikalas* ont été construits pendant toutes les périodes islamiques tant à l'intérieur qu'à l'extérieur de la ville. Mais il n'en reste que quelques-uns, ainsi que certaines ruines, ou encore quelques fragments de leur histoire écrite.

Souk de Khan al-Toujjar

Comme son nom l'indique, le souk de Khan al-Toujjar (également connu sous le nom de Souk al-Sultani, le marché du Sultan) était le centre de l'activité économique et commerciale de Naplouse. Il a été décrit dans les registres *(sijils)* du tribunal musulman de Naplouse, et mentionné par le voyageur turc Evlia Çelebi, qui visita la ville en 1082/1671-1672. C'est Lala Mustapha Pacha, un ministre turc qui fut également *wali* de Syrie (975/1567-979/1571), qui a fondé le souk et l'a nanti d'un *waqf*.

D'une largeur de 40 m, le souk s'étend d'est en ouest sur une longueur de 80 m ; de nombreuses échoppes sont disposées de part et d'autre d'une longue allée revêtue de belles dalles. Il est couvert par une série de hautes voûtes d'arêtes séparées par des arcs brisés ; chaque voûte est percée de jours assurant une bonne aération. Dessous, juste au centre des boutiques sud, un escalier conduit à l'extérieur. Lui faisant face, côté nord, se trouve l'entrée qui aboutit à Khan al-Toujjar, que le voyageur turc Evlia Çelebi a décrit comme une citadelle comportant un alignement de 150 chambres.

Le *khan* comprend deux niveaux ; au rez-de-chaussée, donnant sur la cour centrale, des boutiques occupent les espaces autrefois réservés aux écuries. Sur le côté ouest de la cour s'élève un escalier de pierre qui dessert le premier étage, où sont distribuées les chambres de différentes dimensions qui servaient à accueillir les hôtes. Ces pièces consistent en trois rangées de coupoles, que précèdent à l'est, à l'ouest et au sud trois *'uliyyas* donnant sur la cour centrale. C'est aujourd'hui l'artère principale, ou Souk al-Sagha (le marché de l'Or). Certaines sources historiques indiquent qu'on y trouvait aussi une source et une mosquée surmontée d'une coupole revêtue de plomb, la seule du genre à Naplouse, à l'ouest du *khan*. Mais rien ne nous en est parvenu, le séisme qui a frappé

Souk de Khan al-Tujjar, entrée ouest, Naplouse.

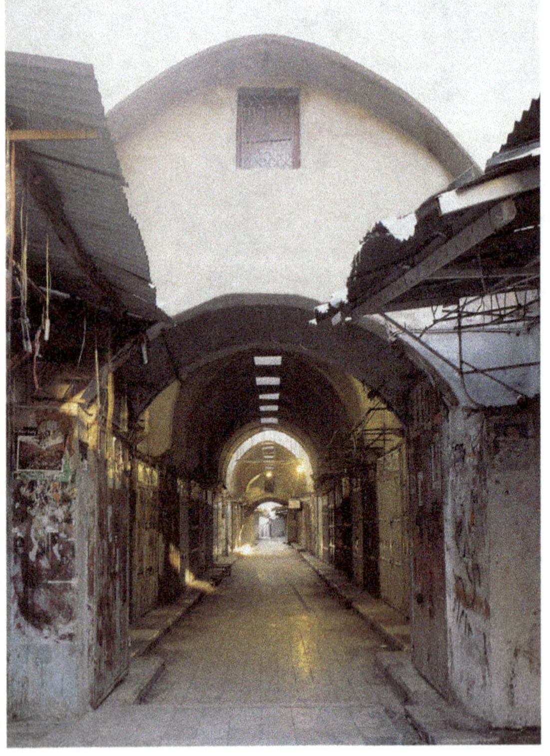

la ville en 1345/1927, et qui a aussi endommagé le *khan*, ayant tout détruit. Ihsan al-Nimr, l'historien de la Naplouse moderne, signale qu'une *madrasa* consacrée à l'enseignement des quatre doctrines de l'islam (chafi'ite, hanbalite, hanafite et malékite) se trouvait à l'étage supérieur du *khan*.

Wikala al-Farroukhiyya

À l'extrémité du souk, côté nord, on peut voir les vestiges de la *wikala* al-Farroukhiyya, du nom de son bâtisseur, le célèbre émir Farroukh Ibn 'Abd Allah al-Charkasi (1030/1620), qui fut gouverneur de Jérusalem et de Naplouse, et qui se vit confier l'organisation du pèlerinage *(hadjdj)* en Syrie au début du XIe/XVIIe siècle. Malheureusement, rien n'a survécu du bâtiment, à l'exception de quelques chambres aux premier et deuxième niveaux, qui servent actuellement de boutiques. Hélas, ces ruines ne reflètent plus guère la forme originelle du site, ni le passé glorieux qui fut le sien lorsque la *wikala* accueillait, d'après Ihsan al-Nimr, le convoi des pèlerins syriens une fois qu'il avait rejoint celui des Égyptiens en route pour le Hijaz.

M. A. K.

Souk de Khan al-Tujjar, intérieur, vue générale, Naplouse.

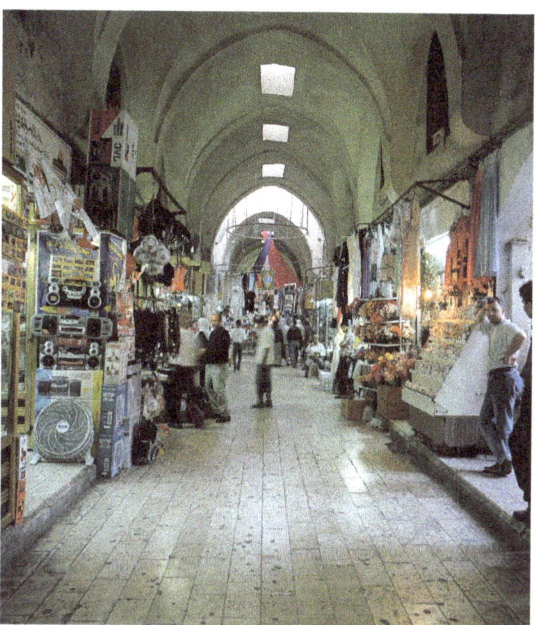

Grande Mosquée, entrée principale, Naplouse.

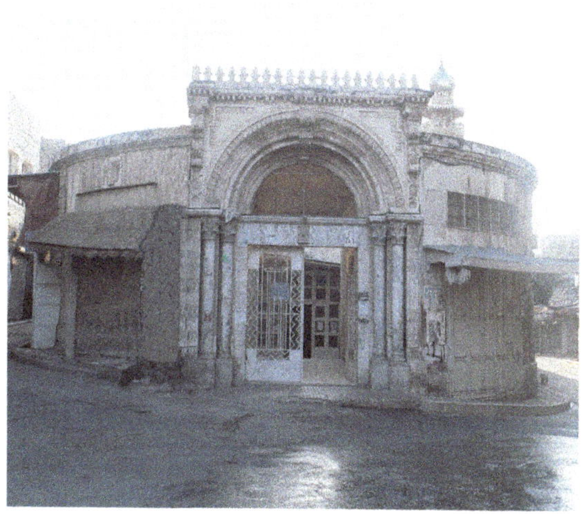

VI.1.g **Grande Mosquée**

La mosquée se situe à l'est de la vieille ville, au croisement de Chari' [grande rue ou avenue] al-Nasir et de Chari' al-Khan.
Horaires: dans la journée, en dehors des heures de prière.

S'agissant de la plus grande et de la plus importante mosquée de la ville, Jami'

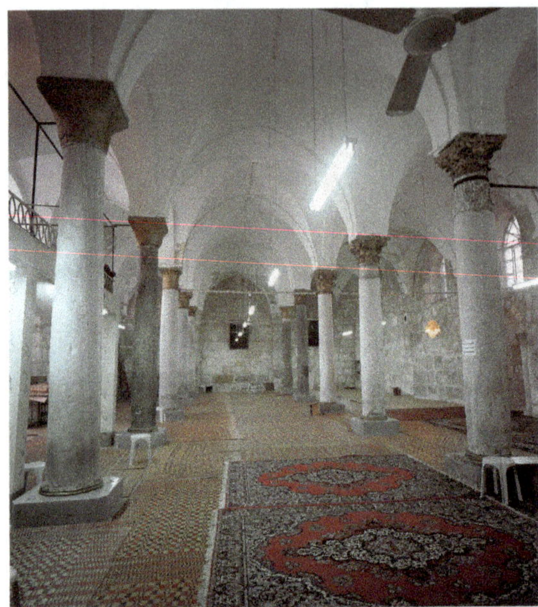

Grande Mosquée, intérieur, Naplouse.

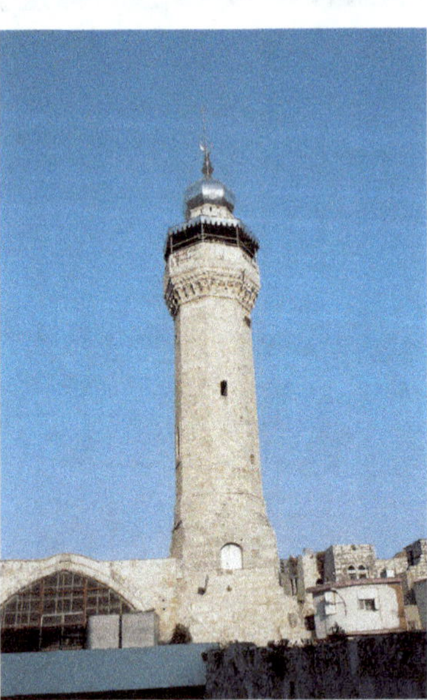

Grande Mosquée, minaret, Naplouse.

al-Kabir (la Grande Mosquée) était le centre où tous les décrets gouvernementaux, politiques et administratives étaient annoncés et affichés.

Les éléments décoratifs, les détails architecturaux et quelques notices historiques montrent que le bâtiment actuel est le résultat de différentes modifications de style et d'agrandissements opérés au fil des siècles. L'origine peut en être attribuée à l'époque byzantine, quand l'empereur romain Justinien (527-565) avait édifié une église sur le site. La mosquée qu'évoque al-Muqaddasi, et qu'il situe dans le centre de la ville, a probablement été érigée sur les ruines de cette église. Toutefois, lorsque les Croisés s'emparèrent de Naplouse en 562/1167, ils exproprièrent la mosquée pour reconstruire une église, avec, en remploi, quantité d'éléments architecturaux du premier temple byzantin. Plus tard, après la reconquête de la ville sur les Francs en 583/1187, Saladin fit réhabiliter le lieu en mosquée, bientôt connue sous le nom de Jami' al-Salahi al-Kabir (la Grande Mosquée de Saladin). La mosquée fut ensuite restaurée aux périodes mamelouke et ottomane. Une nouvelle toiture fut également construite à l'époque mamelouke.

La mosquée n'était pas strictement réservée aux rituels religieux. C'était aussi un espace de savoir et d'étude, où se tenaient nombre de conférences et de cours, notamment sur les sciences du Coran, le droit islamique et la grammaire arabe.

La mosquée est un vaste complexe rectangulaire doté de deux entrées, est et nord. Toutes deux ouvrent sur une cour découverte qui mène à son tour à la salle de prière. Large de 16,55 m et de plan rectangulaire, cette salle s'étend d'est en ouest sur une longueur de 61 m. Le mur méridional est percé de trois *mihrabs*, celui du centre, face à l'entrée nord, étant le plus grand. À l'ouest du *mihrab* se dresse la chaire *(minbar)* de marbre attribuée à l'émir mamelouk 'Izz al-Din al-Amiri (713/1313). Deux rangées de colonnes en marbre et de piliers en pierre divisent la salle de prière en trois nefs couvertes chacune d'une voûte d'arêtes.

Le minaret se dresse au milieu du mur nord, juste au-dessus de l'entrée. De la base carrée en pierre s'élève le fût octogonal, lequel s'achève par un balcon en pierre soutenu par des rangées de *mouqarnas* et couronné d'une petite coupole.

M. A. K

VI.1.h **Maqam Rijal al-'Amoud**

Aux pieds du mont Garizim, dans la partie sud-ouest de la ville, près du commissariat de police. La visite est possible dans la journée avec l'autorisation préalable du cheikh *du mausolée.*

Le *maqam* est associé au nombre quarante, qui est étroitement lié à différents credos et rituels religieux des trois religions monothéistes en Palestine, où l'on compte plus de cinquante *maqams* associés à ce chiffre. De multiples légendes populaires entourent Maqam Rijal al-'Amoud, sans compter la version des Samaritains, selon lesquels, au cours d'une tentative pour les

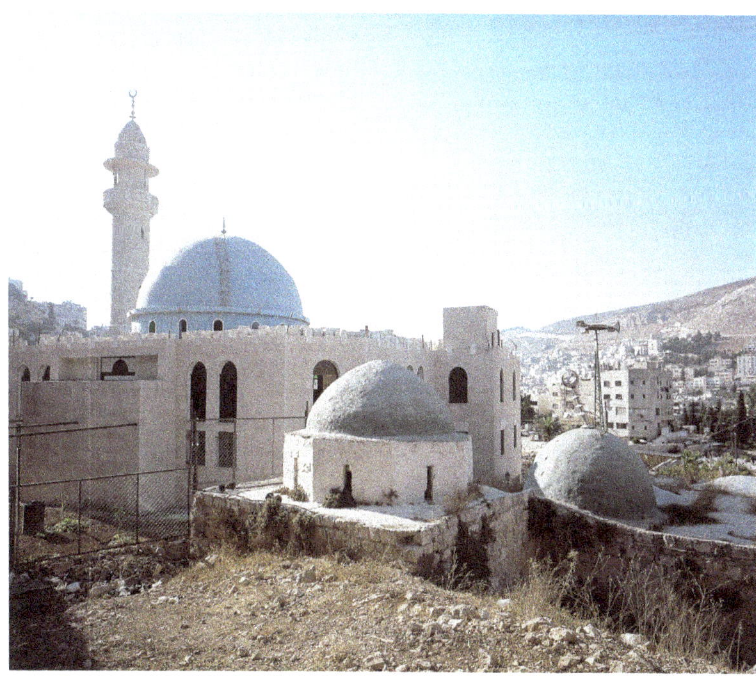

Maqam Rijal al-'Amoud, vue générale, Naplouse.

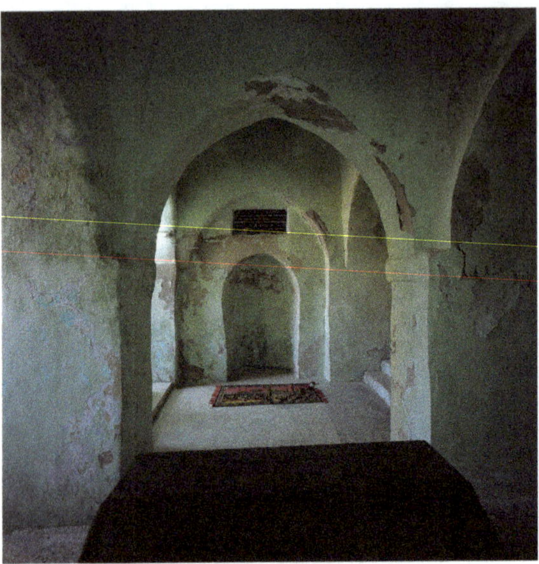

Maqam Rijal al-'Amoud, intérieur, Naplouse.

soumettre au christianisme, l'empereur Zénon aurait massacré ici même soixante-dix adeptes de la secte.

En 1101/1689, le voyageur soufi 'Abd al-Ghani al-Naboulsi décrit ainsi le mausolée : "Nous allâmes visiter le site des quarante prophètes, qu'on appelle les Rijal al-'Amoud [les hommes de la colonne]. En arrivant, nous avons vu un magnifique mausolée. À l'intérieur était une grotte, dans laquelle une tombe était bâtie. Une ouverture y conduisait, qu'on appelait Magharat al-Arba'in [la grotte des quarante]. À l'intérieur se dressait une colonne, d'où son appellation."

Le *maqam* renferme quelques stèles funéraires, qui livrent les noms du *cheikh* Muhammad 'Amoud al-Nour, de son fils le *cheikh* Salih et du *cheikh* Sa'd al-Din. Pour Ihsan al-Nimr, l'historien de Naplouse, le mausolée aurait été érigé en l'honneur des martyrs morts au combat contre les Croisés. Il date probablement de l'époque ayyoubide (VIe/XIIe siècle), de nombreuses adjonctions étant intervenues ultérieurement.

Le mausolée consiste en une imposante cour ceinte d'un mur extérieur d'où on peut apercevoir la montagne qui domine le site. Les tombes se trouvent dans les chambres, dont certaines servaient à loger les visiteurs, ainsi que le gardien du lieu, tandis que d'autres ont été transformées en mosquée. Comme on le verra, la famille al-'Amoudi avait choisi le *maqam* pour dernière demeure, alors que de nombreux villageois sont enterrés dans la campagne environnante.

Il n'est pratiquement pas de *maqam* en Palestine qui ne soit chargé d'une signification symbolique, et qui n'attire quantité de gens venant implorer secours. Celui de Rijal al-'Amoud était plus précisément l'endroit où les habitants de Naplouse et des environs venaient faire des prières pour appeler la pluie en cas de sécheresse. L'édifice a fait l'objet de diverses restaurations au cours des dernières décennies, surtout parce qu'il fait office de mosquée principale pour toute la région alentour.

N. J.

LA FABRICATION DU SAVON

Marwan Abu Khalaf

À Naplouse, la fabrication du savon est une industrie à la fois très ancienne et très importante. On ne dispose pas d'informations précises sur les débuts de cette activité, mais elle remonte au moins à l'époque où l'huile d'olive fut utilisée pour la première fois dans le processus de fabrication. Les premières indications dont nous disposions remontent au IVe/Xe siècle: les écrits de al-Muqaddasi (380/990) la mentionnent alors comme l'un des produits d'exportation de la Palestine. S'il ne précise pas le lieu de fabrication, il est largement admis que Naplouse était la ville en question. La matière première y était en abondance, et la ville s'était dès longtemps taillé une réputation de grand savoir-faire. Sous les Croisés, Naplouse était si célèbre pour ses savons que la fabrication en fut décrétée monopole royal. On en trouve des références aussi bien chez Cheikh al-Rabwa (m. 727/1300) que chez Moujir al-Din al-Hanbali (900/1495), ce qui prouve que cette industrie a perduré à l'époque mamelouke.

La fabrication du savon est devenue un des métiers traditionnels de Naplouse à l'époque ottomane; les statistiques ont recensé 15 savonneries en 1257/1842, et ce chiffre a doublé au début du XXe siècle. Les savonneries se déploient dans les six quartiers que compte Naplouse: al-Gharb, al-Yasmina, al-Qaryun, al-'Aqaba, al-Qaysariyya et al-Habla. Dans la vieille ville, la rue qui relie le quartier de al-Yasmina à celui de al-Qaryun s'appelle “passage du Savon”.

La fabrication du savon a contribué à établir un équilibre entre les zones urbaines et les zones rurales de Naplouse. La production était répartie entre l'agglomération et les villages environnants. Tandis que les villages fournissaient la matière première (l'huile d'olive), la ville assurait la fabrication et la commercialisation du produit fini (le savon). Le meilleur savon est celui qui est confectionné avec l'huile d'olive. L'huile la plus pure sert à produire un savon blanc d'une grande pureté. Puis vient le savon jaune, et enfin le dernier choix: le savon vert, fabriqué à partir de l'huile issue de la pression des noyaux d'olives. Le processus de fabrication passe par plusieurs étapes : la cuisson, l'étalage, le découpage, le séchage et enfin l'emballage. Les propriétaires de savonneries à Naplouse appartenaient à la classe dirigeante, aux aristocrates, aux oulémas et aux riches commerçants. Ils faisaient de la publicité pour leur production, ce qui a contribué à sa diffusion sur les marchés étrangers, notamment en Égypte, en Syrie et dans d'autres pays arabes. Aujourd'hui encore,

Manufacture de savon de la famille Touqan, ouvrier emballant des pains de savon, Naplouse.

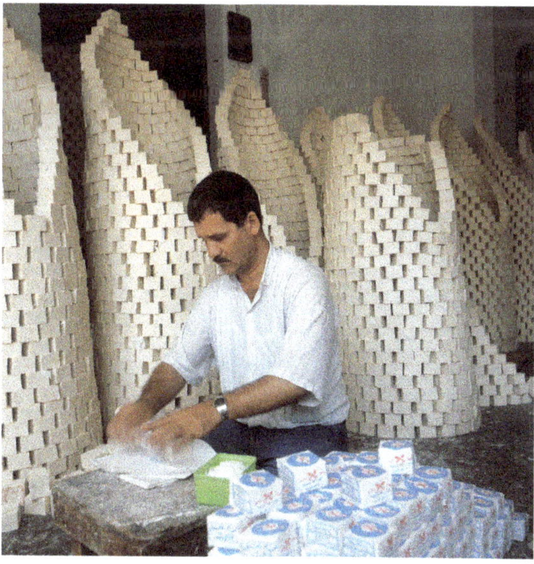

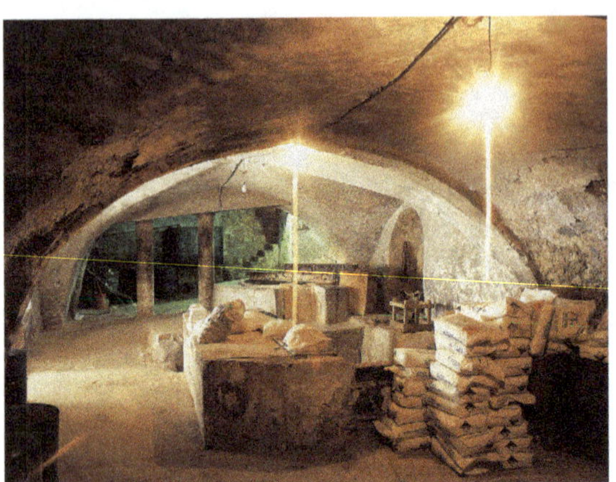

Manufacture de savon de la famille Touqan, rez-de-chaussée, salle de cuisson du savon, vue générale, Naplouse.

la plupart des propriétaires de savonneries font remarquer non sans fierté que leurs usines ne dégagent pas d'odeurs, contrairement à celles qui, ailleurs, utilisent des déchets et des graisses animales pour produire du savon.

Les données historiques montrent qu'en 1938 la valeur totale des exportations palestiniennes vers l'Égypte atteignait les 60 000 livres, dont plus des deux tiers étaient dues au seul savon. Les registres du commerce nous apprennent que *al-hadjdj* 'Abd al-Rahim Efendi al-Naboulsi avait été envoyé à Londres avec des échantillons de savon de Naplouse pour les faire connaître sur les marchés de Grande-Bretagne. Nous savons par un livre publié ultérieurement sur le savon que la production de Naplouse y avait été particulièrement appréciée, et qu'une compagnie britannique en avait commandé de la meilleure qualité.

Outre la lessive et le nettoyage, le savon de Naplouse est utilisé dans la médecine populaire, et entre dans nombre de préparations, en particulier dans les emplâtres. Il est également très prisé dans la préparation de la soie.

La plupart des savonneries présentent le même plan architectural. Ce sont généralement des bâtiments à deux niveaux : le rez-de-chaussée, où l'on procède à la cuisson du savon dans une grande salle haute de plafond et percée de petites fenêtres ; et le premier étage, très spacieux et doté de nombreuses fenêtres, où le savon est étalé, séché et conditionné. Pour faciliter l'entrée des réserves d'huile et la sortie de la production, les savonneries sont équipées de plusieurs portails. À l'entrée, une pièce tient lieu de bureau du propriétaire. À l'intérieur de chaque savonnerie se trouvent aussi un ou plusieurs puits destinés au stockage de l'huile, ainsi qu'un fourneau, une cuve pour la cuisson et de nombreux bassins remplis d'eau.

Naseer R. Arafat

Les palais (ou manoirs) des plus vieilles familles de Naplouse passent pour les monuments architecturaux les plus importants de la ville. Ils ont été construits dans un style très proche de celui des résidences damascènes. Ils sont généralement de très grandes dimensions, et certains faisaient partie de vastes complexes comprenant également une savonnerie et un *hammam* privé: c'est le cas du palais du *qadi* 'Abd al-Wahid al-Khammach, dans le quartier de al-Yasmina.

On peut classer ces palais en deux catégories. La première comprenait les demeures de propriétaires de savonneries et de riches commerçants telles que 'Achour, 'Arafat, Soufan al-Naboulsi, Kan'an et al-Khammach. Ces demeures se distinguaient par des pièces vastes, des matériaux de construction de première qualité, un équipement intérieur luxueux, la décoration particulièrement soignée des entrées, les fers forgés et les plafonds intérieurs polychromes en bois ou en stuc. Les demeures de la seconde catégorie évoquaient plutôt des forteresses. À l'époque ottomane, elles appartenaient aux gouverneurs ou *walis* de la ville, lesquels, chargés notamment de la collecte des impôts, avaient pu accumuler des fortunes considérables. Parmi ces palais se comptent ceux des familles Touqan, al-Nimr et 'Abd al-Hadi.

Naturellement, se promener dans un tel palais éveille le désir de découvrir les secrets qui se cachent derrière ces hauts murs impénétrables. On s'y introduit, lorsque cela est possible, par une toute petite porte, *khoukha*, percée dans le portail monumental en bois, et qui ne laisse en rien présager qu'un palais se trouve derrière. Pour entrer dans le palais, le visiteur se voit contraint de pencher la tête comme dans un lieu sacré, et le sentiment de sa propre petitesse le poursuivra tant qu'il n'aura pas franchi l'étroit couloir qui aboutit à la cour découverte.

Le patio est occupé par une fontaine et un jardin où abondent le jasmin, les fleurs et les arbres fruitiers comme le grenadier et le citronnier. Autour du patio et du jardin

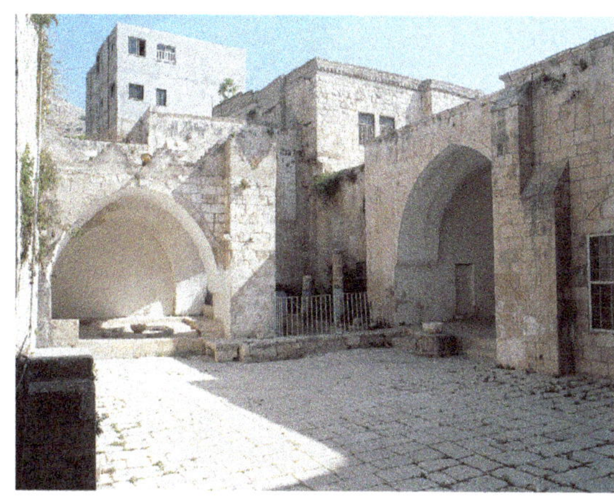

Cour intérieure et iwan d'un palais, vue générale, Naplouse.

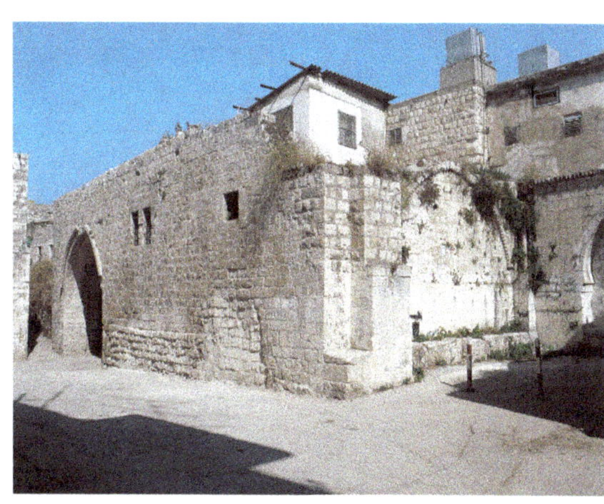

Façade extérieure d'un palais, Naplouse.

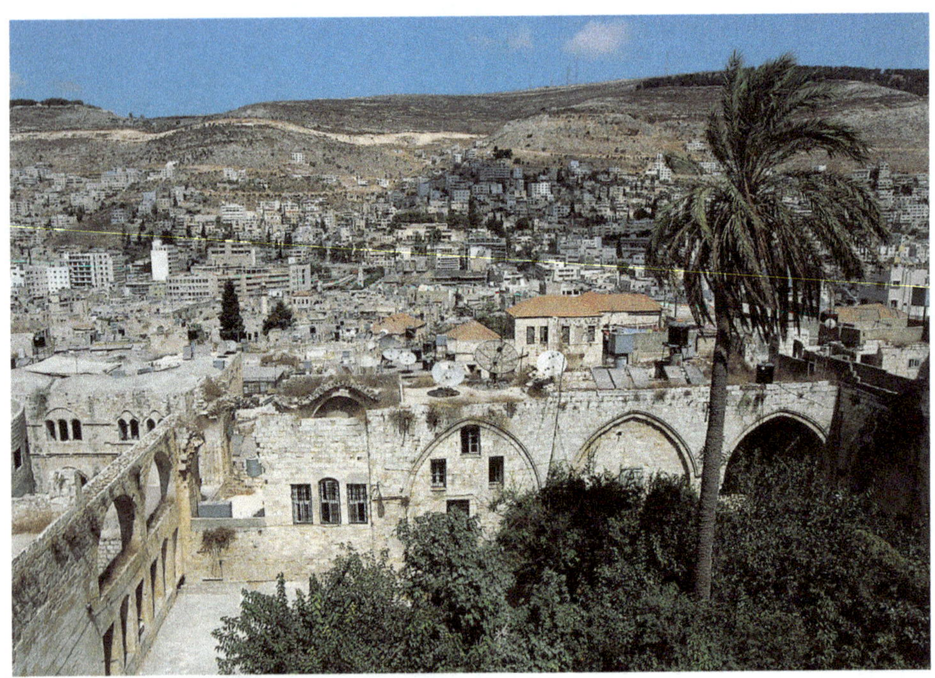

Palais de la famille 'Abd al-Hadi, vue aérienne de la cour avec la ville de Naplouse à l'arrière-plan (© Sonia Hallyday Photographs, photo D. Silverman).

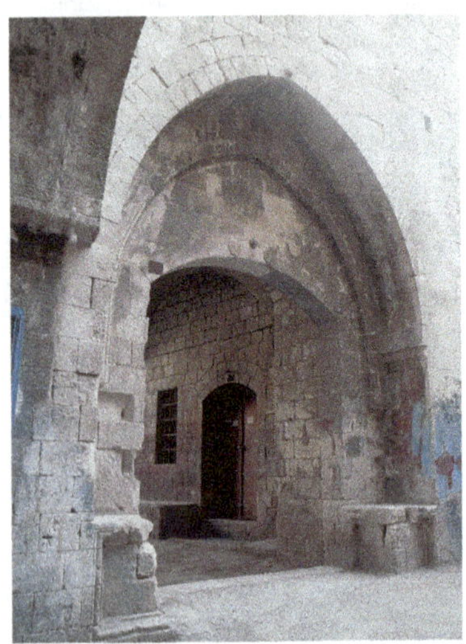

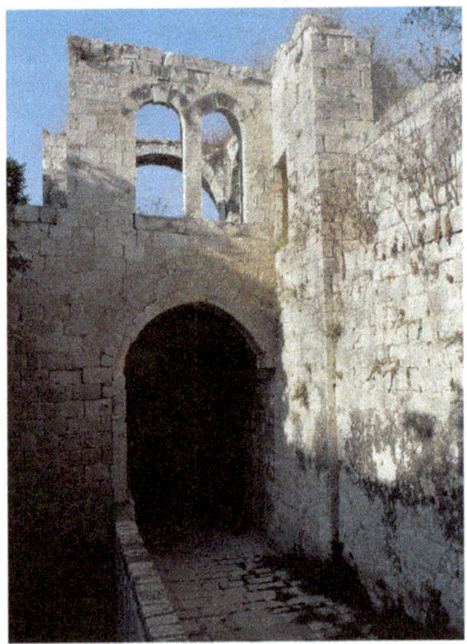

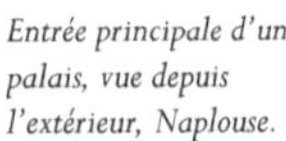

Entrée principale d'un palais, vue depuis l'extérieur, Naplouse.

Cour intérieure d'un palais, vue partielle, Naplouse.

sont distribués les écuries, les allées et les escaliers qui conduisent au niveau supérieur, qui constitue la zone résidentielle. Là, les nombreuses chambres et *iwans* qui entourent la cour garantissent l'intimité des habitants. Il existe également un troisième niveau, accessible par des escaliers et des couloirs, qui comprend une cour entourée des chambres réservées au fils marié et à sa famille. L'ensemble constitue en effet une résidence indépendante pour le fils, qui reste toutefois à proximité de ses parents grâce à l'entrée et à la cour communes. Cette organisation a permis de perpétuer la structure de la famille élargie. L'architecture du palais faisait écho à ses fonctions sociales et privées, et révélait les valeurs et les goûts de ses propriétaires. Cela commençait par la zone publique, puis venaient les espaces privés jusqu'aux espaces les plus intimes. En concevant le bâtiment, l'architecte prenait aussi en compte les conditions géographiques et climatologiques de la région. Les palais étaient construits de façon à assurer le meilleur confort à ses occupants, procurant de la chaleur en hiver et de la fraîcheur en été.

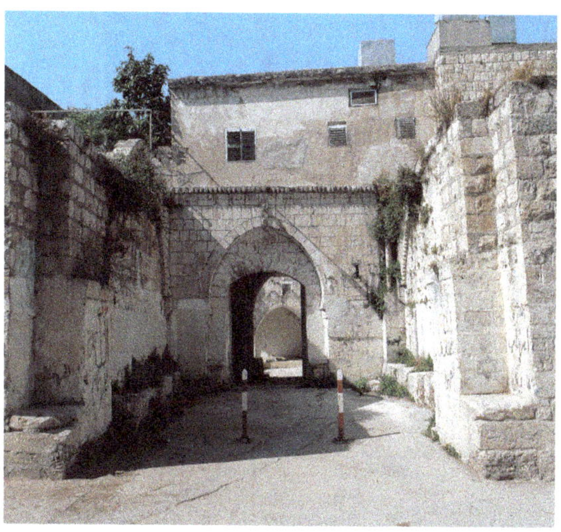

Entrée d'un palais, vue depuis l'extérieur, Naplouse.

Aux fenêtres, les *machrabiyyas* (jalousies) de bois permettaient à ceux qui se tenaient à l'intérieur d'observer, sans être vus, ce qui se passait à l'extérieur. Les décorations florales et géométriques qui ornaient les entrées des édifices, les fenêtres, les portes et le mobilier intérieurs, les fontaines ou les plafonds de bois aux couleurs éclatantes ne manqueront pas de séduire le visiteur.

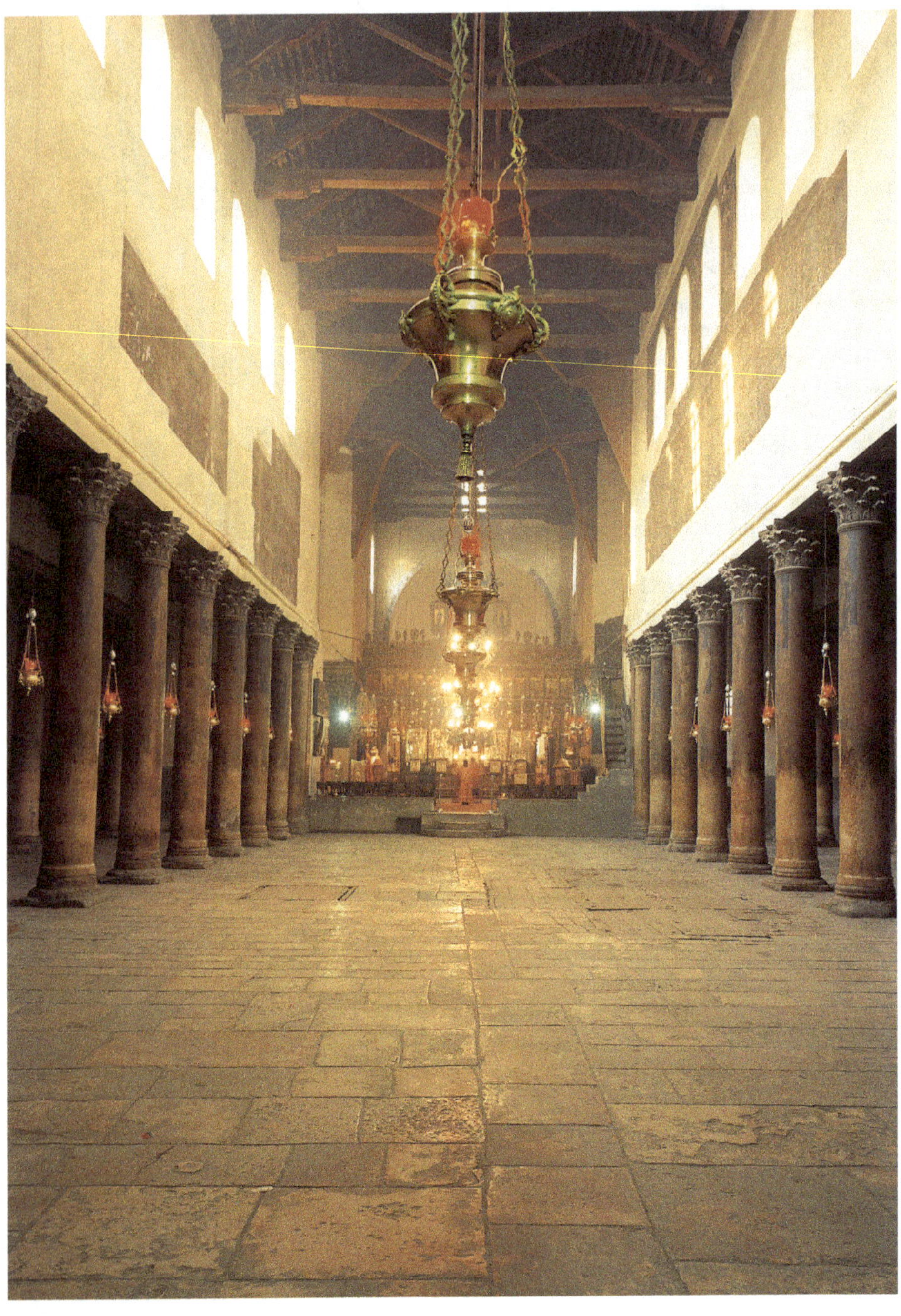

La route du pèlerinage entre Jérusalem et Hébron

Nazmi al-Ju'beh

VII.1 BETHLÉEM
- VII.1.a Tombeau de Rachel
- VII.1.b Église de la Nativité

VII.2 PISCINES DE SALOMON
- VII.2.a Piscines de Salomon
- VII.2.b Qal'at al-Birak

OPTION PITTORESQUE
- Wadi Artas: un paysage rural typique de Palestine

Le système d'approvisionnement en eau de Jérusalem

VII.3 HALHOUL
- VII.3.a Mosquée Nabi Yunis

VII.4 SA'IR
- VII.4.a Mosquée Nabi al-'Is

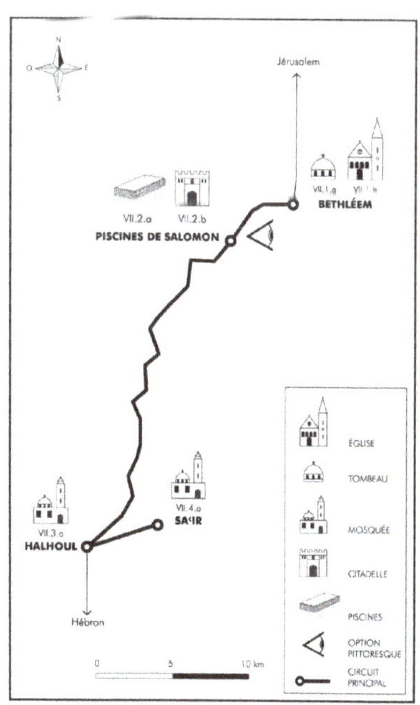

Église de la Nativité, nef centrale, Bethléem.

Du fait de leur complémentarité religieuse, politique, sociale et scientifique, Jérusalem et Hébron ont toujours été intimement liées à travers les âges. Par ailleurs, les deux villes étaient généralement soumises au même système administratif. C'est à l'époque ayyoubide qu'apparaît, sur le modèle de La Mecque et de Médine, la fonction de gardien des deux *harams* de Jérusalem et d'Hébron, qui se renforce sous les Mamelouks jusqu'à devenir un poste religieux à part entière et jouissant d'un prestige considérable. Le personnage était nommé par le sultan en personne, au Caire, et la charge consistait à gérer les deux sanctuaires ainsi que leurs *waqfs*.

Le circuit empruntera la route montagneuse qui, sur une distance de 40 km, relie Jérusalem à Hébron. D'innombrables pèlerins ont suivi ce même itinéraire depuis des temps immémoriaux, tout comme le faisaient les califes et les sultans qui visitaient ces deux lieux saints, ou comme les caravanes qui commerçaient entre Syrie et Égypte.

Au cours de notre périple de Jérusalem à Hébron, nous nous intéresserons à certains des sites qui ont joué un rôle essentiel dans la formation de l'histoire islamique de la Palestine. Le visiteur appréciera aussi le magnifique paysage environnant, notamment les terrassements qui ont protégé le sol de l'érosion au cours des âges et les tours de guet disséminées le long de la route. La région est réputée pour ses vignobles, et certaines voies de communication ont à peine changé depuis la conquête islamique.

Le circuit débute avec la visite du tombeau de Rachel, que vénèrent pareillement musulmans, chrétiens et juifs, et qui est le premier lieu saint sur la route de Bethléem à Hébron. Puis nous visiterons Bethléem : pour les chrétiens, le lieu de naissance de Jésus est, avec le Saint Sépulcre de Jérusalem, l'endroit le plus sacré au monde. Nous nous dirigerons ensuite vers le sud pour arriver aux "Piscines de Salomon", où nous observerons l'un des projets hydrauliques les plus impressionnants et les plus complexes qui soient. À partir de là, une option pittoresque sera proposée, celle de l'oued et du village d'Artas, une des plus belles vallées de Palestine. L'itinéraire se poursuivra jusqu'à la ville de Halhoul, où nous visiterons la mosquée de Nabi Yunis (le prophète Jonas), et jusqu'à Sa'ir, avec le *maqam* et la mosquée de Nabi al-'Is, deux sites que de milliers de soufis ont honorés à travers les âges.

VII.1 BETHLÉEM

À 10 km environ au sud de Jérusalem, la ville se trouve sur la ligne de partage des eaux des collines de Jérusalem-Hébron, tout comme d'ailleurs Hébron et Jérusalem. Pour les chrétiens, c'est, avec le Saint Sépulcre, la ville la plus sacrée au monde puisqu'elle a vu la naissance de Jésus. Une bonne partie de la vieille ville a survécu, et bon nombre d'édifices ont été restaurés à l'occasion des célébrations de l'an 2000. Malgré l'absence d'informations précises sur la plupart des bâtiments (à l'exception de ceux qui datent des XIXe et XXe siècles), les façons architecturales traditionnelles permettent d'attribuer une grande partie de la vieille ville aux périodes mamelouke et ottomane.

VII.1.a **Tombeau de Rachel**

Juste avant l'entrée de Bethléem, à 7 km au sud de Jérusalem, sur la droite de la route Jérusalem-Hébron. Ouvert toute la journée.

Rachel était l'une des épouses de Jacob, la mère de Joseph et de Benjamin. Elle mourut à la naissance de ce dernier (le douzième enfant de Jacob), et l'on admet généralement qu'elle est enterrée à l'endroit qui porte le nom de Qubba de Rachel. Le tombeau de Rachel est mentionné dans la première littérature de voyage de Palestine, qui remonte au IVe siècle de l'ère chrétienne; il est également cité dans différents ouvrages de voyageurs et de géographes, qu'ils soient chrétiens, musulmans ou juifs. Al-Idrisi (m. 560/1165) l'évoque en ces termes: "À mi-chemin sur la route de Bethléem se trouve la tombe de Rachel, mère de Joseph et de Benjamin, fils de Jacob. La tombe présente douze pierres, elle est coiffée d'une coupole qui s'élève du rocher." Nous ne connaissons ni le fondateur, ni la date de construction de l'édifice, qui semble cependant remonter au premier âge islamique.
Les témoignages de voyageurs s'accordent sur le fait que la tombe est composée de douze pierres, ce qui correspond au nombre des enfants de Jacob. L'édifice, qui est surmonté d'une coupole, était régulièrement visité. C'est le gouverneur de Jérusalem Muhammad Pacha qui fit construire en 1033/1623 l'édifice actuel, lequel fut restauré au début du XIIIe/XIXe

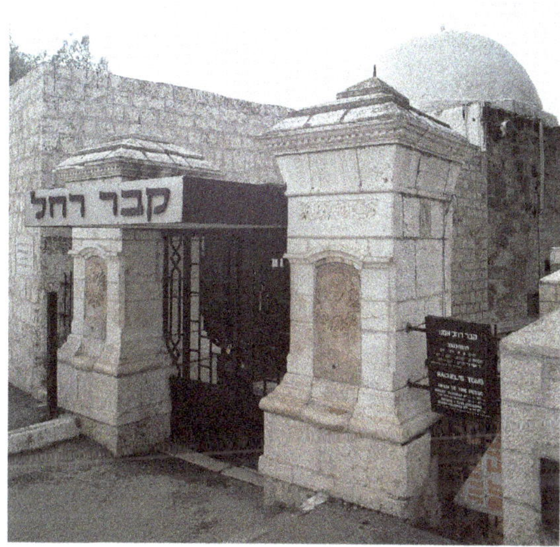

Tombeau de Rachel, entrée principale, Bethléem.

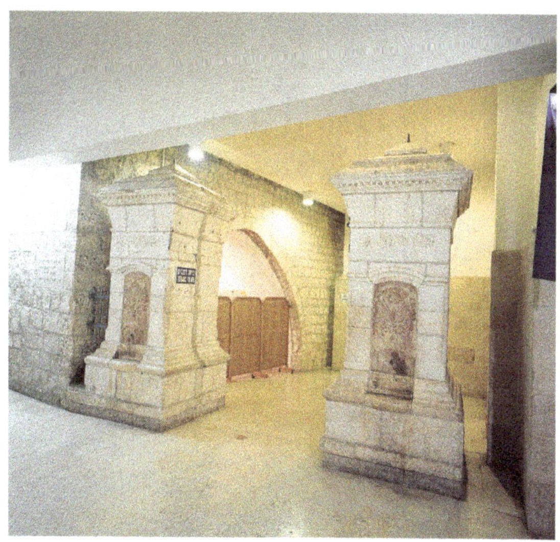
Tombeau de Rachel, intérieur, Bethléem.

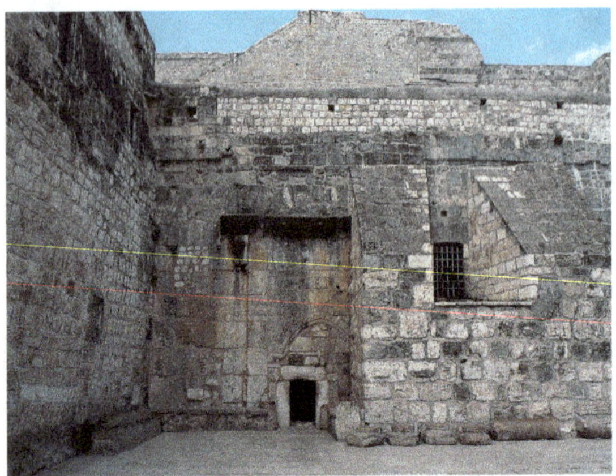

Église de la Nativité, accès, Bethléem.

siècle. Le bâtiment de plan carré présente un dôme et une longue pièce à l'est; dans la cour orientale se trouve un *mihrab*, ainsi que de nombreuses tombes de musulmans qui recherchaient la protection de Rachel.

Église de la Nativité, nef nord, Bethléem.

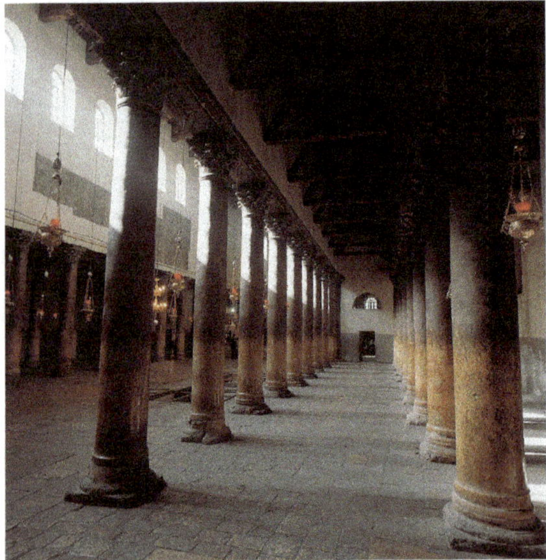

Plus tard, de hauts murs et des tours de défense ont été ajoutés au bâtiment qui, sous contrôle israélien depuis 1967, a été transformé en caserne.

VII.1.b **Église de la Nativité**

L'église de la Nativité est considérée comme le monument le plus important et le plus élégant de Bethléem ; elle est ouverte au public tous les jours de 05:30 à 18:00.

On pourra s'étonner de voir cet édifice chrétien faire l'objet d'une halte au milieu de notre parcours islamique. C'est que la ville de Bethléem, en tant que lieu de naissance de Jésus, occupe une place de choix dans le cœur des musulmans. Rappelons en effet que Marie et Jésus sont très présents dans le Coran, qui reconnaît Jésus comme le dernier prophète avant Muhammad, et dans maints épisodes de la vie du Prophète: c'est par exemple au cours de son fameux Voyage nocturne que Muhammad reconnaît l'union symbolique de tous les envoyés de Dieu, parmi lesquels se trouve Aïssa (Jésus). D'autre part, les chrétiens de Bethléem, tout comme leurs représentants à Jérusalem, et particulièrement à l'époque mamelouke, ont bénéficié sous les dynasties islamiques de statuts privilégiés. Un certain nombre de décrets leur garantissaient l'exonération de l'impôt, la protection des ecclésiastiques, des visiteurs de la basilique et de ses pèlerins. D'autres leur octroyaient le droit de restaurer la Nativité chaque fois que nécessaire. Ce haut lieu chrétien figurait d'ailleurs en bonne place dans les principaux récits de voyage musulmans, qui en livraient des descriptions détaillées pour

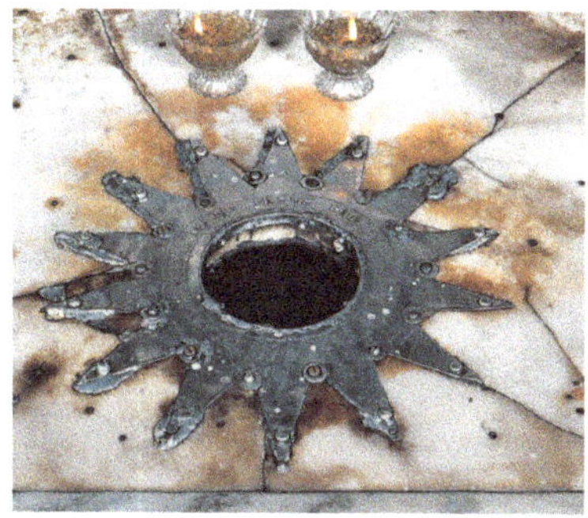

Église de la Nativité, étoile de la Nativité, Bethléem.

mieux inscrire le personnage de Jésus dans la tradition islamique.
L'église de la Nativité se dresse au-dessus de la grotte où l'on vénère la naissance de Jésus. L'impératrice Hélène, mère de l'empereur Constantin (r. 306-337), fit construire l'église d'origine en 329, après que la prohibition d'exercer le christianisme eut été abolie en 313 avec l'édit de Milan. Mais le sanctuaire fut démoli en 529 et rebâti peu après sous Justinien (527-565). En dehors du sol et de la toiture, qui ont été remplacés plusieurs fois, la structure de base de la basilique de Justinien est à peu près celle que nous connaissons aujourd'hui.
Signalons enfin que, non loin de la basilique de la Nativité, des dizaines d'églises et de monastères ont joué un rôle éminent à l'époque islamique, notamment la chapelle de la Grotte du Lait, l'église Saint-Joseph et l'église des Champs des Bergers.

VII.2 PISCINES DE SALOMON

VII.2.a Piscines de Salomon

À 3 km environ au sud-ouest de Bethléem, à l'est de la route d'Hébron. La visite est possible toute la journée.

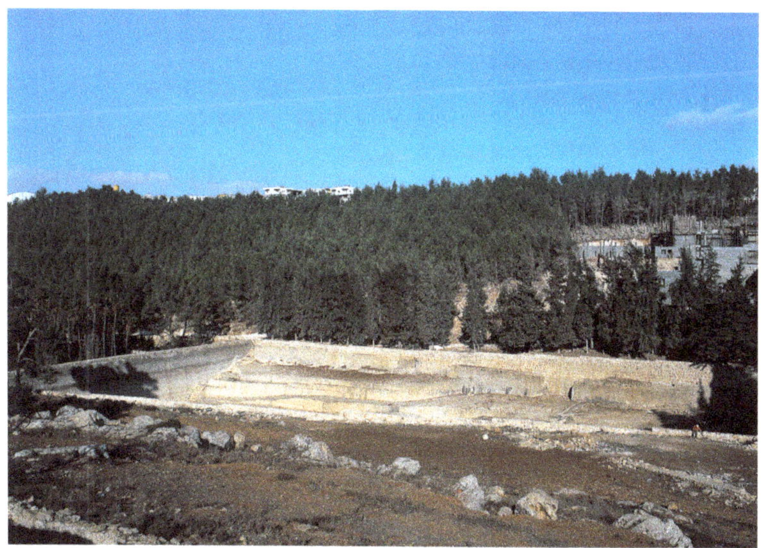

Piscines de Salomon, vue générale.

Piscines de Salomon

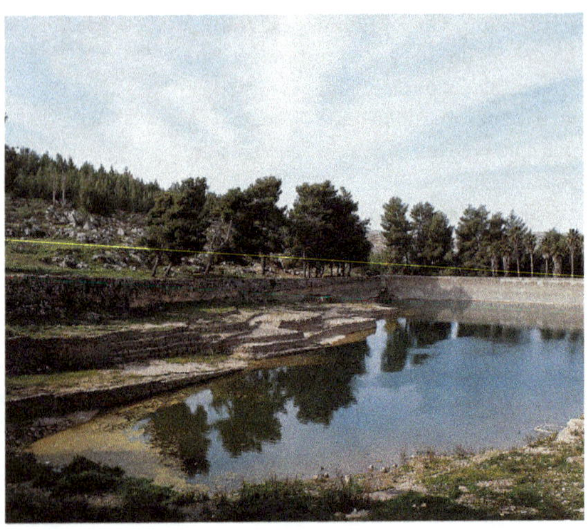

Piscines de Salomon, vue générale (© Sonia Halliday Photographs).

Dans un paysage admirable, les trois bassins se découvrent au cœur d'une splendide pinède, à l'extrémité de la verdoyante vallée d'Artas, fertile en arbres fruitiers.

On ne sait pas à quel moment fut creusé le premier bassin, mais le bassin supérieur et celui du milieu existaient déjà sous Hérode Antipas (4 av. J.-C.-39 apr. J.-C.). Le troisième bassin, celui du bas, fut construit par le sultan mamelouk Khuchqadam (865/1460-872/1467), qui fit aussi entièrement rénover le système hydraulique. Mais l'intervention la plus importante concernant les trois piscines date de 943/1536-1537, sous le règne de Soliman le Magnifique, qui compléta le système des canalisations et le prolongea jusqu'à Jérusalem, où il ajouta une série de fontaines toujours visibles dans la vieille ville.

Les bassins servaient à collecter l'eau de pluie et celle des sources environnantes, avant qu'elles ne soient acheminées jusqu'à Jérusalem par tout un réseau d'aqueducs empruntant des ponts et des canalisations souterraines pour franchir les collines. L'eau était parfois recueillie à plus de 15 km. Pour respecter la pente naturelle des collines, l'aqueduc le plus long devait suivre un tracé de 68 km en zigzags, alors que, à vol d'oiseau, la distance n'est que de 21 km. Ce dispositif fonctionna jusqu'en 1922, date à laquelle les premières pompes électriques furent mises en place. Aujourd'hui, le visiteur peut jouir d'une vue intégrale sur les piscines, les vestiges des aqueducs et des canalisations alentour.

Le premier bassin est long de 116 m, large de 70 à 72 m et profond de 6 à 12 m ; son volume est de 85 000 m^3. Le bassin central est long de 129 m, sa largeur varie de 70 à 76 m, sa profondeur est de 12 m et sa capacité de 90 000 m^3. Le bassin inférieur (d'époque mamelouke) est le plus grand avec une longueur de 177 m, une largeur de 86 à 95 m, une profondeur de 15 m et une capacité de 113 000 m^3.

VII.2.b **Qal'at al-Birak**

À 3 km au sud-ouest de Bethléem, à l'est de la route conduisant aux Piscines de Salomon.
Visite possible en permanence.

Comme l'indique l'inscription fondatrice au-dessus du portail d'entrée, cette forteresse fut érigée en 1027/1617-1618 par le sultan ottoman 'Othman II afin de protéger le système hydraulique, d'une importance vitale dans la région; le sultan y affecta quarante soldats armés de canons et de munitions. La forteresse est connue dans le langage populaire sous le nom de Qal'at al-Birak ("la citadelle des piscines") ou

Qal'at Mourad ("la citadelle [du sultan] Mourad").

Elle s'élève à quelques mètres au nord du premier bassin. De plan rectangulaire (70 x 45 m), la construction présente une entrée principale au milieu du mur occidental et quatre tours d'angle. Les meurtrières sont encore visibles au sommet des murs. Les côtés ouest et est abritent plusieurs salles. À l'extérieur de l'angle sud-ouest existait autrefois une petite mosquée qui était alimentée en eau par une source qui jaillit côté sud.

La citadelle a été restaurée en 1998 ; des travaux sont actuellement en cours pour en faire un centre d'arts et traditions populaires de Palestine.

Qal'at al-Birak, façade principale, Piscines de Salomon.

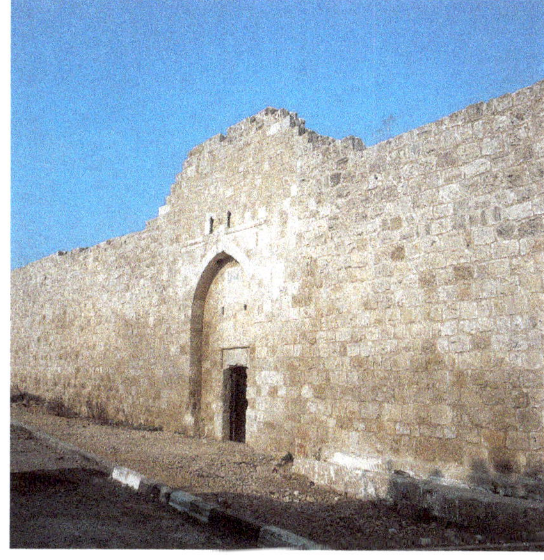

OPTION PITTORESQUE

Wadi Artas: un paysage rural typique de Palestine

Le paysage palestinien, et plus particulièrement les zones de collines rurales, présentent toutes les caractéristiques de la topographie méditerranéenne. Les témoignages d'une intense exploitation agricole s'y observent nettement; au fil des âges, c'est toute une tradition d'harmonie et de complémentarité avec la nature et l'environnement qui s'est instaurée. Il est donc relativement aisé de comprendre avec quel amour l'Homme y a cultivé la terre. Wadi Artas en est un bon exemple, qui offre depuis des milliers d'années les conditions naturelles propices à une occupation humaine continue.

À l'est de la vallée, là où elle devient plus escarpée et plus fertile, jaillissent de nombreuses sources, tandis que le village historique d'Artas est établi sur les rives nord de l'oued. La vallée est réputée pour ses primeurs et ses légumineuses de toutes sortes, qui en font un paradis de verdure

Wadi Artas, vue générale de la vallée.

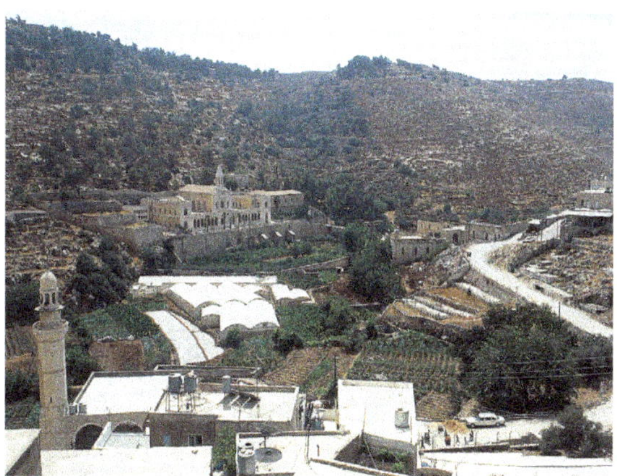

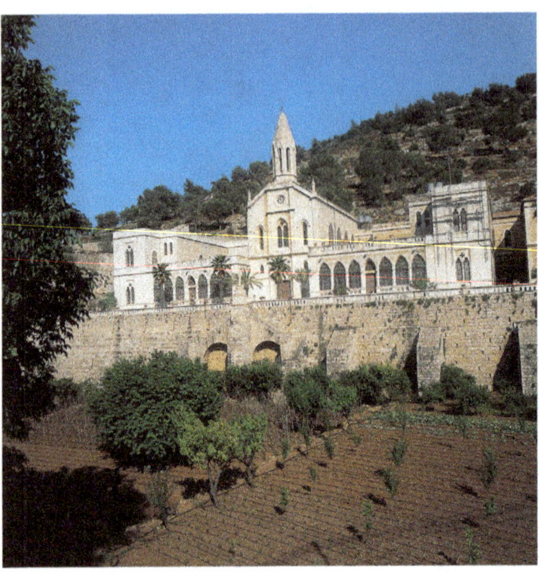

Wadi Artas, monastère, vue générale.

tout au long de l'année. Pour faire face à la progression démographique du village, les habitants ont exploité les deux rives de la vallée, et ont aménagé les versants en terrasses pour prévenir l'érosion du sol. Avec les cailloux provenant de l'épierrage des champs, ils ont construit des murs de soutènement épousant magnifiquement les contours naturels des collines. Les terrasses

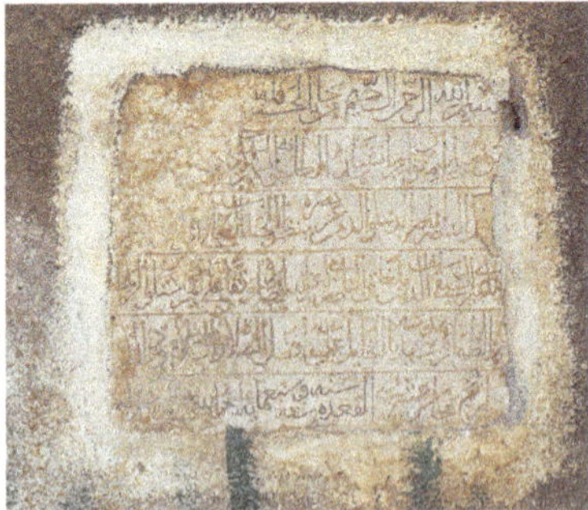

Wadi Artas, inscription en pierre de style mamelouk (déplacée de son lieu d'origine).

ayant été plantées d'amandiers, de pruniers, de cerisiers et d'oliviers, les collines ont été transformées en une merveille toujours verte. Au printemps, les terrasses prennent l'allure d'un tableau surréaliste. Comme dans tous les paysages de collines de Palestine, de la Galilée à Hébron, les oliviers colorent les quatre saisons de l'année de leur belle teinte gris-vert.
En regardant vers l'est de la vallée, le visiteur observera la mosaïque des champs, qui n'ont cessé d'être morcelés tout au long de l'histoire de la région ; là encore, la variété des plantations et des parcelles offre une vue des plus pittoresques.

VII.3 HALHOUL

VII.3.a **Mosquée Nabi Yunis**

Hahloul se situe à près de 32 km au sud de Jérusalem et à 5 km au nord d'Hébron.
Horaires : dans la journée, en dehors des heures de prière.

La mosquée, qui sert également de *maqam*, se trouve au centre du village et fut construite par al-Malik al-Mu'addam 'Issa, fils du sultan ayyoubide al-Malik al-'Adil, en 623/1226. Les sultans mamelouks continuèrent à entretenir le *maqam* et à le visiter lorsqu'ils venaient à Hébron, ce qui, depuis l'époque ayyoubide, confère à la mosquée une réputation sans pareille, celle d'un éminent centre soufi. Le *maqam* et la mosquée adjacente sont cités dans la plupart des récits de voyageurs et de soufis en route pour Hébron. C'est le cas de 'Abd al-Ghani al-Naboulsi en 1101/1689-1690:

"Nous continuâmes jusqu'au village de Halhoul pour visiter la tombe du prophète Yunis Ibn Matta, que la paix soit sur lui ! Nous y avons vu la mosquée et une grotte, et visité le tombeau". Il convient de signaler ici que huit régions de Palestine possèdent une tombe ou un *maqam* du nom de Nabi Yunis; celui de Halhoul est le plus célèbre.

On accède au *maqam* en empruntant le principal portail de la moderne mosquée, à deux niveaux, qui fut récemment érigée derrière l'emplacement du premier édifice ayyoubide. Pour visiter les vestiges de l'ancienne mosquée, on se dirigera vers la *qibla* et le centre du bâtiment.

La partie ancienne du *maqam* est un bâtiment de plan carré entouré de portiques sur chaque côté, à l'exception du côté nord. Chaque portique est composé de trois piliers supportant d'impressionnantes voûtes d'arêtes bien appareillées. Les fenêtres sous portiques donnent sur la chambre funéraire commémorative, une pièce carrée surmontée d'une voûte en berceau.

Le cénotaphe est recouvert d'un tissu vert, comme souvent dans la tradition islamique. Au-dessus de la fenêtre occidentale de la chambre funéraire est suspendu un vêtement sur lequel le nom de Yunis est brodé au fil de soie. Il n'est pas sans rappeler ceux de la mosquée al-Ibrahimi à Hébron et date probablement de la dernière période ottomane (sans doute du règne du sultan 'Abd al-Hamid). Le monument étant uniquement commémoratif, il n'est pas orienté vers la *qibla* – contrairement aux tombes musulmanes –, mais vers le sud-ouest. Cette particularité peut s'expliquer par le fait que le site remonterait à des temps préislamiques, comme en témoignent une série d'anciennes tombes mises au jour lors des travaux d'agrandissement de la mosquée. La chambre funéraire se trouve dans une cavité située sous la mosquée. Elle est inaccessible, et ne peut donc se visiter. Pour les habitants du village, ce *maqam* est un lieu sacré, où l'on vient formuler ses vœux, en même temps qu'un véritable centre religieux et populaire.

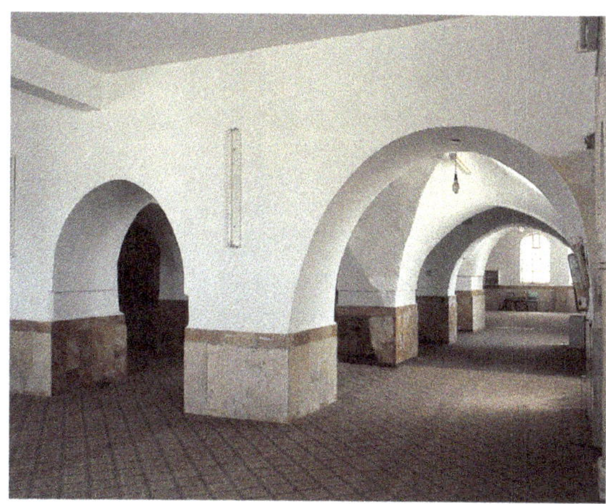

Mosquée Nabi Yunis, intérieur, vue générale, Halhoul.

Si le visiteur dispose d'un peu de temps, il pourra se rendre, à 100 m environ au sud de la mosquée, jusqu'au noyau historique du village. Accolées les unes aux autres, les maisons abandonnées sont un des témoignages les plus lumineux de l'architecture rurale traditionnelle.

VII.4 SA'IR

VII.4.a **Mosquée Nabi al-'Is**

Sa'ir se trouve à près de 7 km d'Hébron.
Horaires: dans la journée, en dehors des heures de prière.

Sa'ir

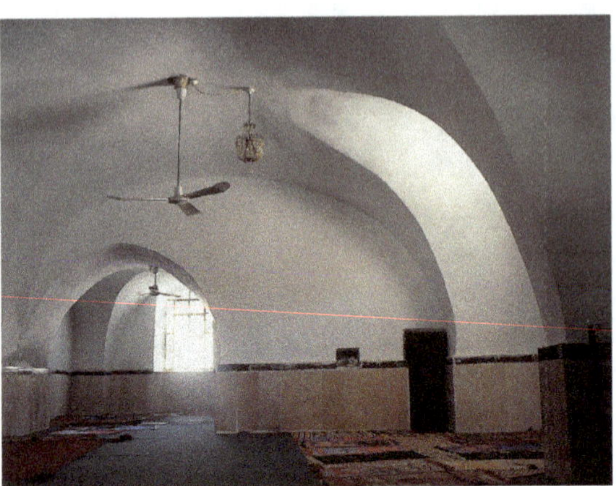

Mosquée Nabi al-'Is, intérieur, Sa'ir.

Le village de Sa'ir s'étend aujourd'hui sur une vaste superficie; c'est pourquoi, pour arriver à la mosquée, il faut traverser les quartiers modernes de la bourgade pour atteindre le centre où l'on trouvera la mosquée de Nabi al-'Is (Esaü), le frère de Jacob fils d'Isaac, Isaac étant lui-même le fils d'Abraham.

Les sources historiques citent une mosquée édifiée à l'époque mamelouke pour commémorer le prophète, qui tient une place majeure dans la tradition locale d'Hébron. Les deux premières générations des descendants d'Abraham ont été enterrées à Hébron, tandis que l'autre petit-fils, Esaü (al-'Is) fut enterré ici même. Nous ne connaissons pas exactement la date de construction du *maqam,* mais il est presque certain qu'il s'agit de la première mosquée construite à Sa'ir ; elle remonterait probablement au début de la période islamique.

Afin de pouvoir accueillir tous les fidèles du village, une grande mosquée moderne a été construite récemment à l'emplacement de la mosquée mamelouke, dont ne subsistent que les deux façades méridionale et occidentale, mais ces vestiges sont sans intérêt au regard de l'impressionnante architecture de l'époque: l'appareil de pierres grossièrement taillées ne présente pas la moindre pierre de couleur et se trouve dépourvu de toute décoration ou inscription. Le cénotaphe et la chambre funéraire sont d'origine.

On accède au mausolée par une petite porte percée dans le côté occidental au premier étage de la mosquée. On pénètre d'abord dans une pièce rectangulaire (environ 20 m de long sur 7 m de large), qui consiste en un portique présentant trois voûtes d'arêtes au nord de la chambre funéraire. Un modeste *mihrab*, probablement celui d'origine, se trouve à l'intérieur. Le côté occidental de la salle est partiellement fermé et permet aux soufis de s'isoler.

C'est dans cet espace qu'on accomplit les prières, qu'on lit des versets du Coran, tout en portant le regard sur le cénotaphe à travers une fenêtre. Le mausolée peut également être vu depuis la mosquée qui s'élève à l'est. Au centre de la chambre funéraire – couverte d'une voûte en plein cintre légèrement surbaissée et longue d'une dizaine de mètres – se trouve le cénotaphe, lui aussi drapé d'un tissu de couleur verte.

LE SYSTÈME D'APPROVISIONNEMENT EN EAU DE JÉRUSALEM

Nazmi al-Ju'beh

Particulièrement pauvre en ressources hydriques naturelles – la ville ne dispose que d'une petite source –, Jérusalem souffre d'une grave pénurie d'eau. De tout temps, ses habitants ont cherché à recueillir l'eau de pluie soit dans des citernes creusées à l'intérieur des maisons, soit dans des réservoirs construits en plusieurs endroits de la ville. Mais ces précautions se sont avérées insuffisantes face à des besoins sans cesse croissants du fait de l'afflux de visiteurs et de pèlerins dans la ville.

La crise a atteint un point critique à l'époque romaine, et de nombreux efforts furent déployés pour trouver une solution au problème. Située à une altitude supérieure à celle de Jérusalem et dotée d'abondantes sources, la zone des Piscines de Salomon s'est naturellement imposée comme l'endroit tout indiqué pour recueillir les eaux et les acheminer facilement jusqu'à la ville.

Le gigantesque dispositif comprenait des dizaines de canalisations qui collectaient l'eau de pluie et des sources environnantes, dont la plus éloignée se situait à 15 km de là. Couvertes ou à ciel ouvert, les canalisations suivaient l'inclinaison des versants à différents niveaux, traversaient les montagnes par des conduits souterrains ou franchissaient les différences de niveau par des aqueducs jusqu'à atteindre Jérusalem, où l'eau finissait par s'écouler dans les *sabils* et les réservoirs après un long parcours qui pouvait atteindre les 65 km. Des Romains jusqu'aux Ottomans, les maîtres du pays ont tous consacré des soins vigilants à l'entretien de ce système d'aqueducs et de réservoirs; la dernière restauration est intervenue en 1318-1901. Outre les trois piscines de Salomon et les dizaines d'aqueducs alentour, le visiteur peut encore suivre une partie de l'aqueduc ottoman qui relie à flanc de collines Jérusalem à Bethléem.

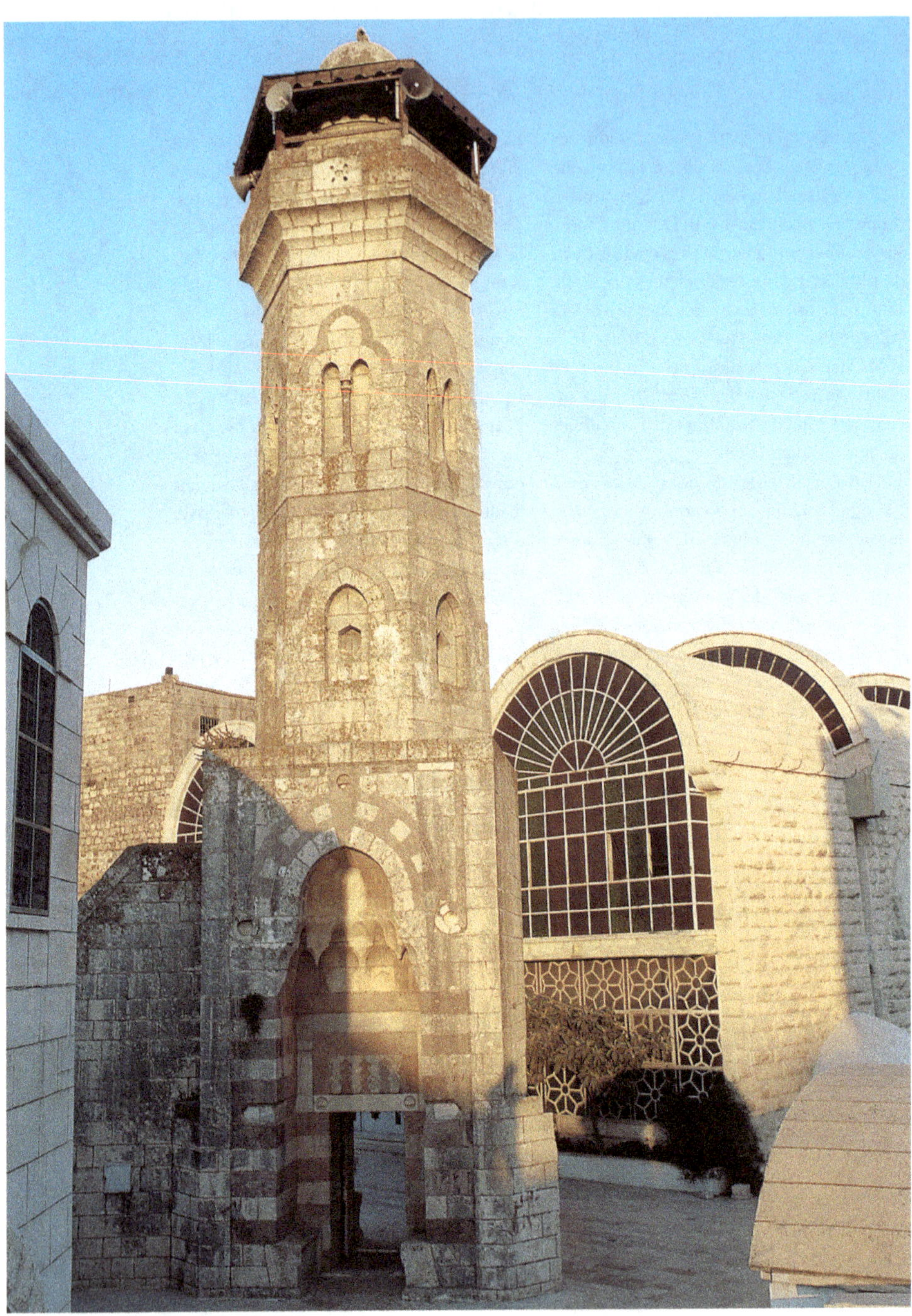

Hébron: la ville d'Abraham

Nazmi al-Ju'beh

VIII.1 HÉBRON

VIII.1.a Mosquée al-Haram al-Ibrahimi
VIII.1.b Mosquée al-Jawali
VIII.1.c Zawiya al-Ja'abira
VIII.1.d Zawiya al-Maghariba et Tombeau de Joseph
VIII.1.e Zawiya de Cheikh 'Ali al-Bakka'
VIII.1.f Hammam al-Khalil (musée d'Hébron)

Les vieux quartiers
La production de verre

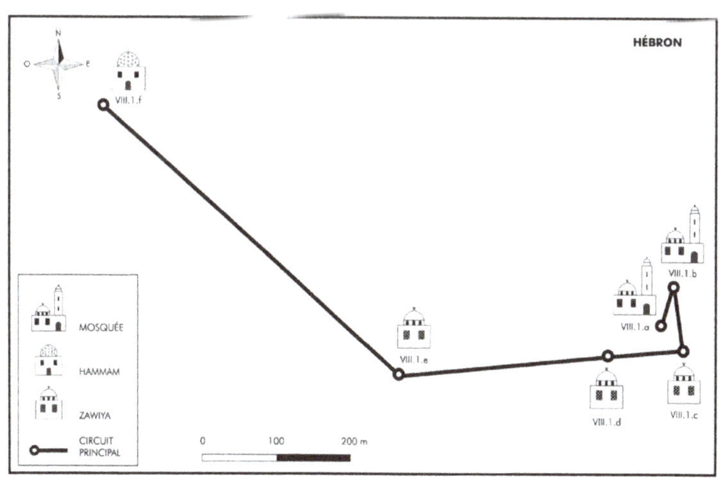

Zawiya de Cheikh 'Ali al-Bakka', entrée principale et minaret, Hébron.

Hébron se trouve au sud de la chaîne montagneuse centrale de Palestine, à 30 km au sud de Jérusalem et à 900-950 m au-dessus du niveau de la mer. Une route relie les deux villes, *via* Bethléem, en 40 minutes environ, avec un réseau de transport rapide et bien organisé.

Hébron, qui est considérée comme l'une des plus anciennes villes, a été occupée sans interruption depuis près de 3 500 ans. Le site ancien, qui date du Bronze moyen (environ 2000-1500 av. J.-C.) se trouve au sommet de la montagne al-Rumayda, à l'ouest de la cité actuelle. Les murailles et les portes de la ville ancienne ont été mises au jour et ont livré quantité de trouvailles archéologiques et de vestiges architecturaux remontant à différentes époques jusqu'aux Omeyyades (41/661-132/750).

Le nom arabe de la ville vient de l'appellation de "al-Khalil" (le bien-aimé de Dieu) attribuée à Abraham, dont le tombeau et ceux de sa femme, de son fils et de Rébecca, la femme d'Isaac, se trouvent au centre de la ville. La présence du tombeau d'Abraham – lequel jouit d'un statut spécial dans l'islam – a consacré Hébron comme la quatrième ville sainte de l'islam après La Mecque, Médine et Jérusalem, et en a fait un lieu de pèlerinage régulièrement fréquenté par les musulmans à toutes les périodes islamiques. Sous les Ayyoubides et les Mamelouks, la ville prit de l'importance du fait de sa relation particulière avec Jérusalem grâce à la création d'un prestigieux poste administratif, celui de gardien des deux *harams* (sanctuaires sacrés) de Jérusalem et d'Hébron, charge qui comportait aussi la gestion de leurs *waqfs* respectifs. Stimulée par la position privilégiée de la ville au sein de l'islam, l'activité constructive s'accrut sous les Mamelouks. De nombreux bâtiments furent érigés, et plus particulièrement les *zawiyas* soufies, qui devinrent un signe distinctif d'Hébron : en effet, nombreux étaient les ordres soufis qui venaient chercher la solitude à l'ombre du tombeau d'Abraham.

Il semblerait que la tradition d'hospitalité d'Abraham ait influencé la tradition islamique à Hébron. Après la conquête musulmane de la ville, une forme de maison d'hôte appelée "Simat Ibrahim" fit son apparition. Nourriture et boisson étaient offertes aux visiteurs dès leur arrivée, et cette tradition, qui s'est renforcée sous les Mamelouks, est toujours une caractéristique de la cité aujourd'hui. Elle n'a été interrompue que pendant la période des Croisés.

À l'époque mamelouke, il était courant qu'un sultan se débarrasse de ses rivaux en les exilant loin de la capitale, centre du pouvoir politique. De nombreux émirs mamelouks furent ainsi bannis du Caire et établis à Jérusalem et à Hébron. Dans cette dernière ville, ils profitèrent du climat intellectuel et contribuèrent au développement des institutions scientifiques, religieuses et soufies, auxquelles ils attribuèrent des *waqfs*.

L'actuelle agglomération d'Hébron, où prédomine l'architecture mamelouke, est l'une des rares cités musulmanes à avoir préservé son caractère d'origine. Les vieux quartiers, le tissu urbain, les bâtiments, les souks et les modes de vie traditionnels reflètent toujours l'esprit originel de la cité islamique. Récemment, une vaste campagne nationale de restauration et de réhabilitation de la vieille ville a contribué à lui donner un nouvel éclat, lui conférant une

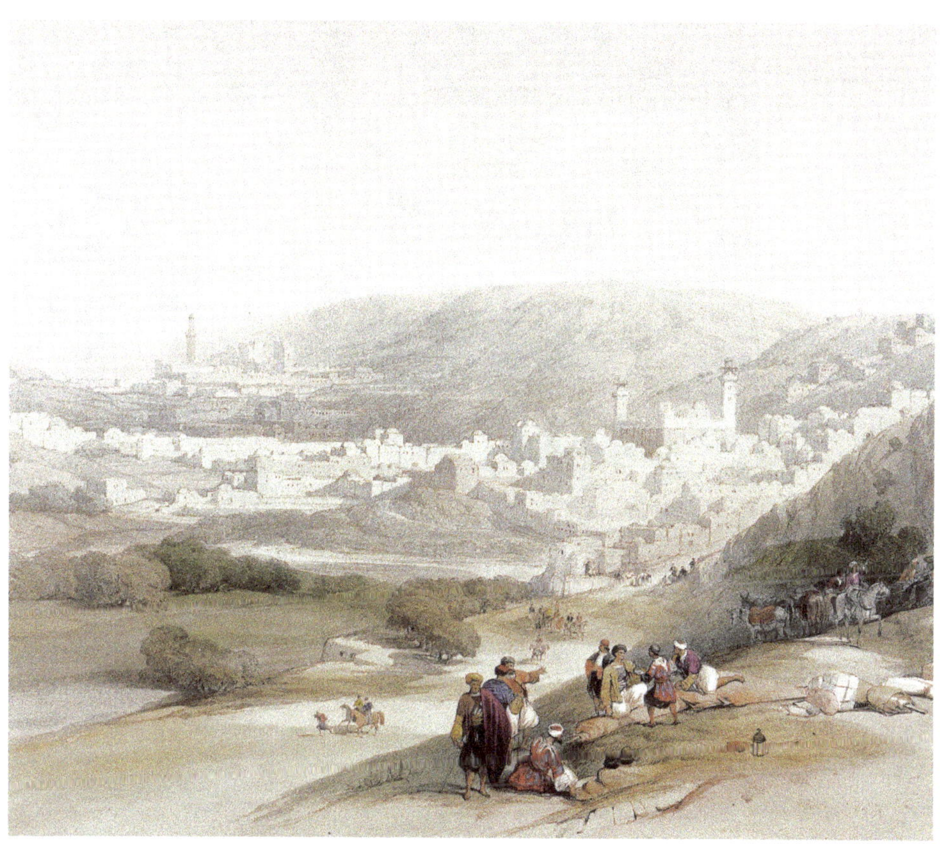

Vue générale de la ville, Hébron, litographie de D. Roberts (© Musée Victoria et Albert, Londres).

dimension majeure dans le patrimoine architectural islamique de Palestine.
Le circuit comporte la visite du Haram al-Ibrahimi; considéré comme le plus ancien monument de Palestine, il est toujours en service, malgré les bouleversements religieux qui sont intervenus au cours des deux derniers millénaires. En raison du prestige qui est le sien à Hébron, c'est l'endroit qui abrite les tombeaux des prophètes. Compte tenu de l'activité grandissante du mouvement soufi autour du tombeau d'Abraham, les *zawiyas* s'étaient multipliées dans toute la ville, et de nombreux *cheikhs* et pieux musulmans s'y faisaient enterrer. C'est pourquoi ce circuit comprend la visite de trois *zawiyas*, ainsi que celle du plus grand *hammam* de la ville, qui abrite aujourd'hui le musée d'Histoire et du Patrimoine d'Hébron. Nous ouvrirons une première "fenêtre" sur les quartiers d'Hébron, sur leur histoire, leur composition religieuse et ethnique, leurs caractéristiques architecturales. Une autre

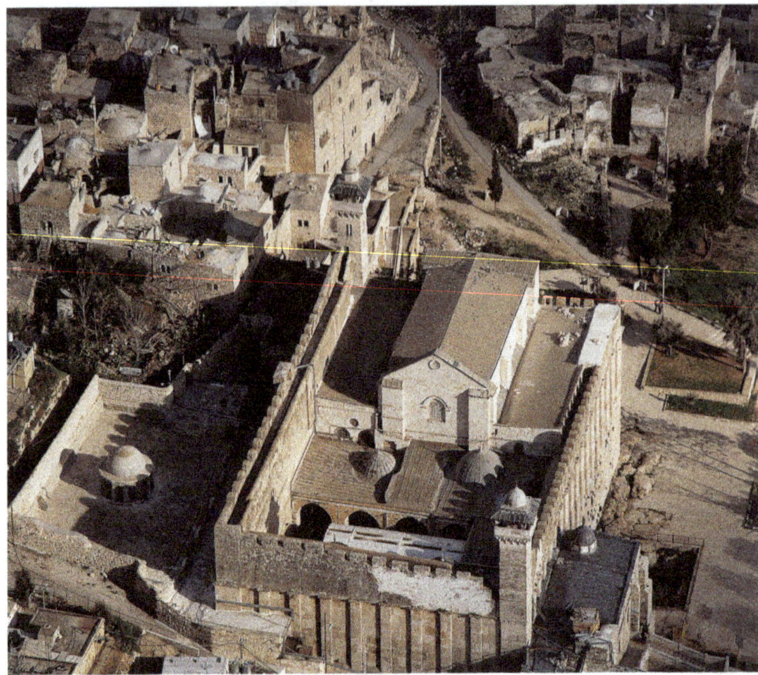

Mosquée al-Haram al-Ibrahimi, vue aérienne (Tombeau des Patriarches), Hébron. (© Sonia Halliday photographs).

"fenêtre" permettra de découvrir le célèbre artisanat du verre à Hébron. Tout en visitant les différents sites, on aura l'occasion de cheminer à travers la vieille ville et ses marchés, d'en observer les traits architecturaux, ainsi que quelques-unes des caractéristiques socio-économiques.

VIII.1 HÉBRON

VIII.1.a Mosquée al-Haram al-Ibrahimi

En limite sud-ouest de la vieille ville. Le site est ouvert chaque jour aux visiteurs de 8:00 à 15:00, sauf le vendredi et pendant les prières de l'après-midi. Nombreux emplacements de stationnement.
Entrée libre. Contrôles de sécurité très stricts. Une tenue vestimentaire correcte est exigée.

Le circuit commence avec le Haram al-Ibrahimi (le sanctuaire d'Abraham), dont le bâtiment colossal domine la ville de ses deux minarets. L'édifice a derrière lui une longue histoire, qui débute à la période romaine (v. 20 av. J.-C.) pour s'achever à la fin de la période ottomane (1336/1917).
Le Haram al-Ibrahimi est le quatrième lieu saint de l'Islam et le deuxième de Palestine après la mosquée al-Aqsa. Le caractère sacré du lieu a été perpétué jusqu'à nos jours par

les pèlerins qui, depuis l'aube de l'islam, se rendent en visite sur les tombes des prophètes pour en recevoir la bénédiction.

Le bâtiment consiste en un mur extérieur monté avec de gros blocs de pierre soigneusement taillés de plus de 10 mètres de long chacun. Cette vaste enceinte a été érigée à l'époque romaine pour protéger les tombeaux des prophètes. Au début du IIe/VIIIe siècle, les Omeyyades ont élevé une mosquée à l'intérieur de cette enceinte, mais elle fut détruite en 492/1098-1099 par les Croisés, qui la remplacèrent par une église de style gothique dont la structure générale est toujours perceptible. Lorsque Saladin reprit Hébron en 583/1187, il transforma l'église en mosquée en ajoutant simplement le *mihrab* que l'on peut toujours voir aujourd'hui. Le *minbar* en bois à droite du *mihrab* remonte à l'époque fatimide; le commanditaire en fut le chef de l'armée fatimide, l'émir Badr al-Jamali, en 484/1091-1092. Saladin avait rapporté d'Ascalon cette chaire somptueusement sculptée et incrustée de lapis – l'un des plus anciens *minbars* en bois qui soient encore en bon état.

Les Mamelouks entreprirent une série de travaux d'architecture dans cet édifice, à commencer par une restauration générale en 667/1268. L'émir Tankiz, délégué du sultanat en Syrie (voir III.1.f), engagea d'autres travaux dans la mosquée en 733/1332-1333 ; il fit revêtir les murs de marbre de couleur, dans le goût typiquement mamelouk. À son tour al-Nasir Nasir al-Din Muhammad (qui gouverna par deux fois) transforma la citadelle, côté mur occidental, en une *madrasa* à son nom; celle-ci n'a pas échappé à la destruction lors de la campagne d'Ibrahim Pacha en Palestine (1246/1831-1256/1840). Seuls le mur nord et la tour ont survécu.

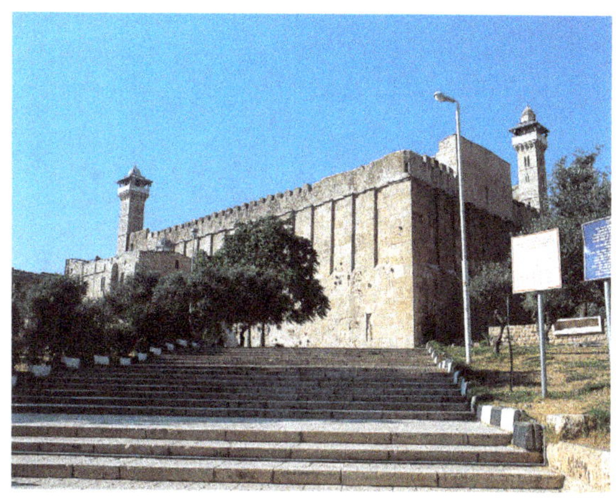

Mosquée al-Haram al-Ibrahimi, vue générale, Hébron.

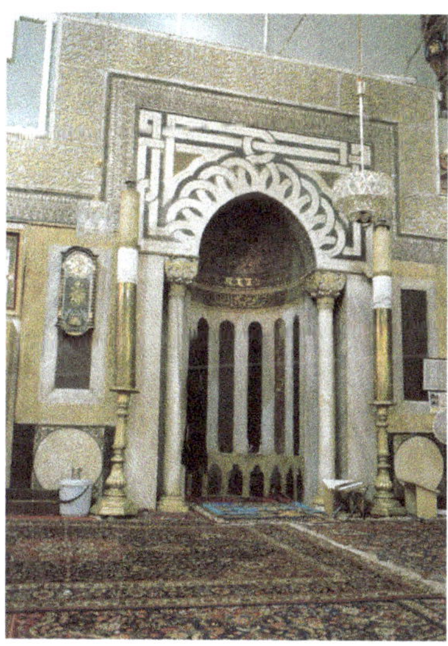

Mosquée al-Haram al-Ibrahimi, mihrab, Hébron.

On dit que c'est le sultan Barquq (784/1382-801/1399) qui aurait fait construire le *mihrab* à droite de la zone couverte. Puis Chihab al-Din al-Yaghmouri,

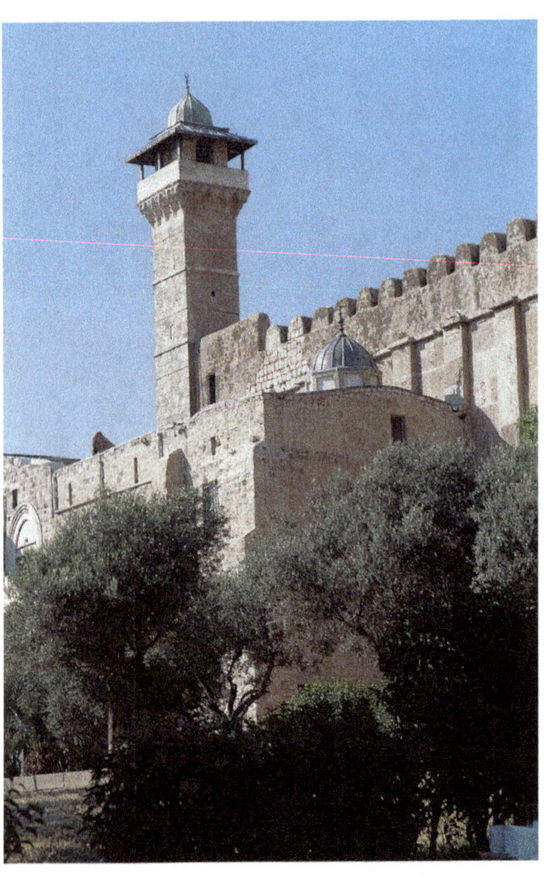

Mosquée al-Haram al-Ibrahimi, minaret, Hébron.

gardien des deux lieux saints (Jérusalem et Hébron) et représentant du sultan, ajouta en 796/1393-1394 un portique le long du mur occidental de la partie couverte, aujourd'hui connu sous le nom de Jami' al-Nisa' (la mosquée des Femmes). Parmi les plus remarquables adjonctions, il faut signaler l'estrade pour les directeurs de prière *(dikkat al-muballigh)*, au sud, parallèle au *mihrab*. Construite en 732/1332, elle se distingue par différents chapiteaux et colonnes en marbre. Les Mamelouks ont ajouté les cénotaphes des six mausolées, qui offrent un exemple parfait du savoir-faire des artisans mamelouks, et notamment de leur remarquable maîtrise du travail du fer forgé.

Au nord de la cour de la mosquée, l'une des pièces également dues aux Mamelouks abrite la bibliothèque: certains des manuscrits qui y sont conservés datent de cette époque. Une splendide calligraphie dorée peut aussi s'admirer sur la façade orientale de la mosquée. Également de la même époque, les pierres de couleur appareillées dans le style *ablaq*. Aux angles sud-est et nord-ouest de l'enceinte, deux minarets carrés de style mamelouk s'élèvent à une hauteur de 15 m.

VIII.1.b **Mosquée al-Jawali**

La mosquée est ouverte aux visiteurs du début de la matinée jusqu'à 15:00. Elle est fermée le vendredi et pendant les prières de l'après-midi. Entrée libre. Contrôles de sécurité très stricts. Une tenue vestimentaire correcte est exigée.

La mosquée al-Jawali a un couloir en commun avec le Haram al-Ibrahimi, dont elle semble indissociable. De l'extérieur, il est difficile de distinguer ses propres murs de ceux du Haram. Son mur occidental constitue le mur oriental de l'édifice du Haram al-Ibrahimi, tandis que son mur oriental, taillé dans le roc, est invisible de l'extérieur. La même remarque s'applique aux murs nord et sud, eux aussi construits dans le roc. La mosquée fut construite en 720/1320 par l'émir 'Alam al-Din Sanjar al-Jawali,

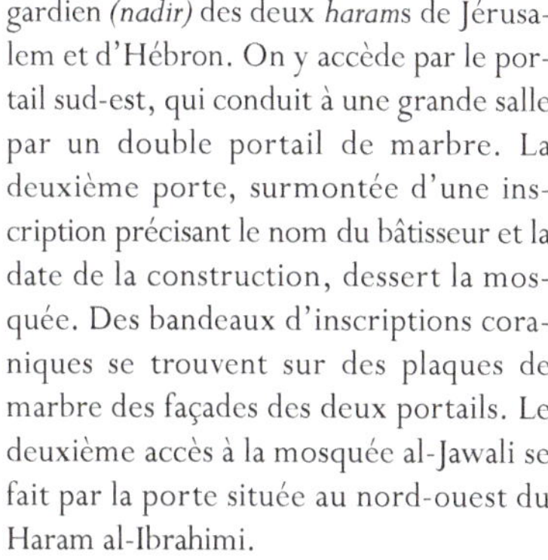

gardien *(nadir)* des deux *harams* de Jérusalem et d'Hébron. On y accède par le portail sud-est, qui conduit à une grande salle par un double portail de marbre. La deuxième porte, surmontée d'une inscription précisant le nom du bâtisseur et la date de la construction, dessert la mosquée. Des bandeaux d'inscriptions coraniques se trouvent sur des plaques de marbre des façades des deux portails. Le deuxième accès à la mosquée al-Jawali se fait par la porte située au nord-ouest du Haram al-Ibrahimi.

La mosquée présente trois nefs voûtées d'arêtes reposant sur d'énormes piliers en pierre. Une élégante coupole en pierre couvre le centre de la mosquée, dont les angles sont décorés de *mouqarnas*. Le tambour est percé d'une série de fenêtres. Dans l'axe de la *qibla*, un *mihrab* taillé dans le roc est orné de marbre de couleur. La mosquée s'élève au-dessus du niveau du corridor menant au Haram al-Ibrahimi, notamment du côté est; ultérieurement, de façon à séparer la section des femmes de la section des hommes, la partie nord (la partie arrière) de la mosquée a été surélevée de trois marches.

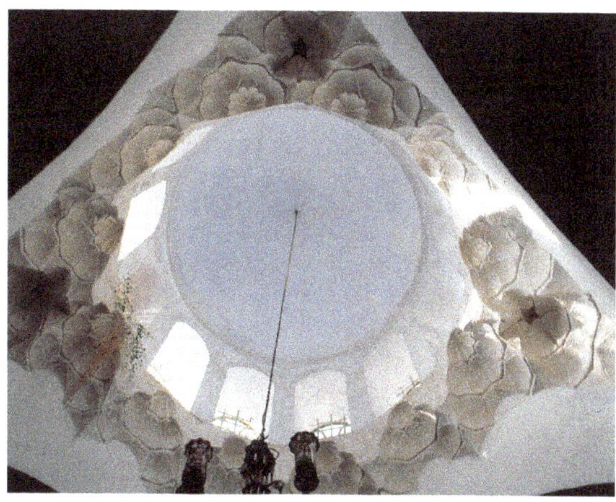

Mosquée al-Jawali, coupole, Hébron.

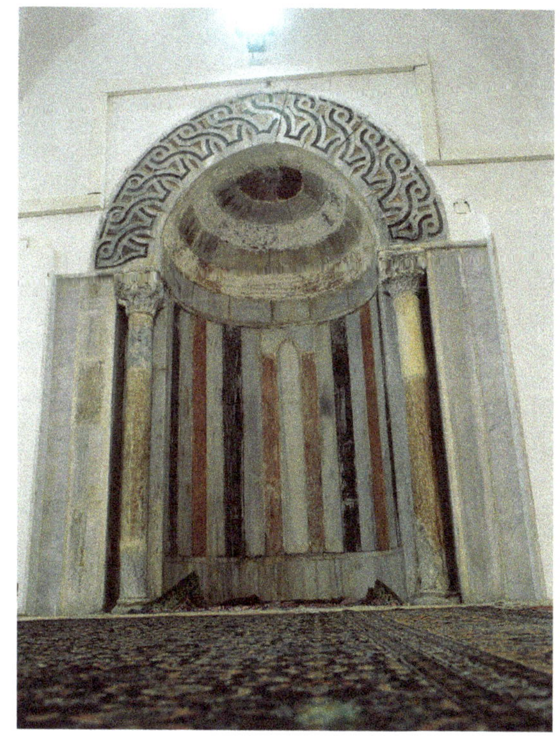

Mosquée al-Jawali, mihrab, Hébron.

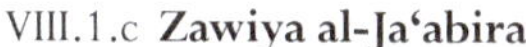

VIII.1.c **Zawiya al-Ja'abira**

À 20 m au sud du Haram al-Ibrahimi. Visite sur autorisation préalable du cheikh *de la* zawiya.

La *zawiya* al-Ja'abira fait partie d'une série de *zawiyas* construites à Hébron à l'époque mamelouke. La famille al-Ja'bari est originaire de Qal'at Ja'bar, une citadelle sur l'Euphrate, en Syrie. Le fondateur de la lignée, Ibrahim Ibn 'Omar al-Ja'bari (m.

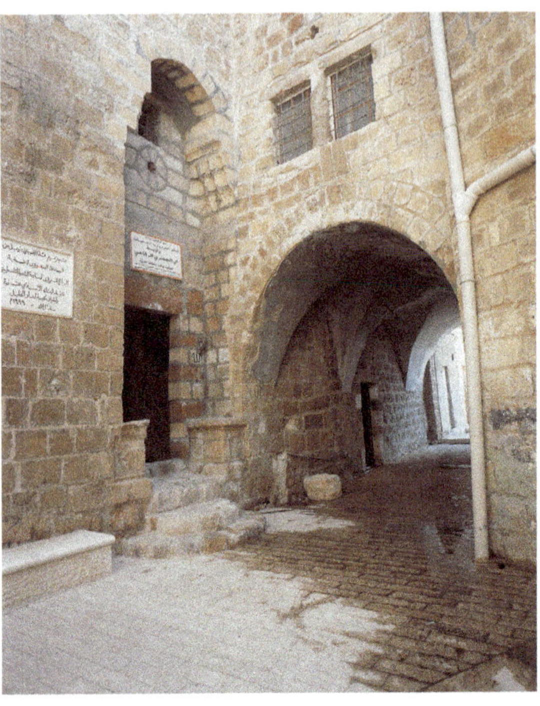

Zawiya al-Ja'abira, façade principale, Hébron.

732/1332), est arrivé à Hébron à la fin du VIIe/XIIIe siècle après avoir été nommé *cheikh* du Haram al-Ibrahimi. De nombreux descendants de la famille furent des hommes de loi ou des religieux; certains d'entre eux sont cités dans les sources historiques.

La *zawiya* a joué un rôle capital dans le mouvement soufi à Hébron, et les Ja'bari eux-mêmes ont été à la tête d'un ordre. Elle est restée active jusqu'à une époque récente, puisqu'on y trouve toujours les drapeaux, les coupes et les tambours que les derviches utilisaient pendant leurs cérémonies ou prières spéciales. Bien que nous ne connaissions ni la date de fondation, ni le nom du fondateur de la *zawiya*, le style architectural permet de la situer à la fin de la période mamelouke.

Construit sur une parcelle exiguë en raison du manque d'espace autour de la zone du Haram al-Ibrahimi, l'édifice comprend un niveau unique très élevé. La façade occidentale présente les caractéristiques habituelles des *harams* de la période mamelouke, avec, sur toute la hauteur, une alternance de pierres dans les tons de crème et de rouge; de petits *mouqarnas* peu profonds et échelonnés, un ornement typique de la période mamelouke tardive mais qui peut dater du début de la période ottomane, couronnent la façade. La plaque d'inscriptions au-dessus de l'entrée, effacée par le temps, est illisible.

On pénètre dans le bâtiment par un portail desservant un petit vestibule carré dans lequel une autre porte conduit au mur méridional de la *zawiya*. La structure est composée d'une vaste salle rectangulaire, qu'un arc brisé divise en deux autres petites pièces – occidentale et orientale. La première salle est couverte d'une voûte d'arêtes surmontée par une coupole surbaissée ornée de motifs géométriques et végétaux. Dans cette pièce se trouvent deux marches qui conduisent à la seconde pièce voûtée et dont le sol est pavé de dalles en pierre qui pourraient remonter à l'époque de sa fondation.

VIII.1.d Zawiya al-Maghariba et Tombeau de Joseph

À l'ouest du Haram al-Ibrahimi. Visite sur accord préalable du ministère des waqfs et des Affaires religieuses.

Également connue sous le nom de *zawiyat* al-Achraf, elle s'élève à gauche du principal portail d'accès au Haram qui conduit à la vieille ville et aux souks. Selon la date figurant sur l'une de ses tombes, elle fut probablement construite vers 652/1254-1255, au début de la période mamelouke. Cependant, le nom du fondateur demeure inconnu.

Il faut rappeler que la communauté des Maghariba (Maghrébins), originaire d'Afrique du Nord et d'al-Andalus, faisait partie des habitants d'Hébron depuis le VIe/XIIIe siècle. Il semble que la *zawiya* al-Maghariba ait été construite pour héberger les pèlerins maghrébins qui venaient à Hébron pour visiter les tombes des prophètes. C'est probablement le *cheikh* Muhammad Ibn 'Abd Allah al-Saqawati (m. 652/1254) qui fit élever cette *zawiya*. En 795/1392-1393, les Maghariba érigèrent une autre *zawiya*, la *zawiya* de 'Omar al-Mujarrad, du nom de son bâtisseur. Ses descendants, membres de la famille al-Charif, vivent toujours à Hébron aujourd'hui.

On entre dans la *zawiya* par le portail oriental, dont la reconstruction à l'époque moderne a altéré à tout jamais la physionomie d'origine de l'ancienne façade : en effet, celle-ci n'a malheureusement jamais été documentée. Les marches conduisent à un patio qui dessert la *zawiya* côté sud et le cénotaphe côté ouest.

La *zawiya* est composée d'une salle de prière et d'une vaste chambre funéraire carrée couverte d'une voûte d'arêtes. Elle est occupée par un certain nombre de tombes appartenant à la famille al-Charif, dont on pense qu'ils furent des adeptes de l'ordre soufi des Khalwati Rahmani, dirigé par la même famille al-Charif et qui comptait de nombreux membres à Hébron. D'ailleurs, l'ordre pratique toujours ses rituels soufis sur le site historique de la *zawiya*. L'abondance de tombes dans la chambre révèle combien il était important d'être enterré auprès du fondateur de l'ordre, le *ckeikh* 'Abd Allah al-Saqawati. La salle de prière, de son côté, est rectangulaire et couverte d'une voûte d'arêtes. Le mur de *qibla* est percé d'un modeste *mihrab*. C'est dans cette salle que se tiennent toujours les réunions de l'ordre soufi et de la famille al-Charif.

Le tombeau de Joseph se trouve sous la cour. On y descend par quelques marches qui conduisent à une chambre funéraire couverte d'une voûte en berceau ; dans l'angle méridional se trouve la tombe, dont personne ne sait exactement à qui elle appartient – il peut s'agir de la tombe

Zawiya al-Maghariba, entrée, Hébron.

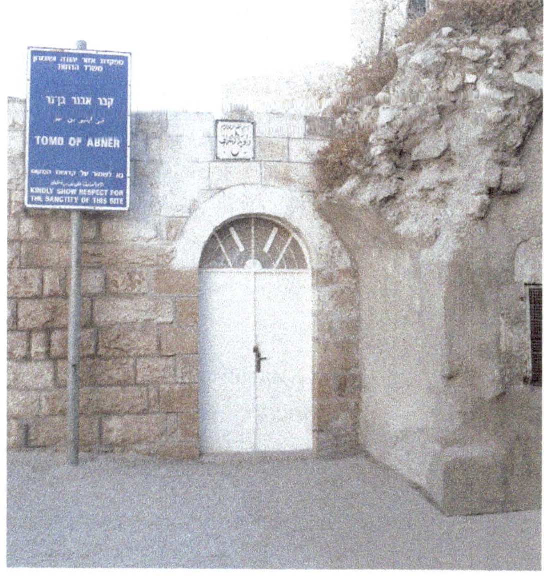

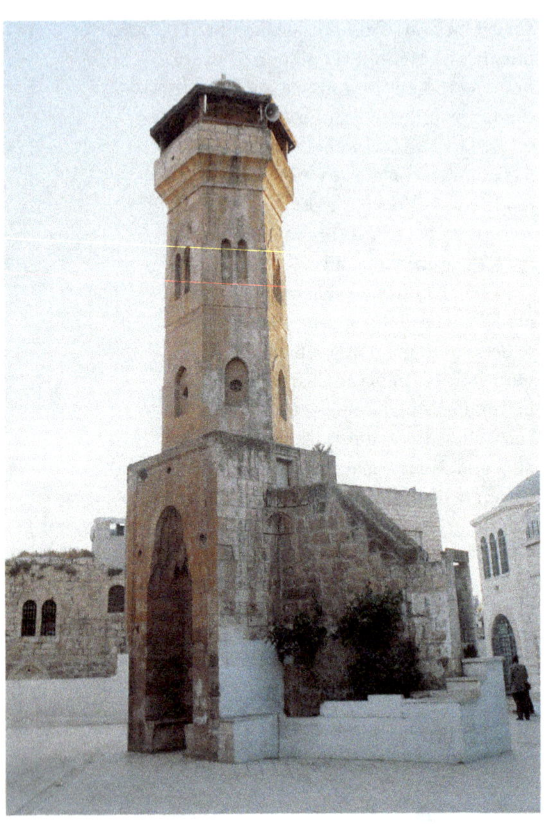

Zawiya de Cheikh 'Ali al-Bakka', entrée principale et minaret, vue générale, Hébron.

de Joseph comme d'un simple mausolée commémoratif érigé en son honneur. Pour leur part, les juifs croient qu'il s'agit de la tombe d'Avner fils de Ner.

VIII.1.e **Zawiya de Cheikh 'Ali al-Bakka'**

Au nord-ouest de la ville, dans le quartier 'Ali al-Bakka'.
Horaires: dans la journée, en dehors des heures de prière.

Située dans les faubourgs nord-ouest d'Hébron, cette *zawiya* a exercé une attraction considérable à l'époque mamelouke, où quantité de gens venaient s'installer à proximité en raison des services qu'elle offrait. De nombreux adeptes de l'ordre du *cheikh* s'étaient établis dans la zone adjacente, si bien que peu à peu se constitua un quartier portant le nom du fondateur de la *zawiya*. Plus tard, l'endroit fut tout simplement désigné comme "quartier du *cheikh*", et il a fini par faire partie intégrante du tissu architectural de la ville. Ayant joué un rôle majeur dans l'histoire du mouvement soufi, la *zawiya* est l'une des plus célèbres d'Hébron ; elle bénéficie de *waqfs* confortables, et de nombreux *cheikhs* d'Hébron – pour la plupart issus de la famille al-Ja'bari et apparentés au *cheikh* al-Bakka' – y ont consacré le plus grand soin.

La *zawiya* est attribuée au *cheikh* 'Ali al-Bakka', le célèbre soufi qui était venu d'Irak. Connu pour ne pas pouvoir contenir ses pleurs lorsqu'il implorait le nom de Dieu, on l'appelait al-Bakka' (celui qui pleure). Accordant un intérêt tout particulier au soufisme, comme tous les Mamelouks, le sultan Baybars fit ériger en 668/1269 un complexe architectural en l'honneur du *cheikh* 'Ali al-Bakka'. L'ensemble comprenait une mosquée, un tombeau, un mausolée, un cimetière, un jardin, trois pièces, trois caves, trois grottes, un four, une boutique et deux grandes salles.

Au XXe siècle, l'édifice a subi de nombreux remaniements, qui ont altéré la plupart de ses composantes architecturales d'origine. Elle conserve néanmoins le plus beau minaret mamelouk de la

ville, lequel fut érigé en 702/1302-1303 par l'émir Sayf al-Din Salar sur ordre du sultan Muhammad Ibn Qalawun. De forme hexagonale, il se dresse sur une base carrée dans laquelle s'ouvre un portail conduisant à la cour intérieure. De beaux *mouqarnas* sculptés ornent le sommet de l'entrée. Une inscription commémorative entoure la base. Le plafond de l'entrée porte la signature de l'architecte, Sulayman. Le minaret présente toutes les caractéristiques de l'architecture et de l'ornementation mameloukes : *mouqarnas, ablaq*, cartouches, inscriptions, décoration de pierre sculptée, rosaces d'entrelacs, parmi d'autres détails.
En 1978, la nouvelle mosquée fut élevée sur les ruines de l'édifice mamelouk. La salle du tombeau du *cheikh* fut reconstruite et on ajouta une salle réservée à l'étude des *hadiths*.

VIII.1.f Hammam al-Khalil (musée d'Hébron)

Situé à Dariya, le plus vieux quartier d'Hébron. En quittant l'esplanade du Haram al-Ibrahimi, entrer dans le souk de la vieille ville par la porte située juste en face. Parcourir 250 m environ puis tourner à gauche.
Horaires: de 6:00 à 14:00.

On accède au *hammam* par une venelle étroite et sinueuse, couverte d'un plafond voûté construit au IIᵉ/VIIIᵉ siècle, qui forme l'actuel souk de Dariya. À l'époque, l'idée de *haram* commence à évoluer tandis que la ville amorce un développement autour des tombes des Prophètes, loin de son emplacement d'origine sur le mont Rumayda. Le *hammam* se trouve à quelque 150 m du souk, au nord-ouest de la mosquée al-Ibrahimi. Nous ne disposons pas d'informations précises sur la date de construction ni sur le fondateur du *hammam,* mais le style de son architecture permet de le situer à la fin de la période mamelouke. Il abrite actuellement le musée d'Histoire de la Ville, qui expose sobrement une série de pièces, parmi lesquelles des inscriptions sur

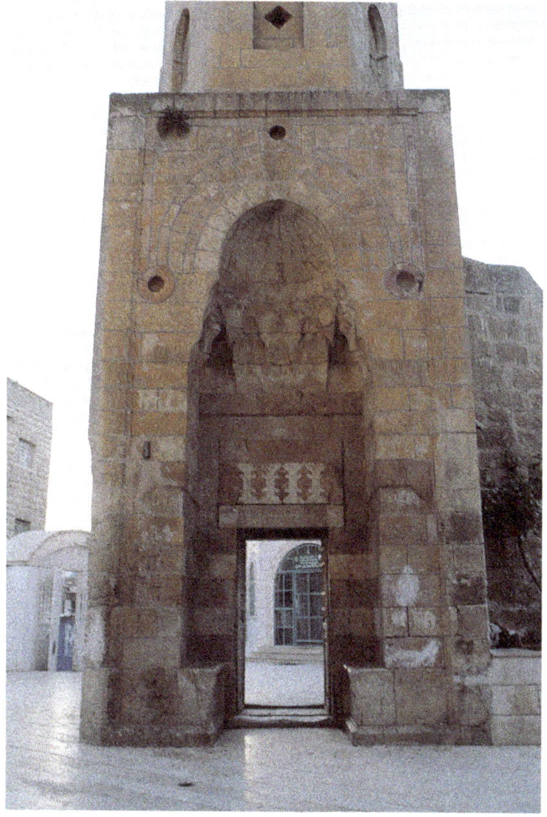

Zawiya de Cheikh 'Ali al-Bakka', entrée principale, Hébron.

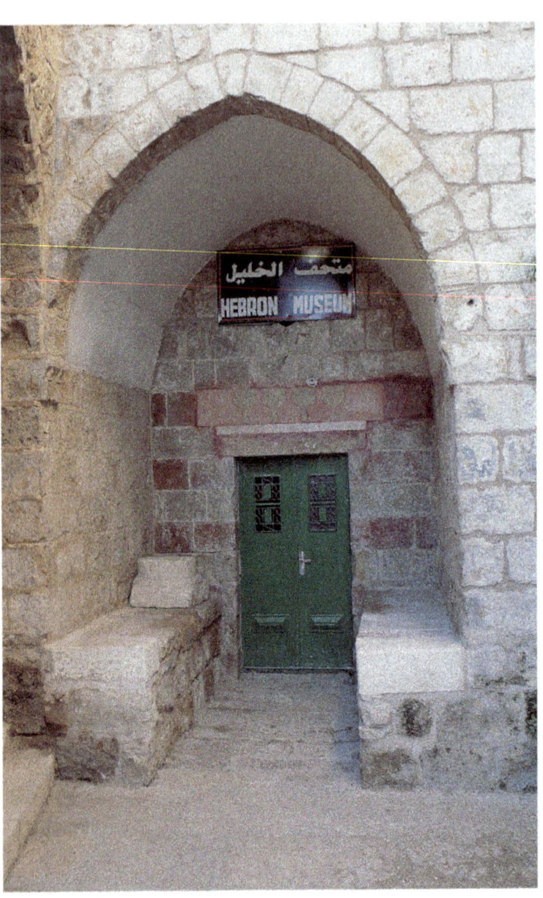

Hammam al-Khalil, entrée, Hébron.

pierre, des monnaies, des objets en verre ou en pierre, des manuscrits et des décors en marbre datant de différentes périodes, et plus particulièrement de l'ère mamelouke.

La façade du *hammam* reflète le style architectural de l'édifice. Relativement petite étant donné le manque d'espace, elle possède au centre un portail d'entrée rectangulaire flanqué de deux *mastabas* latérales. Simple et dépourvue de décoration, la façade est construite dans le style *ablaq*, avec des assises alternées de pierres de couleur jaune, rouge et noir.

Le *hammam* comprend deux pièces principales: un vestiaire extérieur et une salle chaude intérieure. La pièce extérieure, carrée, est couverte d'une voûte d'arêtes au centre de laquelle se trouve une lanterne polygonale; chacun des quatre côtés se présente comme une niche couronnée d'un arc brisé. L'ensemble confère une atmosphère particulièrement harmonieuse à la salle. Comme dans les autres *hammams*, de larges estrades recouvertes de coussins courent tout autour de la salle: c'est là que les visiteurs se reposent, prennent le thé, bavardent, fument le narguilé. Au centre se trouve une charmante fontaine en marbre.

Un corridor bas et étroit conduit à la pièce intérieure octogonale (la salle chaude), qui est couverte d'une coupole surbaissée percée de plusieurs trous de ventilation fermés par des verres de couleur pour l'éclairage et qui repose sur des *mouqarnas* d'angle triangulaires. La pièce a quatre alcôves surmontées d'arcs brisés qui font office de salles de bain séparées, dont le sol dallé est chauffé par l'eau chaude qui circule en dessous. Le bâtiment comporte d'autres salles de service.

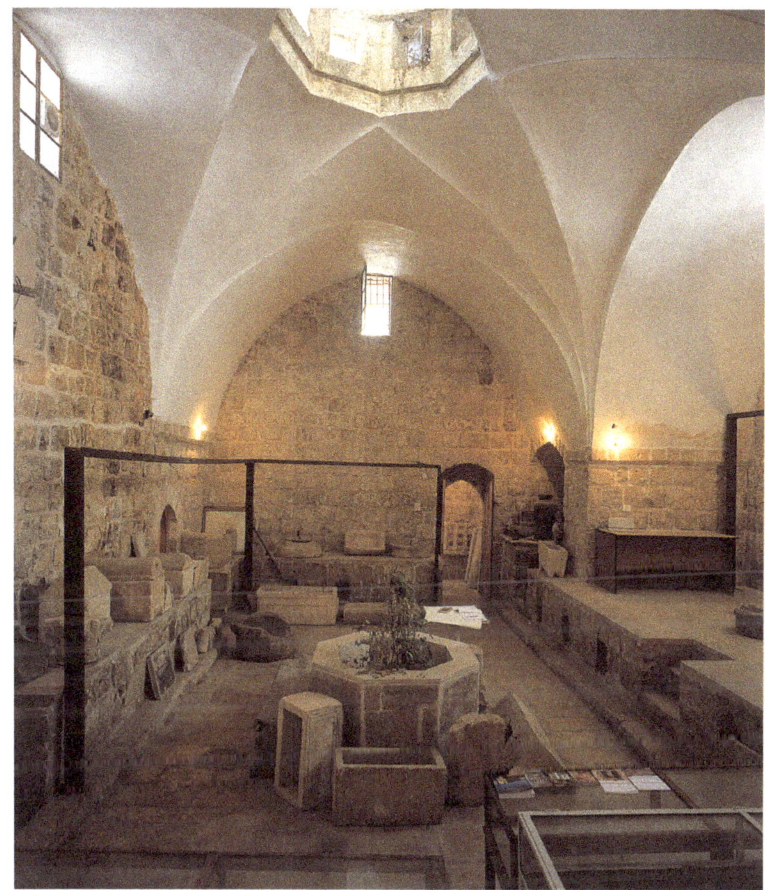

Hammam al-Khalil, salle de réception avec la fontaine centrale, Hébron.

Nazmi al-Ju'beh

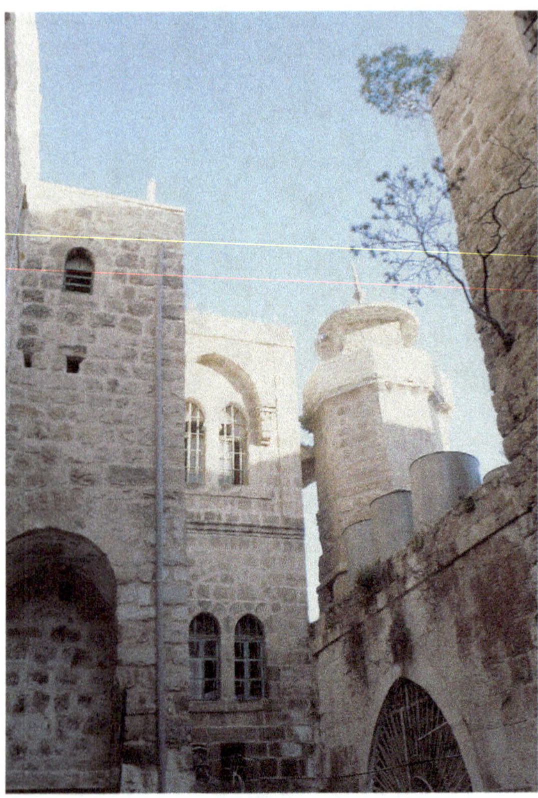

Les vieux quartiers, Mosquée Ibn 'Othman, Hébron.

Les quartiers de la vieille ville d'Hébron font partie des rares à porter encore, dans le monde islamique, l'empreinte de la période mamelouke. Certains remontent aux Croisés ou aux Ayyoubides, mais la plupart se sont développés à l'époque mamelouke. On peut dire que le tissu architectural de la ville est mamelouk, nuancé de certaines touches locales. D'ailleurs, les descriptions de la ville à la fin de la période mamelouke coïncident dans une très large mesure à l'image qu'offre la ville de nos jours.

Il existait trois catégories de quartiers. La première regroupait les communautés religieuses, à l'exemple du quartier juif et du quartier chrétien (lequel disparut au Xe/XVIe siècle pour devenir une partie du quartier de Dariya). La seconde abritait des minorités ethniques comme celle des Kurdes, des Ja'baris (de la citadelle de Ja'bar sur l'Euphrate), le quartier du *cheikh*, le quartier Tamimiya ou Dariya (le plus vieux quartier d'origine arabe). Enfin, la troisième catégorie regroupait les quartiers par corporations, comme al-Qazzazin (le quartier des verriers) et al-'Aqaba (le quartier des artisans du cuir).

Cette division entraîna certains conflits locaux entre les différentes communautés en lice pour le pouvoir politique et religieux. Ce fut le cas à la fin de l'époque mamelouke, où un violent litige opposa les Kurdes aux Dariya et à leurs alliés arabes et bédouins. Les combats furent si véhéments que le sultan en personne dut se déplacer du Caire pour y mettre fin.

Étant bordée au sud et à l'est par le désert occupé par les bédouins, Hébron fut contrainte de se protéger de leurs attaques incessantes. La ville n'était pas fortifiée, aussi les maisons furent-elles imbriquées les unes dans les autres sur deux niveaux, voire plus, tout au long de son périmètre extérieur. À l'exception de hautes fenêtres (souvent au deuxième étage) et de quelques portes sûres et fermement contrôlées, on limita le nombre d'ouvertures donnant sur l'extérieur. Chaque quartier disposait de sa propre porte permettant de se rendre à l'extérieur sans avoir à traverser les autres parties de la ville.

De plus, chaque quartier prenait la précaution de se protéger d'éventuelles attaques de la part des quartiers voisins en construisant ses propres entrées et des portes séparées que l'on fermait la nuit. Le système a perduré jusqu'au début du XXe siècle. Malgré une relative harmonie interne, chaque quartier était divisé en une série d'unités architecturales indépendantes, bien adaptées à la structure de ses familles élargies. Le quartier était formé de plusieurs familles alliées: de la même manière, chaque famille occupait une certaine zone fortifiée du quartier et la protégeait pour des raisons tant sociales que sécuritaires. Dans chaque unité, on trouvait une cour indépendante dans laquelle les familles tenaient en privé leurs différentes fêtes et cérémonies. Chaque unité familiale s'appelle *hawch* et consiste en un ensemble architectural complet comportant de nombreuses petites unités (des appartements) pour les fils de la famille. Le complexe s'étendait au fur et à mesure que la famille s'agrandissait, au point que parfois la famille avait plus d'un *hawch* pour installer toutes ses différentes branches.

En se promenant dans l'un de ces quartiers, le visiteur percevra clairement ce système. Car même si le tissu social de la ville a changé, les caractéristiques architecturales perdurent depuis les temps mamelouk et ottoman.

LA PRODUCTION DE VERRE

Nazmi al-Ju'beh

La manufacture de verre se situe dans les faubourgs de la ville sur la route Hébron-Halhoul. Il est donc conseillé de s'y arrêter avant de visiter Hébron.
Les ateliers sont ouverts de 8:00 à 22:00.

Nous savons par les voyageurs de l'époque mamelouke que des caravanes transportant le verre d'Hébron passaient sur la route du Caire, et que d'autres se dirigeaient vers l'est de la Jordanie. Nous ne connaissons pas les origines de la fabrication du verre à Hébron, nous ne savons pas non plus comment cet artisanat en est venu à s'installer dans la ville. Cependant, il est avéré que, depuis le VIIe/XIIIe siècle, l'économie de la ville dépend largement de la fabrication du verre et de son fameux vignoble. Le verre s'exportait vers l'Égypte et la Syrie, et surtout vers la Jordanie orientale. Les marchands d'Hébron avaient établi des comptoirs commerciaux au Caire et à Karak (Jordanie) afin d'assurer à grande échelle la vente de leur production.
Malgré l'absence de statistiques officielles sur le nombre de manufactures de verre et le volume de la production pendant la période mamelouke, on pense que les fabriques étaient très nombreuses et que la production était réellement considérable. Par exemple, en dépit de la récession qui frappa Hébron en 1222/1808, les ateliers y étaient quand même au nombre de 26. Ils produisaient différents objets à usage domestique, ainsi que de grandes quantités de bijoux tels que bracelets, bagues et boucles d'oreilles, qui étaient très prisés dans la région.

Aujourd'hui, seules trois manufactures continuent à produire du verre soufflé selon la méthode traditionnelle et utilisent les mêmes outils et techniques de soufflage qu'autrefois. Le four est toujours construit en argile et torchis, mais pour la combustion, le pétrole a remplacé le bois. Quant à la matière première, elle n'est plus constituée du sable et des substances rapportées de la région du Neguev, au sud de la Palestine; aujourd'hui, le processus de fabrication fait appel au recyclage – le verre est fondu avant d'être remodelé.
S'agissant des productions actuelles, signalons que la popularité des bijoux en verre est en recul, alors que la demande d'articles ménagers en verre et d'objets-souvenirs progresse. Les couleurs utilisées vont du bleu foncé au turquoise, au brun, au bleu clair, au miel et au vert – autant de teintes semblables à celles des pièces mameloukes qui sont toujours exposées dans les musées. Et l'on recommence à rehausser ces couleurs d'émail polychrome et de dorures, tout comme l'étaient les objets en verre pendant la période mamelouke.
La production de céramique (faïence émaillée) est une autre industrie encore en activité. Cette tradition particulière, qui s'est développée en Palestine au XIXe siècle, fait toujours l'objet d'une forte demande, notamment dans le secteur touristique. Réalisés à la manière arménienne, les motifs représentent des thèmes décoratifs palestiniens tels que des scènes et des sites religieux, mais reprennent aussi des ornements anciens.

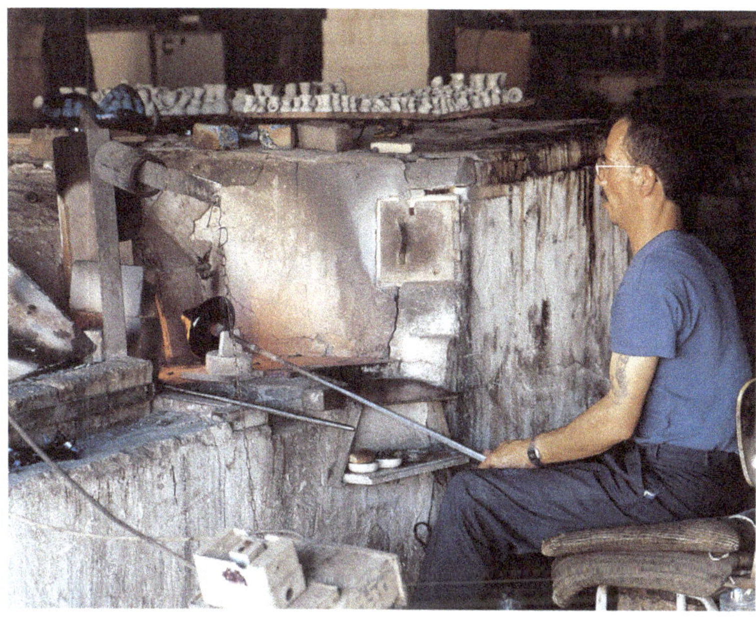

La production de verre, ouvrier utilisant le four.

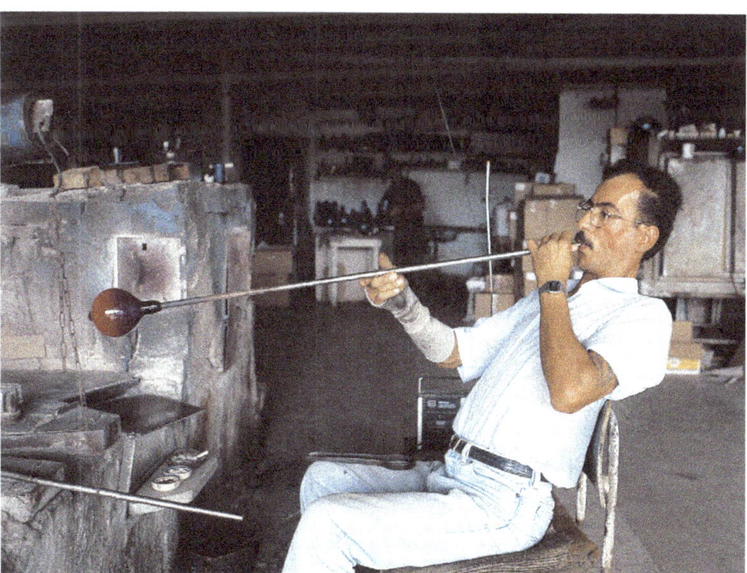

La production de verre, soufflage du verre.

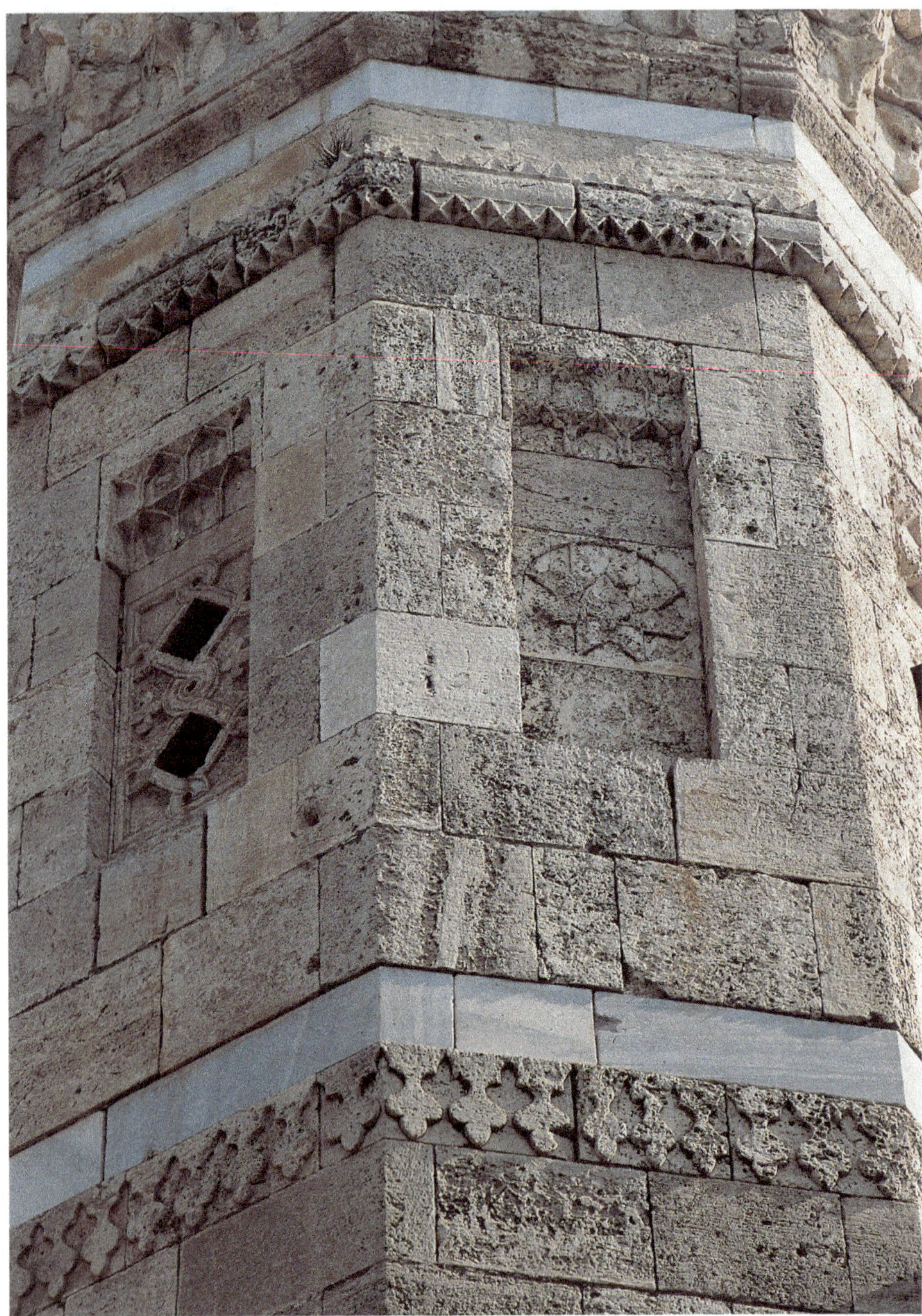

Gaza: la porte de l'Afrique

Mu'en Sadeq

IX.1 GAZA

IX.1.a Mosquée 'Ali Ibn Marwan
IX.1.b Zawiya al-Ahmadiyya
IX.1.c Grande Mosquée de 'Omar
IX.1.d Hammam al-Samara
IX.1.e Mosquée de Katib al-Wilaya
IX.1.f Madrasa de l'émir Bardabak (Mosquée al-Mahkama)
IX.1.g Mosquée Chihab al-Din Ibn 'Othman

IX.2 KHAN YUNIS

IX.2.a Khan de l'émir Yunis al-Nawruzi

La production de poterie
L'industrie traditionnelle du textile

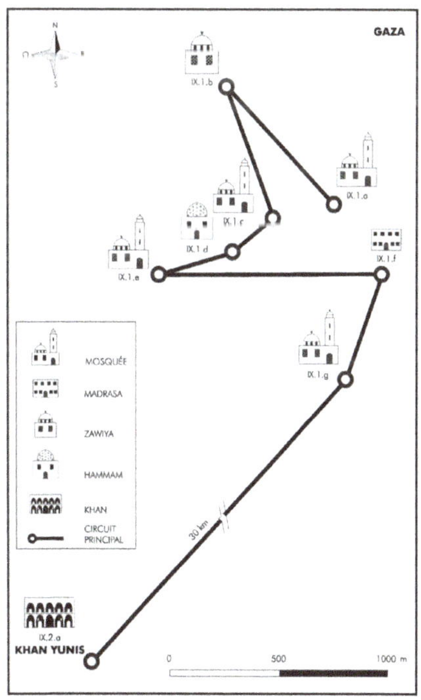

Madrasa de l'émir Bardabak, minaret, détail du fût, Gaza.

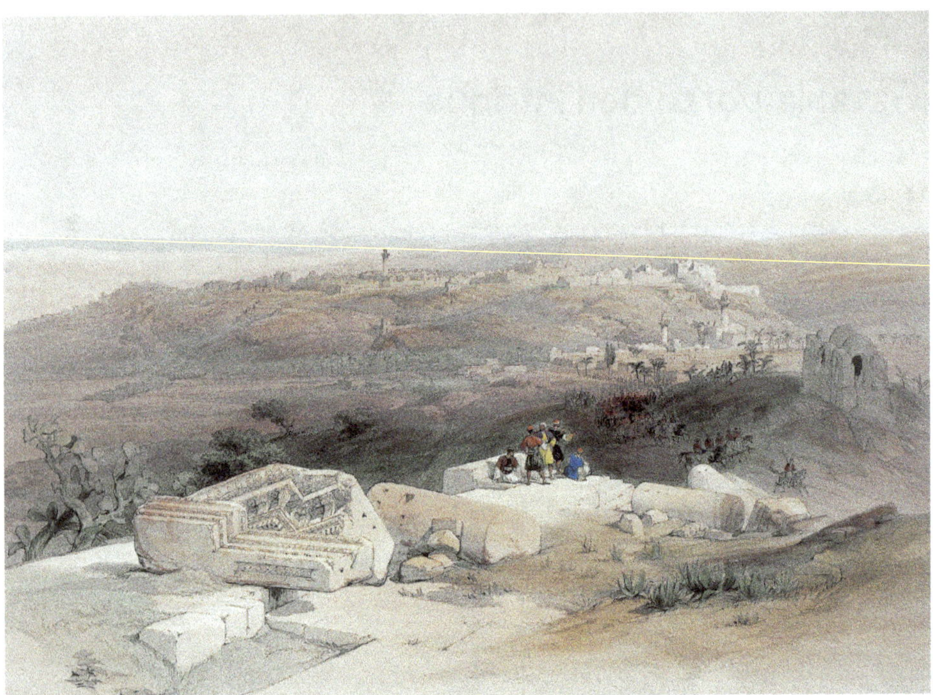

Gaza, 1843, lithographie de D. Roberts, (© The Art Archive)

IX.1 GAZA

La ville de Gaza bénéficie d'une situation stratégique exceptionnelle depuis la nuit des temps. Située sur les plus grandes routes militaires et caravanières de l'Ancien Monde, trait d'union entre l'Égypte et la Syrie, elle a été convoitée par de nombreux rois égyptiens désireux de la conquérir pour s'assurer le contrôle des voies commerciales, et par conséquent de la région tout entière. Les Assyriens et d'autres Proche-Orientaux avaient rassemblé leurs troupes à Gaza avant d'envahir l'Égypte. De fait, la ville devint une porte de l'Afrique et un point de passage vers l'Asie.

En dépit de la distance qui la séparait des capitales des États musulmans successifs, Gaza occupait une position privilégiée qui a contribué à en faire un pôle d'études islamiques de haute réputation. Gaza est aussi la ville de naissance de l'*imam* al-Chafi'i (150/767-204/820), l'éminent fondateur de l'école chafi'ite.

De nombreux historiens et géographes arabes ont souligné le rôle de Gaza comme centre d'agriculture et de commerce sous le règne des Fatimides (358/969-492/1099). Les géographes décrivaient Gaza comme une ville impor-

tante s'étendant jusqu'au désert. Ils évoquaient sa solide Grande Mosquée, soulignant qu'elle était située à un mile de la mer, entourée de vergers et de vignobles. Son vieux port romain, Maioumas, est resté prospère jusqu'à l'époque byzantine.
Cinquante ans après avoir conquis Jérusalem, les Croisés se rendirent maîtres de Gaza, où ils reconstruisirent tout ce que la guerre avait détruit. Mais la victoire de Saladin à la bataille de Hattin en 583/1187 mit fin à leur suprématie sur toute la Palestine, y compris sur Gaza. En 691/1291, le sultan mamelouk al-Malik al-Achraf fit de Gaza une province indépendante *(niyaba)* dirigée par un vice-sultan.
À l'époque mamelouke (648/1250-922/1517), Gaza était devenue la principale ville de la région et bénéficia d'une période de paix. De nombreux bâtiments furent érigés, tels que des mosquées, des *madrasas*, des *zawiyas*, des hôpitaux, des *khans* et des marchés, dont certains sont toujours sur pied.
Ce circuit vise à mettre en lumière l'histoire de quelques-uns des plus célèbres édifices islamiques de la ville et à expliquer leurs fonctions au cours des différentes époques islamiques. Il comporte huit sites et deux "fenêtres": une sur la fabrication de poterie, une autre sur la confection de textiles traditionnels dans la région. Quatre mosquées sont incluses dans le circuit (la mosquée 'Ali Ibn Marwan, la Grande Mosquée de 'Omar, les mosquées Katib al-Wilaya et Chihab al-Din Ibn 'Othman), ainsi que la *zawiya* soufie al-Ahmadiyya, le *hammam* al-Samara, la *madrasa* de l'émir Bardabak al-Dawadar (mosquée al-Mahkama) et le *khan* de l'émir Yunis al-Nawruzi.

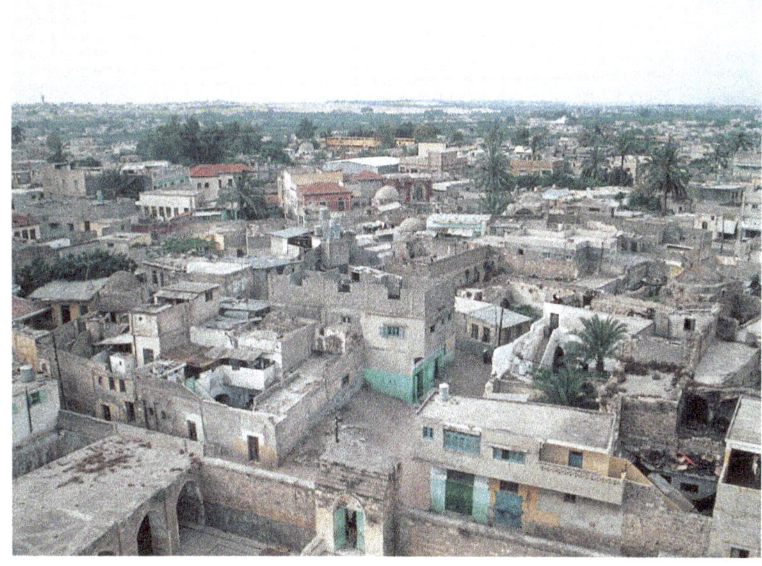

Gaza, vue aérienne depuis le minaret de la Grande Mosquée de 'Omar (© M. Hamilton Burgoyne).

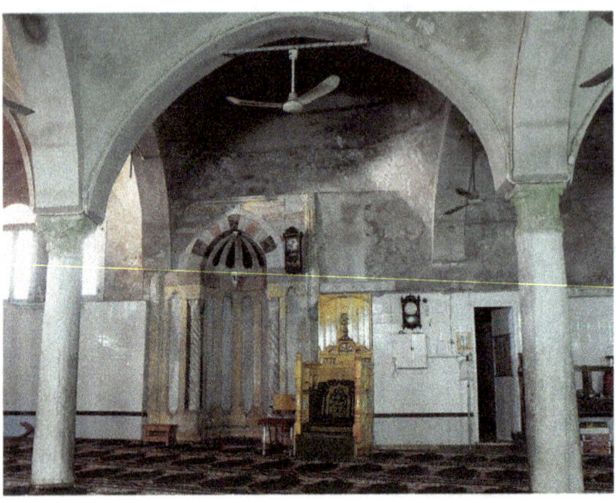

Mosquée 'Ali Ibn Marwan, mihrab et minbar, Gaza.

IX.1.a **Mosquée 'Ali Ibn Marwan**

Dans le quartier de al-Tuffah, sur la rue de Jaffa, juste avant d'arriver dans la vieille ville. Horaires: dans la journée, en dehors des heures de prière.

La mosquée est attribuée au *cheikh* 'Ali Ibn Marwan, l'une des grandes figures musulmanes de Gaza à l'époque mamelouke. À sa mort en 715/1316, il fut enterré dans une chambre funéraire adjacente à la mosquée et surmontée d'une coupole. Aujourd'hui, cette sépulture fait partie du cimetière historique connu sous le nom de "cimetière Ibn Marwan".

On ne connaît pas précisément la date de construction de la mosquée, mais on pense qu'elle existait déjà au début du VIIIe/XIVe siècle: certaines sources historiques l'évoquent comme un bâtiment ayant été restauré et agrandi en 772/1370-1371 par Muhammad Ibn Buktumur, qui fit agrandir les *iwans* de la salle de prière, rénover le minaret et construire six boutiques. Les revenus des boutiques étaient alloués aux salaires de l'*imam* et du *muezzin* de la mosquée; ils couvraient également les frais d'entretien du mausolée. En 1217/1802-1803, l'émir Yahya, le gouverneur de Gaza, procéda à la restauration de certaines parties de la mosquée et fit percer une entrée dans le mur occidental de la salle de prière.

La mosquée est composée d'une salle de prière de 200 m^2, divisée en trois nefs par des colonnes de marbre à chapiteaux corinthiens de remploi. Chacune est divisée en trois parties couvertes de coupoles surbaissées. À droite du *mihrab* se trouve un *minbar* en marbre construit par l'émir Chamsi Safar, qui servit comme chambellan au VIIIe/XIVe siècle. Ses arabesques et ses motifs géométriques très sophistiqués en font l'une des plus belles chaires de la ville. Avec son décor extérieur composé d'ornements géométriques et de motifs végétaux, son dôme est l'un des plus remarquables de l'époque mamelouke. Le minaret, qui a été restauré en 772/1370-1371, s'élève à 11,60 m sur une base carrée, au sud de la façade de la mosquée. Le fût octogonal est percé de niches comportant de nombreux arcs décorés de sculptures à motifs géométriques et végétaux. Également octogonal, le balcon repose sur des consoles en pierre. Le mausolée consiste en une structure carrée surmontée d'une coupole et se trouve à 10 m au sud-ouest de l'actuelle mosquée.

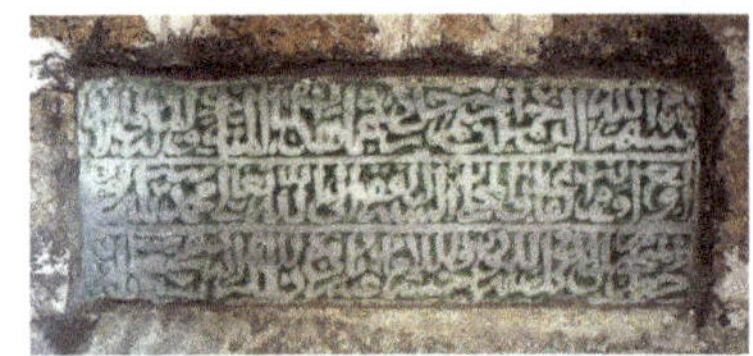

Mosquée 'Ali Ibn Marwan, inscription fondatrice, Gaza.

La tombe du *cheikh* 'Ali est au sud-est ; elle n'a pas de stèle. La présence de triangles sphériques aux angles de la pièce donne à cette salle carrée un aspect circulaire.

IX.1.b **Zawiya al-Ahmadiyya**

Dans le quartier de Daraj, rue al-Wahda, au sud du palais du Pacha.
Horaires : dans la journée, en dehors des heures de prière.

On attribue la *zawiya* au *cheikh* Ahmad Ibn Ibrahim Ibn Muhammad Ibn Bakr, dit al-Badawi (m. 675/1276), qui fut l'un des soufis les plus célèbres. Il vécut à Tanta en Égypte et eut quantité de disciples, dans la région et au-delà. L'inscription fondatrice qui surmonte le portail d'entrée précise que l'émir Tarantay al-Yukandar, le *wali* de Gaza, fit construire la *zawiya* de Gaza en 731/1330-1331, sous le règne de l'émir Tankiz al-Nasiri.
La *zawiya* comporte deux sections principales: la salle de prière et l'aile résidentielle. La salle de prière, à plan carré de 8,5 m de côté, se situe dans la partie méridionale du bâtiment. Elle est surmontée d'une coupole en pierre qui prend appui sur un tambour polygonal percé de nombreuses fenêtres pour la ventilation. Le *mihrab* est de style mamelouk. L'aile réservée aux résidents est composée d'une grande cour intérieure carrée couverte d'une voûte d'arêtes. Au centre se trouve une fontaine à ablutions de forme octogonale, qui était alimentée en eau par un proche ruisseau, lequel fournissait également l'eau destinée au système de rafraîchissement de l'air. Le côté ouest de la

Zawiya al-Ahmadiyya, façade principale, Gaza.

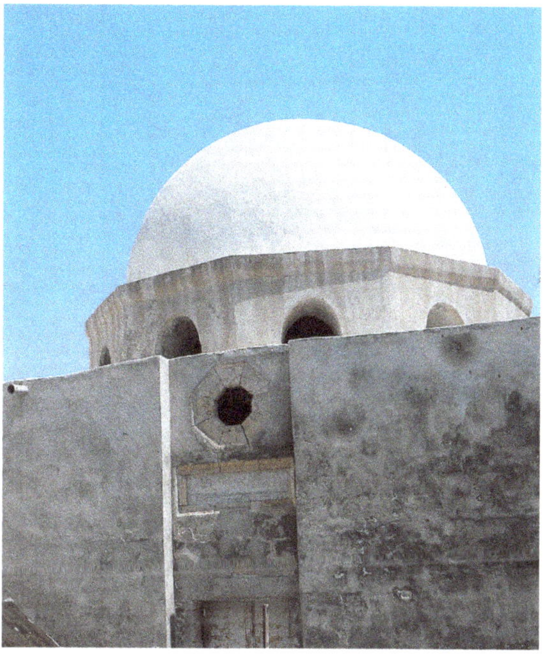

Zawiya al-Ahmadiyya, intérieur, Gaza.

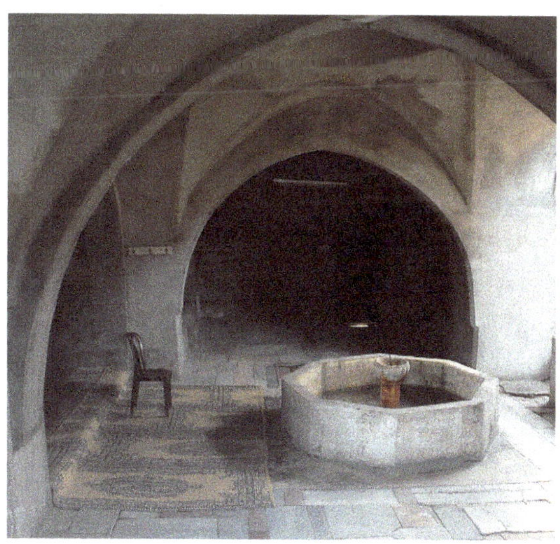

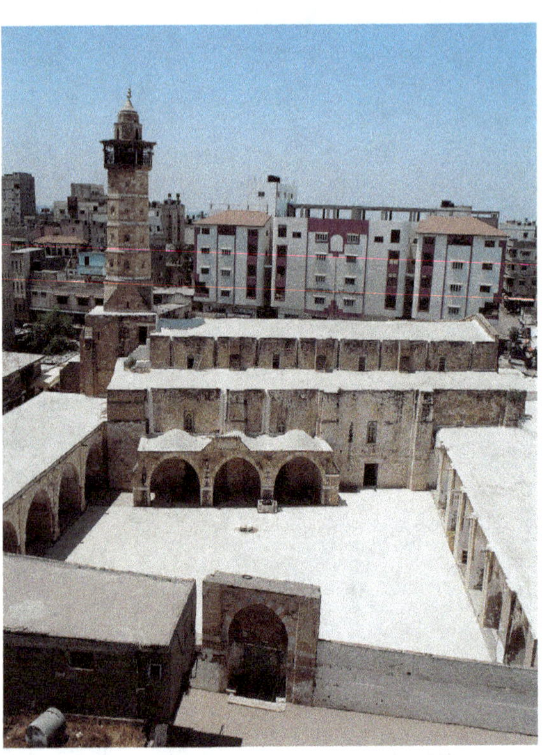

Grande Mosquée de 'Omar, vue générale de la cour, Gaza.

pièce donne sur la cour à travers deux arcs brisés. Trois *iwans* voûtés entourent la cour, chacun d'entre eux donnant sur la cour extérieure par une fenêtre géminée.

IX.1.c **Grande Mosquée de 'Omar**

Dans le quartier de Daraj, au centre de la vieille ville.
Horaires: dans la journée, en dehors des heures de prière.

La Grande Mosquée de 'Omar (66,5 m sur 65,5 m) est un bâtiment hétéroclite, le résultat de différentes évolutions architecturales successives. L'empreinte des Mamelouks y est prédominante. L'édifice a été largement détruit pendant la Première Guerre mondiale, mais le Conseil islamique suprême l'a fait restaurer en 1924.

La partie la plus ancienne de la mosquée, qui présente un plan basilical, remonte à l'époque des Croisés. C'était la cathédrale, placée sous le vocable de Saint-Jean-Baptiste, que les Francs avaient érigée à l'emplacement de la Mosquée du Vendredi qui s'élevait au centre de la ville au début de l'ère islamique. Elle consiste en une nef centrale flanquée de deux bas-côtés, tous couverts de voûtes d'arêtes. La porte d'entrée principale s'ouvre dans le mur occidental, surmonté d'un oculus. Le portail principal, avec ses colonnes, ses chapiteaux et ses arcs, est de style gothique. De chaque côté de la nef s'élève une rangée de piliers et de colonnes byzantines composites en marbre couronnées de chapiteaux de remploi, vraisemblablement corinthiens.

Après le départ des Croisés en 583/1187, le bâtiment fut transformé en Grande Mosquée et récupéra ainsi son ancienne dénomination de "mosquée de 'Omar". À l'époque mamelouke, le sultan al-Mansour Hussam al-Din Lajin (696/1297-698/1299) ajouta le portail oriental, qui conduit directement à la nef centrale de l'édifice primitif (la basilique), et fit ériger le minaret. Ce dernier s'effondra à la suite d'un séisme, mais il a été reconstruit juste avant la Première Guerre mondiale. C'est l'émir Sunqur al-'Ala'i, vice-sultan de Gaza en 697/1297-1298, qui supervisa les travaux de restauration. Il ajouta une fenêtre et un portail au mur nord de la basilique.

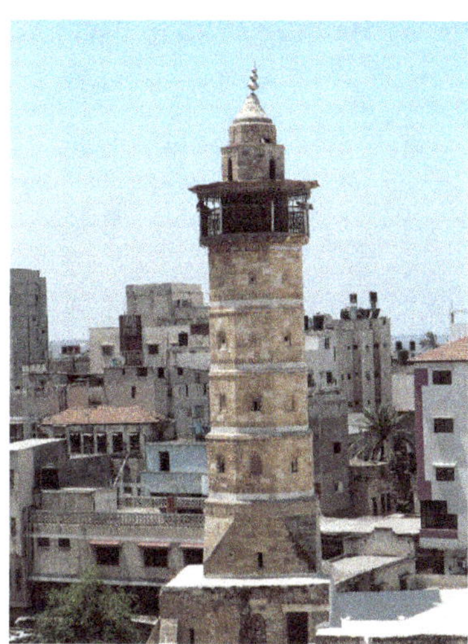

Grande Mosquée de 'Omar, minaret, Gaza.

C'est à l'émir Tankiz al-Nasiri, le vice-sultan de Syrie en 730/1329-1330, que sont dues les secondes adjonctions majeures. Il fit abattre le mur méridional de la basilique et élever une nef supplémentaire. Le mur méridional fut percé d'une autre entrée, qui conduit à al-Qaysariyya (le marché de l'Or) et à Khan al-Zayt.

Au nord de l'ancien bâtiment se trouve une cour entourée de portiques sur les côtés est, ouest et sud. Le portique méridional, qui date du XIe/XVIIe siècle, donne sur la cour par une colonnade de trois arcs. Il est couvert par trois voûtes d'arêtes surbaissées. Les galeries orientale et occidentale ont été construites à la fin du XIIe/XVIIIe siècle. Dans le portique sud se trouvent un *minbar* et un *mihrab* d'époque mamelouke; tous deux proviennent de la mosquée du sultan Qaytbay. Le portail d'entrée occidental a été ajouté à la fin du XIIIe/XIXe siècle, ainsi qu'un certain nombre de portiques.

IX.1.d **Hammam al-Samara**

Quartier de al-Zaytoun, dans la vieille ville. Le hammam *est ouvert tous les jours jusqu'à midi pour les hommes, après midi pour les femmes.*

Le *hammam* al-Samara est l'un des six bains anciens qu'utilisaient les habitants et les visiteurs de Gaza. D'après l'inscription fondatrice, le *hammam*, bâti en pierres de taille d'un très beau fini, date de la période mamelouke. Le sol du *hammam* se trouve à près de trois mètres au-dessous du niveau de la rue. Comme tous les bains publics, il remplissait aussi des fonctions sociales.

Le *hammam* comporte trois sections principales: la salle de réception, la salle réservée au bain et une zone de service. La porte d'entrée s'ouvre dans le mur nord, côté centre-ville. Un couloir voûté dessert la salle de réception carrée dont le sol est car-

Hammam al Samara, salle de réception, Gaza.

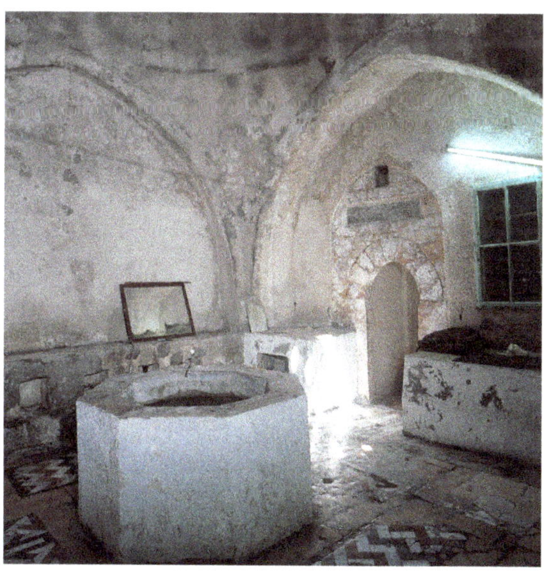

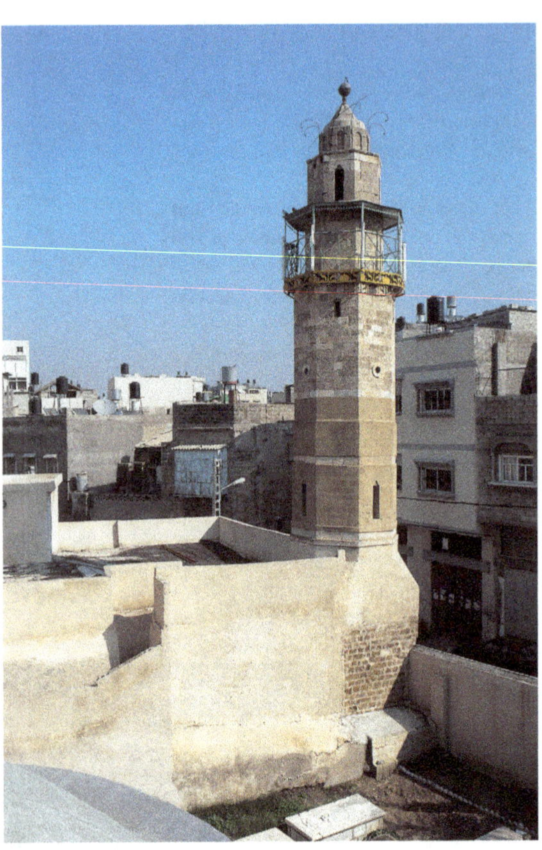

Mosquée de Katib al-Wilaya, minaret, Gaza.

relé de dalles de marbre de couleur taillées selon des formes géométriques. Une fontaine octogonale coiffée d'une coupole occupe le centre de cette salle entourée sur les côtés sud et est par deux *iwans* dans lesquels les gens s'assoient et se déshabillent. La salle de réception conduit, par une pièce intermédiaire, à la salle abritant la piscine, elle-même revêtue de marbre polychrome. Le chauffage est assuré par le système de combustion qui passe sous le dallage.

IX.1.e **Mosquée de Katib al-Wilaya**

La mosquée se trouve dans Ra's al-Tali', quartier de al-Zaytoun, dans la vieille ville de Gaza. Horaires: dans la journée, en dehors des heures de prière. Visite sur autorisation du gardien.

Bien qu'elle remonte à l'époque mamelouke, la mosquée est attribuée à l'émir Ahmad Bek, secrétaire de la province *(katib al-wilaya)*, à qui l'on doit l'agrandissement de la mosquée à l'époque ottomane. Au plan architectural comme au plan historique, la mosquée se divise en deux parties principales. La première comporte la salle de prière mamelouke et le minaret qui surplombe la façade orientale. On accède aujourd'hui à la salle de prière par une porte dans le mur de *qibla*, mais on pense qu'autrefois, l'entrée principale se trouvait dans le mur nord, à l'emplacement de l'une des deux échoppes. La salle de prière, rectangulaire, est divisée en six voûtes d'arêtes par une rangée de colonnes corinthiennes en marbre supportant des arcs brisés. Un *mihrab* semi-circulaire se loge au milieu du mur méridional; à côté s'élève le *minbar* en marbre, dont certains éléments décoratifs de pierre ou de marbre proviennent d'un autre édifice mamelouk. Le minaret fut bâti en 835/1431-1432 par l'émir Inal al-'Ala'i, vice-sultan de Gaza

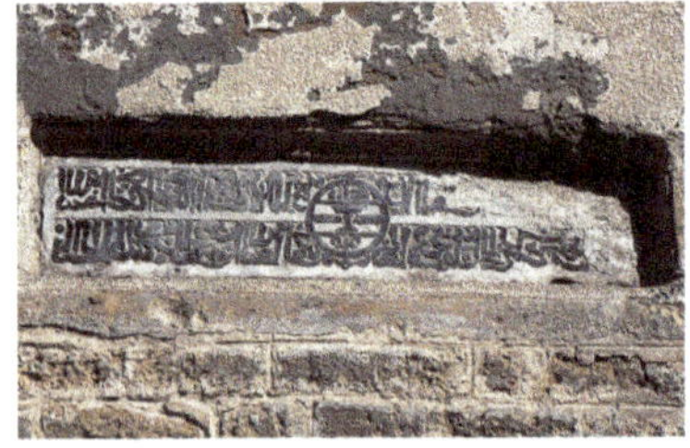

Mosquée de Katib al-Wilaya, inscription fondatrice, Gaza.

avant de devenir lui-même sultan mamelouk (857/1453-865/1461). Au centre de l'inscription fondatrice figure un blason composé de trois registres: un encrier, symbole du poste de *dawadar* (secrétaire); une coupe ciselée qui rappelle ses fonctions d'échanson *(saqi)*; et une fleur de lis, symbole de la première fonction, peut-être militaire, qu'occupa l'émir Inal.

Le minaret s'élève sur une base rectangulaire qui supporte un fût octogonal; au sommet, le balcon du *muezzin* repose sur des corbeaux. Haut de 17,55 m à l'origine, le minaret a été partiellement détruit pendant la Première Guerre mondiale; il a gagné en hauteur à la faveur de sa reconstruction.

À l'ouest de la salle de prière, la seconde partie de la mosquée fut construite par l'émir Ahmad Bek, le secrétaire de la province, en 995/1586-1587. Elle est constituée d'un portique à double coupole ouvrant sur cour; les deux arcs brisés reposent sur trois piliers carrés en pierre. Le pilier latéral, qui porte des inscriptions en calligraphie *naskhi*, provient d'une autre mosquée en ruine.

IX.1.f Madrasa de l'émir Bardabak (Mosquée al-Mahkama)

Rue de Bagdad, dans le quartier historique de al-Chuja'iyya, près de la principale entrée ouest. Le site est ouvert toute la journée.

Construite en 859/1454-1455 par l'émir Bardabak al-Dawadar (comme le révèle la plaque d'inscriptions au-dessus de la porte), la fonction première de la *madrasa* était l'éducation, même si elle servait aussi de lieu de prière, y compris pour celles du vendredi. Ceci est tout à fait conforme à la fonction d'une *madrasa* à l'époque mamelouke, et explique la présence d'un minaret, d'un *mihrab* et d'un *minbar*. À l'époque

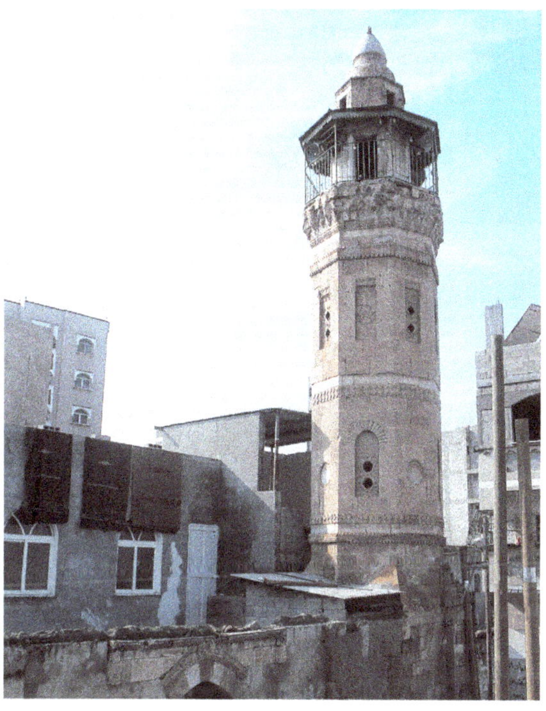

Madrasa de l'émir Bardabak, minaret, Gaza.

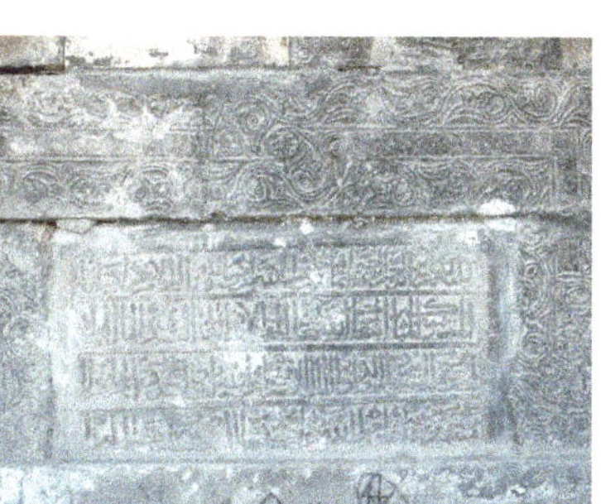

Madrasa de l'émir Bardabek, inscription fondatrice, Gaza.

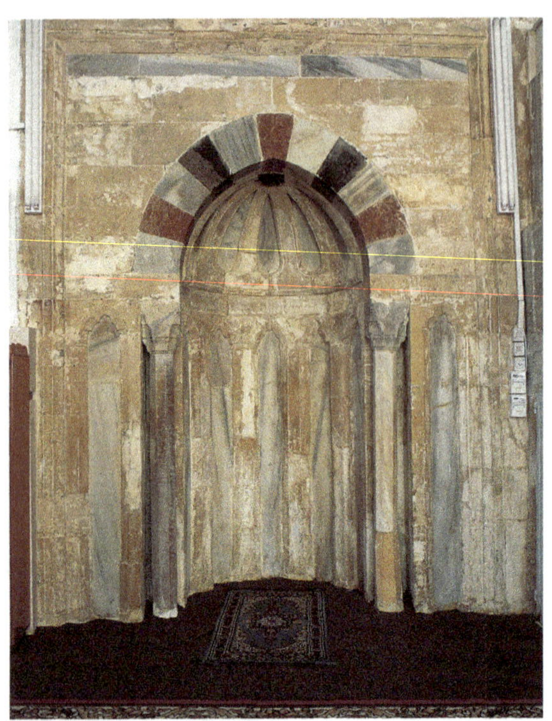

Madrasa de l'émir Bardabak, mihrab de la mosquée, Gaza.

ottomane, la mosquée actuelle servait de siège au tribunal religieux, d'où son nom de mosquée al-Mahkama. Sous le mandat britannique, elle était utilisée comme école de garçons et portait le nom de *madrasa* al-Chuja'iyya al-Amiriyya.

Couronnée d'un arc brisé orné de motifs végétaux, le portail principal de la *madrasa* s'ouvre dans la façade nord. La *madrasa* comprend un patio central – dont le niveau se trouve à 1,20 m au-dessous du niveau de la rue –, avec, au sud-ouest, l'*iwan* de la *qibla*. Il s'agit là de la partie la plus importante de l'édifice, où l'on peut distinguer trois sections: au milieu, la partie principale, avec le *mihrab* et le *minbar*, est couverte par une voûte d'arêtes. Les deux parties latérales de l'*iwan* sont couvertes de voûtes en berceau et sont reliées à la partie médiane par des arcs brisés. À une certaine époque, un *iwan* plus petit faisait face à l'*iwan* du mur *qibla* côté nord-ouest, mais il n'a pas survécu. Les deux autres côtés de la cour, c'est-à-dire les parties nord et sud, étaient occupés par les chambres des *cheikhs* et des étudiants, ainsi que par d'autres pièces de service. Rien ne nous est parvenu de ces parties, à l'exception du côté nord, qui consiste en quatre petites pièces rectangulaires à coupole (la salle d'entrée est l'une d'elles), chacune mesurant 3,77 m x 3,69 m. C'est la seule *madrasa* de ce style qui subsiste à Gaza.

Le minaret de la *madrasa* se dresse à l'angle nord-ouest. Dans les côtés de la base rectangulaire ont été ménagées des niches qui en atténuent l'austérité. Les deux niveaux du fût octogonal sont percés d'embrasures – couvertes de décorations géométriques et végétales – qui servent à ventiler la cage d'escalier en colimaçon et à éclairer l'intérieur. Au sommet du minaret, le balcon du *muezzin*, également octogonal, repose sur des *mouqarnas*.

IX.1.g **Mosquée Chihab al-Din Ibn 'Othman**

Dans le quartier de al-Chuja'iyya, dans la rue du Souk, qui fait partie du quartier Turkman. Horaires: dans la journée, en dehors des heures de prière.

La mosquée est attribuée à son fondateur, le *cheikh* Ahmad Ibn Muhammad Ibn 'Othman Ibn 'Omar Ibn 'Abd Allah al-Naboulsi al-Maqdisi, également connu sous le nom de al-Khalili, mort à La Mecque en 805/1402-1403. Avec ses 45 m de long et 36,5 m de large, c'est la deuxième plus grande mosquée de Gaza. Son plan correspond au schéma traditionnel des mosquées à cour centrale entourée de portiques sur les quatre côtés.

Le bâtiment que nous connaissons aujourd'hui est le fruit de différents projets réalisés en trois étapes pendant la période mamelouke, comme l'attestent les inscriptions et les caractéristiques architecturales. La première phase structurelle de la mosquée comprend les éléments les plus anciens de l'édifice, c'est-à-dire la façade occidentale avec ses deux entrées, un minaret et un certain nombre de pièces situées à l'arrière de ce dernier. Toutes ces composantes ont été construites sous l'égide de l'émir Aqbugha al-Tulutmari en 802/1399-1400. La façade occidentale possède deux portails d'entrée, chacun étant surmonté d'une plaque d'inscriptions énumérant les œuvres de l'émir Aqbugha, tandis que sur le portail figure un rappel des biens que l'émir Arzamak constitua en *waqf* consacré à la mosquée en 797/1394-1395.

Le minaret se dresse au-dessus de la façade occidentale, entre les deux portails. Derrière se trouvent trois salles, dont l'une abrite la tombe de l'émir Sa'd al-Din Yalkhuja, le vice-sultan de Gaza en 849/1445-1446, qui, peu avant sa mort en 850/1446-1447, avait demandé à y être enterré. Les deux autres pièces servent aux diverses fonctions de la mosquée.

La cour de la mosquée (30,80 m x 27,90 m) et le portique devant le mur de *qibla* représentent la deuxième phase de construction de d'édifice. L'actuel portique de la *qibla* est une réforme datant du sultan al-Mu'ayyad Cheikh en 821/1418-1419 et qui fut dirigée par l'émir Abou Bakr al-Yaghmuri (chef de la garde) à Gaza. Le *mihrab* principal, une niche hémisphérique lambrissée de marbre, est un chef-d'œuvre tout à fait exceptionnel. Le *mihrab* autant que la coupole qui le précède ont été construits en 834/1430-1431 par 'Alam al-Din Sanjar.

La dernière étape de construction concerne les portiques nord et sud, érigés peu après 821/1418-1419. Ils donnent sur la cour de la mosquée par des arcs brisés prenant appui sur des piliers carrés. Chaque portique est divisé par une rangée de

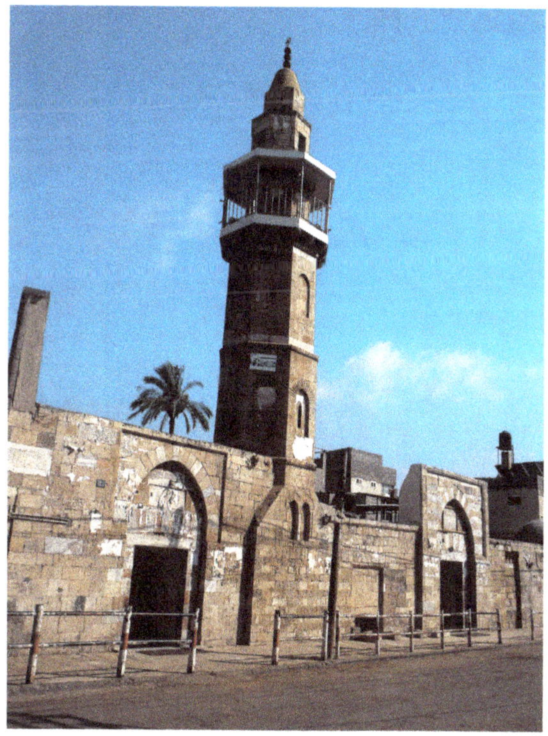

Mosquée Chihab al-Din Ibn 'Othman, entrée et minaret, Gaza.

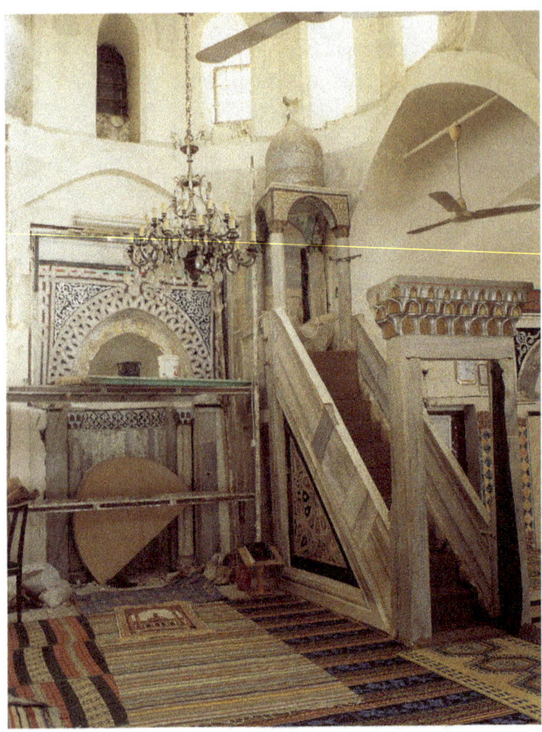

Mosquée Chihab al-Din Ibn 'Othman, mihrab et minbar, Gaza.

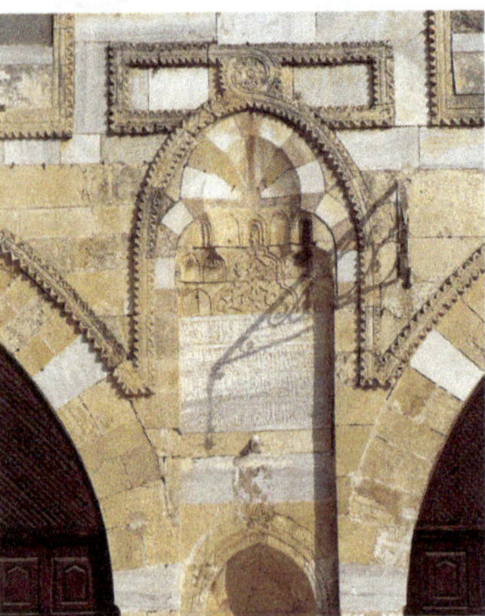

Mosquée Chihab al-Din Ibn 'Othman, mihrab de la cour, Gaza.

piliers en deux parties, chacune étant couverte d'une voûte d'arêtes.

IX.2 KHAN YUNIS

IX.2.a Khan de l'émir Yunis al-Nawruzi

Dans le centre de Khan Yunis. La visite est possible toute la journée.

Situé sur l'ancienne route reliant l'Égypte, au sud, à la Palestine, la Syrie et le Croissant fertile au nord, le *khan* formait le centre de la ville de Khan Yunis, dont il était le noyau architectural. Plusieurs facteurs ont présidé au choix du site pour la construction du bâtiment : la situation stratégique, la fertilité du sol, l'abondance des eaux souterraines et, à l'est, la présence de nombreuses carrières.

Ce *khan* fortifié fut érigé pour faire office de relais pour les caravanes, mais aussi de centre d'échanges commerciaux, de relais de poste et de garnison pour les armées stationnées entre les capitales mameloukes du Caire et de Damas, siège du vice-sultan mamelouk. L'endroit a continué à jouer un rôle commercial jusqu'à la fin de la période mamelouke, lorsque les échanges commerciaux entre l'Égypte et la Syrie ont commencé à péricliter. Peu de temps après, le *khan* fut transformé par les Ottomans en caserne affectée à la sécurité de la route; depuis, on l'appelle "forteresse".

D'après les trois inscriptions commémoratives, le *khan* fut construit par l'émir Yunis sous le règne du sultan mamelouk al-Dahir Barquq en 789/1387. La plus longue de ces inscriptions s'étale des deux côtés du portail d'entrée, que surmonte le blason de l'émir Yunis : un calice, une grande coupe et un encrier avec deux plumes, autant d'attributs désignant les différents postes occupés par l'émir au cours de sa carrière. Le blason est repris plusieurs fois sur la façade. Entre chaque séquence de deux blasons apparaît une plaque en forme d'amande qui est divisée en trois registres et qui porte des formules de louange à l'adresse du sultan al-Dahir Barquq.

Du *khan* ne subsistent que la façade occidentale, des vestiges de plusieurs pièces à l'arrière de celle-ci ainsi que les ruines du minaret et du dôme de la mosquée. Le bâtiment s'est dégradé progressivement depuis la Première Guerre mondiale, et de nouvelles constructions ont commencé à empiéter sur l'établissement à l'époque du mandat britannique, de l'administration égyptienne, ainsi que sous l'occupation israélienne.

Mais les vestiges du *khan* et l'information historique disponible autorisent une reconstitution de ses principales composantes. Épousant la forme d'un carré de 75,5 m de côté, le bâtiment était composé de deux niveaux donnant sur une cour centrale. Le rez-de-chaussée faisait office de magasin tandis que l'étage abritait les chambres des marchands et des hôtes. Il comprenait une mosquée, constituée d'une structure carrée couverte d'une coupole dont on peut toujours voir une partie aujourd'hui. Le *mihrab* et le *minbar* de la mosquée ont totalement disparu, et seule une partie du minaret qui s'élève au-dessus de la façade est parvenue jusqu'à nous. Le patio servait de zone de service et d'écuries.

En raison de sa localisation sur une route de campagne avant que la ville ne soit établie, le *khan* était équipé de structures défensives telles que des tours et d'épaisses murailles extérieures percées de meurtrières; au-dessus de l'accès, des mâchicoulis permettaient de jeter de l'huile bouillante sur les assaillants.

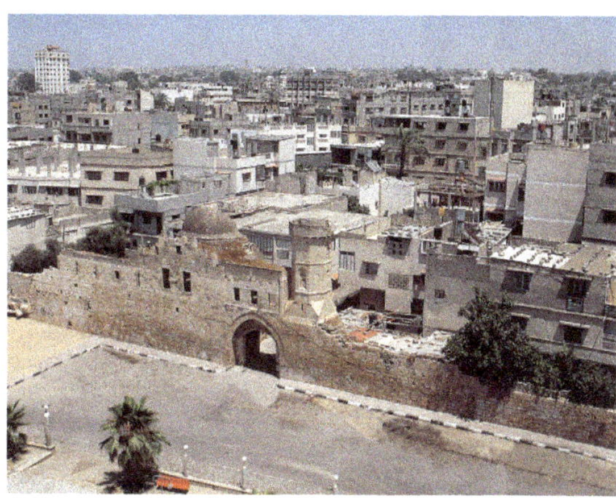

Khan de l'émir Yunis al-Nawruzi, vue générale, Gaza.

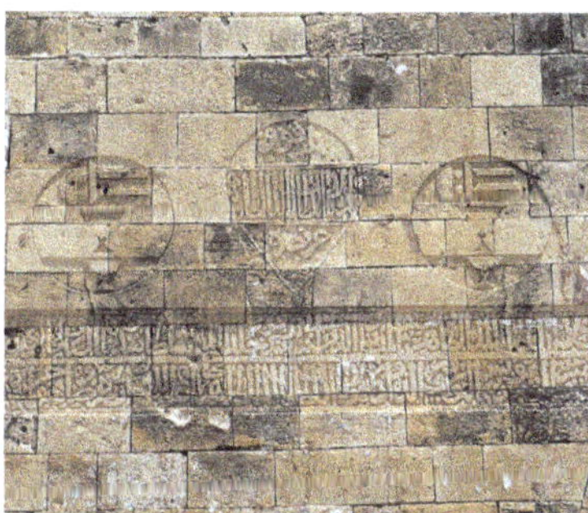

Khan de l'émir Yunis al-Nawruzi, fondatrice, détail du fût, Gaza.

LA PRODUCTION DE POTERIE

Mu'en Sadeq

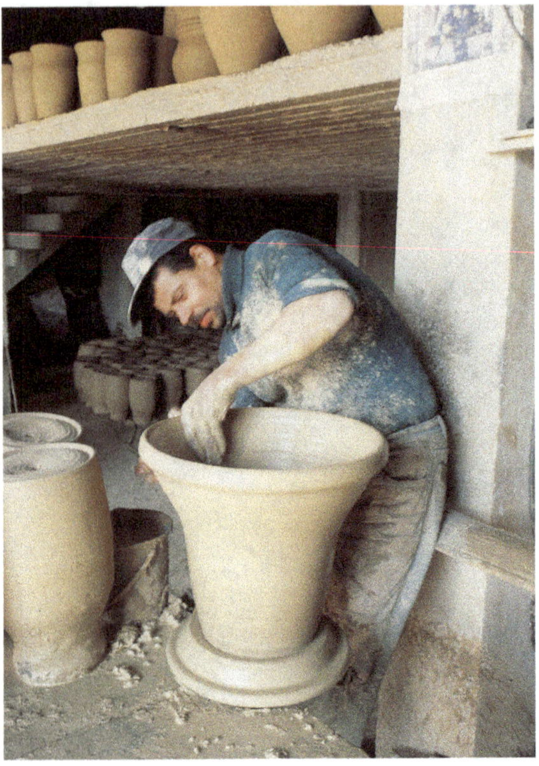

La production de poterie, potier modelant une jarre sur le tour manuel.

Il est attesté que la fabrication de poterie à Gaza remonte au Ve millénaire av. J.-C., ce qui peut s'expliquer par l'influence de l'Égypte, la première place connue pour s'être adonnée à cet artisanat, conséquence des contacts qu'elle a entretenus avec les civilisations du Nord et du Sud tout au long de la chaussée internationale qui la traverse. L'abondance d'argile a largement contribué à établir et à développer cette industrie à Gaza et dans la région environnante à travers les âges.

Depuis l'Âge du fer jusqu'à l'ère islamique, Gaza a exporté ses objets en céramique – remarquable par ses tons de brun et de rosé – vers les régions voisines ou vers les villes de la Méditerranée depuis l'antique port d'Anthedon, dont on peut toujours voir les ruines sur la côte nord-ouest de la ville.

Parmi les productions des centres de poterie de Gaza figurent ces grandes jarres d'argile rouge qu'on utilisait pour exporter le vin, l'huile et d'autres denrées des villes méditerranéennes, surtout pendant les périodes romaine et byzantine. Connues sous le nom de "jarres de Gaza", elles arrivaient en grand nombre en France, en Grande-Bretagne, en Grèce, en Italie et en Afrique du Nord. À l'époque musulmane, Gaza développa encore la production de poterie. Le quartier des potiers (Hay al-Fukhari) dans la vieille ville a été l'épicentre de cet éminent artisanat pendant de nombreux siècles.

Le travail des potiers ne se limitait pas à la fabrication d'objets à usage domestique, mais s'appliquait aussi aux canalisations d'eau, aux systèmes d'irrigation et à d'autres matériaux de construction, notamment pour les coupoles, les terrasses des maisons et les murs.

De nombreux habitants de Gaza utilisent toujours des ustensiles en poterie pour différents usages, notamment des cruches, des jarres de stockage, de la vaisselle et des pots de fleurs. Différents articles en céramique peinte ou décorée de motifs en relief aux couleurs variées sont produits pour le marché local autant que pour les touristes.

L'INDUSTRIE TRADITIONNELLE DU TEXTILE

Mu'en Sadeq

Depuis des temps immémoriaux, Gaza est un centre réputé d'industrie textile, notamment pour ce type de petits tapis connus sous le nom de *kilims*, et pour les tissus de soie ou les lainages confectionnés sur des métiers à tisser manuels. Aujourd'hui, de nombreux habitants de la ville, surtout dans le quartier de Chuja'iyya, ont toujours recours aux métiers à tisser manuels en bois pour fabriquer différentes pièces en poils de chameau ou de mouton, préalablement lavés et teintés. Les formes, motifs, calligraphies et couleurs reflètent la culture locale et la tradition palestinienne, mais aussi la créativité des artistes. Malgré le recul de cette forme d'artisanat au cours des dernières décennies, des efforts sont actuellement déployés pour en empêcher la disparition. La Municipalité de Gaza étudie actuellement les moyens de commercialiser les produits textiles des métiers manuels en facilitant leur introduction sur le marché du tourisme. Au nombre de ces initiatives, citons le Village des Arts et Métiers, où des produits tissés dans le style local sont exposés dans le but de promouvoir et de préserver une des traditions majeures de la ville.

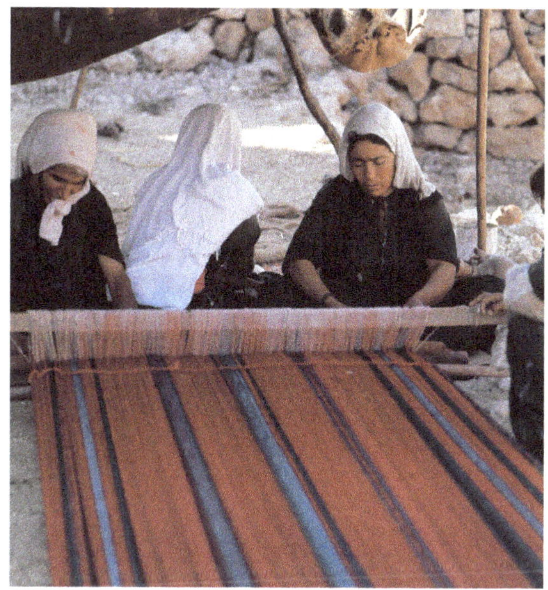

L'industrie traditionnelle du textile, femmes confectionnant un kilim sur un métier à tisser manuel.

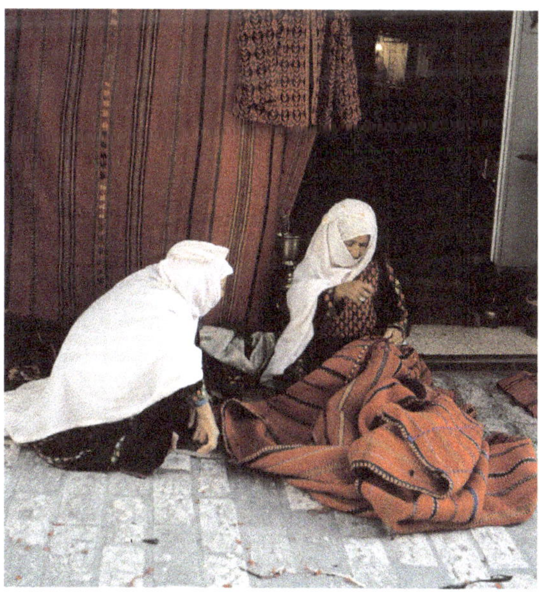

L'industrie traditionnelle du textile, femmes confectionnant un kilim.

GLOSSAIRE

Ablaq	(Du turc *iplik*, "corde" ou "fil".) Technique de construction qui consiste à alterner des assises de pierres blanches et noires.
Arabesque	Ornement propre à l'art arabe fait de lignes entremêlées et dessinant des figures géométriques ou végétales stylisées.
Bahride	Relatif au Nil *(al-Bahr)*. Les Mamelouks *bahrides* doivent leur nom au fait que leur caserne se trouvait dans l'île de Rawda, sur le Nil.
Burj	Fortin, bastion. Tour, parfois entourée d'une muraille secondaire.
Burjide	D'après *burj*. Les Mamelouks *burjides* ou circassiens doivent leur nom au fait d'avoir été formés dans les tours (sing. *burj*) de la Citadelle du Caire.
Caravansaray	Hôtellerie située sur les grandes voies de communication, destinée à l'hébergement des voyageurs et à l'emmagasinage de leurs marchandises.
Chadda	Graphème de gémination, qui se situe sur une consonne pour en marquer la double prononciation.
Chafi'ite	L'une des quatre écoles juridiques de l'islam orthodoxe.
Chari'a	(Litt. "voie", "chemin".) L'ensemble des préceptes islamiques que doit suivre le croyant pour être dans le droit chemin qui conduit à Dieu; elle gouverne le comportement des fidèles aussi bien dans le champ spirituel, juridique, social et politique que dans les aspects les plus concrets de la vie quotidienne.
Cheikh	Ancien, chef. Savant formé aux sciences religieuses; membre d'un ordre religieux; maître soufi.
Cœnobium	(Mot latin; du grec *koinobion*, "vie en commun".) Monastère.
Coufique	Forme d'écriture arabe angulaire très stylisée et souvent très décorative, utilisée pour la calligraphie des premiers Corans et les inscriptions fondatrices, supposée originaire de Koufa en Irak.
Dawadar	Charge assumée par le secrétaire d'État; *dawadar kabir*, litt. "grand secrétaire".
Derviche	Membre d'une confrérie religieuse renommée pour ses pratiques de dévotion.
Dikkat al- muballigh	Tribune pour le fonctionnaire religieux chargé de conduire les prières du jour, de façon à ce que tous les fidèles puissent les entendre et suivre l'office.
Diwani	Style calligraphique proche du style *farsi;* très recherchée, cette écriture était utilisée dans les lettres des chancelleries ottomanes.
Djihad	Effort de perfectionnement moral et religieux. Peut conduire au combat "sur la voie de Dieu" contre les dissidents ou les païens.
Durqa'a	Dans les mosquées et *madrasas*, espace central à partir duquel on accède aux différentes dépendances, flanqué de deux ou quatre *iwans*, et généralement couvert par un toit en bois comportant des ouvertures pour la ventilation et l'éclairage zénithal.
Émir	Gouverneur, prince, haut dignitaire.

Farsi	Originaire ou habitant de Perse. Style calligraphique cursif particulièrement élégant qui met en valeur les courbes de la lettre arabe en réduisant les figures angulaires.
Fatwa	Avis, réponse de jurisconsulte sur une consultation de droit religieux.
Fondouk	Dans le nord de l'Afrique, hôtellerie (halle) pour les marchands et leurs bêtes de somme, entrepôt pour les marchandises et centre de commerce équivalent du *caravansaray* ou du *khan* de l'Orient islamique.
Habous	Donation en immeubles faite sous certaines conditions en faveur d'une mosquée ou d'une autre institution religieuse, comme la *madrasa* ou la *khanqa*, ou civile, comme le *sabil*, voire une maison.
Hadith	(Litt. "dits".) Tradition relative aux faits, dits et gestes du Prophète Muhammad et de ses compagnons.
Hadjdj	Le "cinquième pilier de l'islam", le grand pèlerinage à La Mecque et aux lieux saints que tout croyant doit accomplir au moins une fois dans sa vie s'il en a les moyens.
Hammam	Bain public ou privé.
Hamza	Graphème d'occlusion glottale.
Hamzat al-qat'	*Hamza* de coupure, se prononce toujours, suivie d'une voyelle, et s'écrit au-dessus du *alif*.
Hamzat al-wasl	*Hamza* de liaison qui permet, en s'effaçant à l'oral, de ménager la transition avec la dernière syllabe du mot précédant; trait d'union, liaison.
Hanafite	L'une des quatre écoles juridiques *sunnites* (islam orthodoxe). Née avec Abou Hanifa al-Nu'man (79/699-149/767), elle devint l'école privilégiée des Ottomans, qui l'exportèrent dans leurs provinces.
Hanbalite	L'une des quatre écoles juridiques *sunnites* (islam orthodoxe).
Haram	(Litt. "sacré", "défendu".) Sanctuaire. Désigne aussi l'acte illicite et donc répréhensible du point de vue religieux.
Harem	(De *haram*.) Appartement des femmes.
Ijaza	Certificat accordé par le *cheik* à son étudiant.
Ijtihad	(Même racine que *djihad*.) Effort d'interprétation personnelle de la loi musulmane.
Imam	Celui qui dirige la prière islamique. Guide, chef, modèle spirituel ou membre du clergé, quelquefois aussi homme politique, dans une société musulmane.
Iwan	Salle voûtée, sans façade, avec des murs sur trois de ses côtés et ouverte par un grand arc; grande niche voûtée à fond plat.
Jama'	Mosquée où l'on célèbre la prière quotidienne et la prière du vendredi.
Jund	Province administrative et militaire.
Ka'ba	(Litt. "cube".) Temple de La Mecque devenu le centre du culte islamique.
Khalwa	Petite pièce parfois totalement dépourvue de fenêtres, réservée à la retraite des soufis. À Jérusalem, elle constitue une unité architecturale indépendante.

Khan	Auberge, gîte pour les voyageurs et les marchands sur les grandes voies de communication. Entrepôt et hôtellerie dans les agglomérations d'une certaine importance. (Voir *fondouk* et *caravansaray*.)
Khanqa	Monastère ou hôtellerie pour les soufis ou les derviches.
Kilim	Terme désignant d'une manière générale les tapis tissés par rapport aux tapis noués.
Koubba	(Voir *qubba*.)
Laure	(*Laura*.) Type d'ermitage de l'Église d'Orient établi dans le désert. Agglomération de cellules individuelles où les moines vivent dans un isolement total entrecoupé de rencontres épisodiques.
Machrabiyya	Cloison composée d'un assemblage de bobines de bois tourné. Jalousie.
Madhhab	École juridique islamique. Les quatre grandes obédiences de l'islam sunnite ou orthodoxe sont les écoles chafi'ite, malékite, hanafite et hanbalite.
Madrasa	École de sciences islamiques (théologie, droit, Coran, etc.) et lieu d'hébergement pour les étudiants.
Maghribi andalousi	Style calligraphique cursif qui s'est répandu en Espagne musulmane et en Afrique du Nord.
Maktab	École réservée aux orphelins où l'on enseigne les principes de la lecture, de l'écriture ainsi que l'apprentissage du Coran par cœur.
Malékite	L'une des quatre écoles juridiques sunnites (islam orthodoxe). Apparue avec l'imam Malik (94/713-178/795) et ses disciples, elle se répand dans l'ouest du monde musulman, y compris en al-Andalus.
Maqam	Bâtiment à une ou plusieurs unités architecturales, surmonté d'une *qubba* abritant la tombe d'un important personnage religieux que l'on visite.
Maristan	Hôpital.
Mastaba	Longue banquette en pierre adossée au mur extérieur d'un édifice sur les côtés de ses accès. Dans l'Égypte pharaonique, la *mastaba* était la sépulture des nobles et des dignitaires de la cour. Elle était en forme de pyramide tronquée, à base rectangulaire, et communiquait avec un hypogée funéraire.
Mawsim	(Pl. *mawasim*.) Fête saisonnière dévolue à un saint.
Médina	Ville. Dans le nord de l'Afrique, partie ancienne d'une agglomération, par opposition à l'extension européenne des villes.
Mihrab	Niche située dans le mur de la *qibla* qui indique la direction de La Mecque vers laquelle les croyants doivent se tourner pendant leurs prières.
Minbar	Chaire d'une mosquée d'où l'imam adresse le prêche (*khutba*) aux fidèles.
Mouqarnas	Ornement alvéolé en forme de stalactites qui décore les coupoles ou les encorbellements d'un bâtiment.
Muezzin	Fonctionnaire religieux musulman, chargé d'annoncer du haut du minaret de la mosquée les cinq prières quotidiennes.
Mufti	Savant musulman dont les connaissances religieuses lui permettent d'émettre des *fatwa*s sur des situations inédites, à partir de son interprétation personnelle.

Mujawir	Se dit d'une personne ayant quitté sa ville pour s'installer dans l'une des trois villes saintes de l'Islam (La Mecque, Médine et Jérusalem).
Nadir	Observateur, assistant, gardien, inspecteur, directeur.
Naskhi	(Litt. "copié".) Nom de l'une des calligraphies les plus répandues de l'alphabet arabe; allie la souplesse du style *farsi* à l'harmonie de l'écriture coufique.
Nasta'liq	Écriture arabe cursive (variante du *ta'liq*) élaborée par les calligraphes persans à la fin du XIVe siècle; surtout utilisée pour la copie de la poésie ou des textes en prose. Elle se distingue par ses formes arrondies, sa clarté et sa pureté géométrique.
Niyaba	Région administrative, province.
Oued	Cours d'eau temporaire dans les régions arides.
Ouléma	(De l'arabe *'alim*, pl. *'oulama'*, litt. "sage", "érudit".) Expert en droit musulman, garant du respect et de l'application des principes de l'islam.
Qadi	Juge musulman.
Qaysariyya	Marché couvert.
Qibla	Direction de la *Ka'ba*, vers laquelle les croyants se tournent pour la prière. Mur de la mosquée dans lequel est situé le *mihrab* qui indique cette direction.
Qubba	Coupole. Par ext., monument élevé au-dessus de la tombe d'un saint.
Ribat	Forteresse construite sur les zones frontières, d'où les guerriers religieux qui l'habitaient partaient faire la guerre sainte (Afrique du Nord); hospice pour les pèlerins (Égypte mamelouke, Palestine et Syrie).
Ruq'a	Style calligraphique utilisé par l'administration ottomane. De nos jours, généralement utilisé dans les quotidiens arabes pour les gros titres.
Sabil	Construction destinée à la distribution d'eau potable. Fontaine publique.
Sandjak	(Mot turc, litt. "bannière".) Ancienne subdivision territoriale du pachalik en Turquie.
Saqi	Échanson et responsable de l'organisation de la table du sultan et des boissons.
Spolia	Pierres prises de monuments anciens.
Sukun	Fermeture de syllabe; pause sur la fin de syllabe.
Sunna	(Litt. "tradition".) Pour l'islam orthodoxe, ensemble de traditions du Prophète sur lequel s'appuient les jurisconsultes et les théologiens pour préciser le contenu de la loi islamique qui émane du Coran.
Sunnite	Partisan de la *Sunna*. Le "sunnisme" est un système politico-religieux qui s'oppose au "chiisme". Les sunnites se divisent en quatre écoles: malékite, hanbalite, hanafite, chafi'ite.
Ta'liq	Style calligraphique persan élaboré au XIVe siècle, surtout utilisé dans les lettres de chancelleries.

Takiyya	Centre pour derviches où ils pouvaient se réunir, prier et vivre; typologie architecturale introduite par les Ottomans (*tekke* en turc). Synonyme de “lieu où la nourriture est servie gratuitement”.
Thoulouth	Style calligraphique cursif couramment utilisé dans la décoration des édifices religieux musulmans. Extrêmement codifié, l'étirement de ses lettres permet de réaliser des compositions décoratives très complexes.
Turbé	Lieu funéraire privé; pratique architecturale introduite par les Turcs.
‘Uliyya	Petite pièce dans la partie supérieure de la maison, située entre le toit plat et les autres dépendances de l'édifice.
Wali	Protecteur, gouverneur de région.
Waqf	Donation à perpétuité – généralement terrain ou propriétés – dont les revenus étaient réservés à l'entretien de fondations religieuses. (Voir *habous*.)
Wikala	L'un des différents types d'établissements commerciaux. (Voir *caravansa-ray*.)
Zawiya	Établissement dédié à un enseignement religieux tourné vers la formation des *cheikhs*, qui inclut le mausolée d'un saint et qui est construit à l'endroit où celui-ci a vécu.
Zellige	Petits azulejos de céramique émaillée, utilisés dans la décoration de monuments ou dans les intérieurs.

PERSONNAGES HISTORIQUES

'Abd al-Ghani al-Naboulsi (m. 1143/1731)
Soufi, poète, voyageur et ouléma.

'Abd al-Hamid II (r. 1293/1876-1327/1909)
Sultan ottoman.

'Abd Allah al-Saqawati (m. 652/1254)
Cheikh à qui est attribuée la construction de la *zawiya* al-Maghariba à Hébron.

'Abd al-Malik Ibn Marwan (r. 65/685-86/705)
Cinquième calife ommeyade, on lui doit le Dôme du Rocher.

'Abd al-Qadir al-Jilani (470/1077-561/1166)
Éminent *imam* soufi, fondateur de l'ordre de la Qadiriyya. Un des saints les plus populaires en islam, dont le sanctuaire se trouve à Bagdad, ville où il enseigna aussi bien les sciences ésotériques qu'exotériques pendant de nombreuses années.

Abou Bakr al-Yaghmuri, Émir
Chef de la garde de Gaza, qui a réalisé certains travaux sur la mosquée de Chihab al-Din (821/1418).

Ahmad Ibn Ibrahim Ibn Muhammad Ibn Bakr, dit al-Badawi
(598/1199-675/1276)
Célèbre soufi de Tanta (Égypte). Très jeune, il se distingue par sa dévotion et sa spiritualité. En 634/1236, une vision l'enjoint d'aller visiter les tombes de différents soufis en Irak. De retour en Égypte, il rassemble autour de lui un groupe de disciples à Tanta: la confrérie des Badawiyya est née, ainsi que la réputation de mysticisme et de sainteté de son fondateur, à qui l'on attribue aussi des miracles.

Ahmad Ibn 'Othman, Cheikh (m. 805/1402)
C'est lui qui fit construire la première mosquée de Gaza, et son nom fut donné à l'édifice.

Ahmad Ibn Radwan, Pacha (m. 1015/1606)
Gouverneur de Gaza pendant trois décennies.

Al-Achraf Salah al-Din Khalil (r. 689/1290-693/1293)
Fils de Qalawun, il reprit en 690/1291 la ville d'Acre aux mains des croisés et, plus tard, le reste des villes de Syrie sous domination chrétienne – lesquelles, après pratiquement deux cents ans, revinrent dans le giron des possessions islamiques.

Al-Achraf Sayf al-Din Barsbay (r. 825/1422-842/1438)
Avec le sultan Barsbay s'ouvre une période de stabilité pendant laquelle la souveraineté égyptienne s'étend sur une vaste zone de la mer Méditerranée, jusqu'au port de Djeddah et aux ports de la mer Rouge. Pour asseoir sa politique de monopole du commerce tant intérieur qu'extérieur, Barsbay fait drainer le canal d'Alexandrie dans le but de faciliter la navigation flu-

viale et la communication entre les différentes villes. Bien que préjudiciable aux intérêts du peuple égyptien, ce monopole procura au sultan les ressources indispensables pour payer ses Mamelouks et les préparer à la défense du pays.

Al-Achraf Sayf al-Din Qaytbay (r. 872/1467-901/1496)
Son long gouvernement, qui s'étendit sur vingt-neuf ans, est considéré comme exceptionnel au regard de ses victoires militaires et de sa durée, étant donné qu'à l'époque, les sultans ne se maintenaient que peu de temps au pouvoir. Sous son règne furent érigés au Caire et dans les provinces d'Égypte, de Syrie et du Hijaz de nombreux édifices caractérisés par l'élégance de leur construction, leur finesse, leur beauté et leur décoration. Il construisit une *madrasa* et un *sabil* à Jérusalem.

Al-'Adil Zin al-Din Katbugha (r. 694/1294-696/1297)
Émissaire du sultan pendant la première période de gouvernement de al-Nasir Muhammad, qu'il déposa.

'Alam al-Din Sanjar al-Jawali
Il occupa différents postes en Égypte et dans d'autres provinces à l'époque du sultan mamelouk al-Mansour Qalawun et de son fils Muhammad. Sous le règne de ce dernier, il fut nommé délégué du sultan et gouverneur de Jérusalem, Naplouse, Galilée et Gaza, villes où il construisit de nombreuses mosquées, entre autres (720/1320) celle qui porte son nom à Hébron. Il fut également gardien des deux lieux saints de Jérusalem et Hébron.

Al-Awza'i Sufyan al-Thawri (88/707-157/774)
Éminent *imam*, fondateur d'une *madrasa* à qui l'on donna son nom.

Al-Chafi'i, Abou Allah Muhammad Ibn Idris (150/767-204/820)
Né à Gaza, l'*imam* al-Chafi'i fut une des plus éminentes autorités en matière de théologie et de droit musulman (on lui attribue également des compétences en médecine et en physionomie). Bien qu'il n'en soit pas le fondateur, il a donné son nom à l'une des quatre écoles juridiques de l'islam sunnite.

Al-Dahir Rukn al-Din Baybars Ier al-Bunduqdari (r. 658/1260-676/1277)
Considéré comme le véritable fondateur de l'État mamelouk grâce aux travaux et réformes qu'il entreprit et aux guerres qu'il mena, il instaura le califat abbasside en Égypte et se maintint dix-sept ans au pouvoir. Il fut le premier à envoyer à La Mecque le palanquin décoré porteur du voile noir de la Ka'ba, manifestant ainsi qu'il était le protecteur du calife.

Al-Dahir Sayf al-Din Barquq (r. 784/1382-801/1399)
Ainsi nommé (*barquq:* prunes) parce qu'il avait les yeux en boules de loto, Barquq accéda au pouvoir en 784/1382 et fut le premier sultan mamelouk circassien ou *burjide* d'Égypte, ce qu'il restera jusqu'à sa mort.

Al-Dahir Sayf al-Din Khuchqadam al-Ahmadi (r. 865/1460-872/1467)
Il était d'origine grecque, à la différence des autres sultans mamelouks, qui étaient d'origine circassienne.

Alexandre le Grand (356-323 av. J.-C.)
Successeur du roi Philippe de Macédoine (r. 336-323 av. J.-C.), victorieux des Perses, il occupe la Syrie et la Palestine en 332-331 av. J.-C. Il hellénise l'Orient et fonde la ville d'Alexandrie en Égypte.

Al-Ghazali Abou Hamid, Imam (435/1058-505/1111)
Ce philosophe soufi connu sous le nom de Hujjat al-Islam ("preuve de l'islam") enseigna le droit à Bagdad, où un savoir encyclopédique et une approche pédagogique remarquable lui valurent une vaste renommée; l'influence de ses théories fut considérable sur l'évolution de l'islam. Tout en réfutant la philosophie rationaliste, ses écrits parviennent à réconcilier théologie, philosophie, droit et mystique. Parmi d'autres ouvrages majeurs, on lui doit le célèbre *Ihya' 'Ouloum al-Din* ("Revivification des Sciences de la Religion"). Le Moyen Âge latin l'a connu sous le nom d'Alghazel; certains de ses traités ont été adaptés en langue catalane par Raymond Lulle.

Al-Ghazi Abou Su'ud (952/1545-981/1574)
Grand mufti de Jérusalem à la fin du Xe/XVIe siècle.

'Ali al-Bakka', Cheikh (m. 670/1271)
Soufi connu pour sa propension à pleurer pendant ses prières. Il est enterré à Hébron.

Al-Idrisi, Abou 'Abd Allah Muhammad (493/1100-560/1165)
Célèbre voyageur, géographe et chroniqueur marocain. Il vécut à la cour du roi Roger II de Sicile, pour lequel il rédigea une description détaillée du monde (*Kitab Roudjar* ou *Livre de Roger*, 549/1154).

'Ali Ibn Marwan (m. 715/1316)
Éminent *cheikh* mamelouk de Gaza, originaire du Maroc. Il est enterré à Gaza dans la mosquée qui porte son nom.

Al-Mansour Hussam al-Din Lajin (r. 696/1297-698/1299)
Délégué du sultan pendant le gouvernement de al-'Adil Zin al-Din Katbugha, son assassinat mit fin à son règne et permit le retour au trône du sultan al-Nasir Muhammad.

Al-Mansour Sayf al-Din Qalawun (r. 678/1279-689/1290)
Il est considéré comme le second instaurateur de l'État des Mamelouks *bahrides*. Sa famille fut au pouvoir pendant près de cent ans. Il mourut au cours du siège de la ville d'Acre en 689/1290. Sous son règne, de nombreux programmes de construction furent réalisés en Palestine.

Al-Mu'addam 'Issa, Émir (m. 625/1227)
Gouverneur du sud de la Syrie et de la Palestine sous le règne ayyoubide.

Al-Mu'ayyad Sayf al-Din Cheikh (r. 815/1412-824/1421)
Sultan mamelouk circassien.

Al-Muqaddasi, Muhammad Ibn Ahmad (m. 380/990)
Géographe, originaire de Jérusalem (al-Bayt al-Muqaddas en arabe) comme son surnom l'indique, ce véritable globe-trotter a visité toutes les régions de l'islam, à l'exception d'al-Andalus. Il est l'auteur de la plus grande encyclopédie géographique : *Kitab ahsan al-taqasim fi-ma'rifat al-aqalim* ("la meilleure répartition pour la connaissance des provinces"), traduite à Leyde en 1906.

Al-Nasir Nasir al-Din Muhammad (premier règne : 693/1293-694/1294)
Fils de Qalawun, il accéda au pouvoir à l'âge de sept ans et gouverna plus de quarante ans à différentes périodes, étant donné qu'il fut écarté du pouvoir à deux reprises. Son époque passe pour l'une des plus splendides de l'architecture islamique, pour l'intense activité constructive et pour la diffusion d'un style de façades décorées de *mouqarnas*. Il a commandité de nombreux projets architecturaux en Palestine.

Al-Thawri, Sufyan Abou 'Abd Allah (97/715-161/778)
Originaire de Kufa, ce célèbre *imam* irakien est considéré comme l'un des plus grands érudits de son temps. Ascète d'une profonde religiosité et d'une acuité d'esprit exceptionnelle, il est l'auteur d'ouvrages et de commentaires mystiques et juridiques qui ont influencé nombre d'oulémas.

Al-Walid Ier Ibn 'Abd al-Malik (48/668-96/715)
Bâtisseur d'exception, le sixième calife omeyyade (r. 86/705-96/715) est surtout connu pour avoir fait édifier à Damas le premier chef-d'œuvre de l'architecture islamique, la mosquée des Omeyyades. On lui doit aussi la reconstruction de la Grande Mosquée de Médine et celle de la mosquée al-Aqsa, en face du Dôme du Rocher; celui-ci avait été élevé par son père 'Abd al-Malik, dont il poursuivit l'œuvre tout en introduisant certains usages byzantins et perses dans l'administration califale. Sous son règne, l'expansion de l'Islam se poursuivit tant en Orient, atteignant la Transoxiane, qu'en Occident, avec la conquête d'al-Andalus.

Al-Walid II Ibn Yazid (r. 125/743-126/744)
Esthète, homme de culture, ce calife omeyyade fut d'abord un poète original, amateur de plaisirs ; lorsqu'il succéda à son oncle Hicham, il se heurta à l'hostilité des tribus yéménites et fut renversé par un coup d'État. Poursuivi par ses ennemis, il périt à l'âge de trente-cinq ans dans l'un des châteaux qu'il avait fait édifier dans les steppes désertiques de la Palmyrène.

Badr al-Jamali (404/1014-486/1094)
D'origine arménienne, d'abord gouverneur d'Acre, il a contribué à asseoir la dynastie fatimide en répondant à l'appel du calife al-Moustansir (427/1036-486/1094) pour rétablir l'ordre en Égypte où, depuis la Syrie, il conduisit son armée en 466/1074. Ayant bientôt stabilisé le pays tout entier, il fut nommé vizir et commandant en chef des armées.

Chams al-Din Muhammad al-'Alami (Xe/XVIe siècle)
Soufi de Jérusalem, *cheikh* de la *zawiya* al-As'adiyya, où il est enterré.

Evlia Çelebi (1021/1611-1092/1682)
Comme sur les très nombreuses régions qu'il a visitées, le grand voyageur turc a rapporté de ses deux séjours en Palestine (1059/1649 et 1080/1669-1670) des notations d'une extrême précision sur l'habitat, les us et coutumes, les croyances et les légendes en vigueur à l'époque ottomane, mais aussi sur les grandes figures politiques qu'il a eu l'occasion de rencontrer au cours de missions officielles pour le compte du sultan Mourad.

Farroukh Ibn 'Abd Allah al-Charkasi
Émir local qui gouverna Jérusalem et Naplouse, il se vit confier l'organisation du pèlerinage (*hadjdj*) en Syrie au début au XIe/XVIIe siècle.

Hélène (sainte) (v. 247-327)
C'est à la découverte ou "Invention de la Vraie Croix" au cours d'un pèlerinage en Terre sainte, accompli vers 326 à l'âge de quatre-vingts ans, que la mère de l'empereur Constantin, auprès de qui elle joua un rôle fondamental pour la reconnaissance officielle de l'Église chrétienne, doit la plus grande part de sa célébrité. Mais, entre action politique, piété religieuse et dévouement envers les pauvres et les opprimés, sa vie tout entière fut un roman: d'origine très modeste, elle a reçu le titre d'Augusta en 324, fondé maintes institutions, et fut sanctifiée après sa mort qui donna lieu, à Rome, à des funérailles d'un apparat sans égal.

Héraclius Ier (r. 610-641)
Né en Cappadoce vers 575, il fut empereur byzantin d'Orient, vainqueur des Perses Sassanides, vaincu par les Arabes.

Hicham Ibn 'Abd al-Malik (r. 105/724-125/743)
Dixième calife omeyyade. Sous son règne, les Arabes furent arrêtés par Charles Martel près de Poitiers. C'est le moment où l'Empire omeyyade connaît sa plus grande extension. Moins de dix ans après sa mort, le califat omeyyade disparaissait.

Ibn al-'Arabi, Muhammad Ibn 'Abd Allah (m. 543/1148)
Ce juriste et orateur sévillan venu s'installer à Jérusalem a émis des avis très écoutés sur le licite et l'illicite pour le musulman se trouvant hors des territoires de l'islam, conseillant par exemple l'émigration aux Andalousiens restés dans la péninsule Ibérique après la "reconquête", ainsi qu'à tout fidèle vivant sous une hégémonie dangereuse pour sa santé, sa personne, ses biens et ses proches.

Ibn al-'Arabi, Muhyi al-Din (560/1165-638/1240)
Originaire d'al-Andalus, auteur d'une œuvre philosophique et métaphysique colossale (plus de 400 ouvrages), cette immense figure du soufisme a marqué de son influence aussi bien ses partisans que ses détracteurs. Tous les penseurs musulmans postérieurs ont repris sa terminologie gnostique, et son message transcende largement le seul mysticisme islamique. Théoricien de l'unicité ontologique, ses doctrines visionnaires ont ébranlé l'univers de la pensée soufie et de l'ésotérisme musulman d'une manière générale, et continuent d'innerver toute réflexion sur la nature du Divin.

Ibrahim Ibn 'Omar al-Ja'bari (m. 732/1332)
Cheikh du Haram al-Ibrahimi, fondateur à Hébron de la famille al-Ja'bari, une lignée originaire de Qal'at Ja'bar (Syrie); plusieurs de ses descendants ont laissé leur nom à l'histoire, au droit ou à la religion.

Ibrahim Pacha (1204/1789-1264/1848)
Sous les ordres de son père Mohammed Ali, gouverneur d'Égypte, il envahit la Palestine et la Syrie, défait les soldats ottomans et dirige ces deux derniers pays pendant dix ans, de 1246/1830-1831 à 1256/1840-1841. Pendant son règne, la culture arabe se développe; des centres culturels, de nombreuses écoles voient le jour.

'Izz al-Din al-Amiri, Émir
On lui doit le *minbar* de marbre de la Grande Mosquée de Naplouse (713/1313).

Jalal al-Din al-Roumi (604/1207-672/1273)
Poète soufi persan né à Balkh, dans le Khorasan. Après avoir passé plusieurs années d'études à Alep et à Damas, où il rencontra sans doute Ibn al-'Arabi, il s'installe à Konya, où il enseigne la jurisprudence et la loi canonique, succédant ainsi à son père, théologien éminent, qui avait été invité par le sultan seldjoukide à diriger une *madrasa*. Il fonda l'ordre des derviches tourneurs. Son œuvre maîtresse, le *Mathnavi* (les "Distiques spirituels"), qui a fait sa célébrité, est un recueil de réflexions religieuses et morales qui exerça une profonde influence sur la spiritualité iranienne, tandis que ses conceptions musicales marquèrent la musique turque.

Jean le Baptiste (saint Jean-Baptiste) (m. 28)
La vie du prophète Yahya nous est connue par diverses présentations interprétatives des Évangiles et des Actes des Apôtres, et par le témoignage plus neutre de Flavius Josèphe. Précurseur du christianisme, ce prophète juif menait une vie ascétique dans le désert et, accompagné de quelques disciples, prêchait la vertu, la justice et la conversion intérieure, tout en annonçant la venue imminente du Messie. Il baptisait lui-même par immersion dans l'eau du Jourdain. C'est lui qui a baptisé Jésus.

Justinien Ier (482-565)
Empereur byzantin (r. 527-565). Il eut pour généraux Bélissaire et Narsès, combattit les Vandales et les Perses, et reconquit l'Afrique et l'Italie. Il fit compiler le *Digeste*, les *Institutes*, les *Novelles* et les *Codes*, et construire d'admirables monuments (Sainte-Sophie de Constantinople).

Muhammad al-Khalili, Cheikh (m. 1147/1734)
Soufi de Jérusalem, venant de Hébron.

Muhammad Tahir al-Hussayni
Mufti de Jérusalem en charge du mausolée de Nabi Moussa (1303/1885-1886).

Mujir al-Din al-Hanbali al-'Ulaymi (860/1456-928/1522)
Juge et historien de Jérusalem. La quasi-totalité de nos connaissances sur Jérusalem et Hébron au XVe siècle sont dues aux deux volumes de son *al-Uns al-jalil bi-tarikh al-Quds wa-l-khalil*, publié en 900/1495. Il repose au pied du mont des Oliviers.

Nasir al-Maqdisi, Cheikh (m. 490/1096)
Érudit installé à Jérusalem. La construction de la première *madrasa* de Jérusalem lui est attribuée et en a conservé le nom.

'Omar Ibn 'Abd al-'Aziz (61/681-101/720)
Huitième calife omeyyade (r. 99/717-101/720). Ses réformes administratives figurent parmi ses plus grandes réussites.

'Omar Ibn al-Khattab (r. 13/634-23/644)
Second calife orthodoxe, célèbre pour son équité. Sous son règne, les armées islamiques battirent à la fois l'Empire sassanide et l'Empire byzantin.

Rabi'a al-'Adawiyya (95/713-185/801)
L'introductrice de l'idée de l'amour divin dans le soufisme est l'une des plus grandes figures de l'islam; par ses actes, ses paroles et ses poèmes, elle est de ceux qui ont le mieux exprimé leurs louanges à Dieu.

Salah al-Din al-Ayyoubi (Saladin) (532/1138-589/1193)
Le fondateur de la dynastie ayyoubide (567/1171-648/1250) est l'une des plus hautes figures du Moyen Âge musulman. S'il doit l'essentiel de son prestige à sa victoire sur les Francs établis en Syrie-Palestine depuis la croisade de 1097-1099, le héros de la bataille de Hattin fut aussi un immense administrateur, et l'absolue dignité de son comportement, y compris vis à vis des Croisés, lui valut, par-delà les barrières confessionnelles, l'estime indéfectible de ses contemporains et de la postérité.

Sophronios (m. 17/638)
Avant de devenir le patriarche de Jérusalem de 634 à 638 à l'époque où les Arabes conquirent la ville, le moine damascène Sophronios s'était distingué par son ascétisme et sa piété, mais aussi par son amour des sciences et de la philosophie. Il a laissé avec le moine Jean Moskhos des descriptions de la vie monastique en Palestine et des collections de récits et morales qui furent hautement appréciés du VIIe Concile œcuménique.

Sulayman al-Qanuni (Soliman le Magnifique, r. 926/1520-974/1566)
Né à Trébizonde vers 900/1494, mort à Szeged en Hongrie le 6 septembre 974/1566, Soliman est le dixième sultan de la dynastie ottomane, et aussi le plus célèbre. Surnommé "le Législateur" (*al-Qanuni*) par les Turcs et "le Magnifique" par les Occidentaux, il a conduit l'Empire ottoman à son apogée territorial, politique, artistique et intellectuel. Grand conquérant, organisateur sans égal, il est intervenu dans la politique européenne en prenant le parti de François Ier contre Charles Quint, et a été le premier sultan à octroyer à des Européens, en l'occurrence aux Français, des "capitulations" commerciales dans l'Empire ottoman.

Tachtamour al-'Ala'i
Cet émir mamelouk, fondateur de la *madrasa* qui porte son nom à Jérusalem, grand amateur de musique, de poésie et de théologie, occupa d'éminents postes administratifs et militaires. Il fut notamment *dawadar kabir* du sultan al-Achraf Cha'ban, gouverneur de la province de Safad

et chef des armées d'Égypte. Il fut enterré en 786/1384 dans son *turbé*, à l'intérieur de la *madrasa* al-Tachtamouriyya.

Tamim Ibn 'Aws al-Dari
Ce pieux compagnon du Prophète, le premier habitant de Palestine à s'être converti à l'islam, peut aussi être considéré comme le premier détenteur de la tradition du *waqf* sur la Terre sainte: bien avant que la Palestine tout entière ne soit décrétée bien islamique inaliénable, le prophète aurait concédé la terre d'Hébron à al-Dari, à ses frères et à ses successeurs "jusqu'au Jour du Jugement", revendiquant ainsi le droit légitime de l'islam sur la propriété de la Palestine.

Tankiz al-Nasiri (712/1312-740/1340)
Comme beaucoup d'autres émirs mamelouks, le fondateur de la *madrasa* al-Tankiziyya à Jérusalem a commencé sa vie comme esclave avant de devenir la plus éminente figure militaire et administrative de Syrie sous le règne de al-Nasir Muhammad Ibn Qalawun. Mécène généreux, il a financé grâce à son immense fortune un nombre considérable de projets architecturaux (*madrasas*, *caravansarays*, *hammams*, équipements hydrauliques) à Damas, à Jérusalem et dans toute la Palestine. Au cours de sa brillante carrière, il exerça aussi les fonctions de *saqi*, un poste extrêmement sensible dans la hiérarchie mamelouke.

Touqan (famille)
On doit à cette riche famille de Naplouse la construction (1149/1736-1737) du *hammam* al-Jadida dans un palais lui appartenant, ainsi que, à la fin du XIIIe/XIXe siècle, la fondation de l'une des plus importantes manufactures de savon de la ville.

Yunis al-Nawruzi, Émir
La ville de Khan Yunis s'est développée autour du *khan* qu'il a construit en 789/1387.

ORIENTATION BIBLIOGRAPHIQUE

ADDAS, Cl., *Ibn Arabi et le voyage sans retour*, Paris, 1996.

ADLER, E. N., *Jewish Travellers*, New York, 1966.

AL-ISFAHANI, I. D., *Conquête de la Syrie et de la Palestine par Saladin*, trad. H. Massé, Paris, 1972.

AL-SAYYAD, N., *Cities and Caliphs: on the Genesis of Arab Muslim Urbanism*, New York, 1996.

BAEDEKER, K., *Palestine and Syria*, Leipzig, 1912.

BAGATTI, B., *The church of the Gentiles in Palestine*, Jérusalem, 1971.

BLAIR, S. S. et BLOOM, J. M., *The Art and Architecture of Islam: 1250-1800*, Londres-New Haven, 1994.

BOSWORTH, C. E., *Les dynasties musulmanes*, trad. Y. Thoraval, Arles, 1996.

CAHEN, Cl., *Orient et Occident aux temps des croisades*, Paris, 1983.

CANAAN, T., *Mohammedan Saints and Sanctuaries in Palestine*, Londres, 1927.

CHEVALIER, J., *Le soufisme et la tradition islamique*, Paris, 1974.

CHEVALIER, J., *Le soufisme*, Paris, 1984.

CLOT, A., *Soliman le Magnifique*, Paris, 1983.

Collectif, *L'Orient de Saladin. Le temps des Ayyoubides*, Paris, 2001.

CONDER, C. R., *The Survey of Eastern Palestine*, Londres, 1889.

CRESWELL, K. A. C. et ALLAN, J. W., *A short Account of Early Muslim Architecture*. Le Caire, 1989.

CRESWELL, K. A. C., *Early Muslim Architecture* (2 vol.), Oxford, 2e éd., 1969.

DUSSAUD, R., *Topographie historique de la Syrie antique et médiévale*, Paris, 1928.

ELISSÉEFF, N., *Nur al-Din, un grand prince musulman de Syrie au temps des croisades (511-569/1118-1174)*, Damas, 1967.

ETTINGHAUSEN, R. et GRABAR, O., *The Art and Architecture of Islam: 650-1250*, New Haven, 1992.

GRABAR O., *La formation de l'art islamique*, Paris, 2000.

HAYES, J. R. (éd.), *The Genius of Arab Civilization: Source of Renaissance*, Cambridge, Massachusetts, 2e éd., 1983.

HILLENBRAND, R., *Islamic Art and Architecture*, Londres, 1999.

HOURANI, A., *Histoire des peuples arabes*, Paris, 1993.

IBN AL-'ARABI, *Le Livre des contemplations divines*, trad. et éd. St. Ruspoli, Paris-Arles, 1999.

IBN BATTUTAH, *Voyages* (2 vol.), t. I: *De l'Afrique du Nord à La Mecque*; t. II : *De La Mecque aux steppes russes et à l'Inde*, trad. C. Defremery et B. R. Sanguinetti, intr. et notes St. Yerasimos, Paris, 1997.

IBN MUNQIDH, U., *Des enseignements de la vie, souvenirs d'un gentilhomme syrien du temps des Croisades*, trad. A. Miquel, Paris, 1983.

JAUSSEN, A. et SAVIGNAC, R., *Mission Archéologique en Arabie* (3 vol.), Paris, 1909-1914.

KURAN, A., *Mimar Sinan*, Istanbul, 1986.

LAPIDUS, I., *Muslim Cities in the Later Middle Ages*, Cambridge, 1967.

Le Qoran, texte intégral, traduction sur la Vulgate arabe par René R. Khawam, Paris, 1990.

LE STRANGE, G., *Palestine under the Moslems, a description of Syria and the Holy Land from A.D 650 to 1500*, Beyrouth, 1965.

LINGS, M., *Qu'est-ce que le soufisme ?*, Paris, 1977.

MEISTERMANN, B., *Guide to the Holy Land*, Londres, 1923.

MOUTON, J.-M., *Saladin, le sultan chevalier*, Paris, 2001.

MURPHY-O'CONNOR, J., *Guide archéologique de la Terre sainte*, Paris, 1982.

OTTO-DORN, K., *L'Art de l'Islam*, Paris, 1967.

PAPADOPOULO, A., *L'Islam et l'art musulman*, Paris, 1976.

ROBERTS, D., *La Terre Sainte, hier et aujourd'hui, lithographies et journal de David Roberts,* Paris, 1997.

SARTRE, M., *Trois études sur la Syrie Romaine et Byzantine*, Bruxelles, 1982.

SAUVAGET, J., *La poste aux chevaux dans l'Empire des Mamelouks*, Paris, 1941.

SCHICK, R., *The Christian Communities of Palestine from Byzantine to Islamic Rule: A historical and Archaeological Study*, Princeton, 1995.

SHAFI'I, M. I., *La* Risala, *fondements du droit musulman*, trad. L. Souami, Arles, 1997.

SÖNMEZ Z., *Başlangıcdan 16.Yüzyıla Kadar Anadolu-Türk Islam Mimarisinde Sanatçılar*, Ankara, 1995.

SOURDEL, D., *Histoire des Arabes*, Paris, 1985.

VEINSTEIN G. (éd.), *Les usages du Livre Saint dans l'islam et le christianisme*, Paris, 2001.

WALKER, J., *A Catalogue of the Arab Byzantine and Post-Reform Umayyad Coins*, Londres, 1956.

AUTEURS

Walid Sharif (directeur du projet)
Diplômé de la Faculté d'Archéologie, de Sociologie et d'Anthropologie de l'Université de Birzeit en 1982, Walid Sharif a obtenu son diplôme de MA en Archéologie environnementale à l'Université de Durham (Angleterre) en 1986 et prépare actuellement son doctorat d'Archéologie à l'Université Lumière à Lyon (France).
Il a été chargé de cours et assistant pédagogique à l'Institut d'Archéologie de l'Université de Birzeit de 1983 à 1993, période au cours de laquelle il a participé à de nombreuses fouilles et enquêtes archéologiques en Palestine. Depuis 1994, il occupe le poste de directeur général à la Direction du Patrimoine culturel et est devenu à ce titre membre de l'ICOMOS, de l'ICROM et de l'ICOM. Il est actuellement membre actif de l'unité Patrimoine culturel du projet "Bethléem 2000". D'autre part, il a participé à de nombreux cours et séminaires internationaux sur la conservation du patrimoine.

Mahmoud Hawari
Titulaire d'un diplôme d'Archéologie de l'Université hébraïque de Jérusalem en 1978, il obtient son diplôme de MA (1986) et son doctorat d'État (1998) en Art et Archéologie islamiques à l'École des études orientales et africaines (Université de Londres). Sa thèse de doctorat d'État était intitulée "Ayyubid Jerusalem: An Architectural and Archaeological Study" (La Jérusalem ayyoubide: une étude architecturale et archéologique).
Il a enseigné aux Universités palestiniennes de Birzeit, Bethléem et al-Qods (Jérusalem). Son travail au Département de Cartographie et de Géographie de la Société des Études arabes à Jérusalem (1986-1991) lui a apporté une expérience en matière d'établissement et d'illustration de cartes. Par ailleurs, il a travaillé sur de nombreux films documentaires et a acquis une expérience considérable dans le domaine du tourisme. En qualité d'archéologue de terrain, il a participé à de nombreuses fouilles et études architecturales. Auteur de plusieurs articles sur l'archéologie islamique, il est intervenu dans divers colloques nationaux et internationaux.

Marwan Abu Khalaf
Titulaire d'un diplôme d'Archéologie de l'Université de Jordanie en 1973, il a obtenu en 1975 son diplôme de MA en Archéologie préhistorique à l'Université de la Sorbonne à Paris et son doctorat en Art et Archéologie islamiques à l'Université d'Oxford en 1985, date depuis laquelle il occupe le poste de directeur du Musée islamique du Haram al-Charif à Jérusalem. Il a enseigné l'Archéologie et l'Histoire islamiques à l'Université de Birzeit, à l'Université d'Hébron (Cisjordanie), à l'Université King Sa'ud à Riad (Arabie saoudite). Depuis 1992, il est directeur de l'Institut d'Archéologie islamique à l'Université al-Qods à Jérusalem.
Il a participé à de nombreuses fouilles archéologiques ainsi qu'à des conférences et séminaires nationaux et internationaux. Auteur de plusieurs articles sur l'art et l'archéologie islamiques en Palestine, il vient de publier le catalogue illustré du Musée islamique du Haram al-Charif à Jérusalem.

Nazmi al-Ju'beh
Titulaire d'un diplôme d'Études moyen-orientales et d'Archéologie de l'Université de Birzeit en 1979, directeur du Musée islamique du Haram al-Charif à Jérusalem de 1981 à 1985, il obtient son diplôme de MA en Études orientales et Archéologie en 1988 et son doctorat en

Archéologie et Histoire de la Planification à l'Université de Tübingen (Allemagne) en 1991. Il a été professeur assistant au Département d'Histoire de l'Université de Birzeit et assure actuellement la direction du Département d'Histoire, d'Archéologie et de Géographie de l'Université. Au centre Riwaq pour l'Architecture vernaculaire (al-Bireh, Cisjordanie), dont il est le codirecteur depuis 1994, il a supervisé l'établissement de l'inventaire de l'architecture vernaculaire à Ramallah et à al-Bireh. Il est par ailleurs membre actif de divers organismes académiques et publics palestiniens. Entre 1992 et 1994, il a été délégué au sein de l'équipe palestinienne chargée des négociations bilatérales de paix. Auteur de nombreux ouvrages et articles sur l'histoire et l'archéologie palestiniennes, Nazmi al-Ju'beh a participé à de nombreux séminaires et symposiums nationaux et internationaux.

Yusuf Natsheh

Il a obtenu ses diplômes de MA et de BA en Archéologie islamique à l'Université du Caire en 1975 et 1982 respectivement, et son doctorat en Archéologie islamique à l'École des études orientales et africaines (Université de Londres) en 1997 avec une thèse intitulée "Ottoman Public Buildings in Jerusalem during the 16th Century" (Les bâtiments publics ottomans à Jérusalem au XVIe siècle). Il possède en outre un diplôme de guide.

Depuis 1977, il est directeur du Département d'Archéologie islamique de l'Administration des *waqfs* à Jérusalem. Dans le cadre de ses fonctions actuelles, il a participé à de nombreux stages de formation en matière de documentation, de conservation et de restauration des sites et bâtiments archéologiques. Il a enseigné à temps partiel aux Universités palestiniennes de Birzeit, Bethléem, Hébron et al-Qods. Auteur de divers ouvrages et articles sur l'archéologie islamique, il a participé à de nombreuses conférences nationales et internationales.

Mu'en Sadeq

Titulaire d'un diplôme d'Archéologie de l'Université du Caire en 1979, il a obtenu son diplôme de MA et son doctorat en Archéologie à l'Université libre de Berlin (Allemagne) en 1987 et 1990 respectivement. Depuis 1994, il est directeur du Département des Antiquités au Ministère des Antiquités et du Tourisme à Gaza.

De 1980 à 1984, il a travaillé comme archéologue au sein de la mission archéologique française à Doha (Qatar) et a été codirecteur des fouilles archéologiques franco-palestiniennes, suédo-palestiniennes et anglo-palestiniennes dans la Bande de Gaza. Il a été chargé de cours en Archéologie à l'Institut supérieur d'Archéologie de l'Université al-Qods (Jérusalem) en 1991, vice-doyen de la Faculté d'Éducation de Gaza et titulaire de la chaire d'Archéologie de la Palestine de 1991 à 1994. De 1994 à 2000, il a été professeur d'Archéologie (à temps partiel) à l'Université al-Azhar à Gaza et a dirigé de nombreuses enquêtes et campagnes de fouilles archéologiques réalisées par des équipes palestiniennes dans la Bande de Gaza.

Outre ses contributions à des conférences et ateliers locaux, régionaux et internationaux, il a publié nombre d'articles et ouvrages sur l'archéologie islamique.

Naseer R. Arafat

Titulaire d'un diplôme d'Architecture de l'Université de Birzeit en 1995, il a poursuivi ses études en se spécialisant dans la restauration des bâtiments anciens et la documentation sur l'architecture traditionnelle en Palestine. Il a participé à de nombreux séminaires locaux et internationaux sur la conservation et la réhabilitation de bâtiments historiques, et en particulier au cours intensif intitulé "Restauration et Réhabilitation urbaine dans les villes islamiques" à l'Institut supérieur d'Études architecturales à l'Université de York (Angleterre).

Pendant de nombreuses années, Naseer R. Arafat a travaillé à des projets de restauration au centre Riwaq pour la Conservation architecturale, où son rôle principal consistait à superviser l'établissement de la documentation relative aux constructions traditionnelles dans différentes agglomérations de Palestine. Poursuivant sa spécialité, il coordonne actuellement l'enquête architecturale du Projet de Gestion des Ressources culturelles. Il est également directeur du Comité de Conservation de la Vieille Ville de Naplouse. Il a présenté des contributions à des conférences locales et internationales dans le domaine de l'architecture traditionnelle palestinienne.

Sa'd al-Nimr (directeur de production)

Il obtenu son diplôme de BA en Sociologie et Sciences politiques à l'Université nationale al-Najah (Naplouse) et poursuivi ses études supérieures à l'Université d'Exeter (Angleterre) pour obtenir son diplôme de MA en Sciences politiques – Études moyen-orientales. Il prépare actuellement son doctorat dans la même discipline. Il a été directeur des Relations internationales au Département des Relations arabes et internationales de l'OLP. Il a rejoint l'équipe de Musée Sans Frontières comme directeur de production en 1999.

Jihan Barakat (assistante de production)

Elle a obtenu son premier diplôme à Jérusalem en juillet 1993 au centre Notre-Dame de Jérusalem (Réception hôtelière, section Promotion professionnelle), et son second diplôme (Gestion d'agence de tourisme et de voyage) à Bethléem en juillet 1995.

Les Itinéraires-Exposition et guides thématiques de *Museum With No Frontiers (MWNF)*
L'ART ISLAMIQUE EN MÉDITERRANÉE

Ce cycle international d'Expositions Musée Sans Frontières permet de découvrir les secrets de l'art islamique, son histoire, ses techniques de construction, son inspiration religieuse.

Portugal

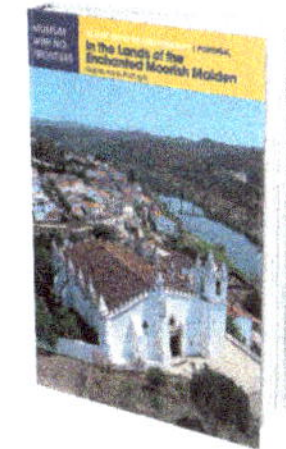

DANS LES TERRES DE LA MAURE ENCHANTÉE.

L'art islamique au Portugal. *200 pages*

Huit siècles après la «Reconquête», les villages de l'ancien *Gharb al-Andalus* perpétuent la légende d'une belle princesse mauresque dont l'enchantement était invariablement rompu par un prince chrétien : le souvenir artistique de la présence musulmane au Portugal s'exprime aussi par une subtile symbiose avec les techniques constructives et les programmes décoratifs de l'architecture populaire régionale. L'exposition fournit au visiteur une vision claire de cinq siècles de civilisation islamique (califale, mozarabe, almohade, mudéjare). De Coïmbra aux confins méridionaux de l'Algarve, palais, mosquées christianisées, fortifications et centres urbains témoignent de la splendeur d'un passé glorieux.

Turquie

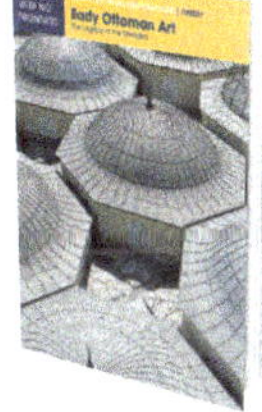

GENÈSE DE L'ART OTTOMAN.

L'héritage des émirs. *252 pages*

Cette exposition privilégie les œuvres et les monuments représentatifs d'une époque majeure de l'Anatolie occidentale, véritable pont culturel et artistique entre les civilisations européennes et asiatiques. Aux XIVe et XVe siècles, la transition vers une société turco-islamique conduit les artistes des émirats turcs à élaborer les prémisses d'une brillante synthèse qui culminera dans un art ottoman extraordinairement productif.

Maroc

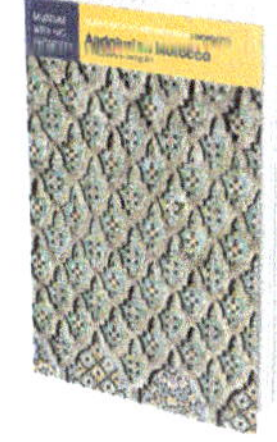

LE MAROC ANDALOU.

À la découverte d'un art de vivre. *264 pages*

Dès le début du VIIIe siècle, l'islam marocain porte ses regards au-delà des colonnes d'Hercule et s'installe sur la péninsule Ibérique. Les deux rives partagent dès lors leur destin. De l'incessant mouvement d'échanges culturels, humains et commerciaux qui animera ce Maghreb extrême pendant plus de sept siècles naîtra l'un des plus brillants foyers de la civilisation musulmane, et un art authentiquement hispano-maghrébin qui a laissé des traces dans une architecture monumentale flamboyante, mais aussi dans un urbanisme et des traditions d'un raffinement extrême. L'exposition reflète la richesse historique et sociale de la civilisation andalouse du Maroc.

Tunisie

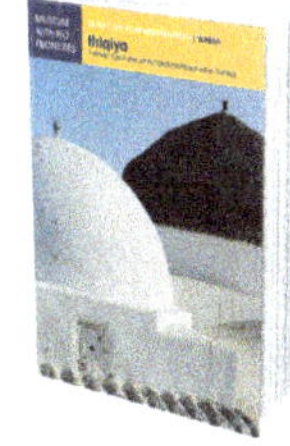

IFRIQIYA.

Treize siècles d'art et d'architecture en Tunisie. *312 pages*

Dès le IXe siècle, sans aucune rupture avec les traditions héritées des Berbères, des Carthaginois, des Romains et des Byzantins, Ifriqiya a été en mesure d'assimiler et de réinterpréter les influences de la Mésopotamie —à travers la Syrie et l'Égypte— et de l'Andalousie : une forme unique de syncrétisme abouti dont les témoignages abondent dans l'actuelle Tunisie, de la majesté des résidences beylicales de la capitale à la rigueur architecturale de l'ibadisme jerbien. *Ribat,* mosquées, médinas, zaouïas, *ksour,* et *ghorfas* jalonnent une terre pétrie d'histoire.

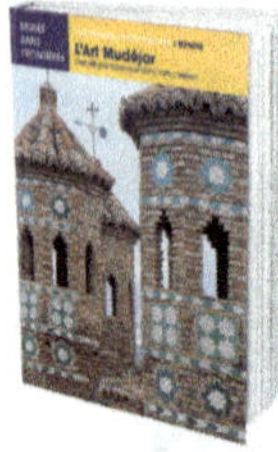

Espagne | Andalousie, Aragon, Castille La Manche, Castille et Léon, Extrémadure, Madrid
L'ART MUDÉJAR.
L'esthétique musulmane dans l'art chrétien. *320 pages*
L'art des Mudéjars (population musulmane restée en al-Andalus après la Reconquête) tient incontestablement une place singulière parmi toutes les expressions de l'art islamique : il est la manifestation visible d'une réelle cohabitation culturelle, d'une forme de compréhension entre deux civilisations qui, au-delà de leur antagonisme politique et religieux, vécurent une romance artistique féconde. Appliquant des schémas rigoureusement islamiques, les maîtres d'œuvre et artisans mudéjars, célèbres pour leur remarquable savoir-faire dans l'art de construction, ont bâti pour des nouveaux venus chrétiens d'innombrables palais, couvents et églises. Les œuvres sélectionnées, par leur variété et leur abondance, témoignent de l'exubérante vitalité de l'art mudéjar.

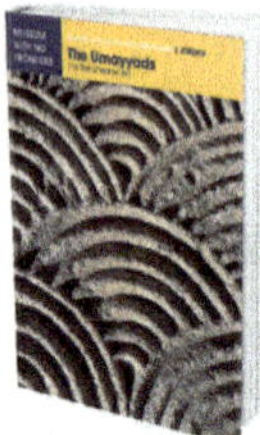

Jordanie
LES OMEYYADES.
Naissance de l'art islamique. *224 pages*
Après la conquête arabo-musulmane du Moyen-Orient, le siège de la dynastie omeyyade (661-750) fut transféré à Damas où la nouvelle capitale hérita d'une tradition culturelle et artistique remontant au moins aux périodes araméenne et hellénistique. La culture omeyyade a ainsi bénéficié du déplacement des frontières entre la Perse et la Mésopotamie, et entre les pays du monde méditerranéen : une situation propice à l'émergence d'un langage artistique novateur dans lequel le subtil métissage des influences hellénistiques, romaines, byzantines et persanes produit un ordre architectural et décoratif parfaitement original. À travers la diversité des oeuvres présentées, l'exposition fournit aussi l'occasion d'une intéressante réflexion sur l'iconoclasme.

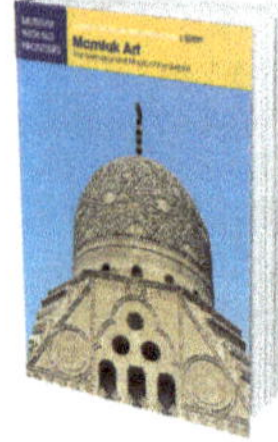

Égypte
L'ART MAMELOUK.
Splendeur et magie des sultans. *236 pages*
Sous la domination mamelouke (1249-1517), l'Égypte devient un opulent centre de passage et de routes commerciales. De grandes richesses arrivent au pays. Le Caire est l'une des villes les plus puissantes du bassin Méditerranéen, l'une des plus sûres et des plus stables. Des érudits du monde entier viennent s'y installer, attirant à leur suite disciples et étudiants. L'architecture et l'art décoratif mamelouks témoignent de la vitalité commerçante, intellectuelle, militaire et religieuse de la période. Caractérisées par une élégante et vigoureuse simplicité, dont la pureté des lignes approche les canons modernes, les œuvres sélectionnées entre le Caire, Rosette, Alexandrie et Foua représentent l'apogée de l'art mamelouk.

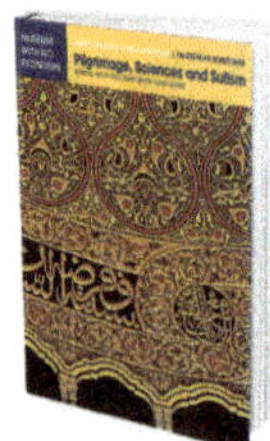

Autorité Palestinienne
PÈLERINAGE, SCIENCES ET SOUFISME.
L'art islamique en Cisjordanie et à Gaza. *254 pages*
Sous le règne des dynasties ayoubides, mamelouke et ottomane, d'innombrables pèlerins affluent en Palestine de tous les horizons du monde musulman, et ce fort courant de religiosité donne un essor décisif au développement de la pensée soufi à travers les *zawiyas* et les *ribats* qui se multiplient par tout le pays. Accueillant les plus grands érudits, de nombreux centres d'études jouissent d'un prestige considérable et favorisent l'épanouissement d'un art raffiné qui conserve encore aujourd'hui tout son pouvoir de fascination. Les monuments et l'architecture islamique proposés par l'exposition, reflètent clairement ces dimensions majeures de pèlerinage, de la science et du soufisme.

Italie Sicile

L'ART ARABO-NORMAND.

La culture islamique en Sicile médiévale. *328 pages*

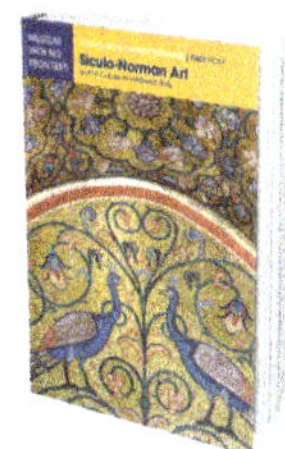

Au centre de la Méditerranée, la Sicile est une terre de rencontres où diverses cultures se sont rencontrées et modifiées avant d'atteindre une nouvelle harmonie. Uniques dans le panorama européen, les réalisations architecturales arabo-normandes sont aussi relativement différentes de celles rencontrées dans le monde islamique. L'exposition les présente sous l'angle de leur unicité, et propose des codes d'interprétation permettant de les identifier. Le visiteur attentif n'en apprécie que mieux l'admirable fusion d'éléments issus des sphères culturelles byzantines, arabe et normande en œuvre dans cet art, aussi spécifique que raffiné.

Algérie

UNE ARCHITECTURE DE LUMIÈRE.

Les arts de l'Islam de Algérie. *252 pages*

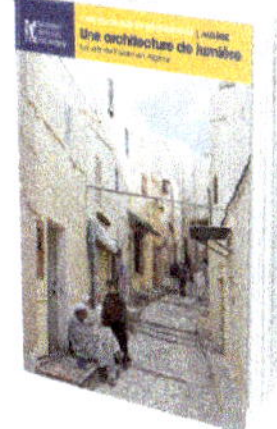

Le patrimoine artistique de l'Islam au Maghreb central est lié aux événements cruciaux qui ont marqué l'histoire de l'Algérie, depuis l'essor des mouvements religieux dissidents et le règne des grandes dynasties, en passant par le rôle des grands axes de commerce et de pèlerinage et jusqu'à la présence ottomane dans les cités du pourtour méditerranéen. La synthèse des influences arabe et berbère, africaine, andalouse et orientale a façonné des modèles artistiques et architecturaux qui s'expriment dans la pureté et l'harmonie de l'architecture ibadite, des mosquées almoravides et des palais ottomans sur la côte.

Syrie

THE AYYUBID ERA.

Art and Architecture in Medieval Syria. *288 pages*

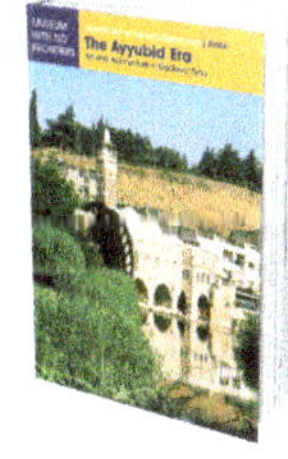

Ce nouveau guide de voyage MWNF a été conçu peu de temps avant le début du conflit. Par conséquent, tous les textes se réfèrent à la situation antérieure à la guerre ; ils n'en expriment que davantage notre espoir de voir la Syrie, une terre témoin de l'évolution de la civilisation depuis les débuts de l'histoire de l'humanité, redevenir rapidement un lieu de paix, et le fer de lance d'un renouveau véritablement pacifique pour toute la région. Au cours des XIIe et XIIIe siècles, Bilad al-Cham est le fruit d'un programme stratégique de reconstruction urbaine et de réunification parfaitement élaboré. Au milieu d'une période d'instabilité et de fragmentation, l'Atabeg Nour al-Din Zangi sut imposer un leadership visionnaire pour rétablir les villes syriennes dans leur rôle de maintien de l'ordre et de la sécurité. Après sa mort, son plus brillant général, le Kurde Salah al-Din (Saladin), assuma le pouvoir et mena à bien l'unification de l'Egypte et de Cham en une force unique capable de reprendre Jérusalem aux Croisés. L'empire ayyoubide, en plein essor, poursuivit la politique de mécénat. Bien que d'une durée très brève, cette période a marqué la région d'une empreinte durable. Son esthétique architecturale immédiatement reconnaissable – d'une robuste et austère perfection – a survécu jusqu'à aujourd'hui.

www.ingramcontent.com/pod-product-compliance
Lightning Source LLC
LaVergne TN
LVHW010858110826
845149LV00005B/1419

* 9 7 8 3 9 0 2 7 8 2 3 2 8 *